PFLÜCKER II   PFLÜCKER III   POHLMANN III   POHLMANN IV

NOTAS FAMILIARES

Descendencia de los Hermanos Carlos y Julio Pflücker Schmiedel

Conociendo a los antepasados

Juan M. Pflücker Rachitoff
7/5/2014

Presento la herencia familiar de éstos dos hermanos. Espero logren sentir por ellos el mismo cariño que con el tiempo he logrado.

jmpflucker@gmail.com

PFLÜCKER

Inducido por la curiosidad, estímulo normal en toda actividad humana; por mi suegro, Augusto Rey Bull cuyo interés por estos temas resultó ser sumamente contagioso; y por ese afán de conocer mejor a todos los descendientes de los Pflücker (los que, dicho sea de paso, jamás se me ocurrió que fueran tan numerosos); me metí en el laberinto de las preguntas sin respuesta (de aquellos interlocutores ya fallecidos, de memorias antiguas, empolvadas a través del implacable pasar del tiempo, o simple falta de documentación adecuada) y de las respuestas sin pregunta (escaso interés por interrogar o simple temor a conocer las respuestas... verdaderas)

Para lograrlo recurrí a todo tipo de fuentes. Desde publicaciones muy formales, pasando por otras no tan serias e incluso a algunos apuntes sin firma pero con mucho sentido. Personas, parientes y no parientes, me ayudaron con información y orientación y creo, con toda humildad, haber logrado por lo menos una base para quien con mucho tiempo, ciencia y paciencia desee edificar una verdadera genealogía o narrar la genuina historia acerca de los Pflücker.

Recuerdo que mi padre, Leonardo Pflücker Cabieses, intentó hacer algo semejante, mas al parecer, aún cuando le interesaba el tema, no llegó a concluirlo, ya por falta de colaboración o simplemente debido a escasez de tiempo. Entre los documentos que nos dejó, poco he podido descubrir y menos aún algo que se asemeje a lo que ahora les ofrezco. Si puedo afirmar que desde joven demostró interés por conocer a sus antepasados; tengo en mi poder una página -sólo una por desgracia- de una carta recibida por él, de la que por carecer de firma desconozco al remitente, que dice a la letra:

Villa Alicia, Chemin de Branzolar
Nice, 11 de Agosto de 1924

Muy querido Leonardo

No puedo decirte que tu cartita me haya extrañado sino más bien me ha dado mucho gusto. Yo se que a los muchachos no les gusta escribir cartas en este punto todos son iguales pero estoy cierta que eso nada tiene que hacer con el cariño y así como nosotros los queremos sin conocerlos así se muy bien que es el mismo caso con Uds. y que tanto de un lado como del otro bien desearíamos vernos. En fin, ahora que la ciencia avanza tanto quien sabe si un día vendrán todos a pasear un Domingo a Branzolar para regresar el Lunes al trabajo.

Aunque no me lo dices supongo y espero que estén todos bien y que la última edición (?) progresa como es debido. Ahora para el asunto que me hablas muy a pesar mío no puedo darte los datos que me pides por no tenerlos. <u>Tarjetas que encontré de tu abuelo hechas en Alemania decían: Julio Pflücker y Rico Caballero de Rocafuerte.</u> Tu tío Carlos me dijo que había encontrado en Francia los testimonios de este título así como de otro título en Alemania y yo sé que el lleva dos anillos en sus dedos cada uno con uno de los títulos. Eso es todo lo que te puedo decir. <u>El único que podría darte algún dato es pues tu tío Carlos, pero el ha dejado Europa y no sé donde está.</u> Que el título existe no hay duda pero probarlo es otra cosa, y siento tanto no poder hacer nada por ti.

Acá siempre ocupados con los perros, tenemos de toda raza y tamaño y a veces ___ pobres perros abandonados porque sus amos ___ los dejan en la calle para que la carreta se los lleve. No podemos negarnos a recibirlos pues aunque nos hace gasto no hay razón para botarlos. Tenemos muy hermosos Po__ers (Pointers ?) y unos muy valiosos que se llaman Pilli__rs y que ___ nacido acá ___ cuatro meses y son los más curiosos duermen en nuestro cuarto y cuando oyen a la carreta de la basura que pasa a las seis y media cada mañana vienen a despertarnos y a decir buenos días, lo mas raro ...

Es todo. No estoy seguro en cuanto a quien la escribió. Una remota posibilidad es que se trate de Francisca Pflücker y Rico, su tía abuela quien vivió en Europa, pero en esos años tendría cerca de noventa años. Amelia Pflücker y Pflücker, su tía, quien también residió allá y además tuvo gran afición por los perros es muy probablemente la remitente. Es interesante notar cuando dice refiriéndose al tío Carlos: "pero el ha dejado Europa y no sé donde está" trata allí de su primo hermano Carlos Federico Pflücker Lostaunau quien siendo diplomático se trasladó, como veremos más adelante, desde París hacia los Estados Unidos.

Con esta carta a modo de introducción inicio este breve ensayo. Nunca mejor elegida la palabra ensayo porque justamente de eso se trata. Y es que no pretende ser un estudio histórico y menos aún genealógico o de investigación heráldica, pues no estoy al tanto de la metodología adecuada. Es más bien, diría yo, una simple recopilación de datos familiares, de una y otra fuente, unidos a veces con cierta intención de desorden, con el sólo objeto de revelar cómo se desarrolló, o cómo probablemente se difundió, la familia Pflücker en el Perú. Además, nos suministra información que puede ser de utilidad para conocernos, los Pflücker, un poco más. Repito, pues, no se trata ni de heráldica ni de genealogía sino de pura simpatía.

Mi padre también apeló a varias personas y a diversos documentos, entre ellas recuerdo a un señor apellidado Villanueva, quien por aquellos días pertenecía al Instituto Peruano de Investigaciones Genealógicas y quien, a mi entender, era una persona bastante enterada en el tema. No se me informó de lo que encontró, es más, el único documento que después llegó a mis manos, firmado por él, no es del todo exacto, debido probablemente a que no concluyó su investigación. Según él, por poner un ejemplo, Gertrudis Rico contrajo matrimonio con Guillermo Pflücker, cuando en realidad se llamaba Carlos y, según él, sólo tuvieron tres hijos: Carlos, Guillermo y Federico y sabemos que fueron más. La genealogía al parecer no es una ciencia exacta como no creo que lo sea ninguna que se base sólo en información humana. Me doy cuenta que de cuanto mayor es el número de las fuentes de información que posee uno, mayores son las discrepancias que se encuentran. Como anécdota, hay tres versiones, por lo menos, del segundo nombre de Carlos Pflücker Schmiedel: Unos dicen que era Carlos Renardo, otros Carlos Leonardo y otros, por último, que era Carlos Bernardo (aunque en ningún caso se menciona el de Guillermo) Veremos más adelante en sus testamentos, como sólo uno será el verdadero nombre y lo sé porque, en este caso, tuve la suerte de tener en mis manos la fuente más adecuada. Entonces me parece que lo más correcto es decir que algunos logran obtener la fuente apropiada y otros no. Pero esto no siempre soluciona el problema de fondo, pues constantemente en éstas fuentes aparecen los errores ... humanos. Aun así cualquier pista, cualquier dato, puede ser importante porque puede orientarnos hacia la verdad.

Pero, y aquí está el misterio, los hijos se apellidaron Pflücker y Taramona, eso lo sabemos todos aun cuando en las partidas de algunos de los hijos figura el apellido Manrique. Quizás una explicación sería que quien actuara como escribano en aquella época usara la fórmula que aún ahora se estila en Norteamérica, en el Brasil y en algunos países de Europa, es decir la de usar los apellidos en orden inverso al nuestro, primero el materno y en segundo lugar el paterno (P.ej.: el caso de Franklin Delano Roosevelt; Delano, apellido de la madre del presidente, normalmente es suprimido o reducido a su inicial: D; pero cuando lo incluyen, siempre lo hacen enseguida del nombre de pila) De allí que, en una supuesta confusión, suprimieran el Taramona. No lo sé.

El asunto se hace más grave cuando nos remitimos a la partida de matrimonio de don Julio. En el tomo 18 de la revista del Instituto Peruano de Investigaciones Genealógicas aparecen datos de las partidas, tanto de bautizo como de matrimonio pertenecientes a Julio Pflücker Schmiedel. Allí obtenemos lo siguiente : Julio es bautizado en 1836, siendo apadrinado por Francisco Manrique o Taramona (sic) Se casó, tres días después, con María Manrique o Taramona (sic) hija de Francisco Manrique o Taramona (sic) y de Francisca Pro. Parece que existió un problema de identidad, o simplemente alguien cambió una "y" por una "o". En todo caso, la versión correcta sería la de María Manrique y Pro. Claro está que, de ser así, la incógnita del porqué utilizaron el apellido Taramona sigue vigente. Finalmente, en la partida de defunción de María Taramona de Pflücker aparece como hija de Francisco Taramona y de Francisca Pro. Me quedo con esta versión por ahora. Todo esto no hace sino crear confusiones y pérdidas de tiempo. Finalmente el apellido de don Francisco era Taramona Manrique y el de doña María Francisca era Pro según lo veremos más adelante.

Otra causa de complicaciones es el de la fidelidad de las fuentes escritas a las que uno recurre. Entre los documentos que he usado en el presente trabajo está el "Diccionario Histórico y Biográfico del Perú" de la editorial Milla Batres, primera edición 1986. Desafortunadamente, en esta obra he tropezado con muchos errores. (Pensemos que se trata de problemas de imprenta: erratas) He aquí dos ejemplos; el de Eduardo Pflücker Cabieses a quien, si uno realmente quiere ubicarlo en esa obra, mejor será que lo intente en la «F» y no en la «P»; y otro caso es el de Domingo Valle Riestra, a quien afortunadamente sí hallamos en la «V», mas el nombre de su madre no está correctamente escrito. Dice: Isabel María García Sanier, y debe decir: Isabel María García de la Riestra y Sanier. Esto lleva a confusiones y a la pérdida, además del tiempo, de la confianza en el documento. Don Enrique Chirinos Soto publicó hace artículo en el diario "El Comercio" en referencia a las erratas y/o errores de la mencionada obra. Espero que en posteriores ediciones estos problemas hayan sido subsanados.

Qué pena que a alguno de los Pflücker Cabieses, o quizás a la Granny, mi bisabuela Hortensia Pflücker Taramona quien por ser longeva pues vivió cien o más años sobreviviendo a tres o cuatro generaciones, no se les ocurrió hacer algo parecido a lo que ahora deseo presentar. En realidad ignoro, y no porque no haya preguntado, que alguien en la rama de los Pflücker y Pflücker por lo menos, dejara algún documento que sirva para ayudar en la investigación de la familia. Ellos vivieron en el momento correcto, entre las personas adecuadas... los recuerdos estaban frescos... ¿qué pasó...? ¡Se imaginan las historias que conoceríamos, las anécdotas que hoy en día disfrutaríamos y, sobre todo, las incógnitas que podríamos resolver!

LA FAMILIA PFLÜCKER Y SCHMIEDEL

La familia Pflücker se inicia **en el Perú** con el arribo, a fines de la década de 1820, de los hermanos Carlos y Julio. Eran hijos de don Carl Friederich Bernhard Pflücker Pohlmann (nacido en Alemania, Arolsen, Waldeck, 01/07/1774 +1842, Waldemburg, Prussia –hoy Walbrzyk, Polonia a 60 kilómetros al sudoeste de Breslau-) y de doña Friederica Leonora Schmiedel quienes aún vivían en Waldemburgo (Silesia) en 1845 según el testamento firmado por su hijo Carlos en 1946. Carl Friedrich Bernhard Pflücker era comerciante de ropa.

Carlos llegó en la misma época John Moens, Francis Anderson y Heinrich Witt. John Moens contrajo matrimonio en Arequipa el 7 de Diciembre de 1827 con Paula Prado y Zavalaga. Al parecer Francis Anderson decidió quedarse en Arequipa con Witt pero poco tiempo después se reunió en Lima con Pflücker ambos trabajaban para Gibbs Crowley & Cia.

Los Pflücker Schmiedel son nietos de don Johann Phillip Pflücker (n.Wrexen. 02/08/1716 +1801) casado el 2 de Diciembre de 1761 con doña María Elizabeth Pohlmann. Hijos de don Phillip Pflücker (n.Wrexen, 1670 +02/03/1724 ó 1725) Maestro en Wrexen casado con doña Clara Margaretha de Pflücker y de don Johann Heinrich Pohlmann casado con doña Anna Engel. Phillip Pflücker fue hijo de don Johann Pflücker "El Mayor" (n.1620 +1693) Estos datos me fueron proporcionados por Manfred Pfluecker también descendiente de don Phillip y de doña Clara Margaretha Pfluecker. (*Ver más adelante la carta de Joachim Pflücker quien fuera el que buscó y obtuvo la información*)

Wrexen está situado a unos 15 kilómetros al norte de Arolsen)

Desde Arolsen, Waldeck, Alemania hasta Walbrzych, Polonia

Siempre pensé que los dos hermanos Pflücker Schmiedel habían sido mineros, o descendientes de mineros. Pues ambos se dedicaron a dicho menester. Carlos y Julio Pflücker importaron tecnología minera moderna y la utilizaron tanto en Junín como en Huancavelica. Después de la independencia los nexos que hasta entonces había sólo con España se expandieron al resto del mundo. En ese momento los precios de los metales que exportábamos, extraídos con métodos arcaicos, eran extremadamente altos. Los acostumbrados mineros se dedicaron a exportar guano y salitre que era de fácil extracción, abundaban en nuestro territorio y tenían un precio interesante en Europa y Norte América. Los hermanos Pflücker, conocedores del mercado internacional pues ambos laboraban en grandes brokers internacionales, al traer nuevas técnicas lograron que los precios de nuestros metales fueran competitivos. Y cuando en la década de 1850 necesitaron manos de obra experta buscaron a sus parientes. Todo ocurrió 30 años antes de la guerra del 79 cuando el resto de los mineros ya sin salitre y con el precio reducido del guano empezaron trabajar en el cobre y la plata. En una conversación que tuve con Hernán Pflücker, primo, buen amigo y aficionado como Yo, llegamos a la ligera conclusión de que había una probabilidad que don Carl Friederich Bernhard Pflücker Pohlmann hubiera sido geólogo. El libro de Dolly, ya mencionado, hablaba de ricos banqueros Eso más algunos rumores me llevaron a buscar sin fortuna en otras ramas de la familia. Ya los Pflücker tenían varios siglos de existencia y habían entre ellos banqueros, mineros, geólogos, catedráticos universitarios, maestros de escuela, encargados del correo, mercaderes, agricultores, inventores, si, seguramente en cada una de las formas de ganarse la vida en esa época habría un Pflücker. El padre de Carlos y Julio era mercader de ropa según nos cuenta Joachim Plücker (No es un error, también se escribe asi nuestro apellido como veremos adelante)

Los hermanos Pflücker Schmiedel, vivos en 1846, eran siete:

1A **Dn. Karl Reinhard Pflücker Schmiedel** (Waldemburgo, 03/06/1800)

1B **Dn. Heinrich Pflücker Schmiedel** (n.Waldemburgo, 02/07/1806) de quién se dice vino al Perú hacia 1855 en compañía de sus hermanos Otto, Leonardo y Oswaldo. Contrajo matrimonio y fue padre de por lo menos dos hijos. Uno de ellos, Henry, nació en 1843.

1C **Dn. Rudolph Bernhard Pflücker Schmiedel** (n.Waldemburgo, 21/07/1808 +1869, Bunzlau) No emigró al Perú. Fue juez en Breslau y falleció 1869 en Bunzlau, hoy Boleswiec, Polonia, a unos 40 kilómetros al oeste de Breslau donde vivió en Tauenzienstr, hoy Tadeusza Kosciuszki en una calle entre la Opera y la estación del ferrocarril. No he podido averiguar si hubo descendencia. Falleció a unos 75 kilómetros de Waldemburgo. En Bunzlau, hoy Polonia.

1D   **Dn. Julius Arnold Pflücker Schmiedel** (Waldemburgo, 1810)

1E   **Dn. Otto Philipp Pflücker Schmiedel** (Waldemburgo, 15/04/1816)

1F   **Dn. Herrmann Oswald Pflücker Schmiedel** (Waldemburgo, 09/11/1817)

1G   **Dn. Leonhard Pflücker Schmiedel** (Arolsen, 15/08/1821)

Algunos párrafos de la carta escrita por Joachim Pfluecker a Mario Pflücker Villanueva, residente en Chicago:

"Dear cousin,

Excuse my English, it is nearly fifty years ago, I leftth eschool and I had nearly no exercise to speak English.I can not open your mail, when there is a text, my PC says spam. The family P(f)lücker (sic) lives in Waldeck/Hessen/Germany near Cassel, the oldest proof ist 1598. My knowledge is, that all Pflückers are relatives (in Germany only 28 persons). The father of the emigrants was Carl Friederich Bernhard Pflücker, born in Arolsen/Waldeck the 1.7.1774. He went to Waldenburg/Schlesien/kingdom of Prussia, today Walbrzyk/Polonia 60 km southwest of Breslau.

He was a merchant of linen, was married with Friederike Schmiedel and father of seven sons. Six of them emigrated to Peru:
Karl Bernhard, born 1800 (Carlos Renardo Pflücker Schmiedel)

Julius Arnold, born 1810 (Julio Arnoldo Pflücker Schmiedel) and Leonhard, Otto, Oswald and Heinrich. Rudolf Bernhard became jugde in Breslau, today Wrocclaw. He died 1869 in Bunzlau, today Boleslawiec, 40 km west of Breslau. I don`t know If he had descendants. In Breslau he lived in the Tauenzienstr 11, today Tadeusza Kosciuszki a street between the Opera and the railway station".

Estos son los únicos Pflücker Schmiedel que aparecen en los testamentos, tanto en el de Carlos como en el de Julio, y todos nacidos en Waldemburgo en la Baja Silesia, hoy Polonia.

El vocablo alemán 'pflücker' debe escribirse con diéresis o reemplazando la «ü» por «ue» ya que en ambos casos la pronunciación es idéntica. De hecho en Alemania se escribe Pfluecker. Se traduce al castellano como recolector, cosechero. Es posible que derive del apellido Fugger y, posteriormente del de Pflüger o Pflueger el cual aún subsiste. Existían varias fórmulas utilizadas al escribir nuestro apellido.

A modo de información, añado que en un artículo, de mucho interés por cierto, escrito por Amadeo Martín Rey y Cabieses en la Revista del Instituto Peruano de Investigaciones Genealógicas, aparece información sobre los Fugger. Dice asi... "El tronco de los Fugger fue Juan Fugger, cuyo hijo Hans, se trasladó de Graben en Lechfeld a Augsburg donde adquirió carta de ciudadanía en 1368.... Se instalaron en el castillo de Wellenburg, cerca de Augsburg, y en Babenhausen, también cerca de esa ciudad. Se enriqueció muchísimo. Tanto que pudo prestar sumas enormes al emperador Maximiliano que lo ennobleció (Las Armas de los Fugger datan de 1473) y se le dio el Condado de Kirchberg y el señorío de Weissenhorn. Desde entonces los Fugger fueron los Banqueros de los Habsburgo." Lo que nos comenta Amadeo Martín Rey y Cabieses, confirma lo expuesto por Dolly Pflücker en su libro.

En los Estados Unidos existe una pequeña ciudad llamada Pflügerville, a unos 25 kilómetros de Austin, Texas. Fundada en 1860 por William Bohls en honor a Henry Pflüger Sr. La historia cuenta que Henry Pflüger había dejado Alemania huyendo de las guerras Prusianas y llegando a tierras tejanas en 1849. Compró un terreno a su cuñado John Liese quien había inmigrado antes que él. Luego en 1853 canjeó este fundo por un rancho cercano a la actual Pflügerville y allí vivió con su familia en una cabaña de 5 cuartos y se dedicó a la siembra de maíz, trigo, centeno, frijoles, papas, camotes y a la crianza de ganado el que con sus hijos trasladó por el famoso Chrisholm Trail. Henry Pflüger había nacido en Altenhasungen, *Hessen*, Alemania el 30 de Agosto de 1803 y falleció el 11 de Agosto de 1867 y era hijo de Johannes Pflüger y de Anna Elizabeth Pflüger. En la carta de *Joachim Pfluecker escribe "The family P(f)lücker (sic) lives in Waldeck/Hessen/Germany near Cassel"*

A fines de la década de 1930 en Dantzig, a orillas del Báltico en Europa Central y ciudad cuyo gentilicio fue usado por Adolfo Hitler como excusa para iniciar la segunda guerra mundial, vivía un señor llamado Karl Ludwig Pflücker. Este señor quien trabajaba en la oficina de correos de la zona se vio obligado a realizar un pequeño estudio genealógico con el fin de probar su ascendencia aria y así mantener su puesto de trabajo. Averiguó que una rama de la familia había emigrado a América Latina a principios del siglo XIX. Cuando finalmente concluyó que habían radicado en el Perú se dedicó a buscar algún pariente peruano con quien pudiera establecer comunicación epistolar.

Fue una de las hermanas Pflücker Rospigliosi, María Teresa, la elegida para buena fortuna de don Klaus Ludwig ya que ella conocía el idioma alemán. Inicióse de esa manera un constante flujo de correspondencia que terminaría hacia los años 60 en que fallecen los protagonistas.

Carta que recibí de Dagmar Pfluecker el 17 de Julio del 2001 referente a lo antes mencionado:

Hello Juan!

My name is Dagmar, I am 29 years old and I was very surprised and happy to get your mail! I live in the north of Germany in a beautifull city called Schwerin. I'm not married and work as a physiotherapist in a small praxis. My sister is 31 years old.

Our family know that about 1835 6 brouthers went from Germany (Corbach that lies between Kassel and the Ruhrgebiet) to South America. My Grand father wrote to a young girl in Lima about 1935... In Germany live about 20 – 30 pfluckers.

Are there some judges in the Pflucker family over there? (that's what my Dad wants to know!) Please wrote back and tell me more about you and your family and how you get my mail adress!

Hope to get ananswer sooner as my...

Many Greetings from here

Dagmar

Alguna vez, en alguna de aquellas cartas, el señor Pflücker transcribió algo de la genealogía que había estudiado y que, gracias a Federico Pflücker Rospigliosi, puedo presentar ahora. Tal parece que en el siglo XVI en Arolsen, Waldcek (Waldeck) antigua provincia de Prusia, vivió el más antiguo Pflücker que Klaus Ludwig pudo hallar y que llevaba el nombre de Henrious Pluckerus, evidentemente latinizado. Descendientes de él aparecían Johann Plücker y Philip Plücker; Johann Philip Pflücker casado con Elizabeth Pohlman y finalmente Karl Friedrich Pflücker (no Bernhard) casado con Eleonore Schmiedel, éstos últimos nuestros antepasados directos.

Como vemos existían varias fórmulas utilizadas al escribir nuestro apellido. He encontrado, por poner un ejemplo, a don Julius Plücker, nacido en Elberfeld, Alemania, el 16 de Junio de 1801 y fallecido en Bonn el 22 de Mayo de 1868. Este fue un físico y matemático quien como físico descubrió el efecto del magnetismo sobre los rayos catódicos, principio vital en el desarrollo de la electrónica, y como matemático fue un estudioso de la geometría analítica. También es reconocido por sus estudios sobre la espectrografía, estudios relativos a los colores de la zona luminosa de la llama en contacto con diversos elementos, anticipándose a Bunsen y a Kirchhoff. Se le deben varias fórmulas relativas a los puntos singulares a las curvas algebraicas, a las cuales dio su nombre. Pluckerianas.

De paso por Nueva York en 1995 Ana María Pflücker Camino, hija de mi primo hermano Roberto "Mickey" Pflücker Roncagliolo, aprovechó la oportunidad para conocer la isla Ellis. Este lugar fue el paso obligado de los inmigrantes que llegaron de Europa a los Estados Unidos desde 1892 hasta 1943. Aquellos que huyendo de las constantes guerras y persecuciones, de la escasez de empleo y de la falta de oportunidades, tenían como única esperanza volver a empezar en los Estados Unidos, la nueva tierra prometida. Pero para esto tenían que afrontar el prolongado y difícil trámite legal en esta isla.

Allí los funcionarios norteamericanos en cuyas manos se depositaba la voluntad de todo el pueblo estadounidense, cerca de noventainueve por ciento imigrante o descendiente de inmigrantes, aceptaban o rechazaban el ingreso de quienes en un último esfuerzo habían logrado cruzar el Atlántico. Pues bien, en esta pequeña isla de unas once hectáreas de extensión, existe ahora un museo. Los edificios en donde antes se decidió el futuro de miles de personas, ahora son visitados por turistas que vienen a ver y sentir el lugar donde millones de inmigrantes de todos los continentes pasaron a formar parte de los Estados Unidos. La isla Ellis desde 1965 es considerada en los Estados Unidos como el Monumento a la Libertad Nacional.

Entre infinidad de documentos, cuadros y fotografías, han dispuesto unas computadoras en las que uno puede ubicar algún nombre o apellido. Ana María localizó a Charles Pflücker, proveniente del Perú como invitado -o a iniciativa- de los hermanos James y Gregory Pflücker, residentes en Lakewood, Colorado. Al enterarme de inmediato me interesé en el asunto. Gracias a la buena voluntad de mi cuñado Alfonso Rey, quien residía (1996) en Fort Lauderdale, pude averiguar la dirección de James A. Pflücker. Le puse unas letras explicándole quienes eran mis ascendientes y cuales mis intenciones. A los pocos días recibí una interesante carta. Como había supuesto se trataba de un hijo de Carlos Federico Pflücker Lostaunau, hijo a su vez de Carlos María Pflücker y Rico, a quienes veremos en detalle más adelante. Gregory y James, nietos de Carlos Federico, mediante un donativo para la restauración de La Estatua de la Libertad solicitaron y obtuvieron que su padre, Charles Pflücker Barker, apareciera en el cuadro de honor de los Inmigrantes a los Estados Unidos el 8 de Agosto de 1989, seis meses después de su fallecimiento. Ese es el motivo por el que aparece en la pantalla de aquella computadora.

Las historias de Charles Pflücker Barker y la de su padre, Carlos Federico Pflücker Lostaunau, son fascinantes y envueltas en una atmósfera de intrigas y dificultades. Cuenta James que su abuelo siendo diplomático viajó por todo el mundo y que aquí, en el Perú, la familia poseía una gran fortuna en propiedades, y que él como hermano mayor era el que la administraba y poseía (mayorazgo) Llegó a los Estados Unidos, vía Cayo Hueso, el 15 de Julio de 1926. Había iniciado una querella judicial contra un norteamericano (de Baltimore) quien le había estafado por una fuerte suma. Tuvo que residir allá durante el juicio y se mantenía con el dinero que recibía desde Lima producto de los negocios familiares. Al parecer estos envíos cesaron de la noche a la mañana y don Carlos Federico se vio en grandes apuros para subsistir. Llegó al extremo de hacerse deportar por el gobierno norteamericano con el objeto de poder viajar al Perú e investigar que ocurría con sus haciendas. Al parecer cuando llegó a Lima se encontró que su hermana y su sobrino habían tomado el control de toda la fortuna. Sobre la hermana, Julia, he hallado información muy interesante que podrían apoyar las afirmaciones de James Pflücker. En esas circunstancias falleció Carlos Federico en Abril de 1934. Mientras tanto su esposa y su hijo pasaban apuros esperando en Estados Unidos su retorno. Como veremos más adelante, Carlos Federico se casó dos veces. En segundas nupcias lo hizo con Margaret Barker, canadiense de nacimiento e inglesa por documentación. Ella se enteró de la muerte de su esposo algún tiempo después. Subsistió gracias al conocimiento de idiomas y a las joyas que poseía, y sobre todo a la buena administración que hizo de ambos bienes. Charles (hijo) volvió a Norteamérica por Niagara Falls, Canadá, el 20 de Noviembre de 1940 enrolándose en el ejército y siendo enviado al frente durante la segunda guerra mundial. Obtuvo así la nacionalidad estadounidense el 21 de Agosto de 1944.

Es interesante mencionar a algunos Pflücker que residen en los Estados Unidos. Por medio de la informática (Internet) he podido ubicar además de a James y a Gregory, a Enrique Pflücker (Elmont, N.Y.) a Fausto Pflücker pastor en Pomona (Upland, CA.) a Pflücker H. (Lady Lake, FL.) a Juan Miguel Pflücker (College Station, TX.) y a Mario Pflücker (Palatine, IL.) A los 5 últimos, les he escrito con la intención de averiguar el origen de cada uno el que, imagino, resulte ser peruano. De hecho he recibido respuesta de H. Pflücker, quien resultó siendo la segunda esposa de Charles Pflücker Barker. De Mario Pflücker Villanueva, quien estando en Lima me llamó muy interesado en conocer a sus antepasados y con quien he intercambiado información.

Es muy difícil encontrar a algún Pflücker, nacido el siglo XVIII, en América del Sur fuera del Perú. Sé que existen en Alemania e Inglaterra y probablemente en algún otro país de Europa, como Polonia por ejemplo. Hay quienes afirman que uno de los médicos de cabecera del Mariscal Goering tenía este apellido, y que incluso fue él, herr doktor Pflücker, quien en su celda, en Nuremberg, le proporcionó la cápsula de cianuro con la que se quitó la vida... (Dicen que sumergida en una pomada destinada a aliviar uno de los tantos achaques que sufría el otrora supremo jefe de la poderosa Luftwaffe) ¿Será cierto? (Ver: "Nuremberg, The Last Battle" por David Irving, Capítulo 21) De hecho Gastón Pflücker Valdez comentó sobre un médico amigo quien había vivido en Alemania durante la segunda guerra mundial hospedado en casa de un doctor, asimilado al ejército, apellidado Von Pflücker. Sobre este interesante tema Alberto Thorndike en su libro "Resurrección y Muerte de la Luftwaffe" escribe:

"Los médicos que examinaron el cadáver minutos después encontraron en su boca minúsculos trocitos de cristal y detectaron olor a cianuro potásico. Un comité de investigación nombrado al efecto, estableció que **Goering había estado en posesión del veneno desde el momento mismo de su detención.**"

"On August 31, 1946, in his closing trial statements, Göring accepted blanket responsibility for the charges against Hitler and the Third Reich. He was sentenced to death on October 1, but one poison capsule was still in his baggage, hidden in a pot of skin cream, according to one of Göring's letters. **The capsule was in all probability smuggled into his cell by Lt. Wheelis and Dr. Pflücker.** *This reviewer, who always thought that the vial of poison was concealed in the bowl of Göring's meerschaum pipe, found Irving's revelations on Göring's final hours surprising."*
(Göring: A Biography by David Irving. New York: William Morrow and Company, 1989)

Sobre este tema llegó a mis manos un escrito refiriédose al Doctor Pflücker:

"An der Geschichte von Görings Hausarzt ist nur richtig, dass mein Großonkel Ludwig Pflücker amerikanischer Kriegsgefangener war und verpflichtet wurde, die Angeklagten im Nürnberger Prozess als Arzt zu betreuen. Er hat immer bestritten, Göring Gift für seinen Selbstmord gegeben zu haben, Ganz geklärt ist die Frage, wie Göring an das Gift gelangte oder ob es ihm gelang, es diese gesamte Zeit zu verstecken, nicht. Eine Theorie ist, dass amerikanische Offiziere Göring als ehemaligen hoch dekorierten Offizier nicht durch den Strang sterben lassen wollten vgl. den Roman "Die Kapsel". Anfang 2006 meldete sich der ehemalige Soldat Herbert Lee Stevens in der Presse und behauptete, er habe als 19 jähriger Soldat der Bewachungsmannschaft in Nürnberg Kontakt zu einer Deutschen gehabt. Auf deren Wunsch habe er in einem Füllfederhalter eine Kapsel in das Gefängnis eingeschleust und Göring übergeben in dem Glauben, es handele sich um ein Medikament"

"La historia del médico de familia de Göring sólo es cierto que mi tío abuelo Ludwig era los recolectores de prisioneros de guerra estadounidenses y se vio obligada a cuidar de los acusados en el proceso de Nuremberg como médico. Siempre ha negado haber dado veneno Göring para su suicidio, todo está claro cómo fue Göring el veneno o si tuvo éxito para ocultarlo todo este tiempo no. Una teoría es que oficiales estadounidenses Göring como un ex oficial condecorado a través de la matriz de filamento quería ven la novela 'El pod'. Principios de 2006 se alistó al ex soldado de Herbert Lee Stevens en la prensa, alegando que tuvo contacto con un alemán como un soldado de 19 años de edad de los guardias en Nuremberg. A petición suya había infiltrado en una cápsula en la prisión de una pluma estilográfica y Göring transferida en la fe, es una droga" (*Traducido por Windows*)

He escuchado a algunas personas comentar la probabilidad de que existan personas con el apellido Pflücker en el Ecuador. Dicen haber escuchado de los Pflücker y Rico. He estado un par de veces por allá, y no me he enterado de nada similar aun cuando, como muchos, soy asiduo "lector" de las guías telefónicas de cada lugar que visito. Acaso hayan oído de los Rico o de los Rocafuerte que si viven en ese país. Aún así no podemos descartar la posibilidad de que alguno de los descendientes de Carlos Pflücker y Rico se trasladara al Ecuador y radicara allí algún tiempo; recordemos, por ejemplo, que Antonio Picasso y Panizo -casado, como veremos más adelante, con María Julia Oyague Pflücker- era el Cónsul General del Perú en Guayaquil. El mismo Carlos Pflücker Schmiedel vivió un tiempo en Guayaquil donde conoció a la que sería su esposa.

De los Schmiedel, en cambio, sí he encontrado algo en los libros. Sucede que existió un viajero alemán allá por el siglo XVI, don Ulderico Schmiedel (ver también: Schmeidel) quién participó en la expedición de don Pedro de Mendoza hacia el Río de La Plata y presenció la primera fundación de Buenos Aires en el año 1536. Se dice que marchó luego al Paraguay, atravesó el Chaco y de regreso, en Alemania, escribió la primera historia del Río de La Plata y del Paraguay que se tituló: "Derrotero y viaje a España y a las Indias". (Schmied = herrero)

N.B.: ESTAS DOS INICIALES, N Y B, SIGNIFICAN NOTA BENE Y SIRVEN PARA LLAMAR LA ATENCIÓN SOBRE ALGO ESPECÍFICO A LO CUAL YA ME HE REFERIDO, NORMALMENTE, EN EL PÁRRAFO ANTERIOR.

WALDEMBURGO

Polonia está situada al este de Alemania y al noreste de Checoslovaquia. Es un país que ha sufrido durante su historia incontables divisiones y subdivisiones. Observando un mapa geopolítico de este país notaremos como a través de los años tanto se le cercenó como se le añadió territorio. Polonia, en su mayor expansión, antes de 1772, comprendía Letonia, Lituania, Bielorrusia y también Ucrania.

Entre esas áreas que continuamente fueron tanto anexadas como separadas de Polonia se encuentra una franja de unos 100 kilómetros de ancho que comenzando en Checoslovaquia (en los nacimientos del Oder) y acompañando al río, termina en Pomerania a orillas del mar Báltico. Dentro de esta zona se halla la provincia de Wroclau o Breslau.

Actualmente Breslau en una ciudad situada a orillas del Oder a unos 300 kilómetros de Varsovia. En el 2012 su población estimada era de unos 631,200 habitantes. Cerca están los importantes campos carboníferos de Silesia, por lo que se ha convertido en uno de los principales empalmes del ferrocarril y gran centro industrial donde se fabrican equipos electrónicos, maquinarias, productos textiles, químicos y se procesan comestibles. Fundada en el siglo X logró desarrollar como ciudad comercial en plena ruta entre el Mar Báltico y el sur de Europa. En el siglo XII se convirtió en la capital de Silesia, y desde el año 1335 hasta el 1526 estuvo bajo el dominio de Bohemia. Entre 1526 y 1741 fue una posesión de los Habsburgo para después vivir dominada por Prusia y Austria. Desde 1945, se incorporó a Polonia.

El pueblo más grande de la provincia es el de Waldemburgo (Walbrzych en polaco) 120,200 habitantes en el 2010, situado en las montañas de los Sudetes centrales, a orillas de uno de los afluentes del Oder. Es también el segundo pueblo más grande de la Silesia Baja (Dolny Slask) Muy cercano a la frontera con la República Checa.

Los Pflücker Schmiedel provienen de Waldemburgo, ciudad que hasta 1945 perteneció tanto al Reino de Prusia como a Alemania. En el testamento de 1846 de Carlos Pflücker Schmiedel escriben el nombre hispanizado: Waldenburgo.

En la publicación -Los Polacos en el Perú- leemos: "Los primeros polacos que llegaron al Perú, todavía en la época de la conquista, fueron los jesuitas polacos. Así fue que el jesuita Stanislaw Artel (1663-1717) a fines de siglo XVII se dedicaba a la actividad misionera entre las tribus indias del Perú". Y sigue: "Sin embargo, la mayoría de los polacos que llegaron al Perú en el período en que su patria, después de las sucesivas insurrecciones de Noviembre (29 de Noviembre de 1830) y de Enero (22 de Enero de 1863) del siglo XIX, se encontraba esclavizada bajo el yugo de los ocupantes. Los Polacos, privados de su patria libre, buscaban en el Perú la oportunidad para poder llevar adelante sus ambiciones profesionales y científicas".

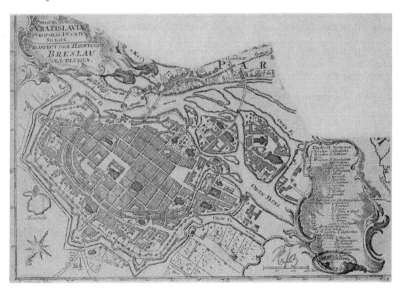

Breslau (Wroclaw o Walbrzych) 1780

Los padres de los Pflücker Schmiedel no figuran como testigos en la partida de matrimonio de Julio lo que podría indicar la ausencia de los mismos. Cuando llegan a América, Carlos siendo el mayor sólo tenía unos 24 ó 25 años. De los otros hermanos no hay mucha información. Un documento que los menciona, incluyendo a la madre, es el primer testamento de Carlos Renardo. (Pero en un testamento, no interesa realmente la localización del albacea o comisario así como tampoco la de los herederos) Y algo, aunque muy poco, menciona Heinrich Witt en sus memorias. Nos dice, por ejemplo, que Otto y Oswaldo, probablemente los hermanos menores, vinieron al Perú en 1846 desde Hamburgo con un primo llamado Charles Henry (hijo del mencionado Heinrich) Los tres trabajaron en el Perú, algunos con el tío Carlos Renardo y otros con el tío Julio. Pasaron algunos años antes de que el sobrino dejara Lima y se trasladara a Trujillo donde se quedó a vivir un tiempo. Al parecer Charles Henry no fue precisamente un santo, Witt nos cuenta que anduvo en problemas algo serios con la justicia. (En el Censo Norteamericano de 1970, en el condado de Hillsbourough, Florida, aparece Henry Pflücker, de 27 años, de origen Alemán, agricultor) También menciona que Leonardo y Otto trabajaron con su hermano en las minas. Las guerras mundiales además de todos los males que causaron, también destruyeron apellidos. Muchos apellidos europeos, sobre todo alemanes, fueron cambiados después de ambas guerras. Hernán Pflücker encontró en los archivos de Breslau a dos hermanas Pflücker fallecidas durante la guerra, al parecer eran las últimas con el apellido. De hecho Carlos Pflücker Schmiedel, en su último testamento (1887) menciona haber creado una fundación para sostener y ayudar a sus parientes indigentes en Alemania.

N.B. **Don Enrique Witt Willinsk,** fue un alemán nacido, el 11 de Mayo de 1799, en Altona, hoy parte de Hamburgo. Hijo de Peter Witt y de Elizabeth Willinsk. Llegó al Perú en 1824 desde Chile. Trabajó al igual que Carlos Pflücker Schmiedel en la firma Gibbs Crawley & Cía. Luego, en 1841, se desempeñó como cónsul de Dinamarca en el Perú. Se casó con doña María Teodora «Mariquita» Sierra y Velarde y al parecer, vivió de sus rentas (en sus palabras deja entender que éstas rentas provenían de intereses originados por préstamos de dinero, en realidad fue un hombre acaudalado) hasta el final de sus días. A partir de 1840 comenzó a escribir un diario (que originalmente trata desde la Independencia hasta el Tratado de Ancón) el que luego, hacia 1875, deja de serlo para convertirse en unas memorias. Sus escritos llegaron al poder de doña Eloyda "Kika" Garland Mellián, nieta de Geraldo Garland Myers (amigo de Witt y casado con una hija de su esposa Mariquita Sierra) y esposa de don Enrique Montero Muelle. Hace pocos años los entregó para su publicación a COFIDE, y después de su muerte los comenzó a publicar el Banco Mercantil. Hace unos años Elvira Barbe Pflücker me dijo que esta publicación, la que realizó el Banco Mercantil, se editó de manera muy sintetizada (lo que confirmé posteriormente) Elvira cuenta cómo solía pasar largas horas escuchando las narraciones de Mr. Witt de labios de la señora Kika quien, repito, poseía los manuscritos originales. Como veremos más adelante, tanto Enrique Witt como Geraldo Garland Myers (n.York, 03/09/1811 +26/11/1898) fueron albaceas del testamento de Carlos Pflücker Schmiedel. Enrique Witt fallece el 3 de Noviembre de 1892.

Entre los muchos Pflücker con quienes he tenido contacto durante la elaboración de este documento, tuve el gusto de conocer a Fernando Pflücker Retamozo quien me informó que su abuelo, Henry Pflücker, descendía de los Pflücker de Hamburgo, es más, según recordaba, Henry había nacido allí. Me contó que su abuelo viniendo de Alemania a fines del siglo XIX, se detuvo en Jamaica donde conoció a una señora de apellido Buckingham. Esta señora había vivido en el Perú, en el Callao, y había contraído matrimonio con un señor apellidado Francia (¿padre de don Augusto Francia Buckingham, casado con doña Carolina Molinelli?)

Luego de enviudar la señora Buckingham regresó a Jamaica donde conoció a Henry (Enrique) Al parecer después de contraer matrimonio la pareja, por recomendación de ella, se trasladó al Perú. Nacieron así los Pflücker Buckingham, uno de los cuales fue padre de Fernando y de su hermana Esther. Los Pflücker Retamozo al parecer están emparentados con los Pflücker Vidaurre (Amador Pflücker Vidaurre, casado con doña Violeta Gálvez Graziani y padre de Enrique y Manuel Pflücker Gálvez)

Don Henry Pflücker Gil nacido en 1870 a quien se refiere Fernando fue hijo, como veremos más adelante, de Julio Pflücker Schmiedel y de Teodora Gil. Se había casado en San Marcelo el año de 1900 con doña Lilly Scates Buckingham, nacida en Kingston, Jamaica, en el año 1879. Fueron padres de don Héctor Fernando Pflücker Scates, nacido en 1904 y quien contrajo matrimonio con doña Juana Retamozo. La confusión se presenta ya que el segundo apellido de Lilly Scates, la esposa de Henry era precisamente el de Buckingham. Y es la madre de doña Lilly la que en primeras nupcias había casado con don Camilo Francia, farmacéutico nacido en Torino hacia 1855.

N.B. **Don Ernesto Pflücker (Phlücker)** Falleció el 14 de Abril de 1910 a la 9 de la noche en la Calle Arequipa N° 151, había sido hijo de don Enrique Phlücker y de doña Lilly Francia. Como veremos más adelante don Ernesto Pflücker Gil y doña Lilly Scates Buckingham vivían en esa época en la calle Arequipa N° 161. Extraña coincidencia.

Nuevamente asoma el problema en el orden de los apellidos. Es posible que Buckingham fuera el apellido paterno aunque a la usanza anglosajona lo pusieran en segundo término. Después de todo Jamaica era parte del imperio.

Volviendo al tema, tenemos que...

1A **Dn. Carlos Renardo Pflücker Schmiedel.** Nació el 3 de Junio de 1804 en Waldemburgo, Silesia. El se consideraba prusiano según consta en su testamento. Por los informes que he recibido de los Pflücker de Alemania, el menor de los hermanos de Carlos nació en 1821 en Arolsen lo que significa que su familia había regresado a Alemania. Carlos fue contratado en Londres por la firma Gibbs & Crawley y fuen enviado al Perú. Al parecer llegó a las costas peruanas en el vapor 'Wonderer' junto con Heinrich Witt en el año 1824.

Si esta fecha es correcta, arriba al Perú en los albores de la República. Al igual que Witt, vino al Perú por encargo de la firma comercial inglesa Gibbs Crawley & Cía. Trabajó allí hasta que decidió tomar el camino de la minería.

Sobre los extranjeros menciona don Jorge Basadre Grohmann:

"*El decreto del 17 de Octubre de 1821 concedió entrada libre a los extranjeros, les ofreció la misma protección que a los ciudadanos peruanos y les dio amplia libertad para el ejercicio de su industria*".

Este decreto dictado en 1821, fue evolucionando, como todo en un país que recién ha sido objeto de cambios fundamentales, según las circunstancias y de acuerdo a las conveniencias de los sucesivos gobernantes. En 1840, por ejemplo, se les quita a los extranjeros el poder de ejercer la industria; y, en cambio, pocos años después, en 1850, se dictan leyes para facilitar la inmigración de ciudadanos alemanes hacia la zona de la selva central (Pozuzo, La Merced, el área de Oxapampa etc_) migración que como todos sabemos llegó a prosperar pero gracias al esfuerzo de los inmigrantes y no precisamente debido a la ayuda del gobierno ya que fueron abandonados a su suerte. Continúa Basadre:

"*Partidas especiales fueron votadas por el Congreso (1890-91) para la traslación de treinta o más familias que don C. Roemer propuso hacer venir de Alemania para que se estableciesen en la región comprendida entre los ríos Mairo, Palcazu y Pozuzo. Este Plan no se llegó a cumplir. Un grupo de miembros de la colonia alemana del Pozuzo se estableció en 1889 en las montañas de Oxapampa buscando una zona más favorable para la colonización*".

"*Tras iniciar, en el año 1850, los trabajos de explotación de las minas de plata de la región de Morococha a cargo del recordado minero Carlos Pflucker Schmiedel, este notable personaje ubicó sus instalaciones en Tuctu. Pocos menos de un siglo, don Martín de Bidegaray, también instaló en el referido lugar su Ingenio de Metales. Carlos Pflucker, descubrió nuevas minas de plata y puso en práctica, modernos procesos metalúrgicos de amalgación y cloruración. Tal fue su reconocimiento, que Antonio Raimondi, en su obra "El Perú", hace mención de este patriarca de la minería en Morococha. Explorador Raimondi, también menciona sobre las visitas que realizó, junto a Carlos Pflucker, a las principales minas y el levantamiento de planos que realizaron de las inmediaciones de Morococha, así como de las excursiones que hicieron a los elevados picos para hacer observaciones metereológicas y conocer la marcha horaria de la temperatura y presión atmosférica en las distintas horas en un mismo día. Luego de formar la Compañía Peruana en Minas de Cobre, junto a Juan Francisco Izcue, Pflucker tuvo que afrontar la dificultad del transporte de los minerales a la costa, la escasez de mano de obra, los precios elevados de los alimentos, así como la inestabilidad política y económica, que hacía de la minería una actividad*" *difícil de desarrollar. Sin embargo, a pesar de las dificultades la minería en Morococha logró desarrollarse, bajo el impulso de Carlos Pflucker y de sus hijos Carlos María, Julio y Leonardo Pflucker Rico, que en la Exposición Industrial de Lima realizada el 15 de agosto de 1879, Manuel Pardo, Alcalde de la Municipalidad de esta ciudad, otorgó a los Pflucker una Medalla de Oro y Diploma, considerándolos como los "Fundadores del más considerable establecimiento mineral de la República".*

Carlos Renardo Pflücker Schmiedel
(Revista Toromocho)

"Tras la muerte de su socio, Carlos Pflücker tomó las riendas de la mina y llevó fundidores expertos de Alemania e hizo construir hornos de reverberación para fundir el cobre extraído. Asimismo, tuvo que afrontar el asedio y el pago de fuertes cupos por parte de los invasores durante la Guerra con Chile."

"Es así que como un homenaje a la memoria de Carlos Pflucker, una de las principales calles de Morococha lleva su nombre" (De la Revista Toromocho)

Don Carlos se casó dos veces. La primera boda se realizó por poder otorgado a don Francisco Távara en Colán, Paita, Piura, inscrito el 1° de Setiembre de 1834 en la Iglesia Matriz con doña **Gertrudis Rico y Rocafuerte** (n.Guayaquil, Guayas, 17/11/1805 +01/07/1860, Prusia, Reino de Breslau) Hija del Coronel don Luis Rico y Pérez (n.Villa de Castalla, Valencia, España +04/01/1811, Guayaquil) Coronel del Real Cuerpo de Ingenieros. Gobernador Político y Militar y Teniente de Capitán General de Guayaquil casado en Guayaquil el 8 de Diciembre de 1803 con doña María Francisca de Rocafuerte y Rodríguez Bexarano (n.Guayaquil, 05/04/1788) Nieta de Dn. Pedro Pablo Rico casado con Dª. Gerónima Pérez (Españoles, de Castalla, Valencia) y de Dn. José Antonio Rocafuerte (n.España, Castellón, Morella, 27/08/1735 +24/02/1796, Ecuador, Pichincha, Quito) casado con Dª. Josefa Rodríguez Bejarano (n.Guayaquil, 1754) Carlos Pflücker residía en el año 1853 en la Calle Coca N°170. Veremos a las familias Rico y Rocafuerte más adelante.

Sus restos descansan en el Presbítero Maestro, Cuartel de Santo Domingo, Nº 153, Letra "D". A diferencia de su hermano Julio -quien sí se bautizó católico-, Carlos Pflücker Schmiedel nunca dejó de ser protestante (Luterano) Testó don Carlos en Lima ante el notario Pedro Seminario el 18 de Diciembre de 1846. Al parecer testó en varias oportunidades y finalmente en Nápoles el 10 de Enero de 1887, día en que falleció, declaró la que sería su última voluntad. Entre otras ocupaciones formó parte en 1838 de la junta directiva de la Pacific Steam Navigation cuyo presidente era Belford Hinton Wilson. *Más adelante veremos que Pedro Robles y Chambers señala como lugar de la boda de Don Carlos la ciudad de Guayaquil.*

Hijos del primer matrimonio de don Carlos:

2A   Dª. Francisca Pflücker y Rico, la mayor. (b.1835)

2B   Dª. María Gertrudis Leonor Pflücker y Rico. (b.1837)

2C   Dn. Carlos María Pflücker y Rico. El primogénito. (n.1838)

2D   Dn. Juan Federico Oswaldo Pflücker y Rico, soltero. (b.1841)

2E   Dn. Julio Otto Federico Pflücker y Rico. (n.1841)

2F   Dn. Leonardo Pflücker y Rico. (n.1844)

2G   Dn. Fernando Pflücker y Rico, de quién no tengo mayor información. (*Heritage*)

Fueron en total ocho hijos, aunque tres murieron en la infancia siendo uno de ellos Fernando.

N.B.   Enrique Witt menciona también a dos hermanas que murieron en la infancia: Las Leonoras. En esa época era costumbre, al parecer, poner el mismo nombre al segundo hijo si fallecía el primero.

Memorias de Don Heinrich Witt Willinsk

"Con la familia de Charles Pflücker teníamos mucha intimidad; yo con él (sic.) debido a que habíamos trabajado juntos por muchos años en la firma Gibbs Crawley & Cía. Mi esposa era comadre de Gertrudis (la Sra. Pflücker) habiendo sido madrina de sus dos hijas, las dos Leonoras, que murieron en la infancia. La Sra. Pflücker pertenecía a la extensa y distinguida familia Rico, de Guayaquil; su madre Francisca Rocafuerte viuda de Rico, vivía y aún vive ahora en 1867. Una de sus hermanas se casó con La Mar el primer presidente del Perú. Muchos hijos y nietos murieron antes que ella, valiente anciana, enfrentara los problemas de la vida. Su hija mayor, Francisca, se casó con un español, Luzárraga, quien murió hace unos años dejando varios millones de dólares; su viuda y su familia, ahora en 1867 viven en París. Otra hija se casó con el General Wright; después de su muerte el viudo escogió a su hermana, la más joven, Chepitinga, como sucesora. Actualmente (1862) él, el General, es un exiliado político en Lima. Otra hija era Gertrudis, como lo mencioné antes, esposa de Charles Pflücker; me parece que su matrimonio no era muy feliz".

"Ella dejó a su esposo con el pretexto de ir a ver a sus hijos que estaban estudiando en Alemania; se fue allá y murió en Breslau hace algunos años. Mi esposa le quería mucho (sic) En ese entonces, hablando de la anciana Francisca, ella vivía en Lima con parte de su familia, manteniendo un sitial que ella consideraba adecuado a su posición y fortuna. Cuando ella y su familia el 9 de agosto se dirigieron al Callao para embarcarse para Guayaquil a bordo de un barco de propiedad suya y de su yerno Luzárraga, el "Rocafuerte", se hizo evidente lo grande que era el círculo de amistades que tenían en Lima; debido al numeroso cortejo que los acompañó al Callao. Haciendo honor a su partida estábamos Juan y Yo. Hacia fines de 1842, muchos miembros de esta acomodada familia abandonaron Guayaquil por Paita y Piura, para escapar de la fiebre amarilla, el terrible mal que había matado a mucha gente en la ciudad; 1,500 personas, de 15,000, murieron en tres semanas...." (*Del diario de Heinrich Witt.Tomo UNO*)

N.B. Efectivamente, el General don José de la Mar y Cortázar (nacido en Cuenca) fue nombrado miembro de la junta gubernativa hasta el 28 de febrero de 1823. Contrajo matrimonio con doña Josefa Rocafuerte, su prima, el 6 de Noviembre de 1822. Ella falleció el 22 de Abril de 1826. El, viudo y desterrado en Costa Rica, se casó con su sobrina carnal doña Angeles Elizalde. Otra versión nos dice que el Mariscal contrajo segundas nupcias con Dª. Francisca González de Otoya Navarrete, hija de Dn. Manuel González de Otoya y de Dª. Mercedes Navarrete. (Ver más adelante Familia Rocafuerte)

Vemos que en este párrafo y en gran parte de sus memorias, cómo Witt dedica muchas líneas a doña Francisca Rocafuerte, madre de doña Gertrudis Rico, a quien parece que profesó, tanto él como su esposa Mariquita, un cariño especial y a la que llamaban también con afecto: doña Pancha. La epidemia de fiebre amarilla se presentó en 1868.

Y refiriéndose a las hijas de Francisca Rocafuerte Witt cuenta;

"...otra de las hijas fue Gertrudis. Charles Pflücker, oriundo de Waldemburgo, en Silesia, donde visité a su madre en 1845, cuyo nombre aparecerá frecuentemente en estos extractos, conoció a Gertrudis y se enamoró de ella cuando vivía en Guayaquil siendo jefe del establecimiento mercantil de Gibbs, en ese puerto. En 1834, cuando él, al igual que yo, era socio de Gibbs, Crawley & Co. y trabajaba en el departamento de ventas en Lima, aproximadamente a mitad de año hizo una rápida excursión a Piura donde encontró a su amada, se casó y la nueva pareja regresó a Lima. Aquí rentaron la casa de la esquina de la calle Filipinas que actualmente es ocupada por un señor Heudebert".

"La Señora Pflücker tuvo una relación de mucha familiaridad con mi esposa, (Doña María «Mariquita» Teodora del Patrocinio de Sierra y Velarde nacida en Arequipa y bautizada el 10 de Noviembre de 1794) familiaridad que rápidamente creció y se convirtió en estrecha amistad entre ambas, llegando mi esposa a ser madrina de dos de las hijas de Gertrudis, ambas llamadas Leonora, las cuales murieron en la infancia. Mariquita lamentó mucho la muerte de Gertrudis en la flor de la juventud, cuando se ausentó de Lima, pretextando una visita a sus hijos que estaban recibiendo educación en Breslau, donde, luego de uno o dos años, en un país en el que no conocía a nadie y cuyo idioma no podía hablar, encontró temprana muerte. El viudo Pflücker es, al igual que yo, residente en Lima desde hace casi 40 años, con la diferencia de que durante este largo período sus ocupaciones no le han permitido hacer un viaje a Europa, lo cual yo afortunadamente he tenido oportunidad de hacer cuatro veces".

"Ya he tenido ocasión de mencionar que Pflücker fue despedido de la empresa bajo la excusa de que dedicaba mucho tiempo a sus minas de cobre, las cuales comenzaron a trabajarse aproximadamente en 1841, en un primer momento en sociedad con J.F. Izcue y, posteriormente, por propia cuenta de Pflücker (sic.) El consignó su mineral de cobre a la casa Gibbs de Londres, y la firma en Lima le hacía adelantos sobre el mismo y, como en el transcurso del tiempo los precios del cobre fueron cayendo gradualmente en Europa, Pflücker terminó endeudado con Gibbs por una gran suma, la cual nunca supe que cancelara. (En este punto Witt mismo se contradice más adelante) Gibbs le hizo una gran rebaja, creo que del orden del 75% si no mayor. Esta "pequeña" suma así como los $10,000 que yo le presté en 1842, el no hubiera podido pagarlos de no haber sido por la buena producción que dieron las minas de plata de Tuctu, cercanas a las minas de cobre, y de aquellas de la provincia de Castrovirreina (Quispicisa), en años posteriores. Pflücker es alrededor de cuatro años menor que yo, y aunque ha dejado de concurrir a nuestra casa, lo que resulta singular, ya que nunca ha habido la menor diferencia entre nosotros, mi esposa y yo somos siempre amables y cordiales cuando nos encontramos con él. Es un hombre de constitución fuerte y robusta y extremadamente atractivo. Un leve ataque de apoplejía, que sufrió hace algún tiempo, lo ha forzado a dejar de trabajar como solía hacerlo. Afortunadamente ha podido hacer esto sin ir contra sus propios intereses, ya que sus hijos hombres, Carlos María, el mayor, de 34 años de edad, quien nunca ha salido del Perú, Federico, Julio y Leonardo, los tres últimos educados en Europa, son según me han dicho, jóvenes estables y confiables, deseosos y capaces de hacerse cargo de los negocios de su padre, en los cuales él sin duda les ha dado una participación..." (Del diario de Heinrich Witt.Tomo DOS)

N.B.   Del párrafo anterior podemos sacar varias conclusiones. Entre otras tenemos la de que es posible que doña Gertrudis "abandonara" a su esposo, don Carlos, cuando se fue a ver a sus hijos en Breslau. Otra es la de que no se menciona ningún hijo de Carlos con el nombre de Fernando (hay fuentes en la que se encuentra) pero aparece el de Federico. El año de nacimiento de Carlos María se puede situar hacia 1837 por la comparación que hace Witt con su nieta (Corina Shutte y Diez de la Torre (n.Arequipa, 18/06/1837 +12/04/1889, París) Las contradicciones dentro del mismo párrafo restarían confiabilidad a algunos de los datos obtenidos de esta fuente, aunque claro está que puede tratarse de errores de traducción. Pero aún así es simpática la descripción que hace de don Carlos quien, repito, dictó un segundo testamento en Nápoles en 1887 el cual presento al final de este documento. (Es decir que sí estuvo en el viejo continente aunque después de 1862 en que dictó Witt sus memorias)

Los nombres de Federico, Julio y Leonardo Pflücker y Rico aparecen en los registros de la Universidad de Freiberg muy influyente en el ámbito de la Minería y donde hiciera sus estudios Alexander Von Humboldt.

LOS PFLÜCKER Y RICO

La clave que antecede cada nombre, aunque distante de la técnica genealógica, es muy sencilla. He considerado a Carlos y a Julio Pflücker Schmiedel (nacidos hacia 1800) como a la primera generación de los Pflücker que se desarrolla en el Perú. Por ese motivo ellos así como sus hermanos llevan el número 1. Las letras solamente nos obligan a mantener un orden en el momento de leerlos. (P.ej. 3B antecede a Rosa Ballesteros Pflücker. Pertenece a la tercera (3) generación y es la segunda (B) hija que aparece (no necesariamente la segunda en nacer) No he querido hacerla más compleja debido a que no tengo la absoluta certeza ni de la cantidad ni del orden de nacimiento de los hijos de cada uno. Luego, en el caso de otras familias, la que figure como primera generación (1A, 1B, 1C etc) será la de aquellos nacidos hacia 1800 y que pertenecen a la misma generación.

Descendencia de don Carlos Pflücker y Schmiedel:

2A   Dª. María Francisca del Carmen Pflücker y Rico (b.Lima, Sagrario, 23/09/1835) Se casó con Dn. José Ballesteros *(¿Boza?)* con quien tuvo dos hijas: Marina y Rosa. (Ver más adelante: Un Cazafortunas Escocés)

     3A   Dª. Marina Ballesteros Pflücker, contrajo matrimonio con el Conde Martini di Cigala.

          N.B.   En la misma época en que doña Marina Ballesteros se casó con el Conde Martini di Cigala, doña Juana Canevaro Valega contrajo matrimonio con el Conde Martini di Cigala. ¿El mismo o quizás algún pariente?

Doña Mercedes Camino Dibós de Rey, tía y madrina de mi esposa, recuerda lo siguiente:

"La tante (una tía segunda o tía de cariño) Marina Ballesteros Pflücker: Condesa de Martini. La conocí en el año 1936 en Roma. Una mujer muy agradable. A su finca le habían puesto el nombre de "Villino Morococha" evocando unas minas que tenían (o habían tenido) en Morococha sus padres."

3B   Dª. Rosa Ballesteros Pflücker, casada con el señor N. Cassini.

Villino Morococha en la avenida Nomentana de Roma.

Un Cazafortunas Escocés. 1853

En el año mencionado, apareció en Lima un individuo que decía llamarse Mr. Constable, era un hombre buenmozo, alto, bien hecho, probablemente de unos 34 a 36 años. Tenía todo el porte de un señor, traía cartas de recomendación para Mr. James Reid de la firma Gemmel & Co. y fue presentado por él a varias familias de Lima que él conocía. Este Mr. Constable vino también a nuestra casa; pero yo que sufría a la sazón de reumatismo no hice amistad con él. Reid lo llevó asimismo donde la familia de Mr. Charles Pflücker cuya hija Francisca, de dieciocho años de edad no era particularmente bonita pero poseía no obstante una agradable apariencia y era toda una señorita, como podía serlo una joven educada en Lima. Parece que Constable pronto se enamoró de ella y con Reid dieron un baile da que fue invitado todo el beaumonde de Lima, al poco tiempo ofreció un espléndido almuerzo en una casa del Cercado, pero a ninguna de estas dos fiestas asistimos ni mi mujer ni yo, pero, supimos que en almuerzo Constable sentó a su derecha a Francisca Pflücker y a Mrs. Clay, la bonita y joven esposa del encargado de negocios americano, a su izquierda. Esta ruptura de la etiqueta causó como es natural sorpresa. Constable no dejó pasar muchos meses antes de pedir la mano y el corazón de Francisca, ella de su parte no puso objeción y envió a su pretendiente donde su padre, conocido como un hombre racional y prudente. Pflücker, interrogó a Constable sobre algunas particularidades tales como: su familia, sus orígenes, su fortuna, etc. Constable supo como contestar satisfactoriamente todos esos puntos y probó además que pertenecía a los Constables, los conocidísimos editores de Edimburgo. Dijo que su fortuna particular era limitada, pero habló de la gran fortuna que habría de recaerle, como parte a la muerte de alguno de sus parientes, logrando embaucar a Mr. Pflücker en tal forma que éste aceptó. Un día antes de que fueran marido y mujer, Constable fue donde la señorita Pflücker y le mostró un espléndido aderezo de diamantes de $ 10,000 el cual, según dijo, se proponía comprar para su novia pero pensaba que como en su viaje a Inglaterra podrían robarles las joyas y además como en Europa se podrían comprar joyas semejantes a esas a mejor precio, sería tal vez aconsejable posponer tal compra hasta su regreso de Londres. La señorita Pflücker estuvo perfectamente de acuerdo y el aderezo de diamantes no fue comprado. Entonces comenzó a mostrar una gran ansiedad para acelerar la boda porque quería estar en Edimburgo para Navidad, donde según decía, toda su familia se reuniría y el quería presentarles a su joven esposa a sus padres__ En consecuencia, la fecha de la boda fue fijada. En la mañana Constable y su novia, el señor y la señora Pflücker y algunos amigos entre los que estábamos mi mujer y yo fuimos al despacho de Mr. Sullivan, el encargado de negocios Inglés, en donde se firmó el contrato matrimonial. Ante fervoroso pedido de la abuela de Francisca, doña Rocafuerte de Rico, la joven pareja fue casada posteriormente por la Iglesia Católica en Nueva York. Una hora o dos más tarde, una numerosa concurrencia se reunió por invitación de Rodewald quien entonces había arrendado una pequeña casa de campo en el Cercado. La entrada estaba decorada con ramas verdes y flores, el comedor estaba preciosamente arreglado y todo lucía una festiva apariencia, allí se sirvió un excelente almuerzo y ya tarde en la noche toda la concurrencia, entre los que estábamos mi mujer y yo, asistimos a una comida que dio Pflücker y señora en celebración de lo que se pensaba habría de ser un feliz evento. Fue allí donde por última vez traté de jugar al whist. Desde entonces, mi vista que ha ido deteriorándose me ha impedido completamente tomar un naipe en las manos.

Los regalos que Francisca recibió de sus amigos fueron muchos y algunos de considerable valor, su madre le dio muchas de sus preciosas y costosas joyas. Tenían la intención de viajar a Inglaterra. Otra vez el acompañamiento para la despedida fue numeroso y una ligera circunstancia que no omitiré, mostraba como Mr. Constable por su conducta y los aires que se daba logró imponerse a todo el que establecía contacto con él. Cuando íbamos en el bote que nos llevaba desde la costa hasta el navío, Constable hizo notar que por descuido había dejado el perfume de su mujer en casa. Mr. Eldredge, un señor de edad y de diplomática índole, se ofreció para ir a buscarlo y así lo hizo. Muy pronto después de la partida salió a la luz el motivo por el que el señor Constable había tenido tal apuro en partir, las letras y giros que había efectuado sobre Inglaterra a favor de James Reid y otros que habían sido persuadidos como él, llegaron protestados o no aceptadas, de modo tal que todo el dinero pagado por ellos se perdió.

Francisca escribió desde Nueva York que estaba tan feliz como era posible estarlo y que su marido la amaba tiernamente y hacía todo lo posible por agradarla. Se habían instalado en uno de los mejores hoteles y estaban viviendo con estilo; la pobre Francisca, naturalmente no sabía que para pagar esos gastos él había empeñado todas sus joyas. El tiempo pasó y poco a poco se fue sabiendo en Lima que Constable estaba ya casado en Australia. No puedo decir exactamente cuando el señor Pflücker dejó Lima para ir en busca de su hija, recuerdo tan sólo que en setiembre de 1854, mi mujer y Yo lo encontramos en Nueva York. Había ido lejos por las regiones del oeste del Canadá para traer a su hija con la que regresó a Lima. La posición ulterior de la joven era muy infortunada ya que casada según la ley, al mismo tiempo no lo estaba pues vivía separada de su marido y éste, no era realmente su marido ya que estaba todavía en vida su primera mujer cuando tomó a Francisca como esposa.

Del Diario de H. Witt

2B	Dª. María Gertrudis Leonor Pflücker y Rico. Bautizada el 14 de Enero de 1837 en el Sagrario de Lima.

2C	Dn. Carlos María Bernardo Pflücker y Rico. Nació en Lima el 2 de Noviembre de 1837, bautizado (Sagrario) el 19 de Noviembre de 1837. Se casó en Lima (San Sebastián) el 16 de Octubre de 1874 con Dª. María Ascensión Lostaunau Varela nacida en Piscobamba, Ancash, hacia 1844 y fallecida en 1926. Viuda de Dn. Manuel Trinidad Alvarado e hija de Dn. Venancio Lostaunau (+1856, Ancash, Santa, Santa María) casado con Dª. María Varela. Falleció don Carlos María el 5 de Enero de 1898 y los restos de ambos descansan en el Mausoleo de la familia en el Presbítero Maestro. En 1885 fundó con sus hermanos C. M. Pflücker & Hermanos para la explotación de las minas de Morococha. La Cía Santa Inés y Morococha inició la explotación de la mina de San Francisco. Esta empresa se constituyo el año 1898 por los hermanos Pflücker. (La Minería en el Perú)

"En Yauli se encuentra un poco de actividad, debido a las empresas del señor Iriarte en Pucará, de don Demetrio Olavegoya en Alpamina, y de los señores Pflücker en Morococha. Estos últimos, en 1846 llegaron a invertir hasta doscientos mil pesos en una explotación y fundición de plata y cobre, para la cual se trajeron hornos y operarios de Alemania, pero la distancia de siete leguas a que se encontraba el carbón, y la más larga todavía, para lomo de mula, como era la del puerto del Callao, al que se mandaban los ejes, dieron mal éxito a la empresa. Entonces se pensó en amalgamar los minerales por plata, y el sistema sajón por barriles quedó establecido en 1856 por primera vez en el Perú, en la oficina de Tucto. Estos mismos empresarios pusieron trabajo en Huancavelica, y después de varias vicisitudes, encontraron la famosa mina de plata, Quispicisa, que les ha dado algunos millones de soles. Al pie de esta mina establecieron la magnífica oficina de amalgamación, Santa Inés, para beneficio de las brozas, pues los metales ricos se enviaban a Europa" (Pedro Dávalos y Lissón)

3A   Dª. María Julia Pflücker Lostaunau, bautizada en la Parroquia del Sagrario en Lima el 20 de Enero de 1875 y fallecida el 5 de Setiembre de 1963 (Mausoleo de la Familia, Presbítero Maestro) Casada en la Parroquia del Sagrario de Lima en ceremonia oficiada por Monseñor Macchi el 2 de Mayo de 1894 y por lo civil en Lima el 14 de Mayo del mismo año con el Doctor Dn. Carlos Alberto Alejandro Oyague y Noel (b.Sagrario, 20/05/1869) Hijo de Dn. José Lucas Oyague y Quiroga (n.Lima, 18/10/1838 +25/12/1925, Lima) Coronel, 1er. Jefe del Batallón "Bravos de Olaya" formado y equipado con su peculio, miembro de la Junta de Donaciones para la Guerra con Chile (1879) Teniente Alcalde de Lima en 1875, Síndico de Rentas del Consejo y Senador Suplente por el Departamento de Lima en 1894 casado el 27 de Julio de 1867 con Dª. Cristina Nöel Jobbins. Nieto por el lado paterno de Dn. José Vicente de Oyague y Coello (n.Guayaquil, 1814 +25/12/1891, Guayaquil) Cónsul de Bélgica en Perú y Dª. María Fabiana Quiroga y de la Rosa y por el lado materno de Dn. Clemente Noel casado con Dª. Isabel Jobbins. Don José Vicente de Oyague y Coello contrajo matrimonio el 14 de Mayo de 1853 con doña Isabel Soyer de Lavalle. Doña María Julia Pflücker Lostaunau fue, al parecer, una dama muy especial, conflictiva y de fuerte carácter.

Buscar información es fácil cuando trata sobre algún personaje histórico, de trayectoria importante. Sin embargo hurgando en las hemerotecas públicas que aparecen en la internet hallé casi accidentalmente un pequeño artículo que narraba un suceso ocurrido en París el 26 de Mayo de 1904. Se trataba de la muerte, por arma de fuego, de Alastair Ivan Ladislaus Lucidus Evans, Visconde d'Oyley. Había nacido el 2 de Febrero de 1880. Atleta Olímpico. Era hijo de John Henry Evans, conocido cirujano dentista norteamericano, hombre muy poderoso en la época y a quien fue otorgado el título de Marqués d'Oyley por el Papa León XIII.

El Vizconde conoció a la señora Pflücker en Vichy, Francia 8 meses antes del citado suceso. El se enamoró de ella y se trasladaron a Cannes, en la Riviera Francesa. El padre del Iván de oponía y le suspendió los envíos de dinero acombrado. Regresaron a París. Y en el Hotel de Rívoli, donde se hospedaban ocurrió el hecho. Según menciona el siguiente artículo la historia original fue de un intento de suicidio. El padre afirmó que el muchacho no había muerto por su propia mano. La señora Pflücker de Oyague presentó dos cartas explicando que él había atentado contra si mismo. No he encontrado mayor información. (*Ver La Stampa, Mayo de 1904, New York Times, Le Figaro y el artículo que sigue*)

Breve biografía de Alastair Ivan Ladislaus Lucidus Evans

"Until recently, Viscount d'Oyley was considered a French fencer. But recent research has revealed that Alastair Ivan Ladislaus Lucidus Evans was an American, the son of well-known Parisian-based American dentist, Dr. John Henry Evans. John Evans followed his uncle, Dr. Thomas Wiltberger Evans to Paris. Thomas Evans had become famous as a dental surgeon to nobility and was able to amass a fortune in Parisian real estate. John Evans moved from his native Baltimore to Paris in an attempt to set up a similar lucrative dental practice. He succeeded, working on Pope Leo XIII, who bestowed on him the title of Marquis d'Oyley. But John Evans also stole several of his uncle's patients, and after he succeeded to the nobility, enjoyed riding around in Paris in a magnificent carriage with a coat of arms and yellow-stockinged footmen. His uncle promptly disowned him and wrote him out of the will.

Due to his father's titles, Ivan Evans was also bestowed as the Viscount d'Oyley. In 1904 he took up with the Peruvian Madame Pflucker, who he met in Vichy. They sojourned to Cannes, and stayed on the Riviera for some time together, against John Evans' protests. The father cut Ivan off of any income, and the couple returned to Paris, staying at the Hotel de Rivoli. There, Viscount d'Oyley died, the victim of a self-inflicted gunshot wound. The original story was that this was a suicide attempt, although later reports from his father stated he did not die by his own hand. Madame Pflucker confirmed the suicide theory, producing two letters he had addressed to authorities stating he intended to commit suicide. Nothing further is known of this". (sports - reference)

4A **Dn. Carlos Alberto Oyague Pflücker** (n.París, 24/09/1904 +25/06/1956, Lima, Mausoleo de la Familia, Presbítero Maestro) Casado el 17 de Marzo de 1920 con **Dª. Sara Gabriela Mariátegui Gadea** (n.Ancash, Moro, 18/03/1899 +09/12/1970, Lima, San Isidro) Hija de Dn. Emilio Alberto Julián Mariátegui Lostaunau (n.07/08/1876 +03/1942, San Isidro) y de Dª. Donatilde Gadea Moreno (n.Ancash, Moro, 1867 +24/03/1954)

    5A Dn. Carlos Alberto Oyague Mariátegui (n.21/05/1921 +01/09/1992) Casado el 5 de Setiembre de 1954 con Dª. Julia Baertl Montori (n.10/04/1930 +29/06/1981) Hija de Dn. Ernesto Alvaro Baertl Schütz (n.19/02/1892 +30/01/1970) casado el 22 de Mayo de 1921 con Dª. Julia Claudia Montori Schütz (n.08/11/1897) Nieta de Dn. Juan Bautista Baertl Brell (n.Ulm, Alemania, 1860) casado en Lima (Huérfanos) el 25 de Abril de 1891 con Dª. Amalia Schutz Ortlieb (n.Stuttgart, 1861) y de Dn. Víctor Montori Anacabe (n.Burgos, 1860) casado con Dª. Julia Paulina Schutz Orlieb (n.Lima, 1870)

        6A Dª. María Julia Oyague Baertl (n.San Isidro, 10/06/1955) Casada con Dn. Alfredo Valdez.

            7A Dn. Raúl Alfredo Valdez Oyague (n.Miraflores, 03/05/1983)

            7B Dn. Martín Valdez Oyague (n.24/03/1986)

        6B Dª. Sara María Oyague Baertl (n.Miraflores, 03/07/1956) Casada en Miraflores el 22 de Diciembre de 1994 con Dn. César Jochamowitz Frisancho (n.Miraflores, 18/08/1953) Hijo de Dn. César Jochamowitz Rey (n.13/03/19__ +09/06/1962) y de Dª. Gabriela Frisancho Mellet (n.13/12/19__) Nieto por el lado de su padre de Dn. Arturo Jochamowitz Moses (n.Lima, 22/09/1890 +22/03/1955) y de Dª. Clotilde Jesús Rey Alvarez Calderón (n.Lima, 19/01/1890 +13/10/1967) Por el lado materno lo fue de Dn. Luis Enrique Frisancho (n.Piura, Paita hacia 1896) casado con Dª. Marina E. Mellet (n.La Libertad, Salaverry hacia 1896)

        6C Dª. María Inés Oyague Baertl (n.Miraflores, 14/04/1959) Casada con Dn. César Patricio Otero Botto (n.25/11/1952) Hijo de Dn. Jorge Enrique Otero Hart (n.Junín, Tarma +09/01/2010, Lima) Diputado, Alcalde de la ciudad de Tarma (1951 – 1952) casado en Miraflores 12 de Agosto de 1948 con Dª. Olga Botto M.

            7A Dª. Cynthia Otero Oyague (n.Lima, 09/08/1978)

            7B Dn. Mauricio Otero Oyague.

            7C Dn. Diego Otero Oyague.

6D   Dn. Carlos Alberto Oyague Baertl (n.San Isidro, 21/09/1960) Casado por lo civil en Miraflores el 16 de Setiembre de 1991 y por lo religioso en la Parroquia de la Virgen del Pilar en San Isidro el 20 del mismo mes y año con Dª. Maritza Augusta Roxana Santolalla Gracey.

   7A   Dn. Nicolás Oyague Santolalla (n.San Isidro, 27/10/1992)

   7B   Dn. Bruno Oyague Santolalla (n.San Isidro, 23/10/1997)

   7C   Dª. Macarena Oyague Santolalla (n.San Isidro, 22/06/1999)

6E   Dª. María Amalia Oyague Baertl (n.San Isidro, 20/11/1961) Casada con Dn. Manuel Vigil.

   7A   Dª. Ana María Vigil Oyague (n.Miraflores, 08/08/1983)

   7B   Dn. Antonio Vigil Oyague (n.Miraflores, 05/10/1986)

5B   Dn. Julio Enrique Oyague Mariátegui (n.16/02/19__ +02/12/1997) arquitecto, casado con Dª. Rosa Eulalia Jackson Rodríguez (n.10/12/19__)

   6A   Dn. Enrique Oyague Jackson.

Alfredo Picasso de Oyague

6B   Dª. Jenny Sara Rosa Oyague Jackson (n.Miraflores, 27/12/1951) casada con Dn. Alfonso Antonio Joaquín Ferrini Giannoni.

    7A   Dª. Jenny Ferrini Oyague (n.Miraflores, 18/07/1985)

6C   Dª. Diana Cecilia Rosa Oyague Jackson (n.Miraflores, 02/12/1956) casada con Dn. Robert Gordon L.

5C   Dn. Francisco Javier Oyague Mariátegui (n.Miraflores, 30/05/1930 +26/11/1940, Miraflores, Mausoleo de la Familia, Presbítero Maestro)

4B   Dª. María Julia Oyague Pflücker (n.Lima, Calle Azángaro –Antes Aparicio- Nº21, 05/02/1895 +11/07/1970, Mausoleo de la Familia, Presbítero Maestro) Casada por lo religioso mixto (Católico y Protestante) en la casa de la señora Pflücker Lostaunau en Miraflores el 24 de Enero de 1918 (por lo civil se casaron al día siguiente) con Dn. Fausto Antonio Picasso y Panizo (n.Lima, 19/11/1890) Ingeniero, Cónsul General del Perú en Guayaquil, hijo de Dn. Francisco Picasso Benvenuto (n.Génova, 1846) y de Dª. María Isabel Panizo y Zárate (n.1866) Testigos de la boda fueron don Julio Gastiaburú y don Luis T. Maza. El era protestante y ella católica.

5A   Dn. Fausto Eduardo Picasso de Oyague (n.Barranco, Av. Chorrillos Nº315, 03/10/1920) Casado con Dª. Angelita Falcone.

    6A   Dª. Ana María Picasso Falcone.

5B   Dn. Alfredo Picasso de Oyague, diplomático, casado con Dª. Noëlle Legrand.

    6B   Dª. Patricia Picasso Legrand.

5C   Dª. Esperanza Picasso de Oyague (+08/04/1910, Mausoleo de la Familia, Presbítero Maestro)

3B   Dn. Carlos Federico Pflücker Lostaunau (n.Lima, 01/06/1877 b.El Sagrario de Lima, 05/08/1877 +04/1934, Lima) Estudió en Lima y en Oxford, Inglaterra. Diplomático con larga residencia en París. Viviendo en Lima (Azángaro Nº 19) se casó en oficio celebrado por Monseñor Luis Polanco en el oratorio del Palacio de Gobierno de Lima el 3 de Agosto de 1899 (San Marcelo)- civil 3 de Julio - con Dª. María Adelina Prudencia Toribia Gildemeister Prado (n.Lima, 19/04/1880) Hija de Dn. Johann Gildemeister Evers (n.Bremen, 16/06/1823 +26/03/1946, París) y de Dª. Manuela Prado Jiménez (n.Lambayeque, hacia 1841 +1904, París) Nieta de Dn. Martín Gildemeister Wilckens (n.09/08/1787 +16/11/1871) y de Dª. H. Louise Evers. La señorita Adelina Gildemeister el 17 de Setiembre de 1898 había sido madrina del Club Ciclista de Lima.

Don Carlos Pflücker Lostaunau quien testó en Lima ante el notario don Agustín Rivero el 5 de Agosto de 1910, *contrajo segundas nupcias en los Estados* Unidos con Dª. Margaret Rosanna Barker (n.Canadá, Ontario, Tuckersmith, Pucherspiela, 09/06/1885 +07/1973, Arlington, USA) Margaret Barker tuvo las nacionalidades canadiense e inglesa. En la partida de bautismo (inscripción con fecha 17 de Julio de 1918) de su hija Ana Consuelo, aparece como Margarita Roxana. En el año 1930 según el Censo Norteamericano se encontraba con su familia en Washington DC.

N.B.   Un hermano de doña Adelina Gildemeister Prado, Alfredo, se casó con doña Elvira Becherel Lazurtegui y ambos fueron padres de doña Elvira y de don Daniel Eduardo Gildemeister Becherel, íntimo amigo de mi padre que contrajo matrimonio con mi tía doña Olga Rachitoff Infantas y ambos fueron testigos en mi boda.

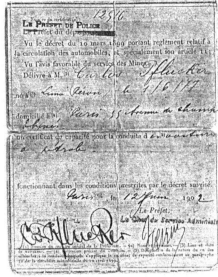

Don Carlos Pflücker Lostaunau
París, 1907

Licencia de Manejo emitida en
París, 1902

4A **Dª. María Adelina Pflücker Gildemeister** (n.Lima, 06/05/1900 b.San Marcelo, 27/06/1900) siendo sus padrinos de bautizo Dn. Carlos Gildemeister y Dª. María Ascensión Lostaunau Varela de Pflücker.

4B **Dª. Teresa Pflücker Gildemeister** (n.hacia 1903) de quien poseo un recuerdo de su primera comunión celebrada el 6 de Mayo de 1915 en «La Chapelle de Notre-Dame de la Cité Paroissiale de Saint-Honoré d'Eylau» y quien contrajo matrimonio en París con **Dn. Raúl de Nozal** nacido en París y fallecido en 1936.

N.B. Me informan, que doña Teresa se casó por segunda vez con un ciudadano francés con quien tuvo un hijo quien, hacia el año 1988, estuvo de paso por el Perú.

4C **Dª. Ana Consuelo Pflücker Barker** (n.Hda. Condevilla, Lima, 11/01/1916 b.San Lázaro, 25/05/1919) Fueron sus padrinos de bautizo Dn. William Barker y Dª. Rosa L. Barker.

4D **Dn. Carlos «Charles» César Pflücker Barker** (n.Méjico DF, Méjico, 21/10/1919 +03/02/1989, Florida) Residió en USA desde los 7 años, se enroló en el ejército norteamericano el 8 de Junio de 1844 en Ft George G Meade, Maryland combatiendo en la Segunda Guerra Mundial. Adquirió la nacionalidad norteamericana en Baltimore el 21 de Agosto de 1944. Se casó en Washington DC antes de enlistarse en el ejército con **Dª. Rita Mauren** (n.Minneapolis, 12/02/1918 +07/10/1998, Lakewood, Mount Olivet Cemetery) Charles contrajo segundas nupcias con **Dª. Helen J. Pflücker** (n.09/07/1920) quien viuda residía (1997) en Lady Lake, Florida. Doña Rita Mauren a su vez contrajo segundas nupcias en 1987 con Dn. Herbert Davison. Carlos Pflücker Lostaunau entró a los Estados Unidos por Laredo, Texas, el 19 de Diciembre de 1919.

OBITUARIES

Charles C. Pflucker, 69

Retired Customer Service Engineer

February 7, 1989

LADY LAKE — MR. PFLUCKER, 67 Magnolia Drive, Lady Lake, died Friday. Born in Mexico City, Mexico, he moved to Lady Lake from Denver in 1984. He was a retired customer service engineer with IBM. He was a Catholic. He was a member of DAV Post No. 22, Denver. He was an Army veteran of World War II. Survivors: wife, Helen; sons, James A., Denver, Gregory C., Fort Worth, Texas; sisters, Anita Rappelyea, W. Palm Beach, Margaret Sorensen, Leesburg. Beyers Funeral Home, Leesburg.

Del Orlando Centinel

>
> 5A   Dn. Gregory Pflücker Mauren (n.19/01/1949, USA) Ingeniero, reside en Houston, Texas.
>
> 5B   Dn. James Albert Pflücker Mauren (n.Hennepin, Minnesota, USA, 15/04/1954) Analista de Sistemas, casado con Dª. Joan «Joni» Stoecklin (n.USA, 03/05/1958) Residen en Lakewood, Colorado. Residencia: 12299 W Alabama Pl, Lakewood, CO 80228-3603 (año 2010)
>
> 6A   Dn. Steven Charles Pflücker Stoecklin (n.1989)

4E   **Dª. Margarita Pflücker Barker** (n.Francia, 1921) En los Censos Norteamericanos de 1930 y 1940 aparece como residente en Washington, Distrito de Columbia, de 9 y 19 años de edad.

He aquí algunas líneas de las cartas que gentilmente me remitiera James Pflücker Mauren desde Lakewood, Colorado:

"El nombre de bautizo de Charles Pflücker era Carlos César Pflücker, pero adoptó el de Charles cuando empezó a residir en los Estados Unidos. Creo que Charles y sus padres llegaron a los Estados Unidos vía la Habana. Venían desde París donde habían residido mientras su padre tenía un puesto diplomático allí. Charles tenía 7 años y hablaba francés y español.

Su padre, Carlos Federico Pflücker, vino a los Estados Unidos para arreglar asuntos legales. Un tiempo después -no recuerdo cuanto tiempo después- este Carlos Federico Pflücker regresó al Perú, por asuntos financieros. Su familia acá en los Estados Unidos, jamás volvió a oír de él, pero sí recibieron una brusca comunicación de alguno de los miembros de la familia en Perú, diciendo que había fallecido y que se encontraba enterrado en el Perú. Todos los esfuerzos de parte de su esposa, Margaret Barker de Pflücker, para poder recuperar sus bienes personales y algunos recuerdos, fueron ignorados".

"Después de muchos años de negociar con el Departamento de Inmigración de USA, Margaret Barker de Pflücker obtuvo visas de residencia permanente tanto para ella como para Charles. Reingresaron legalmente a USA desde el Canadá por Buffalo, Nueva York. Creo que esto fue en 1941. Charles Pflücker sirvió en el ejército durante la segunda Guerra Mundial obteniendo rápidamente su ciudadanía. Margaret tuvo que esperar 5 años para obtenerla".

Charles Pflücker Barker

"Margaret Pflücker murió en USA, creo que a los 90 años. Era encantadora, una dama muy refinada nacida en el Canadá. Después de quedar huérfana muy joven, fue enviada a Inglaterra a terminar sus estudios. Allí fue criada por dos tías que dirigían un Colegio para señoritas muy exclusivo. Nunca conocí a mi abuelo Carlos Federico Pflücker, ya que murió antes de que yo naciera"

"Mi madre me dice que la hacienda de Carlos Federico Pflücker Lostaunau en el Perú se llamaba -Condevilla Señor Para La Puerta de Malambo- (sic.) Quedaba a las afueras de Lima en un lugar que, recuerda, se llamaba -Miraflora- (sic.)"

N.B. Ana Consuelo Pflücker Barker, nació en la hacienda Condevilla Señor, según su partida. Es la zona de la avenida Perú en San Martín de Porras, cerca al actual aeropuerto Jorge Chávez.

Doña Margaret Barker en la Hacienda Condevilla (1917)

Adelina y Teresa Pflücker arribaron a Nueva York en el mismo vapor y en la misma fecha.

3D   Dn. César Augusto Pflücker Lostaunau (n.31/12/1879 +29/11/1884, Mausoleo de la Familia en el Prebítero Maestro)

Algunas notas al respecto;

Carlos Pflücker arribó a Nueva York proveniente de Cherbourgo, Francia, el 10 de Noviembre de 1922 en el Vapor Aquitania

Charles Federico Pflücker arribó a Nueva York, proveniente de Colón, Panamá, el 20 de Noviembre de 1906 en el Vapor Colón.

2D   Dn. Juan Federico Oswaldo Pflücker y Rico. Fue bautizado en la Parroquia del Sagrario en Lima el 20 de Febrero de 1840 y falleció el 15 de Mayo de 1878. Con Dª. Vicenta Mamani, natural de Yauli, fueron padres de

  3A   Dn. Néstor Alberto Urbano Pflücker y Mamani Nacido en Yauli, Junín, hacia 1878, contrajo matrimonio en Lima (Huérfanos) el 21 de Abril de 1900 con Dª. Amalia Mancebo Ramírez (n.Lima hacia 1876) Hija de Dn. Manuel Mancebo y de Dª. Inés Ramírez. Los padrinos de esta boda fueron Dn. Demetrio Olavegoya y Dª. Margarita Legrand, y es que al parecer el joven Néstor Alberto era empleado en la finca de los Olavegoya. En 1931 su viuda solicitó una rectificación de su partida (cambio de nombres) y para tal fin presentó como testigos a Dn. Rafael Rey Alvarez Calderón y a Dn. Carlos Ayulo Laos, amigos de la familia Olavegoya. En 1940, fue solicitada otra rectificación, esta vez por sus hijas María Leontina y María Magdalena para los cambios siguientes: cambio de los nombres y apellidos del padre de Pablo Urbano a Néstor Alberto Pflücker y del apellido de la madre de Macedo a Mancebo, solicitud que fuera aceptada por el tribunal eclesiástico el 23 de Setiembre de 1940. Don Néstor Alberto Pflücker falleció el 4 de Noviembre de 1930 (San Martín, Presbítero Maestro)

    4A   **Dª. María Leontina Pflücker Mancebo** (n.Lima,18/07/1900 b.San Marcelo, 17/10/1900)

Lápida de don Nestor Alberto Pflücker

4B **Dª. Margarita Pflücker Mancebo** (n.Lima, Calle Cangayo Nº131, 31/12/1902 +07/01/1915, Calle Madera Nº255) Sus restos descansan en el cementerio Presbítero Maestro, cuartel Santa Antonieta.

4C **Dª. María Magdalena Pflücker Mancebo** (b.Santa Ana, fs. 62, libro XXXIV)

4D **Dn. Pedro Alberto Pflücker Mancebo** (n. Lima, Calle Cangayo Nº131,19/10/1904)

4E **Dª. María Inés Clementina Pflücker Mancebo** (n.Barranco, Calle Dos de Mayo Nº 25, 04/12/1905 b.Santa Cruz de Barranco, 06/05/1906)

4F **Dn. Demetrio Andrés Pflücker Mancebo** (n.Barranco – San José de Surco -, Calle 2 de Mayo Nº 31, 09/04/1907) casado con Dª. ____ Alfaro.

    5A Dn. Mario Pflücker Alfaro, casado con Dª. Luisa Villanueva.

        6A Dn. Mario "Mark" Humberto Pflücker Villanueva (n.Chimbote, 09/11/19__) Estudió en Trujillo. Reside en Chicago, USA.

        6B Dn. José Arnaldo Pflücker Villanueva. Abogado. Casado en Miraflores el 3 de Mayo del 2012 con Dª. Gisela de Jesús Rodríguez López.

            7B Dª. María Fernanda Pflücker Rodríguez (n.Miraflores, 30/06/2006)

        6C Dn. "José" Luis Demetrio Pflücker Villanueva (n.Chimbote hacia 1964) Casado con Dª. Cecilia Robles.

    5B Dn. Demetrio Pflücker Alfaro (n.06/04/1936 +15/04/2014, Lima, Jesús María) Hizo votos perpetuos el 29 de Setiembre de 1960 y fue ordenado el 13 de Marzo de1965 en España. Pertenece a la orden de los Carmelitas Descalzos y actualmente (1997) es Párroco de San José en Jesús María (Lima)

4G **Dn. Alberto Pflücker Mancebo** (n.Lima, Calle Arequipa Nº161, 23/01/1906)

2E Dn. Julio Otton Federico Pflücker y Rico, nació en Lima el 28 de Julio de 1841 y fue bautizado en la Parroquia del Sagrario en Lima el 11 de Agosto del mismo año. Educado en Francia e Inglaterra realizó estudios especializándose en minería. A los 19 años, cuando falleció su madre (1860) regresó al Perú. Se casó el 3 de Agosto de 1872 en la Parroquia del Sagrario en Lima - *recordemos que su padre contrajo segundas nupcias en Setiembre del mismo año-* con su prima hermana Dª. Hortensia Pflücker Taramona, la Granny, nacida hacia 1844 e hija de Dn. Julio Pflücker Schmiedel y de Dª. María Taramona Pro a quienes conoceremos ampliamente más adelante. Vivieron en Chorrillos. Don Julio falleció en Londres el 9 de Enero de 1891 y sus restos descansan en Breslau. Fue Diputado llegando a ocupar la vice presidencia de su cámara (1878) Como veremos, fue encargado por el gobierno de Prado para la compra de barcos y pertrechos militares en Europa, pero al parecer Piérola se opuso a aquellas adquisiciones y además el navío adquirido fue embargado lo que frustró la operación rompiendo los tratos hechos por don Julio con el Gobierno Inglés. Esto le causó un fuerte daño moral. Nunca regresó al Perú y falleció antes de cumplir los cincuenta años. La Granny, su esposa, regresó al Perú y falleció el 9 de Enero de 1944 a los 96 años de edad.

Demetrio Pflücker Alfaro

LAS GESTIONES PARA ADQUIRIR BARCOS

Inútiles resultaron por falta de crédito, a veces por insuficiencia del dinero disponible, a veces por la eficacia de las maniobras diplomáticas chilenas, a veces por querellas políticas y personales, las gestiones para reforzar la escuadra hecha por Canevaro, Goyeneche, Pflücker, Simón G. Paredes y otros en Europa; y de Astete, Elmore y Alvarez Calderón en Estados Unidos. Hubo esperanzas, que luego resultaron defraudadas, en barcos pertenecientes a Francia, España, Turquía, Portugal, Dinamarca, Italia, Grecia y China. (*Witt escribe que Julio Pflücker se embarcó a Europa el 30 de Octubre de 1879 con el objeto de conseguir un acorazado para la Armada del Perú*)

LA INTERVENCIÓN DE LOS PFLÜCKER Y RICO

Julio Pflücker y Rico viajó a Europa con los fondos obtenidos mediante donativos populares. Por disposición que adoptó el 13 de julio de 1880 la junta central encargada de estos donativos bajo la presidencia del obispo Tordoya, se comunicó a Pflücker que había cesado en el ejercicio de sus funciones de comisionado y que debía dar cuenta y hacer entrega de las sumas que estaban en su poder al ministro del Perú en Francia Toribio Sanz.

En su carta del 31 de mayo de 1884 dirigida a la legación en Londres con motivo de las investigaciones iniciadas por la comisión que presidió Joaquín Torrico, hizo referencia Pflücker a dicho acuerdo, agregando que el 4 de setiembre de 1880 cumplió con efectuar la entrega formal de todo lo que atañía al encargo que había recibido, poniendo a disposición de Sanz "los fondos que no estaban comprometidos al pago de los buques en construcción" y dándole cuenta de aquellos que él había manejado.

Igualmente Pflücker dejó constancia de que el 8 de setiembre informó a la junta central de la entrega hecha y de la cuenta rendida y que dicha junta había aprobado el desempeño de su comisión.

(Historia de la República del Perú, Jorge Basadre Grohmann)

EL PORQUÉ DEL FRACASO DE LA GESTIÓN EN LONDRES

En la Historia de la Guerra del Pacífico de Mariano Felipe Paz Soldán menciona al Coronel Oswaldo Pflücker en la lista de heridos en dos oprtunidades. Este, como veremos con mayor detenimiento más adelante, fue el abuelo de los Jacobs Pflücker y de los Pflücker Otoya. Menciona también a C. Pflücker como contribuyente durante la guerra.

Otro párrafo de este mismo texto nos dice: "Existían en Europa fondos suficientes para adquirir armas y cañones de largo alcance; pero todo lo dejó a un lado el dictador; en vez de cañones de largo alcance pidió máquinas para lanzar torpedos, cuando no había buques apropiados para el objeto. Desentendió por completo la adquisición del buque, para lo cual el pueblo había hecho cuantiosas erogaciones; y el comisionado Julio Pflücker y Rico, se ocupaba de cumplir su encargo. Los otros fondos destinados para comprar armas y buques fueron empleados en artículos de muy secundaria importancia, y que en último caso pudieron suplirse de cualquier modo en el país, como vestuarios y alamares. La historia siempre hará responsable a Dn. Nicolás de Piérola de todas las desgracias y calamidades que han pesado sobre el Perú, que no habría sido dado a éste esperar ni de sus más encarnizados enemigos..."

3A   Don Roberto Leonardo Pflücker y Pflücker (n.1873 +05/01/1923, Asilo Colonia, Magdalena) El primogénito, educado en Inglaterra, contrajo matrimonio en la iglesia Católica de St. Elizabeth en Richmond Hill, en Richmond (Virginia) en el año 1899 con doña Hilda Kathleen Caldicott (n.Irlanda, 1881) Tuvieron como única hija a doña Dolores Pflücker Caldicott.

N.B.   Encontré en los registros civiles de Miraflores, figurando como testigo de la inscripción de una hija de Eduardo Fry y de Clemencia Valle Riestra a un señor Cecil H. Caldicott, minero de 35 años (en 1904) ¿Alguna relación con Hilda Caldicott?

4A   **Dª. Dolores "Dolly" Pflücker Caldicott** (n.Lima, Calle Callao –antes Valladolid- Nº72, 22/05/1900) Se casó dos veces: en primeras nupcias con **Dn. Stanley Knowles**, de nacionalidad inglesa. Contrajo segundas nupcias con el **Dn. Jack Brogan**. (Al parecer Dolores contrajo un tercer matrimonio) Es ella la que escribió un libro -en realidad lo dictó a su amiga Gee Langdon- en el cual narra sus recuerdos de lo que fue la vida de su padre, Roberto Pflücker y Pflücker, y la del ambiente Limeño de esa época. (Nota: Dolores M. Pflücker arribó a Nueva York el 12 de Abril de 1917 proveniente de Kingston en el Vapor Almirante) Durante el censo de 1920 (USA) Dolly se encontraba en Brooklyn Assembly District 12 Kings, Nueva York.

5A   Dª. Jean Knowles Pflücker, hija única que vivía cerca de Londres. Eduardo «Teddy» Pflücker Cabieses me contó que estando en Inglaterra, hace algunos años, logró conversar con Jean Knowles. Parece que a Jean, el tema familiar no le trajo buenos recuerdos, pues no lo quiso tocar. (Hay una versión de que el apellido era Knowlse pero en el libro de Dolly figura como Knowles)

Dolores Pflücker Caldicott y su Padre Roberto Pflücker y Pflücker

3B   Doña Amèlie "Amelia María de los Angeles" Pflücker y Pflücker (n.Lima, 28/08/1876 b.Sagrario de Lima, 08/04/1877) No se casó y no tuvo descendientes aunque me informan que era de una belleza muy especial. Me hubiera gustado dedicarle a ella mucho más que sólo un párrafo pero como en otras ocasiones no encuentro información. Dolly cuenta de que siempre estuvo profundamente enamorado de Amèlie un Señor William Cordery, pero ella no quería contraer matrimonio y parece que jamás cambió de parecer por lo que ambos permanecieron solteros como respetuosos de su decisión. Amèlie vivió gran parte de su vida en Niza y sin duda fue una gran Dama. Es muy probable que fuera ella la autora de la carta que presento en las primeras páginas.

3C   Don Leopoldo Federico Pflücker y Pflücker (n.Lima, 05/10/1874 b.Parroquia del Sagrario en Lima, 27/10/1874) Casado en su casa de Miraflores (Alameda Nº19) el 25 de Noviembre de 1903, en oficio celebrado por el Delegado Apostólico Monseñor Barona con doña Luisa Margarita Cabieses Valle Riestra (n.25/08/1884 b.San Marcelo, 27/11/1884 +04/06/1974) Nacida en Lima e hija de don Tomás Ramón Cabieses Chávez (n.Lima, 18/09/1855 b.San Marcelo, 20/09/1855 +08/10/1925) y de doña Isabel Valle Riestra de la Torre (n.Lima, 10/09/1855 b.Sagrario, 11/09/1855 +11/05/1903, Lima) Por lo civil se casaron en la Municipalidad de Miraflores (Partida Nº 41) el 6 de Febrero de 1904 siendo Alcalde Dn. Henry Revett.
Testigos de la boda fueron Dn. Carlos Arana y don Francis Bayly representado por Dn. Pedro Luque. Durante los primeros años de matrimonio la pareja residió en La Alameda Nº 19, Miraflores y en 1920 vivieron en la avenida Grau. Falleció don Leopoldo en Miraflores el 28 de Octubre de 1954 y ambos descansan en el cementerio Presbítero Maestro de Lima, Cuartel Santa Victoria, Nº 29 - D y E. Realizó sus estudios en Italia e Inglaterra. Cuenta Dolly que don Leopoldo, antes de regresar al Perú, se había comprometido en Niza con una dama norteamericana que vivía en Florida de apellido McGrew. Más adelante presento un cuadro sobre la familia Cabieses.

Cripta de don Julio Pflücker y Rico en Breslau

4A **Dn. Leopoldo "Polo" Roberto Pflücker Cabieses** (n.10/11/1904) Nació en la casa de la Alameda Nº 19 en Miraflores a la 1 y media de la mañana. Ingeniero geólogo y catedrático universitario, casado el 26 de Diciembre de 1931 con **Dª. Blanca Llona de la Jara** (n.18/12/1907 +24/12/1996) nacida en Arequipa e hija de Dn. Pablo Emilio Llona Marchena casado en Lima el 27 de Agosto de 1896 con Dª. María Eugenia de la Jara Larriva. Falleció el tío Polo el 2 de Enero de 1973. Dª. Blanca Llona de la Jara era nieta de Dn. Numa Pompilio Llona (n.Ecuador, Guayas, Guayaquil, 05/03/1832 +04/04/1907, Ecuador, Guayas, Guayaquil) casado con Dª. Petronila Marchena (n.hacia 1835) y de Dn. Adolfo de la Jara Bermúdez y de su esposa Dª. Lastenia Larriva Negrón.

　　5A 　Dª. Blanca Pflücker Llona (n.21/09/1932) Casada en Miraflores el 16 de Julio de 1954 y en la parroquia de Santa María Reyna el 1º de Agosto de 1 mismo año con Dn. Fernando Zúñiga de Rivero (n.18/04/1927) Nacido en Arequipa e hijo de Dn. José María de Zúñiga y Quintana (n.Enero de 1883, b.Sagrario de Arequipa, 03/02/1885) y de Dª. Alicia de Rivero y de Rivero.

6A Dª. Blanca Mercedes Zúñiga Pflücker (n.06/09/1955) Casada el 13 de Agosto de 1977 con Dn. Estuardo Alvarez Calderón Meléndez (n.04/09/1954) Hijo de Dn. Guillermo Alvarez Calderón Remy (n.08/11/1919) y de Dª. Carmela Meléndez Hoyle (n.12/02/1927 +25/03/1978) Nieto de Dn. Manuel Alvarez Calderón Roel (n.05/10/1880) casado en Miraflores el 30 de Noviembre de 1908 con Dª. María Eloísa Remy Araoz (n.Lima, 18/02/1887)

    7A Dª. Blanca Alvarez Calderón Zúñiga (n.20/06/1979)

    7B Dn. Miguel Alvarez Calderón Zúñiga (n.28/06/1980)

    7C Dª. Lucía Alvarez Calderón Zúñiga (n.29/08/1983)

    7D Dª. Inés Alvarez Calderón Zúñiga (n.05/04/1986) Casada con Dn. Alex Müller Jiskra. Hijo de Dn. Carlos Müller Barturén y de Dª. Lorraine Jiskra.

6B Dn. Fernando Alvaro Zúñiga Pflücker (n.19/10/1957)

6C Dn. José Miguel Zúñiga Pflücker (n.10/12/1958 +21/02/1975)

6D Dn. Manuel Pablo Zúñiga Pflücker (n.05/04/1961)

6E Dn. Juan Carlos Zúñiga Pflücker (n.12/05/1965), casado con Dª. Sabrina Faust (n.19/04/1965)

    7A Dn. Nicolás Zúñiga Faust (n.22/05/1993)

5B Dn. Leopoldo "Polo" Alvaro Pflücker Llona (n.23/08/1935) Funcionario de las líneas aéreas Panagra, Braniff, Eastern y American sucesivamente, casado por lo civil el 12 de Diciembre de 1963 y por lo religioso el 21 de Diciembre de 1963 con Dª. María Luisa «Puppi» Aspíllaga Menchaca (n.04/11/1941 +24/07/2012) Hija de Dn. Gustavo Aspíllaga Anderson (n.05/10/1907) y de Dª. María Luisa de Menchaca Blacker (n.03/01/1916 +22/04/1965) Nieta de Dn. Ramón Aspíllaga Barrera (n.Lima, 1851 +29/02/1940) casado en la iglesia de Santa Teresa el 18 de Enero de 1897 con Dª. María Agripina G. Anderson Perales (n.Lima, 1871) y de Dn. Daniel de Menchaca Figari y de Dª. Elisa Blacker Higginson.

6A Dª. María Luisa Pflücker Aspíllaga (n.Miraflores, 21/10/1964) Casada el 23 de Noviembre de 1984 con Dn. Fernando Ernesto Bertie Brignardello (n.Miraflores, 02/02/1959) Hijo de Dn. Jaime "Jimmy" Bertie Espejo (n.b.07/08/193_ +26/12/1984) y de Dª. Enriqueta Brignardello Belmont (n.30/10/19__)

    7A Dn. Mateo Bertie Pflücker (n.11/12/1988)

    7B Dª. María Fernanda Bertie Pflücker

    7C Dn. Lucas Bertie Pflücker

Leopoldo Pflücker y Pflücker con Margarita Cabieses Valle Riestra, sus hijos y nietos

6B   Dn. Leopoldo Pflücker Aspíllaga (n.Miraflores, 18/09/1965) Casado en la parroquia de Nuestra Señora de la Asunción, Aravaca, Madrid, el 5 de Noviembre de 1999 con Dª. Belén Rodríguez Díez. Hija de Dn. Rafael Rodríguez Montaut y de Dª. Blanca Díez y Ponce de León.

6C   Dª. Inés Paulina Pflücker Aspíllaga (n.Lima, Clínica Internacional, 18/09/1970) Casada el 22 de Abril de 1995 con Dn. Elard Carlos Meier Brignardello (n.Miraflores, 14/11/1964) Hijo de Dn. Werner Meier Cresci (n.25/07/19__ +17/01/2009) y de Dª. Mary Ana Brignardello (n.14/03/1941 +01/03/1985) Nieto de Dn. Dietrich Meier y de Dª. Elisa Cresci.

       7A   Dª. Valeria Meier Pflücker.

       7B   Dª. Alexia Meier Pflücker.

6D   Dª. Mónica Patricia Pflücker Aspíllaga (n.08/10/1975) Casada el 20 de Setiembre del 2003 en Key Biscayne, Florida, con D. Alejandro Bitar Maluk. Hijo de Dn. Lorenzo Bitar Chacra y de Dª. Laila Maluk.

6E   Dn. Sebastián Pflücker Aspíllaga (n.15/02/1978) Casado el 31 de Mayo del 2014 con Dª. Talía Berckemeyer Murguía. Hija de Dn. Oscar Berckemeyer Prado casado con Dª. Silvia Murguía Indacochea (n.02/10/1963)

**Margarita Cabieses Valle Riestra y Leopoldo Pflücker y
Pflücker (Presbítero Maestro)**

5C   Dª. María Eugenia Pflücker Llona (n.15/09/1944) Casada por lo
civil en Miraflores el 20 de Julio de 1967 y por lo religioso el 1º de
Agosto de 1967 con Dn. Juan Enrique Pendavis Perales
(n.23/12/1942) Hijo de Dn. Juan Enrique Pendavis Godefroy
(+09/12/1955, Miraflores) casado en Miraflores el 19 de Noviembre
de 1941 con Dª. Adela Perales de La Fuente.

    6A   Dª.   María   Eugenia   Pendavis   Pflücker
(n.Miraflores,19/05/1970) Casada en la parroquia de la
Virgen del Pilar el 10 de Mayo de 1997 con Dn. Enrique
Harten Velarde. Hijo de Dn. Enrique Harten Arias
Schreiber (n.31/01/19__ +18/09/2000) y de Dª. Elena
Velarde Arenas (n.07/11/19__)

        7A   Dn. Enrique Harten Pendavis (n.Miraflores,
01/08/2000)

    6B   Dn. Juan Enrique Martín Pendavis Pflücker (n.Miraflores,
27/12/1969) Casado en la iglesia de La Virgen del Pilar
de San Isidro el 20 de Junio de 1998 con Dª. María Jimena
Dacal Romero (n.Miraflores, 23/06/1971) Hija de Dn.
Edmundo Dacal Salgado y de Dª. María Elena Romero.

Leopoldo Pflücker Cabieses y Blanca Llona de la Jara

6C   Dª. Mariana Pendavis Pflücker (n.12/04/1982) Casada con Dn. Andrés Criado León.

4B   **Dn. Leonardo Federico Pflücker Cabieses** (n.27/12/1905, b.Miraflores, 06/01/1906) Nació en la casa de la Alameda Nº 19, Miraflores a las 6 de la mañana. Dedicó toda su vida a las empresas pertoleras del Perú, pues trabajó en la International Petroleum Company (IPC) en la Compañía Petrolera Lobitos, en la Empresa Petrolera Fiscal y finalmente en Petróleos del Perú. Casado en casa de la familia Rachitoff (calle Bellavista) en Miraflores, el 24 de Setiembre de 1933, (el 16 de Setiembre por lo Civil) con **Dª. Alicia Rachitoff Infantas** (n.Barranco, Calle de los Pasos Nº109, 29/01/1910 b.Barranco, 06/10/1912 +19/04/1982, Miraflores) Hija de Dn. Julio L. Rachitoff Goldenhorn (n.Odessa, Ukrania, 04/11/1885 +14/04/1947, Miraflores) y de Dª. Alicia Infantas de Argumániz (n.07/07/1878 +05/09/1955, Miraflores) Falleció Leo en su casa de la avenida Dos de Mayo (Nº 336) en Miraflores el 4 de Junio de 1987, sus restos descansan juntos con los de su esposa en el cementerio de La Planicie en La Molina. Dª. Alicia Rachitoff Infantas era nieta de Dn. Miguel Rachitoff Zigler, ukraniano, casado con Dª. Pauline Goldenhorn Nürnberg, fallecida en Argentina, y del Coronel Dn. Juan Infantas Silva (n.Arequipa, 1825) casado en la Parroquia de San Lázaro el 19 de Julio de 1874 con Dª. Juana de Argumániz Navarro (n.1852) Según la partida de nacimiento nació doña Alicia el 8 de Febrero de 1910.

5A   Dn. Leonardo Julio Leopoldo Pflücker Rachitoff (n.Lima, 27/11/1934, b.Santo Toribio, 01/12/1934) Contrajo matrimonio por lo civil en Miraflores el 2 de Diciembre de 1961 y por lo religioso el 16 de Diciembre de 1961 con Dª. Nelly Luisa Washburn Rodríguez Larraín (n.26/04/1935 +07/04/1995) Hija del General de la FAP Dn. Carlos Washburn Salas (n.09/08/1895) y de Dª. Angélica Rodríguez Larraín Pendergast (n.14/09/1900 b.San Sebastián, 05/12/1900) Nieta por el lado paterno de Dn. Carlos A. Washburn y Salas de la Torre casado con Dª. Aurora Salas; y, por el lado materno, de Dn. Emilio Rodríguez Larraín (n.16/10/1874) casado en la parroquia de San Marcelo de Lima el 22 de Julio de 1899 con Dª. Isabel Pendergast Price (n.25/03/1885) Leo falleció en la clínica Americana de San Isidro el 12 de Enero de 1999 y sus restos y los de su esposa descansan en el cementerio de Chaclacayo junto a su esposa.

Boda de Leonardo Pflücker Cabieses y Alicia Rachitoff Infantas
Con Armando Castañeda y Pauline Rachitoff de Castañeda, Alicia Infantas
de Rachitoff y Julio Rachitoff, Margarita Cabieses de Pflücker y Leopoldo Pflücker y Pflücker.

6A   Dª. María Cecilia Pflücker Washburn (n.Miraflores, 01/11/1962) Casada por lo civil en Miraflores el 1 de Agosto de 1987 y por lo religioso en la parroquia de Fátima en Miraflores el 5 de Setiembre de 1987 con Dn. Carlos Luis Benjamín Ruska Maguiña (n.20/07/1958) Hijo de Dn. Carlos Benjamín Ruska Otárola (+14/04/2009) y de Dª. María Teresa Maguiña Lequien. Contrajo segundas nupcias el 20 de Agosto del 2011 en Lansing, Michigan, con Dn. John Bielusiak Adams (n.Michigan, 10/06/1958) Hijo de Dn. John Bielusiak Czajka (n.Hamtramck, Michigan, 11/23/1914 +18/01/1982) y de Dª. Rosie Adams Brown (n.20/10/1920 +05/07/2007) Reside en Lansing.

7A   Dn. Sergio Ruska Pflücker (n.Lima, San Borja, 13/01/1989)

7B   Dn. Carlos Ruska Pflücker (n.Lima, San Borja, 31/07/1990)

7C   Dn. Alonso Ruska Pflücker (n.Lima, Surco, Av. El Polo N°505, 26/11/1994)

6B   Dª. María Patricia Pflücker Washburn (n.Miraflores, 08/03/1964) Casada en Miraflores el 27 de Noviembre de 1985 con Dn. Hugo Barrionuevo Miranda (n.Buenos Aires, 01/10/1962) Casada en segundas nupcias en Miraflores el 18 de Mayo del 2002 con Dn. Ross Ward Forsyth (n.Canadá) Reside en Canadá.

7A   Dn. Fabricio Barrionuevo Pflücker (n.Miraflores, 02/07/1987)

7B   Dn. Diego Barrionuevo Pflücker (n.Miraflores, 16/03/1989)

6C   Dn. Leonardo Pflücker Washburn (n.Miraflores, 26/08/1966) Casado en la parroquia de la Virgen del Pilar en San Isidro el 21 de Enero de 1995, con Dª. Verónica Madge Rivero (08/11/1968) Hija de Dn. Ricardo Madge Lanfranco y de Dª. Marcia Rivero Barriga.

7A   Dn. Nicolas Pflücker Madge (n.Lima, San Borja, 10/08/1996)

7B   Dn. Renzo Pflücker Madge (n.Lima, Surco, 24/07/2001)

6D   Dª. María Elena Pflücker Washburn (n.Miraflores, 19/11/1967) Contrajo matrimonio en la parroquia de San Antonio (Carmelitas) en Miraflores el 16 de Febrero de 1996 con Dn. Eugenio Pinés Palencia (n.Madrid, 17/10/1964) Hijo de Dn. Vicente Pinés y de Dª. Juana Palencia García, ambos de Valdepeñas, España.

7A   Dª. Ximena Pinés Pflücker (n.Surco, 06/06/1997)

7B   Dn. Eugenio Pinés Pflücker (n.Surco, 15/01/1999)

5B   Dn. Sergio Santiago «Jimmy» Gerardo Pflücker Rachitoff (n.Miraflores, 23/12/1935) Casado en primeras nupcias el 11 de Agosto de 1955 con Dª. Luisa Dolores "Lola" Matilde Elguera Martínez (n.Miraflores, 14/03/1936) Hija de Dn. Fernando Elguera Diez Canseco (n.Lima, calle Huallaga –antes Virreyna- N°188, 05/06/1901 +02/02/1996) y de Dª. María Isabel Martínez de la Torre Bello (n.Lima, calle Ancash N°214, 05/10/1904) Nieta de Dn. Federico Elguera Seminario (n.Lima, 01/06/1860 +19/11/1928) Periodista, Alcalde de Lima desde 1901 hasta 1908, en 1911 fue nombrado ministro en Bolivia, casado en San Marcelo el 16 de Marzo de 1890 con Dª. Julia Diez Canseco Olazábal (n.1864) y de Dn. Ventura Martínez de la Torre casado con Dª. Isabel Bello Porras. En segundas nupcias contrajo matrimonio en la Casona del Mariscal Orbegoso en Trujillo el 29 de Junio de 1963 con Dª. María Teresa "Teruca" Pinillos Ganoza (n.12/07/1938) Hija de Dn. Enrique Pinillos Goycochea y de Dª. Julia Ganoza Vargas (n.Trujillo, 1895) Nieta de Dn. Enrique Pinillos casado con Dª. Elvira Goycochea y de Dn. Juan Julio Ganoza Calonge (n.Trujillo, 1870) y de su esposa Dª. Hortensia Vargas (n.Trujillo, 1970) Jimmy falleció en su casa de San Borja el 2 de Agosto de 1981 y sus restos descansan el cementerio de la Planicie en La Molina.

6A   Dn. Jaime Pflücker Elguera (n.16/03/1956) Casado por lo civil el 30 de Noviembre de 1979 con Dª. Silvia Ballón Bustinza (n.06/02/1958) Hija de Dn. Alfonso Ballón Eguren y de Dª. Lidia Bustinza Narváez.

> 7A   Dª. Sylvia Pflücker Ballón (n.09/08/1979) Casada en la Parroquia de la Virgen del Pilar el 4 de Febrero del 2012 con Dn. Kirby Warms. Hijo de Dn. David Warms y de Dª. Sue Ann Warms.
>
> > 8A   Dn. Mark Warms Pflücker (n.27/12/2012)
>
> 7B   Dª. Carla Jimena Pflücker Ballón (n.22/04/1981+05/06/2011)
>
> 7C   Dª. Laura Pflücker Ballón (n.08/11/1987)

6B   Dª. Verónica Pflücker Pinillos (n.06/06/1964) Contrajo matrimonio en la capilla del colegio María Reyna, San Isidro, el 5 de Enero de 1991 con Dn. Robert Willcock Oates (n.Inglaterra, 28/07/1964) hijo de Dn. Robert Willcock y de Dª. Bárbara Oates. Casada en segundas nupcias con Dn. Fernando Gonzáles – Lattini López, sin sucesión.

> 7A   Dª. Camilla Willcock Pflücker (n.Inglaterra, 22/01/1993)

6C   Dª. Claudia Pflücker Pinillos (n.05/06/1965) Casada el 7 de Febrero de 1992 con Dn. Luis Aldana Rivera (n.19/11/1958) Hijo de Dn. Luis Antonio Aldana González y de Dª. Susana Rivera y Piérola Martinot. Nieto de Dn. Luis Aldana casado con Dª. Genara González y de Dn. Alfonso Rivera Bustamante y de su esposa Dª. Hortensia Martinot Mendiola.

> 7A   Dª. Macarena Aldana Pflücker (n.San Borja, 02/08/1992)
>
> 7B   Dª. Micaela Aldana Pflücker (n.San Borja, 13/06/1997)

6D   Dn. Jimmy Enrique Pflücker Pinillos (n.06/08/1966) Casado en Miami el 19 de Marzo 1995 con Dª. Rocío Indacochea Hanza (n.30/11/1968) Hija de Dn. Oscar Indacochea San Martín y de Dª. Hortensia Hanza Banchero.

> 7A   Dª. Andrea Pflücker Indacochea (n.Miami, 29/10/1997)
>
> 7B   Dª. Sabrina Pflücker Indacochea (n.Miami, 03/03/2000)

5A   Dn. Juan Manuel Pflücker Rachitoff (n.Lima, 25/12/1947) Vivíamos en esa época en la Avenida Larco N°1155, Miraflores. Casado por lo civil en Miraflores el 15 de Junio de 1973 y por lo religioso en la Capilla de San José (Miraflores) el 22 de Junio del mismo año con Dª. Margarita María Dominga Rey Recavarren (n.Miraflores, 08/07/1951 b.Santa María Reyna) Notaria eclesiástica, hija de Dn. Augusto Tomás Cipriano Rey Bull (n.Miraflores, 09/12/1917 +26/05/2000, La Encantada, Santiago de Surco - Chorrillos) y de Dª. Luisa Recavarren Elmore (n.15/05/1923 +18/11/2009)

Nieta de Dn. Domingo Rey Alvarez Calderón (n.22/06/1880 +14/10/1945) médico, higienista y economista (g.San Fernando, 1907) miembro fundador del Círculo Médico Peruano (1922) presidente de la Negociación Agrícola Unanue, vicepresidente de la Asociación de Empresarios Eléctricos del Perú siendo promotor de las Empresas Eléctricas Asociadas, casado el 20 de Junio de 1911 con Dª. Delia Bull Pérez (n.Pisco, 12/06/1889 +24/09/1987) y de Dn. Alejandro Recavarren Cisneros (n.24/01/1890 +25/07/1957) casado con Dª. Luisa Elmore Aveleira (n.14/05/1890 +28/06/1988)

      6A   Dª. Priscilla Pflücker Rey (n.Hogar de la Madre, Miraflores, 13/02/1974, b.Parroquia de Santa María Madre de la Iglesia, 13/03/1974) Casada por los civil el 18 de Julio de 1998 en San Borja y por lo religioso el 5 de Setiembre del mismo año en la parroquia de la Reconciliación de Camacho con Dn. Rafael Eduardo Freire Ponce (n.Miraflores, 04/04/1971) Hijo de Dn. Rafael Augusto Freire Sarria (n.Miraflores, 04/07/1946) y de Dª. Lauretta Rosa Ponce Orézzoli (n.11/08/1946) Nieto de Dn. Luis Freire Raygada (n.Lima, Calle Junín, Quinta Heeren Letra F, 26/09/1908 +13/08/1992) casado el 29 de Junio de 1944 con Dª. Carmen Sarria Salas (n.Lima, Plaza Bolognesi N°530, 10/08/1920) y de Dn. Daniel Augusto Ponce Sobrevilla (n.Lima, Calle Huancayo N°68, 25/07/1903 +18/01/1989) casado con Dª. Rosa Orézzoli Morales (n.04/10/1915 +13/08/2002)

           7A   Dª. Alejandra Freire Pflücker (n.Clínica El Golf, San Isidro, 10:25am, 26/01/2001 b.Parroquia de Nuestra Señora de la Reconciliación, Camacho, 15/03/2001)

           7B   Dª. Camila Freire Pflücker (n.Clínica Montesur, Surco, 31/03/2004 b.En su casa en la Parroquia Virgen del Consuelo, Surco, 24/04/2004)

           7C   Dn. Rafael (III) Freire Pflücker (n.Toledo, Ohio. USA, 5:59 AM 13/02/2010, b.Virgen de Fatima, Miraflores. 08/05/2010) Nace en la misma fecha en que nació su mamá.

6B   Dª. Joanna Pflücker Rey (n.Clínica San Borja, 15/04/1976 b.Santa Rosa de Lima, 22/05/1976) Casada por lo civil, el 21 de Diciembre del 2007 en San Isidro, y por lo religioso el 4 de Enero del 2008 en la parroquia de la Virgen del Pilar de San Isidro con Dn. Javier Ezeta Ferrand (n.15/12/1976) Hijo de Dn.Fernando Ezeta Tirado (n.30/07/1942) y de Dª. Marcela Ferrand del Busto (n.30/10/194.) Nieto de Dn. Fernando Ezeta Bravo casado con Dª. Isabel Tirado Wakulski (n.Lima, calle Puno Nº130, 27/05/1908) y de Dn. Fernando Ferrand Giuffré (n.24/08/1912) casado el 8 de Febrero de 1942 con Dª. Violeta del Busto Pescio (n.19/05/19__)

       7A   Dn. Rodrigo Ezeta Pflücker (n.04/05/2010 en la Clínica Montesur en Surco a las 8:35 AM. b.08/05/2010, Virgen de Fatima, Miraflores)

       7B   Dª. Lucía Ezeta Pflücker (n.01/06/2012 en la Clínica Montesur en Surco a las 10:22 am b.14/04/2012, Parroquia de Fátima, Miraflores)

6C   Dn. Christopher Pflücker Rey (n.Hogar de la Madre, Miraflores, 07/04/1981 b.Virgen Milagrosa, 07/05/1981) Casado por lo civil en Lima, Municipalidad de San Borja, el 22 de Diciembre del 2012 y por lo religioso en el departamento de Pasco, distrito de Oxapampa el 31 de Agosto del 2013 con Dª. Cristina Salinas Heaton (n.09/10/1987) Hija de Dn. Gustavo Salinas Sedó y de Dª. Jacqueline Heaton Izaguirre. Nieta por el lado paterno de Dn. Jorge Eduardo Salinas Escobar (n.Lima, Calle Piura Nº576, 19/04/1910) Coronel del Ejército, casado con Dª. María del Pilar Sedó y González del Valle (n.Lima, Calle Piura Nº326, 24/01/1909) y nieta por el lado materno de Dn. Dennis Heaton Green y de Dª. Alicia Izaguirre.

4C   **Dn. Roberto Eduardo Pflücker Cabieses** (n.Miraflores, 19/02/1908) Nació a las 6 de la mañana y, al igual que sus hermanos mayores, viviendo en la casa de la Alameda Nº 19 en Miraflores. Ingeniero, especializado en telecomunicaciones, como sus hermanos dedicado toda su vida a la industria petrolera. Casado en primeras nupcias el 29 de Julio de 1933 con **Dª. Esperanza Roncagliolo de la Torre** (n.18/12/1907) hija de Dn. Nicolás Roncagliolo Navarro (n.Nazca, hacia 1875) y de Dª. Angélica de la Torre Corzo. Nieta de Dn. Nicolás Roncagliolo Biancardi (n.Santa Margarita, Rapallo, Italia +1888, Callao) quien llegó al Perú hacia 1868 contrayendo matrimonio con Dª. Julia Navarro (n.Arequipa, Caravelí, Acarí, 1846, +1926) Dn. Roberto Pflücker contrajo matrimonio, en segundas nupcias, con **Dª. María Luisa Moreno Villareal** (n.29/04/1924 +03/12/2009) hija de Dn. Antonio Moreno y de Dª. María Luisa Villareal. Falleció "Bobby" el 4 de Noviembre de 1984.

       5A   Dn. Roberto Leopoldo «Mickey» Pflücker Roncagliolo (n.07/09/1934) Empresario metalmecánico, casado en Miraflores el 25 de Febrero de 1961 con Dª. Emilia María Camino Rodríguez Larraín (n.03/01/1937) hija de Dn. Leoncio Camino Brent y de Dª. Ana Rodríguez Larraín Pendergast. Nieta de Dn. Juan Francisco Camino Anderson, casado con Dª. Mary Brent Delgado (n.14/09/19__) y de Dn. Emilio Rodríguez Larraín (n.16/10/1874) casado en la parroquia de San Marcelo de Lima el 22 de Julio de 1899 con Dª. Isabel Pendergast Price (n.25/03/1885)

6A   Dª. Ana María Pflücker Camino (n.Miraflores, 22/11/1964) Casada el 21 de Diciembre de 1991, con Dn. Pedro Taboada del Castillo (n.Miraflores, 07/01/1961) Hijo de Dn. Pedro Taboada Moreno y de Dª. Rosa del Castillo.

        7A   Dn. Pedro Pablo Taboada Pflücker (n.03/08/1992)

6B   Dª. Jaqueline Pflücker Camino (n.Miraflores, 15/03/1966) Casada el 19 de Enero de 1996 con Dn. Jorge Philipps Rojas. Hijo de Dn. Federico Philipps Figueroa y de Dª. Consuelo Rojas.

        7A   Dª. Jannice María Philipps Pflücker.

6C   Dª. Katherine Pflücker Camino (n.Miraflores, 19/12/1972) Casada el 25 de Setiembre de 1904 con Dn. José Luis Chávez Corzo.

        7A   Dn. José Miguel Chávez Pflücker (n.03/02/2005)

        7B   Dn. Juan Pablo Chávez Pflücker (n.09/08/2007)

5B   Dn. Mario Pflücker Roncagliolo (n.21/09/1935) Empresario, casado en Miraflores el 18 de Julio de 1959 con Dª. Teresa León Cabada (n.27/07/1939 +15/11/2014) Hija de Dn. Alfredo Evaristo León Ramírez (n.Trujillo, 07/01/1910 +12/04/1999) y de Dª. María Emma Cabada Merino (n.Lima, 27/11/1913 +12/11/1971) Nieta por el lado de su madre de Dn. Ricardo Eulogio León Cabada Revoredo (n.Lima, 20/02/1870 +1930, Lima) y de Dª. Carolina Merino Oyarzún (n.Valparaíso, 1866 +1952, Lima)

6A   Dª. María Teresa Pflücker León (n.22/08/1960 +30/07/1972)

6B   Dn. Mario Andrés Pflücker León (n.23/08/1961) Casado el 14 de Octubre de 1989 con Dª. "Maroli" María de los Dolores Martínez Zevallos (n.22/06/1966) Hija de Dn. Bienvenido Martínez Castaño (n.22/08/1922 +15/07/2000) y de Dª. Norma Zevallos Cortez (n.30/11/1935)

        7A   Dn. Cristóbal Pflücker Martínez (n.22/06/1997)

6C   Dn. Nicolás Alberto Pflücker León (n.Miraflores, 27/07/1974) Con Dª. Corrie Elizabeth Padgett (n.La Florida, Pensacola) fueron padres de

        7A   Dª. Lily Elizabeth Pflücker Padgett (n.La Florida, Jacksonville, 27/11/2002)

Roberto Pflücker Cabieses con su hijo Mario

5C   Dn. Otto Fernando Pflücker Roncagliolo (n.27/10/1940) Casado en Miraflores el 28 de Abril de 1972 con Dª. Carmen Violeta López Lanatta (n.01/01/1952 +22/01/2000) Hija de Dn. Enrique López Albújar Arrese y de Dª. Carmela Lanatta Burga. Viudo contrajo segundas nupcias con Dª. Rosemary Yulissa Heredia Cajo.

         6A   Dª. Gabriela María Pflücker López (n.19/11/1972) Casada en la parroquia de Nuestra Señora de Gracia en San Borja el 20 de Noviembre de 1997 con Dn. José Raúl Mayorca Valdivia. Hijo de Dn. José Raúl Mayorca Palomino y de Dª. Cristina Valdivia R. Separada contrajo nupcias con un ingeniero norteamericano, residen en Illinois cerca a Chicago y son padres de

                 7A   Dª. Valeria Viteri Pflücker.

         6B   Dª. María Teresa Pflücker López (n.12/02/1974) Casada en Canadá residente en Montreal.

                 7A   Dª. Maríaeve Trottier Pflücker.

                 7B   Dª. Carolyn Trottier Pflücker.

         6C   Dn. Otto Pflücker López (n.Nazca, 19/06/1975) Reside en Barcelona. Casado.

6D   Dª. Adriana Nay Pflücker Heredia (n.22/08/1995)

6E   Dª. Schmetterling Esperanza Pflücker Heredia (n.22/05/2007)

5D   Dn. Luis Carlos Pflücker Moreno (n.14/10/*1940*) Casado con Dª. Carmen Olga Angulo Thorne (n.27/04/1946)

        6A   Dª. Sabina María Pflücker Angulo (n.05/08/1966)

        6B   Dn. Luis Elio Pflücker Angulo (n.22/07/1967)

        6C   Dn. Andrés José Pflücker Angulo (n.20/06/1971) Casado con Dª. Ana Lucía Nieto (+18/10/2012)

5E   Dª. Luisa Pflücker Moreno (n.15/11/1943) Casada en primeras nupcias con Dn. Alfonso Salcedo Hernández (n.20/02/1941) Hijo de Dn. Alfonso Salcedo Fernandini y de Dª. Herminia Hernández. En segundas nupcias se casó, en 1993, con Dn. José Ricci Nicoli (n.10/11/1928 +15/10/2009) Hijo de Dn. Mario Ricci Adamucci (n.Nápoles, 28/08/1899 +25/05/1979) y de Dª. Candelaria Nicoli (n.02/02/19__)

        6A   Dª. Patricia del Carmen Salcedo Pflücker (n.29/04/1967) Casada en Miraflores el 16 de Abril del 2004 con Dn. Vicente José Manuel Delgado. *Patricia fue adoptada por José Ricci Nicoli y su nombre es Patricia del Carmen Ricci Pflücker. (Información de Luisa Pflücker Moreno)*

4D   **Dª. María Josefina Margarita Pflücker Cabieses** (n.Miraflores, Av. de La Alameda, 12/01/1913 b.Miraflores, 20/02/1913) Casada por lo civil en Miraflores el 31 de Marzo de 1943 y por lo religioso el 3 de Abril del mismo año con **Dn. Alfredo Francisco Javier Remy Mardon** (n.Arequipa, calle Pizarro Nº38, 03/12/1905 +13/11/1987, Lima) Hijo de Dn. Luis Germán Remy Goncer (n.01/10/1863 +05/10/1938) Alcalde de Arequipa (1919-1920) y de Dª. Julia Mardon Moens (n. hacia 1867) Falleció la "Bebe" el 20 de Octubre de 1992. Don Alfredo era nieto por el lado paterno de Dn. Jean Félix Remy Barbier (n.París, 22/04/1825 +13/09/1901, Lima, calle Unión – antes Mercaderes- Nº138) quien llegó al Perú en 1843 y fue dueño de la famosa Botica Francesa (creada en 1824 por el farmacéutico monsieur Dupreyrón) casado el 24 de Abril de 1854 con Dª. Manuela Amalia Goncer y Alminate y de Dn. Samuel Peter Mardon García casado con Dª. Enriqueta Moens Zavalaga.

        5A   Dª. María Cecilia Remy Pflücker (n.07/01/1944) Casada en Miraflores el 23 de Setiembre de 1967 y en La Virgen del Pilar de San Isidro el 4 de Octubre del mismo año con Dn. José Carlos Romero Lozada Lauezzari (n.Lima, 09/01/1943) Hijo de Dn. José Romero Lozada Gómez de Cañedo Espinoza (n.01/03/1919) casado el 22 de Febrero de 1942 Dª. Rosa Martina Lauezzari Marqués (n.03/11/1923) Nieto por el lado paterno de Dn. Roberto Romero Laines Lozada y de Dª. Zoila Rosa Gómez de Cañedo Espinoza.

                6A   Dn. José Antonio Romero Lozada Remy (n.Miraflores, 24/08/1968) Casado el 29 de Junio de 1996 en la iglesia de Nuestra Señora de la Asunción de Torrelodones, Madrid, con Dª. Victoria 'Cuca' Ortega Gómez (España) Hija de Dn. Félix Ortega Reyes y de Dª. Victoria Gómez Cano.

                        7A   Dn. Pablo Romero Ortega.

7B   Dª. Victoria Romero Ortega (n.España, 09/03/1999)

6B   Dn. Luis Miguel Romero Lozada Remy (n.Miraflores, 07/10/1969)

7A   Dn. Martín Romero (n.08/01/2010)

6C   Dª. María Cecilia Romero Lozada Remy (n.Miraflores, 10/02/1971) Casada.

6D   Dn. Juan Carlos Romero Lozada Remy (n.San Borja, 26/05/1978)

5B   Dn. Alfredo Juan de Dios Remy Pflücker (n.08/03/1945) Casado con Dª. Alicia Roxana María Linares de La Torre (n.05/06/1944) Hija de Dn. Jaime Linares Buño (n.15/09/19__) y de Dª. Celia de la Torre de Romaña (n.26/04/19__) hija a su vez de Dn. Antonio de la Torre y del Mar casado un 7 de Junio con Dª. Celia López de Romaña y López de Romaña.

6A   Dª. Roxana María Remy Linares (n.Miraflores, 04/09/1970) Casada en la iglesia de la Virgen del Pilar de San Isidro el 10 de Julio de 1999 con Dn. Dietrich Hans Robert Zapff Schultz (n.Miraflores, 31/05/1966) Hijo de Dn. Manfred Zapff Dammert y de Dª. Bárbara Schultz.

Margarita Pflücker Cabieses y Alfredo Remy Mardon con Margarita, Alfredo y Cecilia

7A   Dn. Alexander Dietrich Zapff Remy (n.Lima, 05/02/2001)

7B   Dn. Michael Andreas Zapff Remy (n.Lima, 03/10/2003)

7C   Dª. Stephanie Zapff Remy (n.Lima, 10/03/2005)

6B   Dn. Alfredo Jaime Remy Linares (n.Miraflores, 21/08/1972) Casado en la parroquia de la Virgen del Pilar el 21 de Abril del 2001 con Dª. Jéssica Rivero Kranjcec (n.Miraflores, 04/12/1973) Hija de Dn. Gustavo Rivero Alarcón y de Dª. Marietta Kranjcec.

        7A   Dª. Nicole Lucía Remy Rivero (n.Lima, 16/06/2005)

        7B   Dª. Michelle Jéssica Remy Rivero (n.Canadá, 25/07/2009)

6C   Dn. Alejandro Antonio Remy Linares (n.Miraflores, 04/06/1974) Casado con Dª. Fiorella Sangalli Montori. Hija de Dn. Alberto Sangalli y de Dª. Cecilia Montori Alfaro.

5C   Dª. Margarita Julia Remy Pflücker (n.Miraflores, 20/02/1950) Casada en Miraflores el 14 de Agosto de 1972 con Dn. Fernando Leopoldo Jesús Scheelje Martin (n.Miraflores, 10/01/1948) Hijo de Dn. Raúl Scheelje Castro (n.1910 +24/04/2001) y de Dª. María Elena Martin Carrera (n.Guayaquil +15/06/2013)

        6A   Dª. Katherina Scheelje Remy (n.Miraflores, 16/03/1973) Casada el 15 de Mayo de 1999 en la iglesia de la Virgen del Pilar con Dn. José Antonio Gómez Rocha (n.Miraflores, 28/04/1971) Hijo de Dn. Antonio Gómez Santillana y de Dª. Nora Rocha Lucena.

           7A   Dª. Natalia Gómez Scheelje (n.19/02/2004)

           7B   Dn. Vicente Gómez Scheelje (n.10/03/2006)

        6B   Dª. Valerie Scheelje Remy (n.20/06/1977) Casada el 22 de Setiembre del 2007 con Dn. Martín Furukawa Tomotaki. Hijo de Dn. Antonio Furukawa Obara y de Dª. Carmen Tomotaki Tomotaki.

           7A   Dn. Santiago Furukawa Scheelje (n.22/09/2007)

           7B   Dn. Diego Furukawa Scheelje

4E   **Dn. José Eduardo «Teddy» Pflücker Cabieses** (n.Miraflores, Calle Shell Nº20, 14/01/1918) Ingeniero geólogo y, como sus hermanos, dedicado a la industria del petróleo. Casado por lo civil en Miraflores el 5 de Octubre de 1946 y por lo religioso en la parroquia de Santo Toribio (La Inmaculada) el 6 de Octubre de 1946 con **Dª. Rosa Sousa Ferré** (n.Lambayeque, Chiclayo, Calle Balta Nº78, 02/11/1922) Hija de Dn. Marco A. Sousa Miranda y de Dª. Manuela Ferré (n.12/11/1891) Nieta de Dn. Aurelio Sousa Matute, diputado (1893) Alcalde de Barranco (1906-12) casado con Dª. Rosa Miranda. Teddy falleció el 20 de Julio del 2000 en su casa de Chacarilla del Estanque en Surco.

        5A   Dn. Eduardo «Ayo» Pflücker Sousa (n.03/07/1947) Casado en primeras nupcias con Dª. María Teresa Pérez Bernal (n.España, 17/01/1961 +24/01/1990) Viudo contrajo segundas nupcias el 13 de Noviembre de 1993 con Dª. Erica Barrio Ayulo (n.24/10/1971) Hija de Dn. Juan Barrio Andreu y de Dª. Julieta Ayulo Fortón.

           6A   Dª. Giannina Pflücker Pérez Bernal (n.25/04/1985)

              7A   Dn. Sofia Pflücker.

6B   Dª. Jéssica Pflücker Pérez Bernal (n.07/02/1989)

5B   Dª. Lucía Pflücker Sousa (n.12/06/1949) Casada por lo civil en Miraflores el 19 de Junio de 1971 y por lo religioso el 22 de Junio de 1971 con Dn. Juan Manuel Zavala Dancuard (n.24/05/1946) Hijo de Dn. Manuel Emilio Zavala Pérez (+17/07/2000) y de Dª. Aída Dancuard.

       6A   Dn. José Manuel Zavala Pflücker (n.Miraflores, 20/06/1972) Casado en la parroquia de la Medalla Milagrosa el 15 de Marzo de 1997 con Dª. Pamela Arana Torres (n.1973) Hija de Dn. José Víctor Arana Lema y de Dª. Rosario Torres González.

             7A   Dª. María Fernanda Zavala Arana (n.14/08/1997)

             7B   Dª. Alejandra Zavala Arana (n.26/10/2000)

       6B   Dn. Gonzalo Eduardo Zavala Pflücker (n.Miraflores, 05/11/1973) Casado en la Iglesia de San Pedro el 2 de Setiembre del 2006 con Dª. Agnieszka Golec (n.12/12/1970) Hija de Dn. Wieslaw Golec y de Dª. Irena Iskra Golec. Gonzalo y Agnieszka residen en Londres.

Eduardo Pflücker Cabieses y Rosita Sousa Ferré

6C   Dª. Sandra Zavala Pflücker (n.04/04/1977) Casada con Dn. José Manuel Echegaray Guérin (n.Lima, 10/02/1969) Hijo de Dn. Medardo Echegaray Rosales (n.Lima, 06/10/1928 +08/10/1991, Lima) y de Dª. Clara María Guérin von Bischoffshausen (n.Santiago de Chile, 30/06/1942)

5C   Dª. María «Marita» Rosa Pflücker Sousa (n.10/03/1953) Casada el 11 de Octubre de 1974 con Dn. Carlos Loveday Gómez (n.08/11/1948) Hijo de Dn. Henry Loveday Pérez Albela (n.Callao, 03/08/1909 +04/07/1987, Lima) y de Dª. Julia Gómez Barrios (n.21/01/19_)

         6A   Dn. Steve Loveday Pflücker (n.18/02/1977)

         6B   Dª. Karen Loveday Pflücker (n.15/01/1980)

                 7A   Dª. Camila Zamorano Loveday.

5D   Dª. Patricia Pflücker Sousa (n.14/12/1956)

5E   Dª. María Isabel Pflücker Sousa (n.Talara, 02/02/1961) Casada en la parroquia Carmelitas de San Antonio (Nuestra Señora del Carmen) Miraflores el 31 de Mayo de 1985 con Dn. Francisco Guillermo Lanfranco Varea (n.Lima, 25/04/1956) Hijo de Dn. Ricardo Lanfranco Barrios (n.Junín, San Ramón, 24/08/1927 +30/05/1997, Lima) casado en Miraflores el 14 de Abril de 1954 con Dª. Nydia Ofelia "Polly" Varea Devoto (n.Lima, 22/07/1929) Residen en Canadá.

         6A   Dn. Francisco Miguel Lanfranco Pflücker (n.20/02/1988)

         6B   Dª. Andrea Lanfranco Pflücker (n.16/05/1990)

4F   **Dª. María Teresa de Jesús Pflücker Cabieses** (n.Miraflores, 09/11/1926) Casada en Miraflores el 1° de Diciembre de 1944 con **Dn. Guido Mario Vingerhoets Ehlers** (n.22/07/1916 +26/01/1971, Miraflores) Nacido en Bélgica e hijo de Dn. Francisco José Gustavo Vingerhoets Kegeelers (n.03/08/1890 +1947) casado con Dª. Dora María Ana Ehlers (n.Alemania, Cleve, hacia 1888 +1950) Nieto de Dn. Martinus Gustavus Vingerhoets Bal (n.1856 +1933) y de Dª. Frida Dora María Ana Kegeelers (n.1862 +1943) "Tereque" falleció el siete de Febrero de 1995.

         5A   Dn. Leopoldo Vingerhoets Pflücker (n.19/01/1946) Ingeniero Civil, casado en Miraflores el 18 de Abril de 1969 con Dª. Graciela Clotilde Montero Risco (n.29/03/1947) Hija de Dn. Efraín Montero y de Dª. Graciela del Risco.

                 6A   Dn. Guido Vingerhoets Montero (n.22/04/1970) Casado en la Virgen del Pilar el 19 de Julio de 1996 con Dª. Jéssica Boria Guerrero (n.Miraflores, 20/12/1971) Hija de Dn. Juan Boria Rubio y de Dª. Elsa Guerrero Roncagliolo.

                         7A   Dª. Vanessa Vingerhoets Boria (n.03/12/1999)

                         7B   Dª. Andrea Vingerhoets Boria.

                         7C   Dª. Valeria Vingerhoets Boria.

                 6B   Dn. Leopoldo Vingerhoets Montero (n.Miraflores, 09/03/1972)

6C   Dn. Diego Vingerhoets Montero (n.29/05/1980) Casado el 17 de Julio del 2010 con Dª. María José Correa Presa. Hija de Dn. Eduardo Correa Berninzon (n.Miraflores, 12/11/1938) Casado con Dª. María del Carmen Presa Freire.

5B   Dn. María Teresa Vingerhoets Pflücker (n.06/04/1948) Casada en Miraflores el 2 de Agosto de 1965 con Dn. Guillermo Beingolea Barboza (n.04/11/1941) Hijo de Dn. Guillermo Beingolea Prieto (n.04/01/1915 +23/12/2000) y de Dª. Carmen Barboza Salvador.

    6A   Dª. María Teresa Beingolea Vingerhoets (n.11/03/1968) Casada con Dn. Antoine Pérez-Cartier Gardella (1968)

       7A   Dª. María Teresa Pérez-Cartier Beingolea.

    6B   Dª. Mónica Beingolea Vingerhoets (n.15/01/1969)

    6C   Dn. Guillermo Guido Beingolea Vingerhoets (n.16/11/1972 b.20/11/1972, Santa María Reina) Casado el 4 de Febrero del 2000 en la parroquia de Nuestra Señora de Fátima en Miraflores con Dª. Gony del Carmen Torres Belliki (n.23/12/1974 b.Huérfanos,

Teresa Pflücker Cabieses y Guido Vingerhoets Ehlers con sus hijos
No aparecen María Cecilia y María Karin Vingerhoets Pflücker

(23/08/1975) Hija de Dn. Juan Francisco Torres Figari (n.10/01/1949) y de Dª. Goni del Carmen Belliki Cornejo.

    6D   Dª. Carmen Claudia Beingolea Vingerhoets (n.San José de Costa Rica, 17/03/1975) Casada el 1 de Octubre 1999 en la parroquia de Nuestra Señora de Fátima con Dn. Augusto Javier Montori Arbulú (n.Lima, 01/01/1969) Hijo de Dn. Francisco Montori de Aliaga y de Dª. Patricia Arbulú.

       7A   Dn. Francisco Montori Beingolea.

    6E   Dn. Estuardo Beingolea Vingerhoets (n.25/07/1980)

5C   Dª. Ana María Vingerhoets Pflücker (n.22/03/1949) Casada con Dn. Manuel Beingolea Barboza (n.04/01/1946) Hijo de Dn. Guillermo Beingolea Prieto (n.04/01/1915 +23/12/2000) y de Dª. Carmen Barboza Salvador.

6A   Dn. Manuel Antonio Beingolea Vingerhoets (n.25/03/1971) Casado en Puerto Rico el 20 Enero de 1996 con Dª. Meylenne Soto Flores (Puerto Rico) Hija de Dn. José Antonio Soto Ríos (Puerto Rico) y de Dª. Myrnaliz Flores (Puerto Rico)

        7A   Dn. Andre Beingolea Soto (n.02/10/2003)

        7B   Dª. Bianca Beingolea Soto (n.02/10/2003)

        7C   Dª. Carina Beingolea Soto (n.02/10/2003)

        7D   Dn. Damián Beingolea Soto (n.02/10/2003)

6B   Dn. Enrique Beingolea Vingerhoets (n.26/11/1973)

6C   Dª. Ana Lucía Beingolea Vingerhoets (n.25/07/1980)

5D   Dª. Luz María Vingerhoets Pflücker (n.Miraflores, 08/07/1951) Casada en Miraflores el 14 de Agosto de 1974 con Dn. José Raúl Alfonso Bellatín Galdos (n.12/03/1949 +03/01/2012) Hijo de Dn. Carlos Bellatín La Rosa y de Dª. Constanza Galdos Llosa.

6A   Dn. Daniel Bellatín Vingerhoets (n.24/01/1976) Casado el 27 de Octubre del 2007 con Dª. María Mily Urrutia Guevara. Hija de Dn. Augusto Urrutia y de Dª. Cecilia Guevara.

        7A   Dn. Salvador Bellatín Urrutia (n.17/11/2010)

6B   Dª. Marisol Bellatín Vingerhoets (n.02/03/1978) Casada el 5 de Febrero del 2005 con Dn. Alvaro Ossio Guiulfo. Hijo de Dn. Jorge Ossio y de Dª. Marisa Guiulfo Zender.

        7A   Dn. Santiago Ossio Bellatín (n.06/01/2006)

        7B   Dn. Marcelo Ossio Bellatín (n.__/08/2008)

        7C   Dª. Amelia Ossio Bellatín (n.10/10/2010)

6C   Dª. Natalia Bellatín Vingerhoets (n.21/03/1981) Casada el 26 de Noviembre del 2004 con Dn. Felipe Bayly Letts (n.Miraflores, 16/12/1974) Hijo de Dn. Jaime Bayly Llona (n.15/05/1935 +05/12/2006) casado con Dª. Doris Letts Colmenares (n.09/04/1940)

        7A   Dª. Isabella Bayly Bellatín (n.21/04/2007)

        7B   Dn. Tomás Bayly Bellatín (n.13/11/2009)

        7C   Dª. Josefina Bayly Bellatín (14/02/2012)

5E   Dª. María Elena Ramona Vingerhoets Pflücker (n.Miraflores, 27/09/1952) Casada en Miraflores el 28 de Mayo de 1977 con Dn. Juan Francisco Helguero González (n.15/11/1950) Promotor de turismo y hotelero en la costa norte del Perú, hijo de Dn. Juan Helguero Checa (+07/08/2008) y de Dª. Pilar González Seminario.

6A   Dª. Mónica Helguero Vingerhoets (n.30/09/1979) Casada en el balneario de Punta Sal, Tumbes, el 13 de Setiembre del 2003 con Dn. Emilio Llosa Grau. Hijo de Don Emilio Llosa Garcia (n/05/12/197_) y de Dª. Inés Grau Malakchowska.

       7A   Dn. Nicolás Llosa Helguero (n.Ohio, Toledo, 19/07/2006)

       7B   Dn. Valeria Llosa Helguero (n.Lima, 27/01/2009)

       7C   Dª. Micaela Llosa Helguero (n.Lima, 29/04/2012)

    6B   Dn. Juan Francisco Helguero Vingerhoets (n.11/07/1981)

5F   Dn. Mario Guido Ramón Vingerhoets Pflücker (n.19/12/1955) Casado por lo civil en Miraflores el 14 de Junio de 1985 con Dª. Fanny Fernanda Conroy Vernal (n.27/01/1961) Hija de Dn. Gerardo Conroy Mena (n.24/11/19__) y de Dª. Emma Vernal de la Vega (n.09/09/19__)

    6A   Dª. Fanny Vingerhoets Conroy (n.11/01/1989)

    6B   Dn. Mario Vingerhoets Conroy (n.23/07/1990)

5G   Dª. María Cecilia Vingerhoets Pflücker (n.15/10/1962)

5H   Dª. María Karin Vingerhoets Pflücker (n.06/02/1964) Falleció el 11 de Junio de 1986.

Bodas de Plata de Los Pflücker Cabieses
El 25 de Noviembre de 1928

2F   Dn. Gregorio Nacianseno Leonardo Pflücker y Rico. Nació el 9 de Mayo de 1844, fue bautizado el 14 de Noviembre en el Sagrario de Lima y falleció en Chorrillos el 9 de Julio de 1920 (Mausoleo en el Presbítero Maestro) Fue Alcalde de Chorrillos en 1889. Alcalde de Chorrillos en 1888. Se casó (Sagrario) el 12 de Julio de 1880 con Dª. Manuela Porta y Gil (n.hacia 1863 +01/10/1908, Calle Lima Nº61, Mausoleo Familia en el Presbítero Maestro) hija de Dn. Domingo Gaetano della Porta Podestá (n.Italia, Génova) y de Dª. Manuela Gil Ruiz. No tuvieron descendencia.

Gonzalo Arrieta Pflücker, su nieto, me informó que don Leonardo se casó, por segunda vez, con su sobrina doña Leonor Cuadros Pflücker (n.10/08/1887) hija, como veremos más adelante, de Dn. José Manuel Cuadros Viñas y de Dª. María Isabel Pflücker Taramona (n.1857) (En el libro "Los Orbegoso en el Perú" de don Eduardo de Orbegoso Pimentel se informa que doña Leonor Cuadros Pflücker, viuda del acaudalado minero don Leonardo Pflücker y Rico, fue testigo en el matrimonio de don Eduardo de Orbegoso y de la Puente con doña Rosa Pimentel y Rosso. *Buscar partida de este matrimonio: los hijos nacieron en 1911 y 1915 y doña Leonor queda viuda en 1920.*

3A   Dª. Rosa Alicia Pflücker Cuadros (n.1920 +22/09/1971) Casada con Dn. José Luis Arrieta Castro.

    4A   Dn. **Julio César Arrieta Pflücker** (n.12/01/1946 +26/06/2007) Casado con Dª. **Carla M. Corante Cornejo** (Divorciado en 1992)

       5A   Dª. Daniella Arrieta Corante (n.24/06/1979)

       5B   Dn. Luis Fernando Arrieta Corante (n.11/07/1981) Casado con Dª. Rosina González Cacho.

    4B   **Dn. Gonzalo Arrieta Pflücker** (n.15/09/1947) Casado en dos oportunidades: con Dª. Gianina Adrianzén Biondi, y en segundas nupcias, con Dª. Martha Ballón.

       5A   Dn. Flavio Arrieta Adrianzén. Casado el 30 de Enero del 2010 con Dª. Shanna Frech Kroll.

          6A   Dn. Mateo Arrieta Frech.

       5B   Dn. Diego Arrieta Ballón. Casado el 5 de Octubre del 2013 con Dª. Dora Jaramillo.

3B   **Dn. Leonardo Daniel Pflücker Cuadros** (n.21/07/1921 +22/01/1979, Miraflores) Casado en primeras nupcias con Dª. Hercilia Larrea y, en segundas nupcias, con **Dª. Juana Cubas**.

    4A   Dn. **Carlos A. Pflücker Larrea**, casado con Dª. **Mariella Morante Saavedra** (n.Piura, 30/08/1951)

       5A   Dª. Mariella Pflücker Morante.

       5B   Dn. Carlos Martín Pflücker Morante (n.Miraflores, 28/08/1984)

    4B   Dn. Jaime Pflücker Cubas.

LEONARDO PFLÜCKER Y RICO

Mineralogista. Dedicó los principales esfuerzos de su vida profesional a la Compañía Peruana de Minas de Cobre, fundada en Morococha por su padre Carlos Leonardo (sic.) Pflücker y Juan Francisco Izcue. Impulsó principalmente la producción de minerales de cobre por encima de los argentíferos, realizó las primeras labores de reconocimiento y explotación de las minas de carbón, y en la región de Castrovirreina favoreció las labores extractivas de Cause. Formado como mineralogista en Alemania, realizó importantes estudios de geología y mineralogía, destacando sobre todo por sus definiciones de la naturaleza de muchas especies fósiles que permitieron reconocer luego los yacimientos. Escribió también un estudio sobre Yauli. Toda su vida fue un decidido protector de la escuela de Ingenieros (UNI)

Mario Samamé Boggio

El Congreso, por resoluciones legislativas de 15 y 22 de Octubre de 1886, declaró sin efecto el contrato celebrado por el gobierno de Iglesias con la Empresa Muelle y Dársena del Callao y autorizó al Poder Ejecutivo a celebrar uno nuevo. Para la discusión y arreglo de tan importante asunto fue nombrada una comisión especial que presidió Leonardo Pflücker y Rico.

Jorge Basadre Grohmann

Acaudalado minero, propietario de bienes rústicos y urbanos. Dejó un legado de 40,000 libras esterlinas a la Beneficencia Pública de Lima, para el establecimiento de un colegio para niños pobres". (En esta referencia, puede ser que olvidaran que Manuela Porta poseía una buena cantidad de inmuebles y, cabe en lo posible, que fuera la propietaria original de los bienes rústicos y urbanos que se citan. Aunque es bien conocido que don Leonardo hizo fortuna por sus propios medios.

Leonardo Pflücker y Rico.

SOCIEDAD GEOGRÁFICA DE LIMA

MIEMBROS FUNDADORES

Habiéndose fundado por decreto de esta fecha (22 de Febrero de 1888) la "Sociedad Geográfica de Lima", se organiza su personal de socios activos en la forma siguiente:

Art.1º   Nómbrase con este carácter a **D. Julio Pflücker y Rico**,   D. Luís Carranza, D. Camilo Carrillo,   D. Antonio Raimondi,   D. Eduardo Habich,   D. Ernesto Malinowski, **D. Leonardo Pflücker y Rico**,   D. Pedro Paz Soldan y Unánue,   D. Aurelio García y García,   D. Arturo Werteman,   D. Leonardo Villar,   D. Felipe Arancibia,   D. Manuel A. Viñas,   D. José B. Huertas,   D. Emilio Castañon,   D. Elías La Torre,   D. Teobaldo Eléspuru,   D. Modesto Basadre,   D. Guillermo Billinghurst,   D. José Granda,   D. Carlos Paz Soldan,   D. Guillermo Cilley, D. Ramón de la Fuente, D. Octavio Pardo, D. Teodorico Olaechea, D. Alejandro Guevara, D. Manuel García Merino, D. Guillermo Nation, D. Enrique Espinar,   D. José Toribio Polo, D. Enrique Benites, D Julián Gordillo y Mariluz,   D. Julio Vierau,   Fray Gabriel Sala,   D. Ernesto Midenfort.

Art. 2º   Son miembros natos de la Sociedad: el Oficial Mayor del Ministerio de Relaciones Exteriores. El Director del a Escuela Especial de Ingenieros. El Director General de Telégrafos El Director de la Escuela Naval. El Profesor de Geografía del Colegio de Guadalupe en Lima.

Art. 3º   En adelante la Sociedad proveerá las plazas con sujeción al Reglamento Orgánico que se dictará.

Art. 4º   La Sociedad será instalada por convocatoria del primer socio nombrado en el artículo 1º y bajo la presidencia del mismo, elegirá bajo la Corporación su Director por mayoría absoluta de los miembros presentes

Rubrica de S. E. – *Elmore*

La Sociedad Geográfica desde su fundación formó parte del Ministerio de Relaciones Exteriores y funcionó en el local del Palacio de Gobierno (Casa Pizarro) hasta su incendio en el año 1923 en la que perdió sus archivos en el que se trasladó y ocupó los altos de la Biblioteca Nacional hasta el año 1943 en que se incendió la Biblioteca en la cual se incineraron los archivos de la Biblioteca y Mapoteca de la Sociedad.

Riqueza minera. Últimamente se han formado en Lima varias e importantes empresas mineras con el propósito de explotar las minas de plata del cercano distrito de Yauli. A propósito de estas minas, don Leonardo Pflücker y Rico ha publicado un interesante trabajo en los "Anales de la Escuela de Minas"

(El Comercio, 27 de Diciembre de 1884)

En lo que se refiere a los hijos de Carlos Pflücker Schmiedel, el orden de aparición no es cronológico, es probable que Francisca haya sido la mayor aunque Heinrich Witt dice que Carlos María fue el que (probablemente por ser varón) ejerció el mayorazgo, y como no conozco todas las fechas de nacimiento no puedo afirmar nada. Están ordenados por las fechas de bautizo. Es interesante notar la amistad que existió entre Witt y los Pflücker. Como podremos observar luego, Carlos Pflücker Schmiedel nombra a Enrique Witt albacea (comisario) de su testamento (1845) y además fueron compadres. Esto quizás confiera algo de veracidad a las siempre controvertidas y a veces contradictorias afirmaciones que hace Witt en su diario.

Carlos Pflücker y Schmiedel luego de enviudar en 1860 contrajo matrimonio en la Parroquia del Sagrario en Lima el 14 de Setiembre 1872 con doña Paula Ampuero (+18/04/1878, Perú) De los Pflücker Ampuero increíblemente no había podido hallar mayor información. Y era algo realmente extraño: solo en un artículo del Peruvian Times publicado en los años cincuenta, figuraba este matrimonio con sus hijos. En cambio en un artículo publicado en el diario "El Comercio" sobre los súbditos alemanes en el Perú se afirmaba que no habían nacido hijos de esta unión. Sin embargo supe por Federico Pflücker Rospigliosi que don Alfredo Pflücker Ampuero, quien había heredado gran fortuna, vivió mucho tiempo en Europa y cuando retornó al Perú se casó y fue padre de doña Adelina (o Adelaida) Pflücker conocida y respetada profesora de baile y teatro, madre a su vez de don Darío Romani Pflücker quien fuera subprefecto de Lima en la década de 1970. Gastón Pflücker Valdez me informó que en una ocasión su padre le comentó sobre un señor Pflücker quien en esa época, hacia 1935, enseñaba inglés y contaba con unos 60 años. Probablemente se trataba de Alfredo Pflücker Ampuero. Quizás Witt, en otros documentos que en este momento no tengo a mi alcance mencione algo sobre este segundo matrimonio de Carlos Pflücker. Finalmente, Bruno Romani, amigo mío y de las investigaciones genealógicas, me envió desde Toronto una copia del segundo y último testamento de don Carlos Renardo, documento fechado en Nápoles el 10 de Enero de 1887 y que certificó el nacimiento de los cuatro hijos de este matrimonio. El mencionado testamento aparece al final de este trabajo.

N.B. Después me enteré que el profesor de inglés era mi abuelo Leopoldo.

2G Dª. Virginia Pflücker Ampuero (n.antes de 1866) Casada antes de 1887 con Dn. Juan Hastings Young.

2H Dª. María Luisa Pflücker Ampuero (n.Perú, 1867) En el censo Inglés en 1881 residía al igual que su hermana en Paddington, Middlesex, Inglaterra

2I Dª. María Sofia Pflücker Ampuero. (n.Perú, 1872) En el censo Inglés en 1881 residía Paddington, Middlesex con su hermana como alumna en un internado en el Nº36 de Queens Gardens en Paddington, Middlesex, Inglaterra

2J Dn. Alfredo Valentín Pflücker Ampuero (n.1872 +31/08/1960, Miraflores) Durante el censo de 1881 en Inglaterra y Gales se encontraba viviendo en Kidbrooke, Kent en casa de la familia de Walter Ratcliff. Viviendo en Italia fue varias veces campeón de tennis (1906 – 1910) y socio fundador del Lawn Tennis de Nápoles. Fue padre de

> 3A Dª. Adelaida Pflücker (n.Lima, 14/11/1894) Maestra en el Conservatorio Nacional de Música del Perú, casada con Dn. Gustavo Romani (n.Italia)

>> 4A **Dn. Darío Gustavo Romani Pflücker** (n.Nápoles, 28/08/1927 +09/08/1999, Miraflores) Casado con **Dª. Sara Elsa Insúa Ponce de León** (n.14/03/1930) Hija de Dn. Guillermo Insúa Araujo (n.Chancay, 08/02/1875 +16/08/1949) casado el 11 de Setiembre de 1904 con Dª. Teresa Ponce de León Rivera.

>>> 5A Dn. Gustavo Darío Pablo Romani Insúa (n.1948) Casado con Dª. Patricia Lama.

>>>> 6A Dª. Graciela Gissela Romani Lama (n.1971)

>>>> 6B Dn. Gustavo Romani Lama (n.1974)

>>> 5B Dn. Darío Ismael Bruno Romani Insúa (n.1951) Casado en Miraflores el 19 de Julio de 1972 con Dª. María Teresa Lama G.

>>>> 6A Jéssica Gabriela Romani Lama (n.1973) Casada con Dn. Todd Andrew Quigley.

>>>> 6B Dª. Jennifer Romani Lama (n.1974) Casada con Dn. Michael Edward Corcoran Lawson.

>>>>> 7A Dª. Melanie Drew Corcoran Romani (n.1997)

>>>> 6C Dª. Joanna Teresa Romani Lama (n.1976)

5C Dª. Elsa Adela Romani Insúa (n.1956) Casada con Dn. John Williamson.

   6A Dª. Jennifer Williamson Romani (n.1977)

5D Dn. Aldo Enrique Carlos Romani Insúa (n.Lima, 31/01/1960 - Inscrito el 19/03/1971) Casado con Dª. Lorie Cock.

---------------- o -----------------

En los archivos de la parroquia de Huérfanos en Lima he hallado la partida de defunción de don Gustavo Pflücker (escrito Phluker) de 49 años de edad, casado, muerto el 30 de Noviembre de 1900 en el Hospital Francés e hijo de Dn. Carlos J. Pflücker. No figura el nombre de la madre. (Por el año de nacimiento, hacia 1850, podemos suponer que era hijo de Carlos Pflücker y Schmiedel, además por esas fechas doña Gertrudis partió a Breslau para acompañar a sus hijos quienes estudiaban allá, y jamás regresó)

N.B. Según Witt, doña Gertrudis Rico de Pflücker falleció, bastante joven, hacia 1860 y anota que la señora de Charles Pflücker fallece en 1878, en este caso se trata de doña Paula.

NOTA SOBRE MOROCOCHA

El Nombre de Morococha proviene de dos voces quechuas: "muru" y "cocha", lago de colores o lago pintado.

La zona minera de Morococha a pesar de haber sido explotadas desde tiempos inmemoriales, parecen inagotables. Se cree que se efectuaba extracción minera desde antes de la llegada de los españoles. Documentos escritos sobre Morococha hallados en los archivos de la Cerro de Pasco Corporation, señalan que en la época de la colonia, los minerales oxidados por amalgamación eran tratados en "circos" y las galenas y pavonadas eran fundidas en hornos de pachamanca. En los mismos documentos se consigna que Martin de Bidegaray (minero azoguero y hacendado) hizo los denuncios respectivos de las tierras de la Rinconada de Huacracocha, ubicadas en los asientos de San Francisco de Pucará y Pachachaca y consiguió la licencia para instalar el Ingenio (Molino de Metales) de San Martin de Tuctu en Morococha, en 1763, constituyéndose desde entonces en asiento minero cuya fama atrajo con el correr de los tiempos a hombres de diversas nacionalidades deseosos de alcanzar rápidamente fama y riqueza. El ingenio de San MArtin de Tuctu de Morococha, paralizó su producción a raíz de las luchas por l Independencia. EN 1840 se reiniciaron las labores a instancias de otro célebre minero: Juan Francisco Izcue, el que recurrió a otro pionero de la minería: Carlos Bernardo Pflucker Schmield y juntos formaron la Compañía Peruana en Minas de Cobre. En esos años la dificultad en el transporte de los minerales a la costa, la escasez de mano de obra, los precios elevados de los alimentos y la inestabilidad política y económica resultante de la independencia nacional hacían de la minería una aventura muy dificil.

A la muerte de Izcue, Carlos Pflucker tomó las riendas de la mina, trajo fundidores expertos de Alemania e hizo construir hornos de reverberación para fundir el cobre extraido. Otros 2 alemanes se integraron al equipo. Uno de ellos (Erdmann) se encargó de dirigir la fundición y beneficio de los minerales y el otro (Honigman) tuvo a su cargo la dirección del trabajo en las minas al más puro estilo europeo. En 1845 la necesidad de barreteros era de tal magnitud que Carlos Pflicker encomendó a su hermano Leonardo que permanecía en Alemania estudiando mineralogía, que le enviara veinte barreteros. Este hecho reviste importancia toda vez que deja entrever la carencia de mano de obra dispuesta a internarse en los socavones, así como la relativa falta de experiencia minera de los hombres andinos peruanos. Dieciocho barreteros alemanes llegaron a las frías tierras de Morococha, pero no precisamente como lo esperaba Pflucker. Algunos no conocían el oficio y otros demostraron tal indisciplina que documentos de la época hacen mención a un hecho anecdótico: uno de los barreteros traídos desde Alemania estuvo bebiendo por tres semanas consecutivas aguardiente peruano. Al parecer, la urgencia con la que este empresario demandaba esta mano de obra, no había permitido a su hermano seleccionarla con cuidado. No obstante estas dificultades Pflucker convirtió a Morococha en pujante asiento minero. Descubrió nuevas minas de plata e instaló modernos procesos metalúrgicos de amalgamación y cloruracióti.

El 21 de julio de 1885, los hijos de Pflucker, Carlos María, Julio y Leonardo, recibieron como herencia las minas de Morococha y juntos, ese mismo año, conformaron la Sociedad Carlos M. Pflucker y Hermanos con el objetivo de explotarlas. Durante la guerra con Chile, las minas de los Pflucker tuvieron que soportar el asedio y cobro de fuertes cupos por pane de los invasores. En 1900 fundaron las Compañías Mineras Santa Inés y Morococha. La construcción del Ferrocarril Central jugó un papel relevante en la modernización de la minería de la zona central en general, y de Morococha en particular. Las evidentes facilidades que daba la existencia de este medio de transporte de carga pesada motivó a varios empresarios mineros a iniciar trabajos de exploración y explotación en estos páramos, venciendo las inclemencias del tiempo y lo agreste del paisaje. Entre ellos destacan Octavio Valentine, David Stuart, L. A. Proaño. Octavio Valentine empezó una veloz carrera en la actividad minera. Junto con Nicolás Azalía abrieron la mina Natividad, y en 1897 con José Niculicich comienzan a explotarla. Cacrasancha pasa en 1902 a formar parte de la Sociedad Minera del mismo nombre. En 1885. Ricardo Mahr puso en marcha las minas del cerro Cancuapata e instaló, en 1906, una concentradora con capacidad para tratar 30 toneladas diarias. Por su parte, la Sociedad Minera Alpamina fue creada en 1889. En 1902 D. Severino Marzionelli inauguró los trabajos en Morococha y unos años después formó la Sociedad Minera Puquiococha. En 1905, los hermanos Pflucker vendieron las minas Santa Inés y Morococha al norteamericano James B. Haggin, quien se juntó con A. W. MacCune y fundaron, en 1908, la Morococha Mining Company.

Archivo de la Cerro de Pasco
Corporation y Marcial Salome
Ponce (Alcalde de Morococha)

Carta recibida de Lutz Pflücker sobre un correo a Morococha:

Dear Mr. Pflucker Rachitoff,

Thanks for your answer. Please see the message following: From my niece Dagmar Pflücker Porthun I got a copy of your family history. I was surprised about this detailed and very interesting life of the Pfluckers in Peru.

From my uncle Wolrad Pflücker, brother of my father Karl Ludwig (missed in Kiew, Russia Oct.1943) and my grandfather Carl Pflücker I very often heard about family contacts and visits from Lima to Berlin. I then dreamed of a visit to Lima, but as the time goes by.... Last week I received from the German Post Stamp Service an Official print with samples of early German sea and ship mails. My surprise was great when I found a letter dated of 1864 addressed to Mr. Heinrich Schmidt in Maracocha, Lima (Peru) c/o (?) Sr. Carlos Pflucker (copy attached).

From my poin to of view this is a historical family document, and a very pretty one too. So I contacted the publisher to get more information. Today I received name and address of the owner of this letter and I will contact him too. He lives in Bremen and is a specialist of literature for shipping mail. What do you think about this letter? I would be glad to hear from you.

Sincerely Yours, Lutz Pflücker

PROBLEMAS CON TRABAJADORES ALEMANES

"El señor Carlos R. Pflücker contrató trabajadores en Alemania para que prestasen servicios en la fundición de metales de cobre que posee en Morococha. Por diversas circunstancias, no debidamente esclarecidas, los trabajadores Guillermo Lenck, Jorge Bergman y Carlos Giesecke, se vieron envueltos en un grave escándalo y Pflücker pidió a las autoridades que fuesen traídos a Lima y privados de la libertad en la Intendencia de Policía"

"Un compatriota de los detenidos, N. Koster, siendo testigo del mal trato que se les aplicaba sacándolos por las calles, encadenados, a barrer y limpiar las acequia, pidió la intervención del Juez don Manuel Fuentes Chávez, quien solicitó la presencia de Pflücker para que declarara, eludiendo éste el mandato de la autoridad"

De "El Comercio". Sábado 4 de Julio de 1846.

A modo de intermedio presento de manera resumida a cuatro familias. Las cuatro son parte importante en mi ascendencia. Los Rico y Rocafuerte son familias Guayaquileñas de origen español. La mayoría de la información sobre ellas las obtuve de la obra de Pedro Robles y Chambers.

LAS FAMILIAS RICO Y ROCAFUERTE

La Familia Rico

Asturiano. De Luarca, de donde se extendió por toda la Península. Probó su nobleza en las Ordenes de Santiago y Carlos III. (Diccionario de Apellidos de Julio de Atienza)

Armas : Cuartelado; 1) de oro, la encina de sinople con dos lobos de sable pasantes al tronco, orla de gules cargada de ocho estrellas de oro; 2) dividido en cuatro cuarteles, en el primero, de oro, la cruz de la calatrava de gules, segundo de gules la banda engolada de oro, tercero de sinople con una llave de plata y cuarto de azur, la media luna de plata; 3) de gules, el castillo de oro orlado de una cadena del mismo metal; y 4) de plata, con cinco roques de gules. Divisa: "Por la Fe Moriré".

N.B.   Según las describe el "Diccionario Heráldico y Nobiliario de Los Reinos de España" de Fernando González Doria las armas de los Rico son: a) Los de Luarca; escudo cuartelado: 1º, en campo de oro, una cruz floreteada, de gules; 2º, en campo de gules, una banda de oro engolada en dragantes de lo mismo; 3º, en campo de sinople, una llave de plata, y 4º, en campo de azur, un menguante de plata. Bordura de oro con este lema, en letras de sable: "Dominus sit, mihi adjutor, et ego despietam inimicos meos" (Sea el Señor de mi ayuda, y yo haré desprecio de mis enemigos) Al pie del escudo, este mote; «Por la fe moriré». b) Los de Laredo traen escudo mantelado: 1º, en campo de oro, dos lobos andantes, de sable; 2º, en campo de plata, un árbol de sinople, y el mantel de gules, con cinco panelas de plata.

Basado en "Contribución para el estudio de la Sociedad Colonial de Guayaquil" De Pedro Robles y Chambers (1938)

(I)   Dn. Pedro Rico. Nacido en Villa de Castalla, en el Reino de Valencia. Contrajo matrimonio allí con Dª. Gerónima Pérez, de igual naturaleza.

(II)   **Dn. Luis Rico y Pérez**. Nacido en Villa de Castalla. Coronel del Real Cuerpo de Ingenieros. Llegado a Guayaquil fue nombrado Gobernador Político y Militar. Teniente del Capitán General de Guayaquil por disposición del Virrey del Perú don Fernando de Abascal, desde el Primero de Diciembre de 1809 hasta el 16 de Febrero de 1810. Falleció en Guayaquil el 4 de Enero de 1811. Había contraído matrimonio en la Iglesia Matriz de Guayaquil el día **8** de Diciembre 1803 con **Dª. Francisca de Rocafuerte y Rodríguez Bexarano**, nacida en Guayaquil el 5 de Abril de 1788, hermana entera del patricio Vicente de Rocafuerte, y ambos hijos del Capitán de Artillería Juan Antonio de Rocafuerte y Antolí (nacido en Morella -Valencia- el 27 de Agosto de 1735 muerto el 24 de Febrero de 1796) Alcalde Ordinario del Cabildo de Guayaquil, Alguacil Mayor del Santo Oficio de la Inquisición) y de Josefa Rodríguez de Bexarano y Lavayén Santisteban (nacida hacia 1754) Falleció doña Francisca el 23 de Diciembre de 1968 en Guayaquil. (Según el estudio Heráldico de Luis Alonso, doña Francisca nace el 8 de Abril)

Descendencia de don Luis Rico y Pérez y de su esposa doña Francisca de Rocafuerte y Rodríguez Bexarano:

1A   Dª. María Francisca Xaviera Rico y Rocafuerte nació en Guayaquil el 1º de Diciembre de 1804. Se casó allí el 3 de Febrero de 1822 con el Capitán Dn. Manuel Antonio de Luzárraga y Echezúria, tronco del apellido Luzárraga en Guayaquil, nacido en Mundaca el 1º de Octubre de 1796, en el Señorío de Vizcaya. Prócer de la Independencia de Guayaquil, fundador de la primera casa Bancaria en Guayaquil, hijo de Dn. Miguel Antonio de Luzárraga y Basterrechea, nacido en Mundaca, y de Dª. María de Echezúria y Basarán, también nacida en Mundaca. Dn. Manuel Antonio de Luzárraga y Echezúria obsequió una de las campanas para la torre de la Iglesia de Mundaca; y en el Altar Mayor de la misma Iglesia donde fue bautizado que se titula de "Santa María", se lee el siguiente escrito grabado en mármol y con letras doradas: "Fue dorado este altar y erigido su nuevo presviterio (sic.) a expensas de Dn. Manuel Antonio de Luzárraga año de MDCCCLII". Falleció doña María Francisca hacia 1870.

>   *"Era doña María Francisca, dama de altísimas virtudes y perteneciente a una familia de gran situación social y política. Había nacido en Guayaquil en 1805, siendo en 1837 Tesorera de la Junta Curadora de Niñas, hija del Coronel del Real Cuerpo de Ingenieros Luis Rico y Pérez, natural de la villa de Castalla, en el Reino de Valencia, Gobernador Político y Militar y Teniente del Capitán General interino de Guayaquil con nombramiento del Virrey Abascal, de primero de Diciembre de 1809 a 16 de Diciembre de 1810, en su matrimonio con la guayaquileña María Francisca de Rocafuerte y Rodríguez Bejarano, hermana del eminente repúblico don Vicente Rocafuerte, y estos a su vez, sobrinos del Coronel Jacinto Bejarano y Lavayén, Caballero de la Orden de Santiago y uno de los propulsores de la Independencia."*

>   *Pedro Robles y Chambers*

>   *N.B.   Como veremos más adelante Dn. Vicente Rocafuerte Rodríguez Bexarano (n.Guayaquil, 01/05/1783 +16/05/1847, Lima) fue el más importante político Ecuatoriano siendo el Primer Presidente, casado en Guayaquil el 10 de Febrero de 1842 con su sobrina Dª. Josefa Baltasara Calderón Garaycoa, nacida en Cuenca. Sin sucesión.*

2A   Dn. Manuel José Vicente María de los Dolores de Luzárraga y Rico. Nacido en Guayaquil el 19 de Abril de 1823.

2B   Dn. Teodoro J. de Luzárraga y Rico. Nacido en Guayaquil el 9 de Agosto de 1826 y fallecido en la misma ciudad el 20 de Marzo de 1857.

2C   Dª. Adela de Luzárraga y Rico. Nació en Guayaquil. Se casó con Dn. Manuel de Thomassa, natural de España.

         3A   Dn. Manuel Antonio de Thomassa y Luzárraga. Casado en París con Dª. Juana de Cossart d'Espies, nacida en París.

         3B   Dª. Ana María de Thomassa y Luzárraga. Casada en París con el Marqués Cristiane de Cossart d'Espies, natural de Francia. Hijos: Cristiane, Carlos y Jean de Cossart d'Espies y Thomassa.

2D   Dn. Juan José de Luzárraga y Rico (n.Guayaquil, +28/03/1904) Casado en 1859 con su prima hermana Dª. Angelina Victoria Wright y Rico.

         3A   Dn. José de Luzárraga Wright quien falleció al nacer.

         3B   Dª. Francisca Angelina de Luzárraga Wright (+1930, París) casada en París con Dn. José María Sáenz y Padilla, Gobernador de Guayas.

         3C   Dn. Manuel Antonio de Luzárraga Wright. Falleció al nacer.

         3D   Dn. Manuel Antonio II de Luzárraga Wright, casado con Dª. Mercedes Escala García.

                 4A   Dn. Manuel Antonio de Luzárraga Escala, casado con Dª. Isabel Méndez.

                         5A   Dª. Consuelo Luzárraga Méndez, casada con Dn. Jan Nelemans Voorhorts.

                                 6A   Dn. Eduard Nelemans Luzárraga.

                                 6B   Dn. Gregory Nelemans Luzárraga.

                         5B   Dn. José Manuel Luzárraga Méndez.

                         5C   Dª. Mercedes Patricia Luzárraga Méndez.

2E   Dn. Luis de Luzárraga y Rico.

2F   Dn. José Antonio de Luzárraga y Rico.

2G   Dn. Miguel de Luzárraga y Rico.

2H   Dª. Rosario de Luzárraga y Rico, casada con Dn. José Luis Romero, bautizado en España.

2I   Dª. María Mercedes de Luzárraga y Rico.

2J   Dn. Francisco Gabriel de Luzárraga y Rico. Nacido en 1828 y bautizado en Guayaquil. Fue creado Conde de Luzárraga (Real Decreto del 20 de Enero de 1873) por servicios prestados a la Corona de España. Se casó con Dª. Antonia Barrón y Añorga, nacida en la Coruña. Radicado en París falleció allí el 21 de Octubre de 1879.

         3A   Dn. Manuel Antonio de Luzárraga Barrón, II Conde de Luzárraga, (n.París, 1868)

         3B   Dª. María Cándida de Luzárraga Barrón (n.París, 1869)

3C   Dn. Eustaquio José de Luzárraga Barrón (n.Bruselas, 1870)

3D   Dª. María Dolores Adela de Luzárraga Barrón (n.París, 1873) casada en París con el Conde Gérard de Ligniville.

3E   Dª. María Gabriela del Pilar Luzárraga Barrón.

3F   Dn. Carlos Luzárraga Barrón (n.París, 1874)

1B   **Dª. María Gertrudis Rico y Rocafuerte**, quien nació el 17 de Noviembre de 1805 y se casó en Guayaquil en el año 1834 con **Dn. Carlos Renardo Pflücker Schmiedel** nacido en Alemania. Doña Gertrudis falleció en Breslau el 1º de Julio de 1860. (*Se casaron en Paita, Piura, el 1º de Setiembre de 1834*)

1C   Dª. Carmen Rico y Rocafuerte. Falleció en Guayaquil a los cuarenta años, el 27 de Mayo de 1846. Se había casado en Guayaquil con Dn. Francisco Sweetser. Hijos: Ana, Francisco y Alejandro Sweetser y Rico.

1D   Dª. María Saturnina Rico y Rocafuerte. Nació en Guayaquil el 11 de Febrero de 1807.

1E   Dn. Luis Agustín Pío Rico y Rocafuerte. Nació en Guayaquil el 5 de Mayo de 1808.

1F   Dª. María de los Ángeles Victoria Rico y Rocafuerte, quien nació en Guayaquil el 24 de Julio de 1809 y Falleció el 3 de Diciembre de 1839. Se casó en Guayaquil con Dn. Thomas Charles Wright y Montgomery, nacido en Queensborough House, Drogheda, Ciudad de Irlanda, el 26 de Enero de 1800. Vino a América en la Legión Británica. Hizo con lucimiento las campañas de Venezuela y Nueva Granada; y luego la que terminó por la gloriosa acción de Pichincha. Prestó grandes servicios al país desempeñando altos cargos públicos y ascendió a General de División. Fue hijo de Dn. José Wright, Esquire of Queensborough, y de Dª. Mary Montgomery.

     2A   Dn. Roberto Wright y Rico, bautizado en Guayaquil de seis días de nacido el 22 de Abril de 1832.

     2B   Dª. Delia Wright y Rico, fallecida de 26 años el 13 de Setiembre de 1860. Casada el 19 de Diciembre de 1854 con Dn. Otto Enrique Gustavo Federico Overweg, natural de Alemania.

          3A   Dn. Enrique Gustavo Andrés de los Ángeles Overweg y Wright, bautizado en Guayaquil de 18 días de nacido el 17 de Diciembre de 1855.

          3B   Dn. Roberto Overweg y Wright. Falleció al nacer.

          3C   Dª. Carolina de los Ángeles Overweg y Wright. Bautizada en Guayaquil a los cuatro meses de nacida el 14 de Mayo de 1857. Casada en Guayaquil con el Doctor Dn. Francisco Xavier de Aguirre y Jado.

          3D   Dª. Delia María Overweg y Wright. Bautizada en Guayaquil a los 14 días de nacida el 14 de Abril de 1858. Casada en Guayaquil el 15 de Mayo de 1880 con Dn. Isidro de Ycaza Paredes, bautizado en Guayaquil.

     2C   Dª. Angelina Victoria Wright y Rico. Fallecida el 9 de Mayo de 1894. Casada con su primo hermano Dn. Juan José Luzárraga y Rico.

     2D   Dn. Thomas Charles Wright y Rico (n.Guayaquil, 19/07/1837) Casado en Guayaquil con Dª. Aurora Matilde de Ycaza Paredes (n.Guayaquil, 1841) Hija de Dn. José Pantaleón de Ycaza y Silva (n.26/07/1781 +12/02/1846) y de Dª. Rosa Paredes y de Olmedo (n.1807).

          3A   Dª. Aurora Wright Ycaza. Casada en Guayaquil el 19 de Marzo de 1891 con Dn. Manuel Santiago Puga Bustamante.

          3B   Dª. Angelina Wright Ycaza.

          3C   Dn. Tomás Wright Ycaza.

3D   Dn. Francisco Wright Ycaza.

3E   Dn. Alberto Wright Ycaza.

3F   Dn. Guillermo Wright Ycaza (n.Guayaquil, 1872). Cónsul del Ecuador en Londres. Casado con Dª. Elena Vallarino y Zubieta, nacida en Panamá.

         4A   Dn. Guillermo Wright Vallarino, contrajo matrimonio con Dª. Carmen Durán Ballén y Romero. Hijos son Dn. Tomás Carlos y Dª. Evelina Wright Durán.

         4B   Dª. Elena Wright Vallarino. Casó primero con Dn. Lautaro Aspiazu Carbo, y luego, con Dn. Belisario Benites Barreyro.

         4C   Dª. Aurora Wright Vallarino. Casada en primeras nupcias con Dn. Clemente Durán Ballén y Romero. Hijos: Dª. Alicia y Dn. Clemente Durán Ballén y Wright.

         4D   Dn. Alberto E. Wright Vallarino. Cónsul de Bélgica en Guayaquil. Secretario de la Legación del Ecuador en Lima. Casado con Dª. María Roggiero Benites. Hijos: Dn. Ricardo Hugo y Dn. Stanley Montgomery Wright Roggiero.

         4E   Dn. Georgette Wright Vallarino. Casada con Dn. Carlos Seminario Palacios, natural de Lima. Hijo: Dn. Roberto Seminario Wright.

3G   Dª. Rosa Wright Ycaza. Casada con Dn. Leonardo Stagg y Caamaño.

3H   Dª. Carolina Wright Ycaza. Casada con Dn. Luis de Orrantia Cornejo quien fuera Presidente de la Municipalidad de Guayaquil.

         4A   Dª. Carolina Mercedes de Orrantia Wright.

         4B   Dª. Mercedes María de Orrantia Wright. M. al nacer.

         4C   Dª. María Luisa de Orrantia Wright, casada con Dn. Francisco Jiménez Arbeláez.

         4D   Dª. Alexandra de Orrantia Wright, casada con Dn. Rafael Bejarano y de Ycaza.

         4E   Dª. Isabel de Orrantia Wright, casada con Dn. Miguel Cucalón Jiménez.

         4F   Dª. María Rosa de Orrantia Wright, casada con Dn. Raúl Cucalón Jiménez. Hija: María Rosa Cucalón Orrantia.

         4G   Dn. Enrique de Orrantia Wright.

         4H   Dn. Luis Federico de Orrantia Wright.

         4I   Dn. Tomás Carlos de Orrantia Wright.

2E   Dn. Eduardo Wright y Rico. Casado el 4 de Mayo de 1876 con Dª. María Teresa de Aguirre y Ferrusola, bautizada en Guayaquil e hija de Dn. Juan Aguirre y Abad y de Dª. Dolores Barnó de Ferrusola Paredes. Falleció el 22 de Octubre de 1892.

         3A   Dn. Eduardo Wright Aguirre. Cónsul del Ecuador en Barcelona y Liverpool. Encargado de Negocios en Londres. Casado con Dª. Nelly Bunster Carigos, natural de Chile. Hijos: Eduardo y Thomas Wright Bunster.

         3B   Dn. Juan Alfredo Wright Aguirre, casado con Dª. Rosa Boloña y Acevedo. Hijos: Juan Alfredo y Gladys Wright Boloña.

3C   Dn. Roberto Wright Aguirre, casado con Dª. María Morla Parducci.

3D   Dn. Carlos Wright Aguirre.

3E   Dª. Mercedes Patricia Wright Aguirre. Casada con Dn. Pedro V. Miller y Gutiérrez, abogado, Ministro de Estado, Gobernador del Guayas, Cónsul del Japón en Guayaquil.

        4A   Dª. Olga María Miller y Wright, casada en Quito con Dn. Gustavo Pérez Chiriboga.

1G   Dª. María Josefa Catalina Rico y Rocafuerte (Chepitinga) nació en Guayaquil el 21 de Noviembre de 1810. Se casó, el 6 de Junio de 1844, con el citado General Dn. Charles Wright, viudo de su hermana Dª. María de Los Ángeles.

Contribución para el estudio de la Sociedad Colonial de Guayaquil"
Pedro Robles y Chambers

Recordemos que antes que Simón Bolívar dividiera esta parte de América, Guayaquil formaba parte del Perú. Y después de Bolívar pasó a formar parte del recién establecido Ecuador (1830) (Por lo tanto, es de suponer, que quienes nacieron en Guayaquil antes de transformarse en territorio ecuatoriano, deben ser considerados peruanos)

La Familia Rocafuerte

Catalán. Don Ignacio de Rocafort, vecino de Castellón, alcanzó privilegio de hidalguía en 1738. Sus armas: En campo de plata, cinco roques de azur, puestos en sotuer. (Diccionario de Apellidos Julio de Atienza)

Basado en la obra "Contribución para el estudio de la Sociedad Colonial de Guayaquil" De Pedro Robles y Chambers (1938)

Dn. Ignacio de Rocafort. Nació en Castellón de la Plana. Médico, Gentil Hombre de Cámara de su Majestad Felipe V (El primer soberano de la casa de Borbón nace en Versalles en 1683 y fallece en 1746)

Hijo:

Dn. José de Rocafort. Nació en Valencia (en Valencia existe un pueblo con el nombre de Rocafort) Se casó allí con Dª. María Ventura de Antolí, de igual naturaleza. Hijo:

Dn. Juan Antonio Rocafuerte de Antolí. Nació en Morella, Valencia. Pasó a América al servicio de su Majestad, siendo Capitán de Artillería de los Reales Ejércitos. Residió en Guayaquil donde fue Alcalde Ordinario de Cabildo en 1774-5. Alguacil Mayor del Santo Oficio de la Inquisición, título que trajo desde Lima y que ejerció en Guayaquil en 1777. Se casó dos veces: Primero con Dª. Gertrudis Sáenz de quien tuvo un hijo llamado Pedro Telmo que falleció en la infancia. Por segunda vez se casó en Guayaquil en **1771** con Dª. **Josefa Rodríguez de Bexarano y Lavayén** hija del Capitán Dn. José Rodríguez de Bexarano (nacido en Villafrente, Capitán de Milicias, Teniente de Corregidor y Cabo de Centinela de la Isla de Puná, Castellano y Alcaide del Fortín de Guayaquil) y de Dª. Manuela de Lavayén y Santisteban.

Hijos:

(I)   Dª. Bernardina Antonia Rocafuerte y Rodríguez Bexarano, nacida en Guayaquil el 6 de Agosto de 1772. Muerta al nacer.

(II)   Dn. Juan Sebastián Rocafuerte y Rodríguez Bexarano, nacido en Guayaquil el 22 de Enero de 1773. M. al n.

(III)   Dn. Juan José Rocafuerte y Rodríguez Bexarano, nacido en Guayaquil el 8 de Noviembre de 1775.

(IV)   Dª. María Manuela Gregoria Rocafuerte y Rodríguez Bexarano, nacida en Guayaquil el 11 de Mayo de 1779. Se casó en Guayaquil el 25 de Octubre de 1799 con el General Dn. Gabino de Gaínza y Fernández Medrano, quien nació en Vizcaya, fue Caballero de Justicia de la Orden de San Juan, Brigadier de los Reales Ejércitos, Capitán General de Guatemala.

1A   Dn. Gabino de Gaínza y Rocafuerte.

1B   Dª. Josefa de Gaínza y Rocafuerte. Casada en Guayaquil el 15 de Agosto de 1831 con Dn. Manuel José Encarnación de Ycaza y Silva, bautizado en Guayaquil de cuatro días de nacido el 30 de Marzo de 1793.

1C   Dn. Vicente de Gaínza y Rocafuerte, fue Senador por Guayaquil (1840-41)

1D   Dn. Juan de Gaínza y Rocafuerte, fallecido el 2 de Noviembre de 1842.

1E   Dª. Ignacia de Gaínza y Rocafuerte, casada en Guayaquil el 15 de Diciembre de 1833 con Dn. Charles Luken, nacido en Philadelphia.

        2A   Dn. Carlos Luis Luken Gaínza. Falleció en Guayaquil el 31 de Mayo de 1835.

        2B   Dn. Juan Luken Gaínza. Falleció el 7 de Enero de 1836.

        2C   Dª. Josefina Ignacia Luken Gaínza, fue bautizada en Guayaquil de veinte días de nacida el 3 de Junio de 1838.

        2D   Dn. Carlos Vicente Luken Gaínza, fue bautizado en Guayaquil el 27 de Julio de 1839.

        2E   Dn. Francisco Luken Gaínza.

        2F   Dn. Juan Ignacio Luken Gaínza, bautizado en Guayaquil el 26 de Enero de 1841. Casado en Hermosillo (Méjico) con Dª. Matilde Astiazarán y Goyena.

                3A   Dn. Carlos Luken Astiazarán.

                3B   Dn. Juan Luken Astiazarán.

                3C   Dn. Joaquín Luken Astiazarán.

                3D   Dn. Francisco Luken Astiazarán.

1F   Dn. Francisco de Gaínza y Rocafuerte, nacido en Guayaquil el 24 de Mayo de 1780.

(V)   Dª. María Manuela Rocafuerte y Rodríguez Bexarano, nacida en Guayaquil el 24 de Mayo de 1780. M. al nacer.

(VI)   Dª. Josefa Rosa Nicolasa Rocafuerte y Rodríguez Bexarano. Nacida en Guayaquil el 2 de Setiembre de 1781 y fallecida el 22 de Abril de 1826. Se casó por segunda vez el 6 de Noviembre de 1822, con su primo, el Gran Mariscal Dn. José Domingo de La Mar y Cortázar, nacido en Cuenca, Caballero de la Orden de San Hermenegildo, Presidente de la República del Perú.

(VII)   Dn. Vicente Rocafuerte y Rodríguez Bexarano. Nacido en Guayaquil el 1° de Mayo de 1783 y fallecido el 16 de Mayo de 1847 en Lima. Fue abogado, Alcalde de Guayaquil en 1810, Procurador General en 1811, Diputado de las Cortes Españolas en 1812-14, redactor de "El Argos en la Habana" en 1821, agente Diplomático y Encargado de Negocios de Méjico en Inglaterra en 1824, Diputado por Pichincha en 1834, Jefe supremo del Guayas el 10 de Setiembre de 1834, Presidente de la República del Ecuador desde el 8 de Agosto de 1835 hasta el 31 de Enero de 1839, Gobernador del Guayas de 1839 a 1842, Diputado por Pichincha en 1843, encargado de Negocios en el Perú en 1845, Presidente de la Convención Nacional 1845-46, Presidente del Senado en 1846, enviado Extraordinario cerca de los Gobiernos del Perú, Bolivia y Chile en 1846. Se casó en Guayaquil con su sobrina Dª. Josefa Baltasara Calderón Garaycoa, nacida en Cuenca.

(VIII) **Dª. María Francisca Rocafuerte y Rodríguez Bexarano.** Nacida en Guayaquil el 5 de Abril de 1788. Se casó el 8 de Diciembre de 1803 con **Dn. Luis Rico y Pérez.** Hijo de Dn. Pedro Pablo Rico y de Dª. Gerónima Pérez, ambos Españoles de Castalla en Valencia. **(Ya vistos)**

(IX) Dª. Petra Rocafuerte y Rodríguez Bexarano. Falleció al nacer.

(X) Dª. María Diego del Rosario Rocafuerte y Rodríguez Bexarano. Nació en Guayaquil el 12 de Noviembre de 1790 y falleció en el mismo lugar el 12 de Noviembre de 1842. Se casó en Guayaquil el 21 de Junio de 1809 con Dn. Bernardo Vicente de Alsúa y La Mar, nacido en San Sebastián. Este último fue Ministro Tesorero Oficial Real de las Cajas de Guayaquil, hijo de Dn. Manuel Esteban de Alsúa y de Dª. Josefa Ignacia de La Mar, naturales de San Sebastián, provincia de Guipúzcoa.

1A Dn. José María Deogracias del Carmen de Alsúa y Rocafuerte. Nacido en Guayaquil el 23 de Marzo de 1810. Muerto al nacer.

1B Dn. Bernardo María del Carmen de Alsúa y Rocafuerte. Bautizado en Guayaquil el 10 de Abril de 1811. Falleció al nacer.

1C Dn. José María Hipólito Casiano de Alsúa y Rocafuerte. Bautizado en Guayaquil de un día de nacido el 14 de Agosto de 1814. Falleció al nacer.

1D Dn. Bernardo María Evaristo de Alsúa y Rocafuerte. Bautizado en Guayaquil de un día de nacido el 27 de Octubre de 1815. Fallecido el 26 de Octubre de 1842. **(**)**

1E Dª. María Angela Gregoria de Alsúa y Rocafuerte.

1F Dn. Matías María del Carmen de Alsúa y Rocafuerte. Bautizado en Guayaquil el 25 de Febrero de 1817. Casado con Dª. Jesusa Iñigo.

    2A Dn. Bernardo de Alsúa Iñigo.

    2B Dn. Matías de Alsúa Iñigo.

    2C Dª. Rosario de Alsúa Iñigo.

1G Dn. Juan Guillermo de Alsúa y Rocafuerte. Bautizado en Guayaquil de un día de nacido el 25 de Junio de 1818.

1H Dª. María Rosario Tadea de Alsúa y Rocafuerte. Bautizada en Guayaquil de un día de nacida el 28 de Octubre de 1819. Fallecida el 27 de Octubre de 1842. **(**)**

1I Dn. José Domingo María del Carmen Julián de Alsúa y Rocafuerte. Bautizado en Guayaquil el 23 de Marzo de 1823.

1J Dn. Manuel María Liberato Francisco de Alsúa y Rocafuerte. Bautizado en Guayaquil el 20 de Julio de 1824.

1K Dª. María Dolores de Alsúa y Rocafuerte, casada con Dn. Enrique Dorn nacido en Alemania.

    2A Dª. Dolores Dorn de Alsúa.

    2B Dn. Enrique Dorn de Alsúa, Ministro Plenipotenciario del Ecuador en Francia. Casado en París con Dª. María Rosa Suárez Seminario y Albertini de la Cerna.

(XI) Dn. Felipe Antonio Rocafuerte y Rodríguez Bexarano. Nació en Guayaquil el 25 de Mayo de 1789.

(XII) Dª. María Tomasa Rocafuerte y Rodríguez Bexarano. Nació en Guayaquil el 20 de Diciembre de 1792. Contrajo matrimonio el 9 de Setiembre de 1816 con Dn. Domingo de Santisteban y Carbo.

(XIII) Dn. Francisco José Rocafuerte y Rodríguez Bexarano. M. al nacer.

(XIV) Dn. José Francisco Rocafuerte y Rodríguez Bexarano. M. al nacer.

** Curiosamente, dos hermanos: Bernardo María y María Rosario, fallecen en días consecutivos. Un accidente o alguna grave enfermedad. (En aquella época todas lo podían ser)

---------------- o ----------------

APUNTES DE WITT SOBRE LA FAMILIA ROCAFUERTE

"Ahora diré algunas palabras sobre la familia Rocafuerte de Guayaquil. Hacia fines del primer cuarto de este siglo (XIX) cuando las distintas repúblicas a lo largo de la costa oeste de Sudamérica se independizaron de la dominación española, vivía en Guayaquil doña Francisca Rocafuerte, viuda de un tal Rico, una dama rolliza en la flor de su juventud, con un buen número de hijas ya crecidas y algunas que estaban en el proceso de convertirse en mujeres. El General La Mar, el primer presidente del Perú, era pariente cercano de ellas. Don Vicente Rocafuerte, un agradable, liberal y filantrópico caballero, que tuvo una actuación distinguida y honorable en la política de Ecuador, era hermano de doña Francisca. Por sangre y matrimonio estaban relacionados con muchas de las primeras familias de Ecuador y si no eran exactamente ricos estaban en muy buena situación. Es así que no debe sorprender que tan pronto Guayaquil se abriera al comercio extranjero, jóvenes de diferentes nacionalidades, por lo general de apariencia decente, hicieran su aparición. La casa de doña Francisca, generalmente llamada doña Pancha, era muy frecuentada y pronto las hijas consiguieron marido. La mayor Francisca, se convirtió en esposa de M.A. Luzárraga, un español cuyas primeras actividades en la carrera mercantil eran de carácter cuestionable, no obstante lo cual logró obtener su ingreso a la buena sociedad dentro de la cual se conducía de manera irreprochable, En asuntos de negocios el fue muy afortunado por muchos años, Fue el principal comerciante de Guayaquil y su riqueza se contaba en millones de dólares. Hace alrededor de doce años (1860) se mudó a París con su esposa y su familia. El fue el primero en morir; unos años después su hijo político, un español de apellido Tomasa; su hija Adela, esposa de éste; luego Rosario, su hija menor, una agradable y atractiva muchacha, casada solo un año antes de morir, con un español inútil que le sobrevivió y; finalmente su esposa, lo siguieron a la tumba. Ahora (1871) de la familia Luzárraga quedan: Francisco, casado con la Srta, Barrón de Méjico, tan rica como él; Juan José, quien tomó como esposa a su prima Angelina Wright y; Miguel, de quien se dice quiere casarse con su sobrina, la hija de Tomasa, ahora que ésta a llegado a la madurez.

Los Marqueses de Rocafuerte

Mi padre siempre tuvo la certeza de que los Rocafuerte eran poseedores de un título. Innumerables veces lo dijo. La carta que de joven escribió a su tía en Europa demuestra su interés en el asunto, y la respuesta que ella le dio debió darle más seguridad. Creo recordar que se trataba de un título de Marqués. Para aclarar un poco el tema busqué y encontré algunos informes sobre este tema y los expongo a continuación. (Recordar la carta vista al inicio)

Barón de Rocafort de Queralt.

Título concedido el 18 de Febrero de 1747 (Real despacho del 18 de Mayo) a don Antonio de Armengol y Aymerich, Señor de Rocafort, Cataluña. Desde 1930, Fernando de Alemany y Milá, Castellarmán y Pi, II Barón, casado con doña Francisca Cot y Salá.

Marqués de Rocafuerte

Concedido por Real Despacho de 17 del Marzo de 1746, con el Vizcondado previo de la Isla, a don Nicolás Jiménez de Lobatón y Hazaña (sic.) presidente de la Audiencia de Charcas (Perú) -Según Milla Batres en el Diccionario Histórico y Biográfico del Perú se trata de Manuel Antonio Jiménez y Costilla, quien puede ser un descendiente- Desde 1953, doña Olivia Sofía Santiago Concha y Valdez, IV Marquesa.

Vizconde de Rocafuerte

Es el Vizcondado previo del Condado de Castillo Fiel (1807) concedido por Real Despacho del 24 de Abril de 1871 a doña Josefa Godoy y Crowe.

Como vemos en estas notas, la familia Rocafuerte efectivamente posee o poseyó títulos, pero al parecer no son los Rocafuerte que en este libro se mencionan, pues unos son de El Alto Perú (Audiencia de Charcas) y los otros son de Guayaquil. Por supuesto, salvo error u omisión.

Las otras dos familias son las de Cabieses y Valle Riestra, los apellidos de mi abuela y por eso también están presentes en estas notas.

LA FAMILIA CABIESES

Dn. Manuel Leonardo de Cabieses Alvarez. Natural de la villa de Portugalete en Vizcaya, España (n.28/06/1772 +hacia 1825, Callao) Marino, hijo de Dn. Tomás Cabieses del Cotarro y de Dª. Josefa Antonia Alvarez y Murrieta. Nieto de Dn. Pedro Cabieses y Dª. María Santos del Cotarro. Casado en Valparaíso, Chile, el 2 de Agosto de 1804 con Dª. María Mercedes Alzamora Cantuarias (n.Valparaíso, 1779 +1827) hija de Dn. Joseph Antonio Alzamora Martín (+1823) y de Dª. Mercedes Cantuarias Muñoz (n.Valparaíso, 1756 +1843)

1A   Dn. Manuel Cabieses Alzamora (n.Valparaiso, 1806 +1819) Soltero.

1B   Dª. Carmen Cabieses Alzamora (+1820) soltera.

1C   Dn. Ramón Cabieses Alzamora (n.Valparaíso, 22/07/1814 +07/12/1893) Marino chileno al mando del vapor "Cazador" en el momento de su naufragio. Casado con Dª. Eloísa Silva Valenzuela. Con sucesión.

        2A   Dn. Víctor Cabieses Silva. Casado con Dª. María Teresa Polanco Sáenz.

              3A   Dn. Víctor Fernando Cabieses Polanco. Casado con Sucesión.

        2B   Dn. Sergio Cabieses Polanco. Casado con sucesión.

        2C   Dª. Sara Eliana Cabieses Polanco. Casada.

1D   Dn. Juan José Cabieses Alzamora (+1835, Arequipa) Soltero.

1E   Dn. Guillermo Cabieses Alzamora (n.Valparaíso, 1817 +19/08/1854, Perpignan) Soltero.

1F   Dn. José Antonio Cabieses Alzamora (el segundo de los hijos) (n.Chile, 1807 +1873) Casado el 6 de Junio de 1848 (San Marcelo) con Dª. Juana Chávez Flores (n.08/02/1828) Hija de Dn. Pablo Chávez y de Dª. Dominga Flores.

        2A   Dn. Daniel Ezequiel Cabieses Chávez (n.10/04/1849 +15/10/1913, Eten) Marino, casado en 1873 con Dª. Amenaida Fernández Alzamora (n.Lima, 1854) Hija de Dn. Gerónimo Fernández y de Dª. Petronila Alzamora. Falleció con el grado de Capitán de Fragata.

              3A   Dn. Ezequiel Cabieses Fernández, casado con Dª. Adriana Santa María.

              3B   Dn. Carlos Alberto Pedro Cabieses Fernández (n.Lima, 29/06/1891 b.San Marcelo, 20/07/1891) Casado el 16 de Julio de 1922 con Dª. Margarita Vargas Díaz. Hija de Dn. Claudio Vargas y de Dª. Teresa Díaz.

4A   Dn. Carlos Cabieses Vargas. Casado con Dª. Lina Azucena Acosta Najarro. Hija de Dn. Darío Acosta Cárdenas (Ene. 15) y de Dª. Amelia Najarro (May. 14)

3C   Dª. María Pastora Cabieses Fernández, soltera.

3D   Dª. María Victoria Amenaida Cabieses Fernández (n.Lima, 17/11/1876) soltera.

3E   Dª. María Isabel Cabieses Fernández (n.Lima, 20/03/1885 b.San Marcelo, 01/07/1885) Soltera. Sus padrinos de bautismo fueron Dn. Enrique Hemmerde y Dª. María Ester Vera Tudela de Hemmerde.

3F   Dª. María Adriana Cabieses Fernández (n.Lima, Calle Arica –antes Nápoles Nº110, 14/09/1889 b.San Marcelo, 26/12/1889) Casada con Dn. Francisco Picasso Panizo, hijo de Dn. Francisco Picasso Benvenuto y de Dª. María Isabel Panizo.y Zárate

2B   Dn. Artemio Cabieses Chávez (n.Callao, 18/10/1850 +02/01/1907, Lima, Calle Piura Nº500) Ingeniero civil y arquitecto, casado por lo civil en Lima el 2 de Noviembre de 1877 y por lo religioso el 2 de Setiembre del mismo año con Dª. Delia María García Maldonado y Pardo de Figueroa (n.1869 +01/08/1902, Lima, Paseo Colón –antes Nueva- Nº15) Hija de Dn. José García Maldonado y de Dª. Lorenza Pardo de Figueroa.

3A   Dn. José Luis Artemio Cabieses García Maldonado (n.Lima, Distrito Siete, 11/10/1878 +04/10/1903, Lima, calle Abancay –antes Juan de la Coba- Nº16) Soltero.

3B   Dª. Delia María Cabieses García Maldonado (n.Lima, 11/10/1878 b.San Marcelo, 11/410/1879)

3C   Dª. María Luisa Jesús Cabieses García Maldonado (n.Lima, 18/01/1885 b.San Marcelo, 30/03/1885 +21/05/1981, Miraflores) Casada en Lima (San Lázaro) el 22 de Noviembre de 1908 con Dn. Augusto Galdo Madrigal (n.hacia 1881) Militar, hijo de Dn. Félix Augusto Galdo Salinas (n.hacia 1844) casado en Lima el 2 de Agosto de 1869 con Dª. Juana Rosa Madrigal Cunsplido.

4A   Dn. Carlos Galdo Cabieses (n.19/09/1915 +05/07/2002, Miraflores) Médico, casado con Dª. Elena Sturla (n.30/05/19__)

4B   Dª. Augusta Galdo Cabieses (n.27/11/19__) Casada con Dn. Waldo Gearn. Enviudó antes de 1940 residiendo en Brooklyn, New York.

4C   Dª. Iris Yolanda Galdo Cabieses (n.Lima, Calle Virú Nº218, 28/11/1913 +06/09/1991, Miraflores) casada con Dn. Pedro Paulet Wilcox (n.11/12/19__)

4D   Dn. Héctor Roberto Galdo Cabieses (+20/12/1999, Miraflores)

3D   Dª. Gliceria Cabieses García Maldonado (n.Lima, 26/06/1882 b.San Marcelo, 30/03/1885)

3E   Dª. Ana Mercedes Cabieses García Maldonado (n.Lima, Calle Moquegua – antes Malambito- Nº192, 20/09/1886 b.San Marcelo, 05/02/1887) Casada el 1º de Junio de 1907 con Dn. Juan Antonio Raygada Pardo de Figueroa (n.1882) Hijo de Dn. Juan José León Raygada Oyarzábal y de Dª. Victoria Pardo de Figueroa Martínez.

4A   Dn. Juan José Raygada Cabieses (n.23/09/19__) Casado con Dª. Raquel Raygada García (n.15/06/19__)

5A   Dª. Marcela Raygada Raygada (n.23/07/19__)

5B   Dn. Gustavo Raygada Raygada (n/09/05/19__)

3F   Dª. Hortensia Luzmila Cabieses García Maldonado (n.Lima, 18/12/1889 b.San Marcelo, 24/03/1890) Casada en Lima (San Lázaro) el 20 de Setiembre de 1908 con el General de Brigada E.P. Dn. Pedro A. Heredia Torres (n.31/05/1883) Hijo Antonio Heredia casado con Dª. Isabel Torres.

         4A   Dª. Inés Antonia Heredia Cabieses (n.Lima, Calle Piura Nº500, 06/11/1908) Casada con Dn. Juan Carlos Cazorla Dormani (n.Lima, Calle Puno Nº664, 18/03/1905) Hijo de Dn. Juan Carlos Cazorla y de Dª. María Teresa Dormani.

             5A   Dn. Juan Carlos Bienvenido Cazorla Heredia (n.Miraflores, 22/03/1933)

             5B   Dn. José Daniel Cazorla Heredia (n.Miraflores, 03/08/1938)

             5C   Dn. Luis Alberto Cazorla Heredia (n.Miraflores, 27/07/1941)

             5D   Dn. Javier Felipe Cazorla Heredia (n.Miraflores, 16/02/1944)

             5E   Dª. Hortencia del Carmen Cazorla Heredia (n.Miraflores, 31/08/1947)

         4B   Dn. Pedro Heredia Cabieses. Casado con Dª. Teresa Zavala.

         4C   Dª. Gabriela Constanza Heredia Cabieses (n.Lima, Calle Piura Nº500, 20/09/1911) Casada con el Coronel Dn. Luis Rodríguez del Carpio.

         4D   Dn. Joaquín Heredia Cabieses (+29/12/2005, Miraflores) Diplomático, casado con Dª. Marcela Martinetti Lambeta. Hija de Dn. Adolfo Martinetti y de Dª. Lucy Lambeta.

         4E   Dª. Josefina Heredia Cabieses. Casada con el Coronel Dn. Guillermo Nieto Revoredo (n.hacia 1904) Hijo del Coronel Dn. Juan Antonio Nieto Nieto (n.Arequipa, 13/06/1866 +16/01/1946) y de Dª. Rosa Revoredo Arana (n.Cajamarca, 11/08/1878)

         4F   Dª. María Isabel Heredia Cabieses (n.Lima, Calle Tarata Nº481, 19/07/1918)

         4G   Dª. Amalia Enriqueta Heredia Cabieses (n.Lima, Calle Tarata Nº481, 20/05/1920)

3G   Dª. Aída Aura Cabieses García Maldonado (n.Lima, 19/07/1891 b.San Marcelo, 03/05/1892) Casada en Lima (San Lázaro) el 28 de Abril de 1910 con Dn. Alfredo Olano Amunátegui (n.Huancavelica, 1881) Hijo de Dn. José María Olano y de Dª. Agripina Amunátegui.

         4A   Dª. Marta Olano Cabieses (+23/10/1995) Casada con Dn. César Tenorio. Con sucesión.

2C   Dª. Gliceria Cabieses Chávez (n.11/05/1857) Casada el 10 de Mayo de 1872 con Dn. Mariano Ramos Larrea (n.Lima, b.Sagrario, 27/07/1843 +05/11/1913, Chorrillos, Calle Enrique Palacios Nº34) Hijo de Dn. Antonio Joaquín Ramos Font y de Dª. Francisca Larrea y Alcázar.

3A   Dn. Oscar Ramos Cabieses (n.05/09/1880) Casado en la Iglesia de la Recoleta en Lima el 31 de Diciembre de 1911 con Dª. Mercedes Dammert Alarco (n.24/04/1886) Hija de Dn. Juan Luis Dammert Amsink (n.Hamburgo, 18/04/1837 +31/12/1917) casado con Dª. Juana Alarco Espinosa (n.27/05/1842 +02/08/1932)

       4A   Dª. Luisa Ramos Dammert (Lima, Calle Unión Nº1125, 24/01/1913) Casada con Dn. Francisco Sánchez Moreno Moscoso (n.Arequipa, 04/10/1902) Hijo de Dn. Moisés Sánchez Moreno del Carpio casado con Dª. Eva Moscoso Reinoso.

          5A   Dª. Luisa Sánchez Moreno Ramos (Oct. 5) Casada con Dn. Germán Ugaz Cabeza de Baca (May. 18)

            6A   Dª. María Lourdes Ugaz Sánchez Moreno (Oct. 21) Casada con Dn. Héctor García Béjar.

               7A   Dª. María Lourdes García Ugaz.

               7B   Dª. Carolina García Ugaz.

               7C   Dª. Beatriz García Ugaz.

            6B   Dn. Germán Ugaz Sánchez Moreno. Casado con Dª. Lourdes Tizón Guerra Pérez. Hija de Dn. Jorge Tizón Ponce (Oct. 25) y de Dª. Lucy Guerra Pérez Delboy (May. 21)

               7A   Dª. Luciana Ugaz Tizón.

               7B   Dª. Fabiola Ugaz Tizón.

               7C   Dn. Alvaro Ugaz Tizón.

            6C   Dn. José Carlos Ugaz Sánchez Moreno. Casado con Dª. Verónica Heudebert Mercier.

               7A   Dn. Juan Diego Ugaz Heudebert.

               7B   Dn. Francisco Ugaz Heudebert.

               7C   Dª. Camila Ugaz Heudebert.

            6D   Dn. Daniel Ugaz Sánchez Moreno.

          5B   Dª. Isabel Sánchez Moreno Ramos (Mar. 14) Casada con Dn. Manuel Costa Alfaro. Hijo de Dn. Alfredo Costa LaCroix (n.23/10/1898) y de Dª. Irma Alfaro (Ago. 24) (Buscar en Costa)

            6A   Dª. Marilú Sánchez Moreno Costa. Casada con Dn. Luigi de Pierris.

               7A   Dª. Isabella Pierris Sánchez Moreno.

            6B   Dn. Manuel Sánchez Moreno Costa. Casado con Dª. Rosario Arias Flores.

               7B   Dn. Juan Piero Sánchez Moreno Arias.

               7C   Dª. María Paula Sánchez Moreno Arias.

            6C   Dª. Maribel Sánchez Moreno Costa. Casada con Dn. Jorge Maldonado Ramón.

      7A Dn. Jorge Alonso Sánchez Moreno Maldonado.

  5C Dª. María del Rosario Sánchez Moreno Ramos (n.07/10/19__) Casada con Dn. George McFarland.

     6A Dª. María McFarland Sánchez Moreno.

     6B Dn. John McFarland Sánchez Moreno.

  5D Dn. Francisco Sánchez Moreno Ramos (n.07/09/19__) Casado con Dª Beatriz Lazarte Conroy (Jun. 24) Hija de Dn. Jorge Lazarte Echegaray (n.15/11/19__) y de Dª. Carmen Rosa Conroy Roca (n.29/09/19__)

     6A Dn. Francisco Sánchez Moreno Lazarte.

     6B Dª. Beatriz Sánchez Moreno Lazarte.

     6C Dª. Susana Sánchez Moreno Lazarte. Casada con Dn. Waldemar Schroeder Romero.

       7A Dn. Waldemar Schroeder Sánchez Moreno.

     6D Dª. Lucía Sánchez Moreno Lazarte.

  5E Dn. Jaime Sánchez Moreno Ramos (Set. 5) Casado con Dª. Maritza Pacheco.

     6A Dª. Milagros Sánchez Moreno Pacheco.

4B Dª. Juana Ramos Dammert (Cañete, 11/04/19__ +11/03/1998, Lima) Casada con Dn. José Salvador Carrillo Ramos (n.Lima, 07/05/1907 +25/01/1988, Lima) Hijo Dn. Oscar Carrillo y de Dª. Luzmila Ramos.

  5A Dª. Luzmila Carrillo Ramos (n.25/01/1939) Casada el 26 de Julio de 1963 con Dn. Alberto Sabogal Carreño (n.Callao, 23/03/1932) Hijo de Dn. Alberto Sabogal Sologuren (n.Callao, 04/09/1900 +06/1974, Houston) y de Dª. Amalia Carreño Bramosio (n.Callao, 28/04/1910)

     6A Dª. Luzmila Sabogal Carrillo.

     6B Dª. Amalia Sabogal Carrillo (n.07/07/1965) Casada el 15 de Agosto de 1986 con Dn. Javier Echecopar Flórez (n.04/04/1963) Hijo de Dn. Luis Echecopar Rey (n.12/07/1936) y de Dª. Amelia Flórez Costa (n.26/07/1938)

       7A Dn. Javier Echecopar Sabogal (n.18/09/1987)

       7B Dn. Rodrigo Echecopar Sabogal (n.08/11/1990)

     6C Dn. Alberto Sabogal Carrillo.

     6D Dn. Martín Sabogal Carrillo.

     6E Dn. José Manuel Sabogal Carrillo.

6F   Dn. Ignacio Sabogal Carrillo.

5B   Dn. José Carrillo Ramos (n.03/05/19__) Casado con Dª. Licia García Miró Elguera. Hija de Dn. Luis García Miró (n.09/07/19__) y de Dª. Licia Elguera Fernández (n.21/08/19__)

       6A   Dn. José Carrillo García Miró.

       6B   Dn. Alejandro Carrillo García Miró. Casado con Dª. Ana María Alvarez Calderón Carriquiry. Hija de Dn. Bernardo Alvarez Calderón Fernandini (n.22/08/1940) casado con Dª. Rosa «Coti» Carriquiry y Nove (n.30/06/19__)

              7A   Dn. Alejandro Bernardo José Carrillo Alvarez Calderón (n.Lima, Santiago de Surco, Av. El Polo Nº505, Clínica Montesur, 14/02/1994)

       6C   Dª. Licia Carrillo García Miró.

5C   Dn. Joaquín Carrillo Ramos (n.09/09/19__) Casado dos veces. Con Dª. Leonor Lizares Pierobón (n.22/02/19__) en primeras nupcias y con Dª. Hanni Dietrich en segundas nupcias.

       6A   Dª. Luisa Leonor Carrillo Lizares.

       6B   Dª. Ana María Carrillo Lizares.

5D   Dn. Juan Carrillo Ramos (n.17/02/19__) Casado con Dª. Ana María Navarro H.

       6A   Dª. Luciana Carrillo Navarro.

       6B   Dª. Carolina Carrillo Navarro.

       6C   Dn. Juan José Carrillo Navarro.

5E   Dn. Oscar Carrillo Ramos (n.31/10/19__) Casado con Dª. Mary San Román Mendiola (n.17/12/19__)

       6A   Dª. Rosa Elvira Carrillo San Román (n.06/04/19__)

       6B   Dª. Maritza Carrillo San Román (n.06/05/19__)

       6C   Dn. Raúl Salvador Carrillo San Román (n.24/01/19__)

       6D   Dn. Miguel Carrillo San Román (n.12/10/19__) Casado con Dª. Susana Alvarez Calderón Boggio (n.15/11/1941) hija de Dn. Manuel Alvarez Calderón Remy (n.Miraflores, 21/11/1910 +28/09/1990) y de Dª. Magdalena Boggio Allende.

              7A   Dª. Susana Carrillo Alvarez Calderón. Casada con Dn. Abraham Abdala Nazal. Hijo de Dn. Eugenio Antonio Abdala Jacob y de Dª. Aurora Nazal Manzur.

| | | 8A | Dª. María Paz Abdala Carrillo. |

        8A   Dª. María Paz Abdala Carrillo.

        8B   Dn. Ismael Eugenio Abdala Carrillo.

        8C   Dn. Tomás Abdala Carrillo.

        8D   Dª. Lucienne Abdala Carrillo.

    7B   Dª. Lorena Carrillo Alvarez Calderón. Casada con Dn. Gonzalo Max Higueras Cortez.

    7C   Dn. Oscar Manuel Carrillo Alvarez Calderón. Casado con Dª. María Isabel Marques Justo.

    7D   Dn. Alvaro Carrillo Alvarez Calderón. Casado con Dª. María Lorena Alvarez Liceti.

    7E   Dn. Gonzalo Carrillo Alvarez Calderón. Casado con Dª. Ana María Avelina Montoya Carcelén.

4C   Dª. Emilia Ramos Dammert.

4D   Dª. Carmen Gliceria Ramos Dammert (n.Lima, Calle Unión, Nº1078, 13/12/1920) Casada con Dn. Oscar Devéscovi.

    5A   Dª. Carmen Devéscovi Ramos. Casada con Dn. Carlos Salinas Abril. Hijo de Dn. Sebastián Salinas de Cossío y de Dª. Teresa Abril de Vivero.

        6A   Dª. Carmen María Salinas Devéscovi.

    5B   Dn. Oscar Devéscovi Ramos.

    5C   Dª. María Elena Devéscovi Ramos.

4E   Dª. María Gliceria Ramos Dammert (n.28/02/1923) Casada en la Iglesia de la Recoleta en Lima el 14 de Julio de 1945 con Dn. Jesús Abel Bellido Espinosa (n.Pisco, 26/01/1912 +20/01/1980, Pisco) Hijo de Dn. Enrique Bellido Solórzano (n.hacia 1872) y Dª. Antonia Espinosa Carrasco (Oct. 11)

    5A   Dn. Abel Bellido Ramos (n.23/08/1947) Casado con Dª. Margarita Morey.

        6A   Dª. Elsa María Bellido Morey.

        6B   Dª. Blanca Bellido Morey.

        6C   Dn. Jorge Abel Bellido Morey.

    5B   Dª. Mercedes Bellido Ramos. Casada el 6 de Octubre de 1969 con Dn. Miguel Botto Urteaga. Hijo de Dn. Miguel Botto Elmore (n.Lima, calle Puno Nº125, 12/10/1914) y de Dª. Berta Urteaga Cazorla.

        6A   Dn. Miguel Antonio Botto Bellido (n.Miraflores, 24/09/1970), casado, el 7 de Agosto de 1993, con Dª. Christine Olsen.

6B   Dª. Mercedes Gliceria Botto Bellido (n.Miraflores, 10/10/1973), casada en la parroquia Santísimo Nombre de Jesús el 7 de Agosto de 1999 con Dn. Francisco Patiño Rivero, hijo de Dn. Francisco Patiño Portal y de Da. Cristina Rivero Ríos.

6C   Dª. Ursula María Botto Bellido (n.Miraflores, 20/06/1979).

5C   Dª. Gliceria Bellido Ramos. Casada con Dn. Guillermo Herrera Azaldi.

6A   Dª. Mariana Herrera Bellido.

5D   Dª. Emilia Bellido Ramos. Casada con Dn. Domingo Crovetto Parodi.

6A   Dª. Lucía Crovetto Bellido.

6B   Dn. Nicolás Crovetto Bellido.

5E   Dn. Oscar Miguel Bellido Ramos (n.1958) Casado el 27 de Abril de 1989 con Dª. Stella Ludowieg Alvarez Calderón. Hija de Dn. José Ludowieg Echecopar (n. 06/03/19__) y de Dª. Rosa Alvarez Calderón Barreda (n.14/04/19__)

6A   Dª. Adriana Bellido Ludowieg (n.30/04/1993)

6B   Dª. Gabriela Bellido Ludowieg (n.10/04/1996)

4F   Dn. Mariano Ramos Dammert (Lima, Calle Unión Nº1078, 18/10/1918) Casado con Dª. Delia Buzaglo Garagorri (n.12/09/19..) Hija de Dn. Raúl Buzaglo de las Casas y de Dª. Delia Garagorri (n.23/08/18__)

5A   Dn. Oscar Julián Ramos Buzaglo (+25/11/2007, Lima) (+25/11/2007) Casado con Dª. Mónica Navarro H.

6A   Dn. Oscar Ramos Navarro.

6B   Dª. Mónica Ramos Navarro. Casada el año 2009 con Dn. Diego Alonso Carlos José Gonzáles Posada de Cossío. Hijo de Dn. Luis Javier Gonzáles Posada Eyzaguirre y de Dª. Marilú de Cossío.

6C   Dn. Andrés Ramos Navarro.

5B   Dn. Raúl Ramos Buzaglo. Casado con Dª. Rosa María Phillips Gotuzzo.

6A   Dn. Raúl Ramos Phillips.

6B   Dª. Daniela Ramos Phillips.

6C   Dª. Sabrina Ramos Phillips.

5C   Dn. Manuel Antonio Ramos Buzaglo. Casado el 21 de Marzo de 1971 con Dª. Paloma Yrigoyen González del Riego (n.22/03/1948) Hija de Dn. Aurelio Yrigoyen Rodrigo (n.29/08/19__ +17/03/1974) y de Dª. María Clementina González del Riego Porras (n.28/12/1924 +09/12/1994)

6A   Dª. Paloma Ramos Yrigoyen (n.20/10/1971) Casada el 22 de Noviembre de 1996 con Dn. Sergio Reynafarje Reyna.

        7A   Dª. Valeria Reynafarje Ramos (n.19/12/1999)

6B   Dn. Manuel Ramos Yrigoyen (n.19/04/1974)

6C   Dn. Gabriel Ramos Yrigoyen (n.13/08/1981)

6D   Dn. Daniel Ramos Yrigoyen (n.16/11/1982)

5D   Dn. Mariano Ramos Buzaglo. Casado con Dª. Cecilia Rizo Patrón de la Piedra (Mar. 9) Hija de Dn. Jaime Rizo Patrón Remy (Oct. 5) y de Dª. Cecilia de la Piedra Yzaga (Set. 15) (Buscar en Rizo Patrón)

        6A   Dn. Mariano José Ramos Rizo Patrón.

        6B   Dª. Cecilia Ramos Rizo Patrón.

        6C   Dn. Martín Ramos Rizo Patrón.

        6D   Dn. Marcelo Ramos Rizo Patrón.

5E   Dª. Delia Ramos Buzaglo. Casada con Dn. Alejandro Aspíllaga Menchaca. Hijo de Dn. Gustavo Aspíllaga Anderson (Oct. 5) y de Dª. María Luisa de Menchaca Blacker (n.02/01/19__)

3B   Dn. Manuel Ramos Cabieses. Casado el 1º de Abril de 1917 con Dª. Rosa Cabieses Fernández. Hija de Dn. Hercilio Cabieses (1843) y de Dª. Pastora Fernández Alzamora.

3C   Dª. Gliceria Ramos Cabieses (n.1881) Casada en la capilla de San José de Cluny el 14 de Noviembre de 1913 con Dn. Manuel Enrique Artola García (n.1878) Hijo de Dn. Manuel R. Artola y de Dª. Lastenia García. Testigos de la boda fueron Dn. Ezequiel Cabieses y Dn. Gonzalo Ortiz de Zevallos.

3D   Dª. Luzmila Ramos Cabieses casada con Dn. Salvador Carrillo (n.1981)

        4A   Dn. Mariano Enrique Carillo y Ramos (n.12/08/1910 +30/05/1911, Lima, Calle Trujillo Nº346)

2D   Dn. José Antonio Cabieses Chávez (n.05/03/1861) Casado con Dª. María Albina García (n.Arequipa hacia 1871)

3A   Dª. Sara Cabieses García (n.Lima, calle Ica –antes Concha- Nº90, 13/07/1891 +26/11/1891, Lima, calle Ica –antes Concha- Nº90)

3B   Dn. Pedro José Antonio Cabieses García (n.Lima, calle Ica Nº1, 29/06/1892 b.San Sebastián, 17/03/1893 +19/09/1960, Miraflores) Casado en la Casa de Ejercicios de Santa Rosa en Lima (Sagrario) el 27 de Octubre de 1918 con Dª. Crisálida Vargas Vega (n.21/12/1895) Hija de Dn. Gregorio Vargas y de Dª. Rosalina Vega. Partida de bautismo de don José Antonio inscrita (al igual que las de sus hermanos) el 8 de Agosto de 1816 en Lima.

3C   Dn. Eugenio Manuel Enrique Cabieses García (n.Lima, calle Urubamba – antes Llanos- Nº179, 13/07/1893)

3D   Dn. Manuel José Antonio Cabieses García (n.Lima, calle Carabaya, 05/01/1895 Inscrito el 08/08/1946) Casado en 1925 con Dª. María A. Gutiérrez Meza. Hija de Dn. Simón Gutiérrez y de Dª. Mercedes Meza.

3E   Dn. Alejandro Mario Cabieses García (n.Lima, Calle Unión –antes Baquíjano-Nº317, 02/04/1896)

3F   Dn. Juan César Cabieses García (n.Lima, calle Carabaya –antes Arrieros-Nº214, 23/10/1899) Casado el 19 de Marzo de 1921 con Dª. Luisa Bardellini Richard. Hija de Dn. José Félix Bardellini y de Dª. Hilda Richard.

        4A   Dn. Juan Fernando Cabieses Bardellini. Casado el 7 de Mayo de 1949 con Dª. Hilda C. García Agurto (Piura)

            5A   Dª. Mercedes del Pilar Cabieses García (n.Lima, Lince, Av, José Pardo Nº120, 20/12/1956)

            5B   Dn. Jorge Luis Cabieses García (n.Lima, 15/07/1955, Inscrito en 1972 en Lima)

            5C   Dn. Juan Carlos Cabieses García (n.Lima, Lince, Agrupamiento San Eugenio 100-F, 09/06/1956)

        4B   Dª. Lucía Haydeé Cabieses Bardellini. Casada el 13 de Abril de 1947 con Dn. Alejandro Santiago Cavero Brito.

        4C   Dn. Antonio Cabieses Bardellini. Casado con Dª. Aurora Quiroga Salazar.

            5A   Dª. Giuliana Aída Cabieses Quiroga (n.Miraflores, 29/07/1959)

            5B   Dª. Ana María Cabieses Quiroga.

        4D   Dª. Elsa Cabieses Bardellini.

3G   Dª. María Victoria Cabieses García (n.Lima, calle Lima –antes Aumente-Nº112, 27/10/1897)

3H   Dª. María Mercedes Cabieses García (n.Barranco, calle Santa Rosa s/n, 27/04/1903 – Falleció al nacer)

3I   Dª. Lilly Juana Cabieses García (n.Lima, calle Carabaya 14/09/1904 Inscrita el 08/08/1946)

3J   Dª. Rosalía Cabieses García (n.Lima, calle Carabaya, 30/10/1905 Inscrita el 08/08/1946) Casada el 19 de Agosto de 1933 con Dn. Max Pérez Godoy. Hijo de Dn. Juan M. Pérez y de Dª. Rosa Godoy.

3K   Dn. Artemio Cabieses García (n.Lima, calle Arica Nº235, 14/10/1909 +01/04/1910, Lima, Enrique Palacios Nº27)

2E   Dª. Juana Cecilia Cabieses Chávez (n.22/11/1865 +21/09/1951) Soltera.

2F   Dn. Heráclides Cabieses Chávez (n.28/06/1868) Casado con Dª. Angélica Pallete (n.Piura)

        3A   Dn. Heráclides Cabieses Pallete (n.Paita, 16/10/1899 +14/08/1955, Miraflores) Casado en San José de Surco el 7 de Marzo de 1925 con Dª. Esther Sara Consuelo Berninsone Piantanida (n.Lima, Calle Huancavelica Nº387, 12/03/1905) Hija de Dn. Constantino Berninsone Rébora (n.Italia, San Pier D'Arena hacia 1871) casado en la Parroquia ddel Sagrario de Lima el 28 de Agosto de 1896 con Dª. Margarita Piantanida Foglia (n.Lima, hacia 1874)

4A   Dn. Gonzalo Cabieses Berninsone (n.28/02/1927) Casado por lo civil en Miraflores el 21 de Setiembre de 1951 y por lo religioso en la Virgen del Pilar el 23 de Setiembre de 1951 con Dª. Cecilia Fort del Solar (n.30/12/1930) Hija de Dn. Emilio Fort Magot (n.18/05/1895) y de Dª. Elvira del Solar Castro (Jul. 5)

         5A   Dª. Gonzalo José Cabieses Fort (n.Miraflores, 19/03/1952) Casado en primeras nupcias en Miraflores el 22 de Febrero de 1978 con Dª. Diana Jeannette Llosa Ruiz

                 6A   Dn. Emilio Cabieses Llosa.

                 6B   Dn. Ricardo Cabieses.

                 6C   Dª. Natalia Cabieses.

         5B   Dn. Gerardo Heráclides Cabieses Fort (n.Miraflores, 20/03/1953) Casado en Miraflores el 7 de Diciembre de 1977 con Dª. Zeldi Edith Eskenazi Schmerler (n.Miraflores, 08/11/1957)

                 6A   Dª. Nissem Cabieses Eskenazi.

                 6B   Dn. Erick Cabieses Eskenazi.

                 6C   Dn. Johan Cabieses Eskenazi.

         5C   Dn. Germán Cabieses Fort (n.09/10/1955) Casado dos veces. En Miraflores el 26 de Setiembre de 1975 con Dª. María Teresa Pacheco. En segundas nupcias en Miraflores el 6 de Octubre de 1986 con Dª. María Consuelo de Cárdenas Saavedra (n.11/04/1963) Hija de Dn. Eduardo de Cárdenas Fort y de Dª. Consuelo Saavedra. (Buscar en Fort)

                 6A   Dn. Germán Christian Cabieses Pacheco (n.Miraflores, 16/04/1977)

                 6B   Dª. Jéssica Cabieses Pacheco (n.Miraflores, 02/02/1980)

                 6C   Dn. Jean Paul Cabieses de Cárdenas (n.25/02/1987)

         5D   Dª. María Cecilia Cabieses Fort (n.Miraflores, 03/10/1956) Casada con Dn. Maximiliano Lagos.

                 6A   Dª. Gianinna Lagos Cabieses (n.Miraflores, 30/07/1975)

                 6B   Dª. Giovanna Lagos Cabieses.

                 6C   Dn. Alejandro Lagos Cabieses.

         5E   Dª. Gisele María del Carmen Cabieses Fort (n.Miraflores, 05/04/1958)

         5F   Dª. Gianina Rosa Cabieses Fort (n.Miraflores, 20/08/1960) casada en primeras nupcias en Miraflores, el 21 de Junio de 1978, con Dn. Javier Umberto R. Fernandini. En segundas nupcias se casó con Dn. John González.

6A   Dª. Andrea Fernandini Cabieses (n.Miraflores, 09/12/1978)

6B   Dn. John André González Cabieses.

6C   Dn. John Christopher González Cabieses.

5G   Dª. María del Carmen Gabriela Cabieses Fort (n.Miraflores, 15/08/1961)

4B   Dn. Rafael Cabieses Berninsone (n.14/10/19__) casado con Dª. Sara Casareto (n.10/10/19__)

3B   Dª. Juana Luisa Cabieses Pallete (n.Piura, 15/11/1899) Casada el 19 de Enero de 1920 en la capilla del colegio San José de Cluny (Barranco) con Dn. Eduardo de Rávago Velarde (n.Lima, 1894) Hijo de Dn. Ceferino Díaz de Rávago Sayán y de Dª. Zoila Velarde de la Barrera. (Buscar en Rávago)

4A   Eduardo Jaime de Rávago Cabieses (n.09/05/1925 +27/09/2002, Miraflores) Casado en Miraflores el 4 de Diciembre de 1963 con Dª. Marcela Castro Mendívil Castro (n.Cajamarca, 26/04/1930) Hija de Dn. Alejandro José Castro Mendívil y de Dª. Ana Francisca Castro Cabada.

5A   Dª. Carmen María de Rávago Castro Mendívil (n.Lima, 12/09/1969) Casada con Dn. Pierre Peña Böttcher. Hijo de Dn. Saúl Peña Kolenkautsky y de Dª. Luise Böttcher Schuls.

6A   Dª. Daría Peña de Rávago (n.06/01/2001)

3C   Dn. Jorge Cabieses Pallete (n.Piura, hacia 1904 +15/07/1941, Miraflores) Casado el 26 de Diciembre de 1925 con Dª. Rosa Contreras Fiscalini (+30/11/2004) Hija de Dn. César A. Contreras y de Dª. Sara Fiscalini.

4A   Dª. Roxana Cabieses Contreras. Casada el 25 de Febrero de 1951 con Dn. Gastón Briceño Arata, natural de Camaná.

5A   Dª. Roxana Briceño Cabieses.

5B   Dª. Viviana Briceño Cabieses. Casada con Dn. Juan Ricardo Bello Angosto.

6A   Dn. Ricardo Bello Briceño

6B   Dn. Rodrigo Bello Briceño.

5C   Dª. Patricia Briceño Cabieses.

5D   Dn. Gastón Briceño Cabieses.

4B   Dª. Augusta Cabieses Contreras, casada con Dn. Pedro Vargas Baratta.

5A   Dª. Pina Vargas Cabieses. Casada con Dn. Raúl Behr.

5B   Dn. Gustavo Vargas Cabieses.

5C   Dn. Fernando Paulo Vargas Cabieses (n.Miraflores, 27/06/1963) Casado con Dª. Ana Ríos.

5D   Dn. Pedro Augusto Vargas Cabieses (n.Miraflores, 19/05/1959)

4C   Dª. Susana Cabieses Contreras, casada con Dn. Enrique del Busto.

4D   Dn. Jorge Cabieses Contreras, casado con Dª. Zoila Briceño Arata.

> 5A   Dª. Anabella M. Cabieses Briceño. Casada en Miraflores el 27de Mayo de 1995 Dn. Juan Martín Bello del Real (n.Miraflores, 16/12/1965) Hijo de Dn. Javier Bello casado en Miraflores el 27 de Octubre de 1956 con Dª. Kerima Leonor del Real.

> 5B   Dª. Sophia M. Cabieses Briceño.

3D   Dª. Angela Cabieses Pallete. Casada el 16 de Febrero de 1930 con Dn. Luis Eduardo Porras Tizón (n.Lima, Calle Ayacucho –antes Jesús Nazareno- Nº31, 17/09/1901) Hijo de Dn. Arístides Porras Osores y de Dª. Emma Tizón Salazar. (Buscar en Porras)

> 4A   Alita Porras Cabieses (Dic. 8) Casada con Dn. Alfredo Bretón.

2G   Dn. Tomás Ramón Cabieses Chávez (n.18/09/1855 b.San Marcelo, 20/09/1855 +08/10/1925) Casado en la Iglesia de Belén ante el Obispo Pedro José Tordoya (San Marcelo) el 2 de Febrero de 1882 con Dª. Isabel Valle Riestra de la Torre (n.10/09/1857 +11/05/1903, a las 7 PM debido a una septicemia puerperal) Hija de Dn. Domingo María de Valle y Riestra y de Dª. Virginia de la Torre Vidaurre. Padrinos fueron don Pedro Correa y Santiago y doña Virginia de la Torre Vda. de Valle Riestra. Testigos: don Manuel Elizalde y don Francisco Sagastabeitia. Vivían en la Alameda de Miraflores.

3A   Dn. José Ramón Cabieses Valle Riestra (n.Lima, Calle Arequipa –antes Gallos- Nº40, 01/11/1882 b.04/12/1882 -partida asentada en San Marcelo el 04/11/1886- +26/02/1890)

3B   Dª. Luisa Margarita Cabieses Valle Riestra (n.Lima, 25/08/1884 b.San Marcelo, 27/11/1884 +04/06/1974, Miraflores) Casada en el Oratorio del señor Delegado Apostólico Monseñor Barona el 25 de Noviembre de 1903 con Dn. Leopoldo Francisco Pflücker y Pflücker (n.05/10/1874 +28/10/1954) Hijo de Dn. Julio Pflücker y Rico y de Dª. Hortensia Pflücker Taramona. Ya vistos.

3C   Dn. Eduardo Cabieses Valle Riestra (n.Lima, Calle Ica –antes Chávez- Nº171, 23/06/1886 b.San Sebastián, 27/07/1886) Casado en Nueva York el 26 de Julio de 1917 con Dª. Alicia Molina Font (n.Méjico, Yucatán, Mérida, 02/09/1887 +02/11/1981) Hija de Dn. Juan Francisco Molina Solís (n.Méjico, Campeche, Hecelchakán, 11/06/1850 +1932) y de Dª. Luisa Font Hübbe.

> 4A   Dn. Eduardo Cabieses Molina (n.1918 +2010) Casado con Dª. Isabel Cubas Vinatea. Hija de Dn. Manuel Eleodoro Cubas Verástegui casado en Lima el 26 de Febrero de 1916 con Dª. Isabel Vinatea Méndez.

>> 5A   Dª. Alicia Cabieses Cubas, casada con Dn. Luis Lama Manzur. Crítico de Arte.

>>> 6A   Dn. Diego Emilio Lama Cabieses (n.Miraflores, 26/08/1980)

>>> 6B   Dn. Ruy Eduardo Lama Cabieses (n.Miraflores, 28/05/1975)

>> 5B   Dn. Hugo Eduardo Cabieses Cubas (n.1949) Casado en Managua el 3 de Junio de 1983 con Dª. María Cecilia Remón Arnáiz (n.Perú, 1952)

5C   Dª. Marisa Cabieses Cubas. Casada en Miraflores el 31 de Marzo de 1975 con Dn. Mariano Martínez.

        6A   Dª. Ximena Martínez Cabieses.

        6B   Dn. Alonso Martínez Cabieses.

5D   Dª. Pilar Cabieses Cubas.

5E   Dª. Silvia Ana Cabieses Cubas. Casada el 26 de Agosto de 1983 con Dn. Javier Felipe Claux Koechlin (n.01/09/1954) Hijo de Dn. Augusto Claux Budge y de Dª. María Carmela Koechlin Escribens.

        6A   Dª. Giselle Claux Cabieses,

4B   Dn. Fernando Cabieses Molina (n.Mérida, Yucatán, 20/04/1920 +01/13/2009, Lima) Neurocirujano, arqueólogo, catedrático, erudito. Casado dos veces. En primeras nupcias con Dª. Elsa Guerra Pérez Delboy (n.Lima, Calle Arica Nº573, 07/08/1920) Hija de Dn. Juan Manuel Guerra Pérez Portal (n.24/06/1887 +21/10/1980) casado en la Iglesia de Santa Rosa (San Sebastián) en Lima el 23 de Julio de 1914 con Dª. Lucila Delboy Dorado (n.15/12/1889 +15/07/1977) Contrajo segundas nupcias con Dª. Carmela Cornejo.

     5A   Dª. Elsa María Patricia Cabieses Guerra Pérez (n.30/10/19__)

     5B   Dª. Alejandra Cabieses Guerra Pérez (n.12/01/1954) contrajo matrimonio dos veces. En primeras nupcias el 17 de Setiembre de 1973 con Dn. José Luis de Cossío de Vivanco (n.29/06/1942 +24/07/2009) En segundas nupcias contrajo matrimonio en Miraflores el 17 de Octubre de 1987 con Dn. José Roberto Rodríguez Martínez.

     5C   Dª. Claudia Cabieses Guerra Pérez (n.14/08/19__)

4C   Dª. María Teresa Cabieses Molina. Nacida en Veracruz, Méjico. Casada el 5 de Julio de 1952 con Dn. Kehl Markley nacido en USA.

4D   Dn. Leopoldo Cabieses Molina, casado en 1952 con Dª. Stella Cordero Legorreta.

     5A   Dª. Patricia Cabieses Cordero. Casada con Dn. Manuel Maldonado Moreno.

        6A   Dª. Karla Patricia Maldonado Cabieses.

        6B   Dª. Paola Maldonado Cabieses.

     5B   Dn. Leopoldo Cabieses Cordero. Casado con Dª. Daniela Tello.

     5C   Dª. Elizabeth Cabieses Cordero. Casada con Dn. Guillermo Amador Vargas.

        6A   Dª. Tania Paola Amador Cabieses.

        6B   Dª. Estefanía Amador Cabieses.

     5D   Dª. Estella Cabieses Cordero. Casada con Dn. Jorge Rodríguez Cano Ruiz.

6A   Dn. Jorge Leopoldo Rodríguez Cano Cabieses.

5E   Dª. Susana Cabieses Cordero. Casada con Dn. Alejandro Diener Garibay. Hijo de Dn. Carlos Eduardo Diener Cañedo y de Dª. Liliana Garibay.

3D   Dª. María Teresa Cabieses Valle Riestra (Paita, 22/09/1888 +04/01/1977, Miraflores) Soltera.

3E   Dn. José Antonio Cabieses Valle Riestra (n.Paita, 19/05/1891 +26/12/1961, Miraflores) Casado en Miraflores el 24 de Agosto de 1919 (por lo civil el 28/08/1919) con Dª. María Elvira Sara Elmore Letts (n.Lima, 06/05/1895 +08/03/1968, Lima) Hija de Dn. Teodoro Elmore Fernández de Córdova (b.Sagrario de Lima, 12/06/1851 +08/04/1920) casado en Lima (San Sebastián) el 9 de Setiembre de 1897 con Dª. Irene Letts Basadre (n.hacia 1869) (Buscar en Elmore y en Letts) Testigos de la boda fueron don Carlos Rey y Alvarez Calderón y don Carlos García Gastañeta. Los Cabieses residían en la calle Alameda Nº 45, Miraflores.

4A   Dn. José Ignacio Cabieses Elmore (n.Lima, Clínica Febres, 28/10/1920)

4B   Dn. José Antonio Cabieses Elmore (n.10/06/19_ +1961) Ingeniero geólogo (g.Escuela de Ingenieros, 1945) Casado con Dª. Irene del Solar Naranjo (n.09/01/19_) Hija de Dn. Benjamín del Solar Buckley (n.Chancay, hacia 1898) casado el 21 de Marzo de 1928 con Dª. Rhoda Naranjo Gunner (n.Callao) Con sucesión. (Buscar en Solar)

4C   Dª. Sara Cabieses Elmore (n.28/12/1923) Casada en Miraflores el 10 de Octubre de 1949 con Dn. Jorge Carlos Ferreyros Gaffron (n.23/09/1923) Hijo de Dn. Alfredo Guillermo Ferreyros Ayulo (n.Lima, Calle Junín –antes Zárate- Nº114, 17/09/1887 +13/11/1958, Lima) casado en la Iglesia de Belén (Huérfanos) en Lima el 13 de Agosto de 1911 de Dª. Ana Gaffron Bromley (Lima, Calle Huancavelica Nº217, 06/01/1892)

          5A   Dª. María Eugenia Ferreyros Cabieses (n.Miraflores, 31/03/1951) Casada en Miraflores el 24 de Julio de 1972 con Dn. Raúl Augusto Parodi.

                  6A   Dª. María Eugenia Parodi Ferreyros.

                  6B   Dª. Cristina Parodi Ferreyros.

                  6C   Dª. Claudia Parodi Ferreyros.

          5B   Dª. Lucía Ferreyros Cabieses (n.Miraflores, 03/11/1952 +Guayaquil) Casada con Dª. Ernesto Mainz.

          5C   Dn. Jorge Ignacio Ferreyros Cabieses (n.Miraflores, 04/07/1954) Casado el 10 de Junio de 1981 con Dª. Gloria Marcos Galecio. Hija de Dn. Antonio Marcos Icaza (n.Guayaquil, 09/07/1911 b.La Merced, 15/08/1911 +08/07/1976) casado en Guayaquil el 7 de Junio de 1947 con Dª. Inés Galecio Miranda (n.Guayaquil, 27/09/1925)

          5D   Dª. Andrea Ferreyros Cabieses (n.Miraflores, 18/06/1956) Casada con Dn. Javier Monge.

          5E   Dn. José Antonio Ferreyros Cabieses (n.Miraflores, 07/06/1957) Casado con Dª. María José Arroyo.

5F   Dª. Sara María Ferreyros Cabieses (n.Miraflores, 03/07/1959) Casada con Dn. Jean Pierre De Werp.

    6A   Dn. Bernard De Werp Ferreyros.

    6B   Dª. Camile De Werp Ferreyros.

    6C   Dn. Jean De Werp Ferreyros.

    6D   Dn. Pierre De Werp Ferreyros.

5G   Dn. Pablo Ferreyros Cabieses (n.18/10/1960) Casado el 29 de Octubre de 1995 con Dª. María Isabel Quiñonez Alayza. Hija de Dn. Jorge Quiñones Muñoz y de Dª. Guenilda Alayza Petersen.

    6A   Dn. Pablo Ferreyros Quiñones (n.16/04/1996)

5H   Dª. Teresa Ferreyros Cabieses (n.Miraflores, 20/12/1962) Casada el 30 de Mayo de 1992 con Dn. Eduardo Salazar Figari (n.24/04/1958) Hijo de Dn. Alberto Salazar Puertas (n.Arequipa, 14/05/1923) y de Dª. Olga Figari Fort (n.28/07/1925)

    6A   Dª. María Teresa Salazar Ferreyros (n.16/02/1993)

    6B   Dª. Andrea Salazar Ferreyros.

    6C   Dª. Mónica Salazar Ferreyros.

    6D   Dª. Lorena Salazar Ferreyros.

5I   Gustavo Ferreyros Cabieses (n.Miraflores, 26/10/1964) Casado con Dª. Pamela Sylvester.

    6A   Dn. Tomás Ferreyros Sylvester.

    6B   Dn. Lucas Ferreyros Sylvester.

    6C   D.. Mateo Ferreyros Sylvester.

4D   Dª. Isabel Cabieses Elmore (n.09/04/19__) Soltera.

4E   Dn. Ernesto Cabieses Elmore (n.04/12/19__) Casado por lo civil en Miraflores el 16 de Mayo de 1960 y por lo religioso el 20 de Mayo de 1960 con Dª. Gabriela Colmenares Leith (n.28/01/1936)

    5A   Dn. Ernesto Cabieses Colmenares (n.Miraflores, 09/12/1961) Casado con Dª. María Chipoco Bernós.

    5B   Dª. Graciela Cabieses Colmenares (n.Miraflores, 15/07/1963) Casada con Dn. Alejandro Rodríguez Cabieses.

    5C   Dª. María Cristina Cabieses Colmenares (n.Miraflores, 06/08/1965) Casada con Dn. Sandro Ratto Nostri.

    5D   Dª. Elena Cabieses Colmenares (n.Miraflores, 01/09/1966) Casada en Miraflores el 6 de Agosto de 1986 con Gregorio Arévalo Majluf.

    5E   Dn. José Antonio Cabieses Colmenares (n.Lima, Clínica Internacional, 23/05/1939)

5F   Dª. María Elena Cabieses Colmenares (n.Miraflores, 03/04/1972) Casada con Dn. Alfredo Barreda Lathan.

4F   Dª. Marta Cabieses Elmore (Mar. 30)

4G   Dª. Laura Cabieses Elmore (n.26/04/1931) Casada con Dn. Miguel Valle López (n.Madrid, 18/07/1927 +14/06/1965, Madrid) Hijo de Dn. Luis León Valle Alonso (n.España, Santander, 1889) casado con Dª. Francisca López Barragán (n.España, Madrid)

      5A   Dn. Pablo Valle Cabieses (n.Madrid 24/07/1961) Casado en Lima el 22 de Agosto de 1992 con Dª. Ibis Martínez Sanguinetti (n.Lima, 31/07/1964) Hija de Dn. José Martínez Seminario (n.24/09/1942) casado con Dª. Gladys Sanguinetti Alayza (n.29/09/1937)

           6A   Dª. Almudena Valle Martínez.

           6B   Dª. María Eugenia Valle Martínez.

           6C   Dª. Paula Valle Martínez.

      5B   Dn. José Antonio Valle Cabieses (n.Madrid, 10/09/1962) Casado en Miraflores el 18 de Julio de 1987 con Dª. Carol Bayly Letts (n.Miraflores, 18/12/1963) Hija de Dn. Jaime Bayly Llona casado con Dª. Doris Letts Colmenares.

           6A   Dª. Lucía María Valle Bayly (n.Miraflores, 17/05/1988)

           6B   Dª. Andrea María Valle Bayly (n.Miraflores, 16/08/1990)

           6C   Dª. Carolina Valle Bayly.

           6D   Dª. Natalia Valle Bayly.

      5C   Dª. Mónica María Valle Cabieses (n.Madrid, 07/11/1963) Casada en Miraflores el 24 de Octubre de 1986 con Dn. José Antonio Vermejo Ruiz.

           6A   Dª. Laura Vermejo Valle.

           6B   Dª. María José Vermejo Valle.

           6C   Dª. Mariana Vermejo Valle.

           6D   Dª. Sara María Vermejo Valle.

           6E   Dn. Esteban Vermejo Valle.

           6F   Dn. José Miguel Vermejo Valle.

           6G   Dª. Lucía Vermejo Valle.

4H   Dª. Beatriz Cabieses Elmore (n.09/10/19__) Casada en Miraflores el 23 de Julio de 1958 con Dn. Manuel Esteban Alvaro Belaúnde y Belaúnde (n.26/12/1930 +25/10/1988) Hijo de Dn. Juan Francisco Belaúnde y Romaña y de Dª. Mercedes Belaúnde y Diez Canseco, su prima hermana. (Buscar en Belaúnde)

      5A   Dn. Alvaro José Belaúnde Cabieses (n.Miraflores, 05/05/1959) Casado con Yanina Martin.

5B   Dª. María Beatriz Belaúnde Cabieses (n.Miraflores, 24/08/1962)

5C   Dn. Francisco Javier Belaúnde Cabieses (n.Miraflores, 13/01/1961)

5D   Da. María Silvia Belaúnde Cabieses (n.Miraflores, 20/07/1966) Casada con Dn. Jaime Tagle Arróspide. Hijo de Dn. Fernando Tagle Mujica y de Da. Blanca Arróspide Bueno.

       6A   Da. Sandra Tagle Belaúnde.

       6B   Da. Daniela Tagle Belaúnde.

       6C   Dn. Jaime Tagle Belaúnde.

       6D   Da. Lucía Tagle Belaúnde.

5E   Dn. Juan Carlos Belaúnde Cabieses (n.Miraflores, 16/10/1964) Casado en primeras nupcias con Dª. María Jimena Pinilla Cisneros (n.Miraflores, 28/09/1969 +30/09/2006, Lima) Hija de Dn. Antonio Pinilla Sánchez Concha (n.10/06/19__) casado con Teresa Cisneros Ferreyros (n.15/07/19__) Contrajo segundas nupcias el 10 de Agosto del 2013 con Dª. Nadia Abuid Chehade.

4I   Dn. José Pablo Cabieses Elmore (n.24/05/1934 +05/09/1988) Casado en Miraflores el 22 de Abril de 1960 con Dª. María Inés Chocano Barreto (n.07/08/19__) Hija de Dn. Jorge Chocano Ampuero y de Dª. Enriqueta Barreto Corbacho.

       5A   Dª. María Inés de Lourdes Cabieses Chocano (n.Miraflores, 06/02/1961)

       5B   Dª. Jimena Cabieses Chocano.

       5C   Dª. Mariana Cabieses Chocano (n.Miraflores, 29/04/1962) Casada en Miraflores el 01 de Agosto de1986 con Dn. Oscar Francisco Dañino Krüger (n.19/12/1959) Hijo de D. Oscar Benjamín Dañino Ruibatto y de Da. María Victoria Krüger Espantoso.

             6A   Dn. Nicolás Dañino Cabieses (n.Miraflores, 06/04/1998)

             6B   Dn. Rodrigo Dañino Cabieses (n.Miraflores, 06/04/1998)

3F   Dn. Ramón Felipe Cabieses Valle Riestra (n.Paita, 23/01/1893 +06/10/1966, Miraflores) Casado en la Iglesia de San Agustín (Sagrario) en Lima ante Fulberto de Merino el 17 de Abril de 1921 con Dª. Rosalina García Seminario y Amézaga (n.17/01/1898 b.San Marcelo) Hija de Dn. José Félix García Seminario (n.1866) y de Dª. Sara Amézaga González (n.1871) Padrinos de la boda fueron don Ramón Cabieses Chávez y doña Sara Amézaga de García Seminario.

       4A   Dn. Ramón Felipe Cabieses García Seminario (n.04/04/19__) Casado dos veces. En primeras nupcias con Dª. Mercedes Suárez Osorio (n.06/08/19__) y en segundas nupcias con Dª. Minnie Narrea Tenorio.

5A   Dª. Ana María Cabieses Suárez (n.Miraflores, 13/04/1961)

5B   Dn. Ramón Felipe Cabieses Narrea.

4B   Dª. Rosalina Cabieses García Seminario (n.29/04/19_ +17/08/1999, Miraflores) Casada por lo civil en Miraflores el 22 de Mayo de 1948 y en la misma fecha por lo Religioso en la Iglesia de la Recoleta con Dn. Jorge Aspíllaga Delgado (n.Lambayeque, Pimentel, 09/03/1918) Hijo de Dn. Víctor Aspíllaga Negrete y de Dª. Carmen Delgado Gutiérrez. (Buscar en Aspíllaga)

5A   Dª. Rosalina Luisa Aspíllaga Cabieses (n.Miraflores, 21/06/1949) Casada con Dn. Alfredo Brazzini Díaz Ufano. Hijo de Dn. Alberto Brazzini Walde y de Dª. Aurora Díaz Ufano.

6A   Dª. Alexia María R. Brazzini Aspíllaga.

6B   Dn. Alberto Brazzini Aspíllaga.

5B   Dª. María Sol Aspíllaga Cabieses (n.Miraflores, 22/08/1951) Casada con Dn. Harold McNeary.

5C   Dn. Jorge Luis Aspíllaga Cabieses (n.Miraflores, 28/12/1955) Casado con Dª. Cecilia Seminario Pizzoni.

6A   Dª. Daniela Aspíllaga Seminario.

4C   Dn. José Félix Cabieses García Seminario (n.12/07/1925) Arquitecto. Soltero.

4D   Dn. Luis Eduardo Cabieses García Seminario (n.22/03/192_) Soltero.

4E   Dª. Olga Cabieses García Seminario (n.08/03/19_ +02/03/2009, Tarragona, España) Casada en Miraflores el 3 de Febrero de 1960 con Dn. Amadeo Rey Ramos, natural de la Coruña, España.

5A   Dn. Amadeo Martín Rey Cabieses (n.05/06/1963)

5B   Dª. Olga María de Lourdes Rey Cabieses (n.Miraflores, 05/08/1964)

5C   Dn. Luis Felipe Rey Cabieses.

5D   Dª. Patricia Rey Cabieses.

3G   Dn. Juan José Cabieses Valle Riestra (n.Miraflores, La Alameda, 30/04/1903 +30/04/1903, Miraflores, La Alameda) falleció a las tres horas de nacer.

2H   Dª. Bernardina Cabieses Chávez (n.20/05/1863 +03/02/1865)

2I   Dª. Juana Luisa Cabieses Chávez (n.21/06/1864 +30/10/1864)

Hijo de Dn. José Antonio Cabieses Alzamora, fue:

2J   Dn. Hercilio Cabieses (n.Lima, 1836) Marino, jefe del "cañón del pueblo" en el combate del 2 de Mayo. Casado el 11 de Mayo de 1873 con Dª. Pastora Fernández Alzamora (n.Lima, 1849) Hija de Dn. Gerónimo Fernández y de Dª. Petronila Alzamora.

3A   Dn. Manuel Emilio Cabieses Fernández (n.Lima, 06/10/1882 b.San Marcelo, 11/12/1882) Casado con Dª. Teresa Chignolli Savi (n.15/10/18__) Hija de Dn. Gerónimo Chignolli y de Dª. Clorinda Savi.

3B   Dª. Rosa Mercedes Cabieses Fernández (n.Lima, 16/02/1885 b.San Marcelo, 21/03/1885) Casada en la Capilla de San José de Cluny (Parroquia María Auxiliadora) en Lima el 1º de Abril de 1917 con Dn. Manuel Antonio Ramos Cabieses (n.hacia 1874) Hijo de Dn. Mariano Ramos Larrea y de Dª. Gliceria Cabieses Chávez

3C   Dn. Hercilio Cabieses Fernández (n.Lima, 26/06/1876) Casado con Dª. Juana Barrera (n.12/07/19__)

        4A   Dn. Manuel Cabieses Barrera (n.21/03/19__)

        4B   Dª. Pastora Cabieses Barrera (n.09/02/19__)

3D   Dn. Guillermo Félix Cabieses Fernández (n.Lima, 18/05/1887 b.San Marcelo, 18/06/1887)

        3E   Dn. José Oswaldo Cabieses Fernández (n.Lima, Distrito Primero, Cuarta de Arica –Antes Nápoles- 30/07/1890 b.San Marcelo, 06/12/1890)

1G   Dn. Manuel Cabieses Alzamora. Contralmirante durante la guerra del Pacifico. Crea la rama de los Cabieses en Valparaiso.

Tomas Eugenio Cabieses Alvarez. Crea la rama de Santiago de Chile.

La Familia Valle Riestra

    Don Antonio María Francisco Gerónimo del Valle y Seijas. Nació en Málaga el 20 de Febrero de 1761. Hijo de Dn. Francisco del Valle y Veltrandi (n.Castilla la Vieja, 1693) y de su segunda esposa Dª. Teresa Estefanía de Seijas y Lara. Don Francisco era a su vez hijo de Dn. Rafael del Valle y de Dª. Chatalá Veltrandi y había contraído primeras nupcias con Dª. Teresa del Valle (+31/01/1746,La Coruña) Doña Teresa Estefanía era hija de Dn. Alejandro de Seijas y de Dª. Juana María de Lara. Vino don Antonio María al Perú en el año de 1775 como Teniente de los ejércitos del Rey, fue condecorado en 1817 con la Cruz y Placa de la Orden de San Hermenegildo contando con más de cuarenta años de honrosos servicios. Casado el 28 de Junio de 1800 con Dª. Ysabel María García de la Riestra y Sanier (n.Lima,05/01/1766 b.El Sagrario, 15/08/1778 +05/01/1866) hija de Dn. Pedro Antonio García de la Riestra y González de la Fuente (n.San Miguel de Anleo, Asturias) y de Dª. Angela Margarita Sanier y Machado (n.Puente de Santa Cruz de Tenerife, Canarias) Falleció don Antonio María en Noviembre de 1820.

    "Pedro Antonio García de la Riestra. Militar y funcionario español nacido en Asturias. Siendo capitán de un regimiento en España tuvo bajo sus órdenes a Fernando de Abascal, más tarde virrey del Perú. Fue el último corregidor que tuvo Huamanga, cargo que desempeño entre 1779 y 1795, año en que fueron creadas las intendencias de provincia. Tuvo durante su gobierno continuas disputas con el obispo Francisco López Sánchez. Estuvo después nombrado comandante general de la costa del norte de Lima. Abascal dispensó especial deferencia a su familia, en recuerdo de su antiguo capitán, cuya severidad le había sido útil para el progreso de su carrera".

Luis Guzmán Palomino
Diccionario Histórico y Biográfico del Perú. Milla Batres.

"El 1° de Julio de 1800 contrajo matrimonio Dn. Antonio María del Valle, Capitán del Regimiento Real de Lima, viudo de Dª. Casimira Bamonde (¿Bahamonde?), con Dª. Isabel María García de la Riestra, hija legítima de Dn. Pedro García de la Riestra, Teniente Coronel de los Reales Ejércitos y de Dª. Angela Sanier. Testigo Agustín Vicente Torres y Valle, Coronel de Los Reales Ejércitos. (Tomado del Libro de Casamientos de la Parroquia Castrense del Tercer Batallón de Infantería Real de Lima) Archivo Arzobispal".

"En 1804, fue bautizada María Toribia, hija legítima de Dn. Antonio María Valle y Seijas, Capitán de la 3ª Compañia y de Dª. Isabel de la Riestra y Sanier; nieta paterna del Sr. Francisco del Valle, Comandante del Regimiento de Lisboa y de la Sra. Estefanía Teresa de Seijas y nieta materna del señor Pedro de la Riestra y doña Angela Sanier. (Libro de Bautismo de la Parroquia Castrense del Tercer Batallón de Infantería Real de Lima) Archivo Arzobispal".

Rosa Pérez Cánepa

"Los del Valle y de la Riestra, por donde se formó el apellido Valle Riestra en el Perú, son de raíz argentina. Esta importante familia entroncó con el famosísimo Almirante Guisse, fundador de la Escuadra de guerra del Perú y son parientes de los Althaus. El primer barco de la Armada del Perú fue comandado por un Valle Riestra, y entiendo es doña Isabel de la Riestra, viuda del gran periodista Lainez, Director de "El Diario", de la precitada familia. La conocí y traté en Buenos Aires en 1932 en la lujosa mansión de doña Angela Baudrix, en la calle Santa Fe de esa gran ciudad..."

José Gálvez

0A   Dn. Antonio María Francisco Gerónimo del Valle y Seijas. Nació en Málaga el 20 de Febrero de 1761. Hijo de Dn. Francisco del Valle y Veltrandi (n.Castilla la Vieja, 1693) y de su segunda esposa Dª. Teresa Estefanía de Seijas y Lara. Don Francisco era a su vez hijo de Dn. Rafael del Valle y de Dª. Chatalá Veltrandi y había contraído primeras nupcias con Dª. Teresa del Valle (+31/01/1746, La Coruña). Doña Teresa Estefanía era hija de Dn. Alejandro de Seijas y de Dª. Juana María de Lara. Vino don Antonio María al Perú en el año de 1775 como Teniente de los ejércitos del Rey, fue condecorado en 1817 con la Cruz y Placa de la Orden de San Hermenegildo contando con más de cuarenta años de honrosos servicios. Casado el 28 de Junio de 1800 con Dª. Ysabel María García de la Riestra y Sanier (n.Lima, 05/01/1766 b.El Sagrario, 15/08/1778 +05/01/1866) Hija de Dn. Pedro Antonio García de la Riestra y González de la Fuente (n.San Miguel de Anleo, Asturias hacia 1850) y de Dª. Angela Margarita Sanier y Machado (n.Puente de Santa Cruz de Tenerife, Canarias) Falleció don Antonio María en Noviembre de 1820.

1A   Dn. Francisco de Asís Valle Riestra (n.Lima, 01/11/1801 b.San Marcelo, 28/11/1801 +01/04/1835) General fusilado por orden de Salaverry, casado en Agosto de 1826 con Dª. Martina Caso y Dávila.

    2A   Dª. Ysabel Valle Riestra Caso (n.1833 +04/01/1874, Burdeos) Casada el 7 de Enero de 1857 con Dn. Roberto Kinimburg Gregory, natural de Escocia. (Kinninburgh?)

        3A   Dª. Gertrudis Kinimburg Valle Riestra (n.París, 10/12/1863 +08/09/1913, Miraflores - Calle La Paz N° 27) Monja de la Caridad.

        3B   Dª. María Teresa Fortunata Kinimburg Valle Riestra (b.San Marcelo, 14/10/1860) Falleció soltera.

    2B   Dª. Dolores Rita Valle Riestra Caso (b.Sagrario de Lima, 22/05/1835) Casada con Dn. Leonidas Francisco Ballén de Guzmán y Millán Soler y Macías (n.Guayaquil, 04/10/1832) Hijo de Dn. Clemente Ballén y de Dª. María Jesús Millán.

        3A   Dn. Francisco Leonidas Ballén Valle Riestra (n.Lima, 31/10/1875) Casado en la iglesia de Belén (Huérfanos) el 14 de Noviembre de 1914 con Dª. Enriqueta Velarde Diez Canseco (n.1887) Hija de Dn. Manuel Velarde Seoane y de Dª. María de los Angeles Diez Canseco Olazábal.

4A   Dn. Francisco Ballén Velarde (n.Lima, Av. La Colmena N°116, 04/04/1916 +06/04/1916, Lima, Av. La Colmena N°116)

4B   Dn. Francisco José María Enrique Ballén Velarde (n.Lima, Av. La Colmena N°116, 18/06/1917) Casado el 10 de Diciembre de 1944 con Dª. Mercedes Palacios Moreyra n.09/10/1924) Hija de Dn. Carlos Palacios Villacampa (n.19/11/1879 +23/06/1974) y de Dª. Amelia Moreyra y Paz Soldán (n.Lima, Calle Junín –antes San José– N°129, 17/09/1897 +10/02/1993)

         5A   Dn. Francisco Ballén Palacios (n.04/08/1946 +05/08/1998) Casado dos veces. En primeras nupcias con Dª. María de la Paz de la Puente Wiese (n.27/01/1954) Hija de Dn. Gonzalo de la Puente Lavalle y de Dª. Clotilde Wiese de Osma. En segundas nupcias se casó con Dª. Eliana Alvarez Calderón Gallo (n.San Isidro, 13/09/1953) Hija de Dn. Alberto Alvarez Calderón Wells y de Dª. Teresa Gallo Ferreyros.

                 6A   Dª. María Paz Ballén de la Puente (n.Guayaquil, 12/05/1975) Casada el 1° de Diciembre del 2012 con Dn. Peter Seinfeld Balbo.

                 6B   Dn. Francisco Ballén Alvarez Calderón (n.24/03/1990)

         5B   Dn. Juan Ballén Palacios (n.03/05/1948) Casado en Miraflores el 13 de Enero de 1975 con Dª. Carmen Rosselló Puga (n.27/05/1954) Hija de Dn. Gonzalo Rosselló Truel (n.17/07/1919) casado con Dª. Carmela Puga Estrada (n.Chorrillos, Calle Zepita N°13, 08/08/1921 +21/05/2010)

                 6A   Dn. Juan José Ballén Rosselló (n.25/10/1975) Casado el 14 de Octubre del 2006 con Dª. Marycela Carreras Schroeder (n.06/04/1975) Hija de José Antonio Carreras Mesones (n.20/04/1933) casado con Dª. Elisa María Schroeder (n.01/03/1941)

                         7A   Dª. Mía Ballén Carreras (n.18/10/2008)

                         7B   Dn. Gabriel Ballén Carreras (n.04/09/2010)

                 6B   Dn. Felipe José Ballén Rosselló (n.04/02/1977) Casado en Australia el 30 de Octubre de 2010 con Dª. Kate Elizabeth Blowes (n.Australia)

                 6C   Dª. María José Ballén Rosselló (n.18/03/1978)

                 6D   Dn. Daniel José Ballén Rosselló (n.04/07/1979) Casado el 7 de Octubre del 2012 con Dª. Inés Calmell del Solar del Río.

         5C   Dª. Mónica Ballén Palacios (n.San Isidro, 05/10/1949) Casada el 23 de Febrero de 1973 con Dn. Andrés Graña Acuña (n.28/05/1944) Hijo de Dn. Antonio Graña Garland (n.08/04/1904) y de Dª. Elvira Acuña Rey (n.Lima, Calle, Carabaya N°451, 22/01/1912 +28/01/2007)

        6A   Dn. Ignacio Graña Ballén (n.Callao, 24/02/1977)

        6B   Dª. Mariana Graña Ballén (n.Callao, 05/02/1980) Casada el 1º de Octubre del 2012 con Dn. Javier Paz.

        6C   Dn. Manuel Graña Ballén.

    5D   Dn. Enrique Ballén Palacios (n.San Isidro, 28/07/1953) Casado en San Isidro el 23 de Julio de 1981 con Dª. Mariella Sayán Figari, hija de Dn. Alfredo Sayán Palacios y de Dª. Esther Figari Figari

        6A   Dª. Carolina Ballén Sayán (n.05/05/1983) Casada el 8 de Noviembre del 2008 con Dn. Alfonso Montero Dasso. Hijo de Dn. Eduardo Montero Aramburú (n.30/06/1946) casado con Dª. Luz María Dasso Leguía (n.21/12/1948)

        6B   Dª. Diana Ballén Sayán (n.03/03/1986)

        6C   Dª. Verónica Ballén Sayán (n.11/01/1991)

3B   Dn. Abel Ballén Valle Riestra (n.Islas de Chincha, 1865) Casado en el templo de la Caridad (Sagrario) el 4 de Mayo de 1895 con Dª. Elvira Ayulo Mendívil (n.1868) Hija de Dn. Enrique Ayulo y Zagal (n.1828 +1889) y de Dª. Santos Mendívil Pertica.

    4A   Dª. María Elvira Ballén Ayulo (n.Lima, Calle Junín –antes Zárate- Nº157, 26/12/1896)

    4B   Dn. Clemente Enrique Ballén Ayulo (n.Lima, Calle Junín –antes Zárate- Nº157, 12/12/1897) Casado con Dª. Eugenia Kelly, sin sucesión.

    4C   Dn. Abel Luis Ballén Ayulo (n.Lima, Calle Junín –antes Zárate- Nº157, 31/03/1899) Soltero.

    4D   Dª. María Elvira Ballén Ayulo (n.Lima, Calle Junín –antes Zárate- Nº157, 03/07/1900) Casada con Dn. Fernando de los Heros Retes.

        5A   Dª. Rosa María de los Heros Ballén (n.24/05/19__) Casada con Dn. _____ Van Walleghem.

            6A   Dª. Andrea Danielle Van Walleghem de los Heros (n.21/10/1973)

    4E   Dª. María Delfina Ballén Ayulo (n.Lima, Calle Junín –antes Zárate- Nº157, 13/05/1903) Casada el 16 de Marzo de 1936 con Dn. José Felipe María Beltrán Espantoso (n.Lima, Calle Arica –antes Velaochaga- Nº146, 05/03/1898) Hijo de Dn. Pedro Beltrán Sendeja y de Dª. Augusta Espantoso Bergmann.

        5A   Dn. José Felipe Beltrán Ballén (n.16/01/1938 +26/02/1989) Casado con Dª. Carmela Cisneros Hoyle. Hija de Dn. José Cisneros Durandeau y de Dª. Carmela Hoyle Porturas.

            6A   Dª. María Carmela Beltrán Cisneros.

5B   Dn. Pedro Beltrán Ballén (n.12/05/1940 +24/07/1990) Casado con Dª. Carla Rita Piaggio Romani. Hija de Dn. Fausto Piaggio Bértora y de Dª. Tercilla Romani Carozzi.

       6A   Dª. María Micaela Beltrán Piaggio.

       6B   Dn. Pedro Beltrán Piaggio.

       6C   Dn. Daniel Beltrán Piaggio.

4E   Dn. Enrique Ballén Ayulo (n.Lima, hacia 1906 +29/04/1920, Lima, Calle Ica N°318) Falleció en la infancia.

4F   Dª. Magdalena Ballén Ayulo.

3C   Dª. María Jesús Ballén Valle Riestra. Sin sucesión.

3D   Dª. Marta Ballén Valle Riestra. Sin sucesión.

3E   Dª. Magdalena Ballén Valle Riestra. Sin sucesión.

2C   Dn. Federico Jorge Valle Riestra Caso (b.San Marcelo, 01/03/1834) Falleció en la infancia.

1B   Dn. Alejandro Valle Riestra (n.Lima, 1805 +Arica) Secretario del Almirante Martín Jorge Guise, casado en 1835 en Arica con Dª. Dominga Albarracín (n.Arica)

2A   Antonio Valle Riestra Albarracín. Nace en Arica (Perú) el 31 de Octubre de 1836 y fallece en Chirique, Costa Rica, el 7 de Abril de 1878. Se casó en El Carmen, San José, Costa Rica el 13 de Diciembre de 1868 con Dª. Angela Cañas Mora, hija de Dn. José María Cañas y de Dª. Guadalupe Mora.

    3A   Dn. Antonio Valle Riestra Cañas. Falleció sin dejar sucesión.

    3B   Dn. Alejandro Valle Riestra Cañas. Sin sucesión.

    3C   Dª. Angela Valle Riestra Cañas (+1941) Casada con Dn. Eduardo Marchena Avellán.

       4A   Dn. Ricardo Marchena Valle Riestra. Casado con Dª. Adela González Herrán.

          5A   Dª. Hilda Marchena González.

          5B   Dn. Eduardo Marchena González.

          5C   Dn. Jorge Marchena González.

          5C   Dª. Adela Marchena González.

       4B   Dn. Julián Marchena Valle Riestra, casado con Dª. María Legreda Víquez.

          5A   Dª. Isabel Marchena Legreda.

1C   Dn. Domingo María Pedro Higinio Valle Riestra. (n.Arica, 03/01/1808 b.Santa Ana, 11/11/1808 +03/01/1877) Prefecto de Moquegua, Senador por el Callao y diplomático. Se casó el 15 de Marzo de 1846 (Según Emilio Olivares V.R. el año es 1855) con Dª. Bárbara Virginia Juana de La Torre y Vidaurre (n.Trujillo, 08/02/1825 b.Sagrario de Trujillo, 16/02/1825 +10/09/1893, Huérfanos, Lima t.escribano Valdivia) Los padrinos de bautizo fueron el Prefecto del Departamento de La Libertad, el Coronel don Luis José de Orbegoso y doña Francisca Ribera y Figueroa de Vidaurre, su abuela)

Doña Bárbara era hija de Dn. Pedro Antonio de la Torre y Luna Pizarro casado en Trujillo el 25 de Marzo de 1824 con Dª. Juana María Vidaurre y Ribera (b.San Marcelo, 07/01/1806) hija a su vez de Dn. Manuel Lorenzo Vidaurre y Encalada (n.19/05/1773 b.10/06/2774 +1841) Precursor de la Independencia y primer presidente de la Corte Suprema del Perú y de la ya mencionada Dª. Francisca Ribera y Figueroa de Vidaurre. Don Manuel Lorenzo Vidaurre era hijo de Dn. Antonio Vidaurre de la Parra y de Dª. Manuela Catalina de Encalada y Mirones.

2A   Dn. Domingo Valle Riestra y de la Torre (n.Lima, 28/03/1862 b.Sagrario,30/03/1862 +23/08/1901, Lima) Soltero. Alférez de Fragata, Periodista (El Combate).

2B   Dn. Felipe Valle Riestra y de la Torre (n.Lima, 23/08/1858 +15/02/1881) Soltero, muerto en la batalla de Miraflores (San Juan) a los veintidós años.

        Jueves, 17 de Febrero de 1881: "Alrededor de las 9 a.m. estuve en la iglesia de La Merced, para los servicios fúnebres del joven Felipe Valle Riestra, herido en la batalla del 13 de Enero y muerto el 15 del presente" (*Diario de Witt*)

2C   Dª. Juana Valle Riestra y de la Torre (n.Lima, hacia 1848 +22/04/1902, Chorrillos, Calle del Tren Nº70) Casada con Dn. Juan Francisco Selaya y Sanz Loyola (n.Lima, hacia 1830)

      3A   Dª. Isabel Selaya y Valle Riestra (n.Lima, Calle Camaná –antes Pozuelos de Santo Domingo- Nº57, 02/07/1888) Casada en la Iglesia de Belén (Huérfanos) el 14 de Marzo de 1915 con Dn. Manuel Rafael Remy Goncer (n.08/09/1858 +22/09/1923) Hijo de Dn. Jean Félix Remy Barbier (n.París, 22/04/1825 +13/09/1901, Lima, calle Unión –antes Mercaderes- Nº138) y de Dª. Amalia Goncer y Alminate (n.Arequipa, hacia 1845)

            4A   Dn. Rafael Remy Selaya (n.Lima, Calle Ancash Nº384, 29/03/1915 +1989) Soltero.

            4B   Dª. Isabel Remy Selaya (n.1917 +12/04/1972) Casada con Dn. Gabriel Sarria Rojas (n.Lima, Calle Huancavelica Nº450, 22/10/1913) Hijo de Víctor Sarria y de Dª. Rosa Rojas.

                  5A   Dª. Rosa Isabel Sarria Remy. Casada con Dn. Carlos Paredes Alvarez.

                        6A   Dn. Carlos Paredes Sarria.

                        6B   Dª. Mónica Paredes Sarria. Casada con Dn. Federico Higueras.

                              7A   Dª. Michele Higueras Paredes.

                              7B   Dª. Nicole Higueras Paredes.

                        6C   Dn. Jorge Paredes Sarria.

                  5B   Dn. José Grabriel Sarria Remy, casado con Dª. Maria Luisa Fasce Angeldoni.

                        6A   Dn. José Gabriel Sarria Fasce.

                        6B   Dª. Minoska Sarria Fasce.

                        6C   Dª. Pierina Sarria Fasce.

                  5C   Dn. Carlos Sarria Remy, casado con Dª. Olga Oré Salazar.

                        6A   Dª. María del Pilar Sarria Oré.

                        6B   Dn. Carlos Sarria Oré.

4C   Dª. Juana Remy Selaya (n.Lima, Calle Azángaro Nº259, 29/05/1918 +18/03/2010) Casada con Dn. Manuel Gerónimo Bacigalupo Acevedo (n.Lima, Santiago de Surco, Calle Santa Rosa Nº348, 25/12/1916 +10/06/1965) Ciclista Olímpico en Berlín 193, hijo de Dn. Juan Francisco Bacigalupo casado con Dª. María Esther Acevedo.

      5A   Dn. Manuel Bacigalupo Remy. Casado con Dª. Pilar Sebastiani Bustamante.

           6A   Dn. Martino Bacigalupo Sebastiani.

           6B   Dª. Claudia Bacigalupo Sebastiani.

           6C   Dª. Gianna Bacigalupo Sebastiani.

      5B   Dn. Luis Bacigalupo Remy. Casado con Dª. Carmen Quierolo Jarpa.

           6A   Dª. Carla Bacigalupo Quierolo.

           6B   Dn. Renzo Bacigalupo Quierolo.

           6C   Dª. Giuliana Bacigalupo Quierolo.

4D   Dn. Juan Francisco Remy Selaya (n.Miraflores, Calle La Paz Nº9, 15/05/1920) Casado el 8 de Diciembre de 1948 con Dª. Julia María "Cucha" Simatovic Michieli (+16/07/2009)

      5A   Dª. María del Pilar Remy Simatovic (n.11/07/1950) Historiadora.

      5B   Dª. María Isabel Remy Simatovic (n.25/01/1954) Historiadora, casada en 1976 con Dn. Luis Miguel Glave Testino. Hijo de Dn. Carlos Augusto Glave Valdivia y de Dª. Elva Testino Guarderas.

           6A   Dª. Marissa Glave Remy (n.Miraflores, 16/05/1981)

      5C   Dn. Francisco Juan Remy Simatovic (n.18/02/1959) Casado en 1986 con Dª. Karin Paredes Silva.

           6A   Dª. Ursula Remy Paredes (n.1987)

           6B   Dn. Francisco Javier Remy Paredes (n.1989)

4E   Dn. Alberto Alfredo Remy Selaya. (n.Miraflores, Calle La Paz Nº11, 07/04/1922)

3B   Dª. Lourdes Selaya y Valle Riestra. Casada con Dn. Gonzalo Vargas Palacios.

3C   Dª. Luisa Selaya y Valle Riestra. Casada con Dn. Genaro Salmón.

3D   Dª. Juana Selaya y Valle Riestra, soltera.

2D   Dª. Cipriana Valle Riestra y de la Torre (n.Nueva York, b.Sagrario de Lima, 28/01/1947 +01/07/1886, Lima) Casada en Lima el 15 de Marzo de 1868 con Dn. Pedro Paz Soldán y Unanue «Juan de Arona» (n.Lima, 20/05/1839 b.Santa Ana, 29/05/1939 +05/01/1895, Chorrillos) Filólogo, diplomático y político hijo de Dn. Pedro Paz Soldán y de Dª. Francisca Unanue y de la Cuba

3A   Dª. Virginia Paz Soldán Valle Riestra (n.Lima, hacia 1873 +02/08/1893, Huérfanos, Lima)

3B   Dª. María Margarita Paz Soldán Valle Riestra (n.Lima, Calle de la Unión Nº381, 09/07/1875 b.27/07/1875 +23/11/1956) Casada el 17 de Marzo de 1907 con Dn. Carlos L. Ortiz de Zevallos Vidaurre. Hijo de Dn. Ricardo Ortiz de Zevallos Tagle (n.20/02/1844) y de Dª. Carmen Vidaurre Panizo.

      4A   Dn. Carlos Ortiz de Zevallos Paz Soldán (n.05/05/1908 +18/04/1983) Diplomático e historiador, casado el 28 de Noviembre de 1943 con Dª. Rosa East Alvarez Calderón (Ene. 28), hija de Dn. Julio L. East Treviño y de Dª. Adelina Alvarez Calderón Roel.

      4B   Dn. Luis Ortiz de Zevallos Paz Soldán (n.29/10/1910 +03/06/1995), soltero.

      4C   Dª. Margarita Ortiz de Zevallos Paz Soldán (n.Lima, 31/10/1912 b.20/11/1912) casada en la Iglesia de Santo Toribio en Lima el 6 de Agosto de 1938 con Dn. Enrique Escudero Boloña (n.Lima, 14/07/1911), hijo de Dn. Carlos Augusto Escudero Menacho y de Dª. Dolores Boloña Rolando.

          5A   Dn. Enrique Escudero Ortiz de Zevallos (n.16/05/19__) Casado con Dª. María Isabel Cánepa Yori (n.04/07/19__) Hija de Dn. Héctor Alfredo Cánepa Campodónico casado con Dª. María Isabel Yori Ringold.

              6A   Dª. Isabel Margarita Escudero Cánepa (n.28/10/19__)

              6B   Dn. Enrique Alfredo Escudero Cánepa.

          5B   Dn. Javier Escudero Ortiz de Zevallos. Casado en primeras nupcias con Dª. Isabel Castro Pareja, hija de Dn. Luis Castro Reus y de Dª. Rosa Pareja Paz Soldán. En segundas nupcias se casó con Dª. Rosa La Fuente Hernández. Hija de Dn. Gregorio La Fuente Hernández casado con Dª. Benita Hernádez de Francisco.

          5C   Dn. Carlos Escudero Ortiz de Zevallos. Casado con Dª. María Elvira Bustamante Harmsen. Hija de Dn. Guillermo Bustamante y Rivero y de Dª. Lucy Harmsen Remy.

              6A   Dª. Marisa Escudero Bustamante.

              6B   Dª. Ana Lucía Escudero Bustamante.

          5D   Dn. Felipe Escudero Ortiz de Zevallos.

3C   Dn. Juan Pedro Paz Soldán Valle Riestra, diplomático y publicista, casado con Dª. Elsa Sala (Uruguay)

3D   Dª. Josefina Paz Soldán Valle Riestra. Soltera.

3E   Dn. Hipólito Paz Soldán Valle Riestra (n.Lima, Calle Camaná Nº275, 25/11/1876) Soltero.

3F   Dª. María Isabel Paz Soldán Valle Riestra (n.Lima, 02/01/1880 b.San Marcelo, 22/01/1880) Soltera.

3G   Dn. José Antonio Felipe Paz Soldán Valle Riestra (n.Lima, 09/05/1882 b.San Marcelo, 26/05/1882) Soltero.

3H   Dª. María Francisca Paz Soldán Valle Riestra (n.Lima, 28/10/1883 b.San Marcelo, 18/11/1883) Soltera.

3I   Dª. Cipriana Paz Soldán Valle Riestra (n.Lima, 18/08/1886 b.San Marcelo, 17/09/1885) Casada en la casa de los Valle Riestra, avenida Alfredo Benavides Nº1, Miraflores, el 2 de Octubre de 1920 (por lo religioso el 09/10/1929) con Dn. Julio Enrique Ego Aguirre Dongo (n.1861) Político, hijo de Dn. Mariano Ego Aguirre y de Dª. Lastenia Dongo. Fue bautizada con el nombre de María Elena Teodora, siendo cambiado al poco tiempo por Cipriana. Los Ego Aguirre vivían en la calle Alcanfores Nº 20, Miraflores.

2E   Dª. Ysabel Valle Riestra de la Torre (n.Lima, 10/09/1855 b.Sagrario, 11/09/1855 +11/05/1903, Lima, madrina de bautizo fue doña Martina Caso de Valle Riestra) Casada (San Marcelo) el 2 de Febrero de 1882 ante Pedro José Tordoya con Dn. Ramón Cabieses Chávez (n.18/09/1855 +08/10/1925) Hijo de Dn. José Antonio Cabieses Alzamora y de Dª. Juana Chávez Flores. Padrinos fueron don Pedro Correa y Santiago y doña Virginia de la Torre Vda. de Valle Riestra. Testigos: don Manuel Elizalde y don Francisco Sagastabeitia.

3A   Dn. José Ramón Cabieses Valle Riestra (n.Lima, 01/11/1882 b.04/12/1881 -partida asentada en San Marcelo el 04/11/1886- +26/02/1890)

3A   Dª. Luisa Margarita Cabieses Valle Riestra (n.Lima, 25/08/1884 b.San Marcelo, 27/11/1884 +04/06/1974) Casada el 25 de Noviembre de 1903 con Dn. Leopoldo Pflücker y Pflücker (n.05/10/1874 +28/10/1954), hijo de Dn. Julio Pflücker y Rico y de Dª. Hortensia Pflücker Taramona. Descendencia de los Cabieses Valle Riestra vista anteriormente.

3B   Dn. Eduardo Cabieses Valle Riestra (n.Lima, 23/06/1886) Casado con Dª. Alicia Molina Font (n.Méjico, 02/09/1887 +02/11/1981)

3C   Dª. María Teresa Cabieses Valle Riestra, soltera.

3D   Dn. José Antonio Cabieses Valle Riestra (n.Paita, 19/05/1891 +26/12/1961) Casado en Miraflores el 24 de Agosto de 1919 (por lo civil el 28/08/1919) con Dª. Sara Elmore Letts (n.06/05/18__) Hija de Dn. Teodoro Elmore Fernández de Córdova y de Dª. Irene Letts Basadre. Testigos de la boda fueron don Carlos Rey y Alvarez Calderón y don Carlos García Gastañeta. Los Cabieses residían en la calle Alameda Nº 45, Miraflores.

3E   Dn. Ramón Felipe Cabieses Valle Riestra (n.Paita,23/01/1893), casado (Sagrario, San Agustín) ante Fulberto de Merino el 17 de Abril de 1921 con Dª. Rosalina García Seminario y Amézaga (n.17/01/1898 b.San Marcelo), hija de Dn. José Félix García Seminario (n.1866) y de Dª. Sara Amézaga González (n.1871). Padrinos de la boda fueron don Ramón Cabieses Chávez y doña Sara Amézaga de García Seminario.

3F   Dn. Juan José Cabieses Valle Riestra (n.Miraflores,30/04/1903), falleció a las tres horas de nacer.

2F   Dª. Margarita Valle Riestra y de la Torre. Soltera.

1D   Dª. Juana María Valle Riestra (b.Corazón de Jesús, 25/01/1810) Casada el 12 de Mayo de 1827 con el vicealmirante Dn. Martín Jorge Guise Wright (n.Highoasis Court, Gloucestershire, 12/03/1780 +28/01/1829, enterrado en la Catedral) Hijo del Barón John Guise y de Lady Mary Elizabeth Wright.

2A   Dª. Isabel María Mónica Guise Valle Riestra, muerta cuando niña.

2B   Dª. María Mercedes Carlota Guise Valle Riestra (n.Quebec, antes de 1830 +después de 1852) Casada el 1º de Junio de 1848 con Dn. John Dartnell Loder (+21/08/1870) Natural de Newcastle (Down) Hijo de Dn. Edward Russell Dartnell y de Dª. Mary Loder (Irlanda)

3A Dª. María Luisa Dartnell Guise (n.Lima, 05/05/1852 +04/02/1931, Francia, Rhône-Alpes) Casa el 27 de Agosto de 1871 con Dn. Emilio de Althaus Flores del Campo (n.Arequipa, 12/06/1829 +14/08/1902, Lima, Calle Junín – antes Zárate N°96) Hijo del General de Brigada Dn. Clemente de Althaus de Hesse Phillipsthal (n.Paris, 17/01/1790 +13/01/1836, Perú, Junín, Concepción) Oficial del ejército prusiano casado en el Sagrario de Arequipa el 19 de Junio de 1826 con Dª. María Manuela Flores del Campo Tristán (n.Arequipa, 03/06/1805 +23/04/1870) Doña María Manuela Flores del Campo Tristán, al enviudar, contrajo matrimonio con el francés Don Jean Baptiste Tenaud Loirat y tuvieron un hijo: Don Julio Tenaud Flores del Campo.

    4A Dª. Manuela de Althaus Dartnell (n.Lima, 25/05/1873 +1960, Francia, Rhône-Alpes) Casada con Dn. Félix d'André (Barón) Con sucesión.

    4B Dª. María Cecilia Althaus Dartnell (n.Lima, 22/11/1874 b.Sagrario de Lima, 10/12/1874 +30/10/1935) Casada el 26 de Julio de 1898 con Dn. Luis Pardo y Barreda (n.Lima, 06/05/1869 +16/08/1944, Lima) Fundador, entre otras compañías, de la Cía. de Seguros "La Popular" (06/04/1904) Hijo de Dn. Manuel Pardo y Lavalle (n.07/08/1834) y de Dª. Mariana Barreda y Osma.

        5A Dn. Manuel Emilio Pardo Althaus (n.Chorrillos, 03/06/1899) Casado en la Iglesia de San Agustín de Lima el 8 de Agosto de 1936 con Dª. María Encarnación Laura Velarde Cabello (n.Lima, Junín –antes Plazuela de Bolívar, 25/03/1900) Hija de Dn. Carlos A. Velarde Diez Canseco (n.24/07/1867) y de Dª. Lucila Cabello Artieda.

            6A Dª. Laura Pardo Velarde (n.26/01/1938) Casada en primeras nupcias con Dn. Luis Segura. En segundas nupcias se casó con Dn. Jorge Flavio Figari Castro (n.Miraflores, 12/06/1936)

        5B Dn. Felipe Pardo Althaus (n.Lima, 27/09/1900) Casado con Dª. Carmela Laos García Seminario, hija de Dn. Aquiles Laos Maza y de Dª. Carmela García Seminario de Amézaga. Sin sucesión.

        5C Dn. Luis Pardo Althaus (n.Chorrillos, 26/09/1901) Soltero.

        5D Dª. Cecilia Pardo Althaus (n.Chorrillos, 14/02/1903) Casada en París (San Pedro de Chaillot) el 3 de Diciembre de 1926 con su primo Dn. Enrique Ayulo y Pardo. Hijo de Dn. Ernesto Ayulo Mendívil y de Dª. María Pardo y Barreda.

            6A Dª. Cecilia María Teresa Ayulo Pardo. Casada con Dn. Enrique Buse Derteano (n.Lima, 07/07/1924 +13/05/2000, Lima) Hijo de Dn. Hans Walter Buse Antayo casado con Dª. Luz Derteano Ugarte.

                7A Dª. María Cecilia Buse Ayulo (n.Miraflores, 02/12/1956) Casada el 2 de Diciembre de 1979 con Dn. Roberto Luis Miguel Puga Castro (n.27/06/1953) Su primo. Hijo de Dn. Víctor Rafael Puga Estrada casado con Dª. Elvira Ana María Magdalena Castro Mendívil Castro.

7B   Dª. Claudia María Buse Ayulo (n.Miraflores, 19/12/1958) Casada en San Isidro el 29 de Noviembre de 1980 con Dn. Mario Paul Durán Podestá (n.03/10/1953) Hijo de Dn. David Durán Prieto casado con Dª. Angela Isabel Podestá Torchiani.

      8A   Dn. Paul David Durán Buse (n.03/04/1985)

      8B   Dª. Denisse Gabrielle Durán Buse (n.13/11/1987)

7C   Dn. Enrique Martín Buse Ayulo (n.Miraflores, 30/05/1962) Casado en San Isidro el 5 de Junio de 1999 con Dª. Franca Beatriz Tagliabue Sevilla (n.Miraflores, 28/05/1971) Hija de Dn. Guillermo Tagliabue Mendizábal casado con Dª. Beatriz Sevilla La Rosa.

7C   Dn. Gonzalo Martín José Buse Ayulo (n.Miraflores, 29/03/1964) Casado en San Isidro el 20 de Enero de 1994 con Dª. Sandra Montero Alvarez Calderón (n.Lima, 10/08/1969) Hija de Dn. Juan Carlos Montero Graña casado con Dª. María del Pilar Alvarez Calderón Bischoffshausen.

      8A   Dª. Sandra Buse Montero (n.Lima, 22/12/1994)

      8B   Dn. Gonzalo Buse Montero (Nueva Jersey, 02/01/1997)

6B   Dª. Ana María Ayulo Pardo (n.San Isidro, 13/05/1932) Casada en la Iglesia de la Virgen del Pilar en San Isidro el 30 de Abril de 1955 con Dn. Fernando de Osma Elías (n.Lima, 21/07/1929) Hijo de Dn. Felipe de Osma Porras casado con Dª. Esther Elías Caso.

7A   Dª. Ana María de Osma Ayulo (n.Miraflores, 06/05/1956) Casada con Dn. Mariano Cabrera Ganoza (n.12/12/1949) Hijo de Dn. Pedro Cabrera Darquea casado con Dª. Florencia Ganoza de la Torre.

      8A   Dn. Mariano Cabrera de Osma (n.21/01/1981)

      8B   Dª. Ana María Cabrera de Osma (n.27/04/1984)

7B   Dn. Fernando Felipe de Osma Ayulo (n.Miraflores, 26/10/1958)

7C   Dª. María Esther de Osma Ayulo (n.Miraflores, 18/06/1965) Casada en Barranco el 15 de Noviembre de 1996 con Dn. Paul Barclay Rey de Castro (n.Lima, 20/10/1963) Hijo de Dn. Ricardo Barclay García casado con Dª. María Rey de Castro López de Romaña.

7D   Dn. Diego Pedro de Osma Ayulo (n.Miraflores, 21/02/1969) Casado con Dª. Rosie Gadea Benavides (n.Miraflores, 02/06/1970) Hija de Dn. Miguel Gadea Rubio casado con Dª. Rosa Emma Micaela Benavides Gubbins.

6C   Dª. Teresa Ayulo Pardo (n.Lima, 05/07/1935) Casada en la Iglesia de la Virgen del Pilar de San Isidro el 8 de Diciembre de 1958 con Dn. Jaime Bustamante Romero (n.Arequipa, 02/07/1929) Hijo de Dn. Juan Antonio Bustamante de la Fuente, Coronel, Auditor de Guerra, Presidente de la Sociedad de Beneficencia de Arequipa y de Dª. Angela Romero y López de Romaña.

7A   Dn. Jaime Bustamante Ayulo (n.Miraflores, 12/03/1960) Casado en la Iglesia de la Resurección en La Molina el 8 de Febrero de 1991 con Dª. Rosa María Becerra Estremadoyro (n.Miraflores, 08/08/1963) Hija de Dn. Alvaro Becerra Sotero y de Dª. Irma Estremadoyro Alberti.

8A   Dn. Jaime Bustamante Becerra (n.Santiago de Surco, 01/08/1992)

8B   Dn. Joaquín Bustamante Becerra (n.Santiago de Surco, 11/1995)

7B   Dn. Ernesto Bustamante Ayulo (n.Miraflores, 15/04/1962) Casado con Dª. Silvia Iturrino Castillo.

7C   Dª. María Teresa Bustamante Ayulo (n.Miraflores, 03/03/1966) Casada en San Isidro el 20 de Diciembre de 1996 con Dn. Eduardo Martín Bryce Maguiña (n.an Isidro, 24/04/1963) Hijo de Dn. Eduardo Enrique Bryce Echenique casado con Dª. Alicia Maguiña Málaga.

5E   Dn. Juan Félix Pardo Althaus (n.Chorrillos, Calle Bolognesi N°27, 09/01/1905) Casado en la Iglesia de San Agustín en Lima el 16 de Setiembre de 1936 con Dª. Albina Aramburú Raygada (n.Lima, Calle Callao N°107, 19/12/1904 +19/05/2012) Hija de Dn. José Antonio Aramburú Salinas (n.Lima, 13/04/1876 +09/10/1958, Miraflores) y de Dª. Albina Raygada Mendívil (n.Lima, 10/05/1979 21/09/1954, Lima)

6A   Dn. Juan Pardo Aramburú (n.15/08/1937 +19/12/2007) Casado en 1965 con Dª. Enriqueta de la Peña Prado (n.07/12/1943 +16/03/1993) Hija de Dn. José Miguel de la Peña Iglesias y de Dª. María Prado Heudebert.

         7A   Dª. María Lourdes Pardo de la Peña (n.Lima, 17/05/1966) Casada en la Iglesia de Santa María en Pueblo Libre el 5 de Enero de 1996 con Dn. Patricio Gajardo Rodríguez (n.Chile, hacia 1964) Hijo de Dn. Patricio Gajardo Moreira y de Dª. Victoria Rodríguez.

         7B   Dn. Juan Pardo de la Peña (n.Liema, 19/11/1969 +26/08/1986, Lima)

6B   Dn. Felipe Pardo Aramburú (n.07/06/1940 +26/08/1990) Casado en Lima el 12 de Setiembre de 1973 con Dª. Cecilia Grau Malachowska (n.San Isidro, 15/09/1942) Hija de Dn. Miguel Grau Wiesse y de Dª. Malvina Malachowska Benavides.

         7A   Dª. Cecilia María Luisa Pardo Grau (n.Miraflores, 11/07/1975)

         7B   Dª. María Lucía Pardo Grau (n.Miraflores, 16/05/1978) Casada el 10 de Diciembre del 2011 con Dn. Luis Ortiz de Zevallos Lainez.

6C   Dª. María Albina Pardo Aramburú (n.26/09/1943) Casada con Dn. Daniel Olaechea y Alvarez Calderón. Hijo de Dn. Daniel Olaechea y Olaechea y de Dª. Carmen Alvarez Calderón Castagnini.

         7A   Dª. María Albina Olaechea Pardo. Casada con Dn. Manuel Pablo Olaechea Alvarez Calderón (n.29/01/1953 +20/08/2001) Hijo de Dn. Manuel Pablo Olaechea Du Bois y de Dª. Ana María Alvarez Calderón Fernandini.

                 8A   Dª. Adelaida Olaechea y Olaechea

         7B   Dn. Daniel Olaechea Pardo. Casado el 22 de Enero del 2011 con Dª. Catalina Montt Muller.

         7C   Dª. Soledad Olaechea Pardo.

5F   Dª. María Luisa Pardo Althaus (n.Chorrillos, 04/11/1906) Casada en Budapest el 21 de Junio de 1939 con Dn. Federico Fellner. Sin sucesión.

5G   Dª. María Manuela Rosa Pardo Althaus (n.Chorrillos, Calle de Lima Nº50, 18/05/1908 +11/08/2000) Casada en la Iglesia de la Virgen del Pilar el 14 de Marzo de 1947 con Dn. Antonio Gerenday Szöllosi (Hungría) Sin sucesión.

4C   Dn. Manuel Emilio de Althaus Dartnell (n.Lima, Calle Ica N°74, 26/12/1875 +08/10/1934, Francia, Rhône-Alpes) Ingresó en 1900 al ministerio de relaciones exteriores sirviendo en España, Gran Bretaña, París, Londres, Amberes, Nantes y París.

4D   Dn. Clemente Althaus Dartnell (n.Barranco, 19/05/1877 +22/07/1954) Poeta.

4E   Dn. Juan de Althaus Dartnell (n.Francia, Rhône-Alpes, 06/12/1879) Casado el 28 de Agosto de 1924 en Rhône-Alpes con Dª. Angélica Badham (n.Lima, 25/05/1896 +17/02/1958, Lima)

         5A   Dª. Jeanette Althaus Badham.

         5B   Dn. Martín Jorge Althaus Badham.

3B   Dª. María Rosa Isabel Ramona Dartnell Guise (n.1849 +1903, París) Casada con Dn. Manuel Gaspar Chávez Moreyra (n.1840 +1908, París)

4A   Dn. Felipe Manuel Joseph Chávez Dartnell (n.París, 24/03/1884 +1957, Niza) Casado en la Iglesia de la Recoleta en Lima el 31 de Marzo de 1906 con Dª. María Luisa "Lilly" Blacker Higginson (n.Lima, 30/01/1884) Hija de Dn. Alejandro Carlos Blacker Higginson (n.1853) casado con Dª. María Luisa Higginson Carreño (n.Callao)

         5A   Dn. Manuel Felipe Chávez Blacker (n.Chorrillos, 1908) Casado en 1947 con Da. Haydée Pérez Cornejo (n.Paita, 1914)

4B   Dn. Manuel Chávez Dartnell (n.París, 1885) Casado en 1921 en París con Dª. Fernande Petit Marguerite. Sin sucesión.

4C   Dn. Juan Valentín Chávez Dartnell (n.París, 1886) Casado en 1921 con Dª. Isabel Tanco Mendoza.

4D   Dn. Jorge Antonio Chávez Dartnell (n.París, 13/01/1887 +28/09/1910, Domodossola) Pionero de la aviación.

4E   Dn. Pedro Gerardo Chávez Dartnell (n.París, 1895) Casado con Dª. Marcelle Bolichon. Sin sucesión.

4F   Dª. Delfina María Chávez Dartnell (n.París, 1890) Casada en 1921 en París con Dn. Jacques Borderel Simon.

3C   Dª. Georgina Dartnell Guise (n.1860) Soltera.

1E   Dn. Antonio María Francisco Valle Riestra (n.1814 +27/12/1853) Capitán de Navío (al mando del bergatín Almirante Guise en 1848) Casado el 12 de Julio de 1840 con Dª. Antonia Ximénez Larios, natural de Guayaquil e hija de Dn. Francisco Ximénez y de Dª. Carmen Larios.

N.B.   Witt dice en referencia al año 1842: "El Capitán (de la nave "Tres Amigos"), don Antonio Valle Riestra, era en general un hombre agradable pero, como todos sus colegas, a bordo era despótico, imperativo en sus afirmaciones y lleno de contradicciones..."

2A   Dn. Manuel Valle Riestra y Ximénez. Marino. Falleció en el año 1879 a los 34 años de edad.

1F Dn. Ramón María Valle Riestra (b.29/01/1819 +04/01/1894) Marino, el 15 de Marzo de 1854 ascendido a Capitán de Navío. Participó en la campaña de Guayaquil. Comandante del "Gamarra" en 1850, sirvió en el "Rimac" y comandó el "Amazonas". El 7 de febrero de 1863 se hizo cargo del "Loa". Casado el 20 de Agosto de 1854 con Dª. Manuela Corbacho y Tirado. Hija del Dr. Dn. José María Corbacho y Abril y de Dª. Manuela Tirado y Coronel Zegarra, todos naturales de Arequipa.

2A Dn. José María Ramón Valle Riestra Corbacho (n.26/01/1858 +25/01/1925) Músico y Compositor, realizó sus estudios musicales en Inglaterra y luego (1893) en Lima. Escribió la ópera "Ollanta" (Estrenada el 26 de Diciembre de 1900 por la compañía Lamberdi con libreto de Federico Blume y, luego de algunos cambios, se presentó en el teatro Forero el 22 de Setiembre de 1920) Subteniente en el primer batallón de Guarnición de la Marina en 1880. Casado en San Marcelo el 6 de Enero de 1891 con Dª. Margarita Correa Veyán (n.1870) Hija de Dn. Cipriano Correa Moreno y de Dª. Rosa Veyán Macho.

3A Dn. Carlos Luis Alejandro Valle Riestra Correa (n.Lima, Calle Moquegua – antes Mogollón- Nº38, 13/02/1892) Casado y con sucesión.

3B Dª. Rosa Valle Riestra Correa. Monja de la Congregación del Sagrado Corazón (Sophianum)

2B Dª. María Valle Riestra Corbacho (1860) Casada el 5 de Setiembre de 1885 con Dn. Carlos Pezet Eastted (n.Londres, 11/02/1858 +15/02/1915, Washington) Hijo de Dn. Juan Federico Pezet y Tirado (n.Arequipa, 24/06/1831 +26/02/1926) Político y diplomático, diputado por Arequipa, casado en Londres en Abril de 1857 con Dª. Elizabeth Emma Eastted Alcock (n.1841, Inglaterra +01/07/1883, Lima)

3A Dn. Carlos Alberto Pezet Valle Riestra (n.Lima, Calle Arequipa –antes Minería- Nº21, 08/07/1886 +12/03/1955, Houston) Cónsul del Perú en diversas ciudades. Casado con Dª. Carmela Rodgers (Colombia, Cartagena)

4A Dn. Carlos Rafael Pezet Rodgers (n.1923 +2006) Joyero y Relojero. Casado en 1946 con Dª. Laverne "Mimi" Wylie (Dallas)

5A Debbie Pezet Wylie.

6B Carol Pezet Wylie.

6C Cataline Pezet Wylie.

3B Dn. Manuel Germán Oscar Iván Pezet Valle Riestra (n.Lima, Calle Lampa – antes San Antonio- Nº141, 11/10/1894 +30/07/1930) Casado en Buenos Aires con Dª. María Fidela Youens Ball.

4A Dn. Guillermo "Willy" Pezet Youens, casado con Dª. Marta Inés Terreros y Casado Justo (Buenos Aires).

5A Dn. Santiago Pezet Sánchez Terreros.

5B Dn. Federico Augusto Pezet Sánchez Terreros.

5C Dn. Alejandro Pezet Sánchez Terreros.

5D Dª. María de los Dolores Pezet Sánchez Terreros.

4B Dª. María Carolina Pezet Youens, casada con Dn. Walter Julián Sampsom.

5A Dn. Pedro Julián Sampsom Pezet.

5B Dn. Erica María Sampsom Pezet.

5C Dn. Remy Sampsom Pezet.

   4C Dn. Oscar Iván Pezet Youens. Diplomático, casado con Dª. Elizabeth Ann Brown.

     5A Dn. Claudio Pezet Brown.

     5B Dn. Francisco María Pezet Brown.

     5C Dn. Tomás Iván Pezet Brown.

     5D Dn. Guillermo Ricardo Pezet Brown.

     5E Dn. Roberto Jorge Pezet Brown.

3C Dª. María Lizzie Pezet Valle Riestra (n.Lima, 16/12/1889 b.San Marcelo, 16/03/1890) Soltera.

3D Dn. Luis Federico Guillermo Pezet Valle Riestra (n.Lima, Calle Arequipa – antes Minería- Nº21, 05/08/1888) Soltero.

3E Dn. Juan Antonio Pezet Valle Riestra (n.Lima, 20/06/1891 b.05/08/1891)

3F Dª. Consuelo Pezet Valle Riestra (n.hacia 1892 +1976) Casada en el Oratorio Particular de la Delegación Apostólica (Lima) el 8 de Noviembre de 1914 con Dn. Carlos Arenas y Loayza (n.hacia 1884) Catedrático y Periodista, Ministro de estado, hijo de Dn. Alejandro Arenas y de Dª. Paula Loayza y Suárez.

   4A Dn. Antonio Arenas Pezet, abogado. Soltero.

   4B Dn. Carlos Arenas Pezet.

   4C Dª. María del Rosario Arenas Pezet.

   4D Dn. Rafael Arenas Pezet. Casado con Dª. María Esther Arango y Martínez (Colombia, Barranquilla)

     5A Dª. Consuelo Arenas Arango. Casada con Dn. Carlos Ponce Orézzoli (n.07/05/19_ +03/05/2013) Hijo de Dn. Daniel Augusto Ponce Sobrevilla (n.Lima, calle Huancayo Nº68, 25/07/1903 +18/01/1989, Chaclacayo), casado en La Virgen del Pilar en 1942 con Dª. Rosa Orézzoli Morales (n.04/10/1915 +13/08/2002)

       6A Dª. Carla María Ponce Arenas. Casada el 9 de Octubre de 1999 en Chaclacayo con Dn. Luigi Goytizolo Razetto. Hijo de Dn. Luis Goytizolo Chávez y de Da. Ida Razetto Cordano.

       6B Dª. Sandra María Ponce Arenas. Casada el 24 de Abril del 2010 con Dn. Philip Eric House Swearengin. Hijo de Dn. John Lewis House y de Dª. Anita Kay House Swearengin.

     5B Dn. Héctor Miguel Arenas Arango.

3G Dn. Héctor Pezet Valle Riestra (n.Ica, 06/06/1897 +04/05/1949) Casado en primeras nupcias con Dª. Carmen Violeta Wagner Cantuarias. Hija de Dn. Guillermo Wagner y de Dª. Elizabeth Cantuarias. Viudo contrajo matrimonio con Dª. Rosa Portal Alvarez (n.Lima, Calle Lampa –antes Pobres- Nº221, 01/05/1902) Hija de Dn. Carlos Miguel Portal y de Dª. Rosa Alvarez.

   4A Dª. Carmen Pezet Wagner (n.23/02/1923 +2006) Casada el 9 de Junio de 1945 con Dn. Guillermo "Willy" Alexander Oneto (n.25/03/1921 +22/03/1975) Hijo de Dn. Guillermo Alexander

Allerton (n.Buenos Aires, hacia 1890) casado (protestante-católica) en casa de la familia Oneto en Miraflores el 25 de Mayo de 1919 con Dª. Lorenza Oneto Requena (n.Lima, hacia 1895) Testigos de esta última boda fueron don Humberto Oneto y don Javier Arias Schreiber.

     5A   Dª. Violeta Alexander Pezet (n.07/03/1946)

1G   Dn. Miguel Juan María Valle Riestra (n.07/05/1820) Coronel del Ejército, casado con Dª. Carmen Vernaza y Carbo natural de Guayaquil e hija del General Dn. Nicolás Vernaza y Prieto y de Dª. María Josefa Carbo y Noboa.

    2A   Dª. Rosa Mercedes Valle Riestra Vernaza (n.1858/1863 +1933, Francia, París) Natural de Guayaquil y radicada en Inglaterra donde se casa en 1876 con Dn. Eduardo Lembcke Belloda (n.1845) Hijo de Dn. Juan Federico Lembcke Lorentzen (n.Hamburgo, 1810 b.Sagrario de Lima, 22/10/1836 +18/07/1881, Lima) casado en Lima el 29 de Octubre de 1836 con Dª. Isabel Fabiana Belloda Salas (n.Lima, Lunahuaná hacia 1820 +05/09/1911, Santísima Cruz, Barranco)

        3A   Dn. Carlos E. Lembcke Valle Riestra (Abr. 1º) Casado con Dª. Louise Irmgard Lembcke (n.09/10/18__)

            4A   Dª. Catalina Lembcke Lembcke (n.09/11/19__) Casada con Dn. Herbert Ashton Scott (n.11/11/19__)

                5A   Dª. Anne Louise Ashton Lembcke.

        3B   Dn. Martín Jorge Lembcke Valle Riestra (n.Lima, 19/07/1877) Soltero.

        3C   Dn. Ricardo Lembcke Valle Riestra (n.Lima,12/07/1878) Casado con Dª. Aída Hereins.

        3D   Dª. María Teresa Lembcke Valle Riestra. Soltera.

        3E   Dn. Gustavo Miguel Enrique Lembcke Valle Riestra (n.Lima, Calle Carabaya -antes Coca- Nº80, 15/03/1886) Casado con Dª. Hardy Hunsart.

        3F   Dn. Eduardo Lembcke Valle Riestra.

    2B   Dn. Víctor Miguel Valle Riestra Vernaza (n.Lima, hacia 1860 +22/12/1935, Lima) Casado en Guayaquil el 20 de Mayo de 1885 con Dª. Matilde Carbo Buckliff (n.Guayaquil, 05/03/1868)

        3A   Dr. Dn. Gustavo Valle Riestra Carbo (n.Guayaquil, 29/03/1889 +07/01/1968) Casado en Lima el 23 de Setiembre 1928 con Dª. Rosa Eguiguren Escudero (n.Piura, 07/07/1894 +26/09/1972, Lima) Hija de Dn. Francisco Eguiguren Escudero (n.Piura, 28/02/1855 +19/06/1921, Lima) casado el 13 de Junio de 1885 Dª. Josefina Escudero Menacho (n.Piura, 05/07/1865 +06/09/1959, Lima)

            4A   Dª. Rosa Matilde Valle Riestra Eguiguren (n.24/07/19__) Casada el 8 de Diciembre de 1950 con Dn. Jorge Pablo Fernandini Malpartida (n.18/07/1918 +03/02/2009) Diplomático, hijo de Dn. Eulogio Fernandini Clotet y de Dª. Rosa Malpartida Rosell.

                5A   Dn. Eulogio Fernandini Valle Riestra (n.Miraflores, 03/10/1957) Casado con Dª. Giannina Massa Debernardis (n.Miraflores, 23/03/1965) Hija de Dn. Miguel Massa Silva y Dª. Gladys Debernardis.

                5B   Dn. Gustavo Fernandini Valle Riestra. Casado con Dª. María de la Rosa Ramírez. Hija de Dn. Gabriel de la Rosa y de Dª. María del Carmen Ramírez.

5C   Dª. Mónica María Josefina Fernandini Valle Riestra (n.Miraflores, 03/02/1960) Casada en Miraflores el 23 de Julio de 1982 con Dn. Jaime Burgos Morales (n.Miraflores, 06/06/1957) Hijo de Dn. Marcial Burgos Lizarzaburu y de Dª. Esperanza Morales Harman.

         6A   Dn. Francisco Xavier Burgos Fernandini.

         6B   Dª. Micaela María de Fátima Burgos Fernandini.

5D   Dn. Jorge Fernandini Valle Riestra. Casado con Dª. Mónica Newton Loret de Mola. Hija de Dn. Enrique Newton Bezada y de Dª. Estela Loret de Mola (n.28/09/19__) Hija de Dn. Gregorio Loret de Mola (n.Cuba, hacia 1856) casado el 22 de Julio de 1911 con Dª. Sara Ducommun La Torre (n.Lima, 15/01/1881)

         6A   Dn. Jorge Pablo Fernandini Newton (n.Miraflores, 17/01/1981)

         6B   Dª. Daniella Lucía Fernandini Newton (.Miraflores, 14/02/1982)

         6C   Dn. Juan Carlos Fernandini Newton (n.Miraflores, 25/08/1984)

5E   Dª. Patricia María Rosa Fernandini Valle Riestra (n.Miraflores, 27/09/1956) Casada con Dn. Norbert Krause Zund. Hijo de Dn. Norbert Krause y de Dª. Agnes Zund.

5F   Dª. Claudia María Fernandini Valle Riestra (n.Miraflores, 24/11/1969) Casada con Dn. Jean Pierre van Hasselt Dávila. Hijo de Edo van Hasselt y de Dª. Enna María Dávila del Piélago.

4B   Dª. Teresa Valle Riestra Eguiguren (n.17/11/19__) Casada con Dn. Anders Hallmen Melander (n.17/05/19..)

     5A   Dª. Michele Ann Marie Hallmen Valle Riestra (n.26/04/19__)

     5B   Dn. Anders Gustavo Hallmen Valle Riestra.

3B   Dn. José Luis Valle Riestra Carbo. Ingeniero, casado el 1 de Setiembre de 1934 con Dª. Luisa Salazar Southwell (n.Lima, Calle Unión N°483, 29/09/1905). Natural de Lima e hija de Dn. Sebastián Ricardo Salazar Salcedo (n.Lambayeque, Chiclayo hacia 1868) casado en Lima (Santa Ana) el 12 de Febrero de 1898 con Dª. Berta Enriqueta Southwell Vaslin (n.Lima hacia 1879)

     4A   Dn. José Valle Riestra Salazar. Casado el 18 de Diciembre de 1939 con Dª. María del Carmen Ortiz de Zevallos Grau. Hija de Dn. Manuel Ortiz de Zevallos del Solar (n.03/05/1905) y de Dª. María Grau Astete.

         5A   Dª. María del Carmen Valle Riestra Ortiz de Zevallos.

         5B   Dª. María Paz "Pachi" Valle Riestra Ortiz de Zevallos (n.Nueva York, 09/11/1968) Maestra de baile.

     4B   Dª. Luisa Valle Riestra Salazar. Casada con Dn. Josué Grande Fernández. Hijo de Dn. Josué Grande Boullón y de Dª. Maruja Fernández.

5A   Da. María Luisa Grande Valle Riestra. Casada en la parroquia de San Francisco de Asís de Barranco el 1 de Diciembre del 2000 con Dn. Alonso de las Casas García.

4C   Dn. Miguel Valle Riestra Salazar. Casado con Dª. Ana María Sambra Focacci.

3C   Dn. Fernando Valle Riestra Carbo (n.18/01/1896 +02/04/1978) Casado con Dª. Margarita Bustamante Möller (n.06/10/18__) Hija de Dn. Jorge Bustamante Ugarte (n.24/04/18__) y de Dª. Guillermina Möller Benavides (n.24/02/19__ +13/01/1974)

4A   Dn. Fernando Bustamante Valle Riestra (n.26/09/1969)

3D   Dn. Felipe Valle Riestra Carbo. Casado con Dª. Francisca Torres.

4A   Dn. Eduardo Valle Riestra Torres. Casado el 17 de Mayo de 1971 con Dª. Susana Zegarra.

3E   Dn. Augusto Valle Riestra Carbo (n.21/01/1899 +07/01/1978) Casado con Dª. Marta Briceño Meiggs (+20/10/1951) Hija de Dn. Jorge Briceño y de Dª. Fanny Meiggs.

4A   Dn. Augusto Valle Riestra Briceño. Casado el 28 de Mayo de 1965 con Dª. Ida Roncagliolo Hanke. Hija de Dn. José Isidoro Roncagliolo de la Torre y de Dª. Ida Hanke.

5A   Dª. Erica María Valle Riestra Roncagliolo. Casada en 1996 en San Isidro con Dn. Jorge Luis Polanco Cafferata. Hijo de Dn. Jorge Polanco Cano y de Dª. Liliana Cafferata Urdanivia.

5B   Dn. César Valle Riestra Roncagliolo.

4B   Dª. Marta Valle Riestra Briceño. Casada con el Ingeniero Dn. Juvenal Monge Rodríguez del Riego (n.17/03/19__)

5A   Dª. Vanessa Monge Valle Riestra (n.22/10/1973)

5B   Dª. Valery Monge Valle Riestra. Casada con Dn. Ricardo Roca Rey Pazos (n.26/01/1975) Hijo de Dn. Ricardo Roca Rey Cisneros (n.23/09/1950) casado el 29 de Marzo de 1974 con Dª. Iris Pazos Battistini (n.08/09/1950)

4C   Dª. Rosario Valle Riestra Briceño. Casada con Dn. Henry Ledgard Parró. Hijo de Dn. Reginald Ledgard Jiménez (n..06/09/19__) casado con Dª. Isabel Parró Barrantes (n..26/04/19__)

5A   Dn. Henry Galahad Ledgard Valle Riestra. Casado con Dª. Claudia Talavera Ponce.

4D   Dn. José Valle Riestra Briceño. Casado en primeras nupcias con Dª. Jesús Balmelli Merino. Casado en segundas nupcias con Dª. Pilar de Orbegoso Sattler, hija de Dn. Luis José de Orbegoso Tudela y de Dª. Carmen Sattler Maturo.

5A   Dª. Carolina Valle Riestra de Orbegoso.

5B   Dn. José Javier Valle Riestra de Orbegoso.

3F   Dn. Federico Valle Riestra Carbo (On.26/10/19__) Cadete de la Escuela Naval (p.1922) Casado el 12 de Julio de 1937 con Dª. María Fanny Briceño Meiggs (n.16/02/19__) Hija de Dn. Jorge Briceño y de Dª. Fanny Meiggs.

4A   Dn. Jorge Valle Riestra Briceño. Ingeniero. Casado el 6 de Noviembre de 1965 con Dª. María del Carmen Monteblanco Almonte.

4B   Dª. Amalia Valle Riestra Briceño (n.28/07/19_) Casada el 21 de Agosto de 1965 con Dn. José Julio Manchuris Muzaurieta (n.Lima, 15/01/1934). Hijo de Dn. Apóstoles Manchuris y de Dª. Victoria Muzaurieta.

4C   Dª. Isabel Valle Riestra Briceño (n.01/01/19_)

4D   Dª. Elena Valle Riestra Briceño (n.13/05/1948) Casada con Dn. Manuel Hernán Zariquiey Pazos (n.Lima, 14/06/1943) Hijo de Dn. Francisco Zariquiey Ramos (n.Lima, 04/10/1910) casado el 18 de Julio de 1939 con Dª. Carmen Rosa Pazos Pflücker (n.Lima, Calle Lampa Nº279, 13/04/1917)

3G   Dª. Matilde Valle Riestra Carbo (n.14/03/19_) Nacida en Guayaquil y casada el 13 de Abril de 1939 con Dn. Luis Pezet Rey (n.Lima, Calle Arica Nº210, 06/06/1905) Hijo de Dn. Adolfo Pezet Eastted y de Dª. María Rey Melgar.

2C   Dn. Alfredo Valle Riestra Vernaza (n.Tacna,20/06/1865 +02/09/1937) Casado el 18 de Abril de 1891 con Dª. Lucrecia Carolina Meiggs Soto Zúñiga (n.Santiago,15/05/1870 +17/09/1938, Lima) Hija de Dn. Manfredo Meiggs y de Dª. Raquel Soto.

3A   Dª. María Rosa Carmen Josefina Valle Riestra Meiggs (n.Lima, Calle Huancavelica –Antes Teatro- Nº59, 18/01/1892 b.San Marcelo, 20/02/1892 +15/10/1905, Fundo La Legua) Soltera.

3B   Dª. Fanny Valle Riestra Meiggs. Casada con Dn. Arturo Carvallo Alzamora.

4A   Dn. Arturo Carvallo Valle Riestra.

4B   Dn. Alfonso Carvallo Valle Riestra (+11/04/1992, Lima) Casado con Dª. Susana Sofía Cox Larco (n.Lima, 01/01/1924) Hija de Dn. Ricardo Cox Valle Riestra y de Dª. Ida Susana Larco Vásquez (Ver más adelante)

5A   Dn. Alfonso Carvallo Cox. Casado con Dª. Marilú Espinosa.

5B   Dn. Jorge Carvallo Cox. Casado con Dª. María Florencia Plaza.

3C   Dª. María Marta Valle Riestra Meiggs (n.Lima, Calle Ayacucho –Antes Santa Rosa de las Monjas- Nº148, 28/08/1895) Casada en la parroquia de San Agustín en Lima el 20 de Junio de 1920 con Dn. John Brongh Bryson de 22 años, natural de Sunbury, Inglaterra, e hijo de Dn. John Brongh Bryson y de Dª. Mary Agnes Blanche Bryson.

4A   Dn. Harold Bryson Valle Riestra. Casado con Dª. Consuelo Tealdo.

5A   Dn. Harold Stuart Bryson Tealdo (n.195_ + 2006, Miraflores)

5B   Dª. Martha Ana Bryson Tealdo.

4B   Dn. Juan "Jacky" Bryson Valle Riestra (+16/05/2009) Casado con Dª. Daría Salazar Zapatero (n.03/03/19_) Hija de Dn. Luis Salazar Orfila (n.29/11/19_) y de Dª. Daría Zapatero (n.19/12/19_)

5A   Dª. Bárbara Dee Bryson Salazar.

5B   Dn. Juan José Bryson Salazar.

4C   Dª. Carmen «Nana» Bryson Valle Riestra. Casada con Dn. Alberto Espinoza Bravo.

    5A   Dn. Martín Espinoza Bryson (n.14/02/1962)

    5B   Dª. Roxana Espimoza Bryson.

    5C   Dn. Johnny Espinoza Bryson.

3D   Dn. Máximo Ricardo Valle Riestra Meiggs (n.Lima, Calle Ayacucho –Antes Santa Rosa de las Monjas- N°148, 13/04/1897) Casado el 17 de Mayo de 1931 con Dª. Rosa Hortensia González Olaechea y Olaechea (n.Lima, Calle Camaná N°175, 2308/1905) Hija de Dn. Maximiliano González Olaechea (n.Arequipa, hacia 1868) casado en el oratorio del Obispo José María Carpenter el 6 de Enero de 1900 con Dª. Hortensia Olaechea y Olaechea (n.Ica, 06/01/1876)

4A   Dn. Javier Valle Riestra y González Olaechea (n.05/01/1932) Abogado, político y parlamentario. Casado el 18 de Julio de 1968 con Dª. Teresa Pardo Vargas (n.Chiclayo,13/02/1929) Hija de Dn. Juan Pardo de Miguel (n.14/05/1890) casado en la Iglesia de la Recoleta en Lima el 20 de Diciembre de 1921 Dª. Emilia Vargas Izaga (n.Lima, hacia 1895 +1974, Lima)

4B   Dn. Alfonso Valle Riestra y González Olaechea, casado con Dª. Fanny Briceño Valle Riestra. (dudosa información)

4C   Dª. Teresa Valle Riestra y González Olaechea. Soltera.

3E   Dn. Luis José Valle Riestra Meiggs (n.Lima, Calle Ayacucho –Antes Santa Rosa de las Monjas- N°148, 03/03/1899) Casado el 12 de Setiembre de 1938 con Dª. Magda Steinbach Reggis, natural de Pacasmayo e hija de Dn. Clodomiro Steinbach y de Dª. Elvira Rosa Reggis.

4A   Dª. Luisa Valle Riestra Steinbach.

4B   Dª. Lucrecia Valle Riestra Steinbach.

3F   Dª. Carmen María Valle Riestra Meiggs (n.Lima, Calle Ayacucho –Antes Santa Rosa de las Monjas- N°148, 06/08/1901 +06/03/1993) Casada el 10 de Diciembre de 1924 con Dn. José Alvarez Calderón Flores (n.01/12/1894 +04/07/1980) Hijo de Dn. Carlos Alvarez Calderón Roldán (n.Izcuchaca, Huancavelica, 07/10/1857) Casado en el Oratorio Particular de Monseñor Bandini en Lima el 9 de Junio de 1888 con Dª. Filomena Flores y Ortega (n.Ayabaca, 29/12/1867)

4A   Dª. Carmen Alvarez Calderón Valle Riestra. Casada el 10 de Marzo de 1955 con Dn. Enrique Ferreyros Ribeyro (n.03/03/1916 +17/05/1997) Hijo de Dn. Enrique Ferreyros Ayulo y de Dª. Clemencia Ribeyro Benites.

    5A   Dn. Enrique Ferreyros Alvarez Calderón, casado con Dª. Isabel Du Bourg de Bozás Braithwayte. Hija de Dn. Baudoin Du Bourg de Bozás y de Dª. Anne Braithwayte.

        6A   Dn. Nicolás Ferreyros Du Bourgh.

        6B   Dª. Tessa Ferreyros Du Bourgh.

    5B   Dª. Carmen Ferreyros Alvarez Calderón.

5C   Dn. José Ferreyros Alvarez Calderón. Casado con Dª. Carol Updegrave Spieker. Hija de Dn. Walter Updegrave Mitman y de Dª. Dorothy Spieker Stager.

    6A   Dn. Enrique Ferreyros Updegrave.

    6B   Dn. José Ferreyros Updegrave.

    6C   Dª. Carolina Ferreyros Updegrave.

5D   Dª. Clemencia Ferreyros Alvarez Calderón. Casada con Dn. Irzio Pinasco Menchelli. Hijo de Dn. Bruno Pinasco D'Onofrio y de Dª. Juana Menchelli Menchelli.

    6A   Dn. Lorenzo Ferreyros Pinasco.

    6B   Dª. Clemencia Ferreyros Pinasco.

3G   Dª. María Valle Riestra Meiggs (n.22/12/1902) Casada con Dn. Luis de la Puente y Ganoza. Hijo de Dn. José María de la Puente Quiñones, Ministro de Estado, casado en Trujillo el 9 de Setiembre de 1876, con Dª. Ana María Ganoza Cabero

    4A   Dª. Teresa de la Puente Valle Riestra (n.Callao, La Punta, 28/09/1929) Casada el 28 de Diciembre de 1946 con Dn. Erick Glaesel Dunn (n.Dinamarca, Copenhagen, 28/06/1919) Hijo de Dn. Holger Glaesel (n.Dinamarca, 23/06/1870) y de Mary Houston Dunn Hart (n.Lima, 01/09/1881 +27/01/1970, Lima) En segundas nupcias se casó el 15 de Diciembre de 1961 con Dn. Ernesto Nicolini Peschiera (n.Lima, calle Lampa –antes Soledad– N°26, 30/09/1896) Director del Banco de Crédito (1939-195.) Creador del Banco Unión. Hijo de Dn. Luis Nicolini Bollentini (n.Génova, hacia 1868 +1939) casado en la parroquia de Santa Ana de Lima el 8 de Setiembre de 1894 con Dª. María Octavia Peschiera Rosasco (n.Uruguay, Montevideo, 1877) En terceras nupcias se contrajo matrimonio con Dn. Eduardo Rada Jordán (30/09/19__) Hijo de Dn. Eduardo Rada Benavides (21/06/18__) y de Dª. Amalia Jordán Cánepa (n. 13/12/18__) Sin sucesión.

        5A   Dª. Cecile Vivian Marie Glaesel de la Puente.

        5B   Dª. María Nicolini de la Puente. Casada con Dn. Gabriel Costa Ferrand. Hijo de Dn. Augusto Costa Elice y de Dª. Ofelia Ferrand Inurritegui.

        5C   Dn. Jerónimo Nicolini de la Puente y Dª. Barbara Anne Pflücker Mollison, hija de Dn. Carlos Enrique Pflücker

        Picasso (n.29/07/1929 +11/2012, Lima) y de Dª. Elizabeth Mollison Crosby (n.25/11/19__) padres de

        6A   Dn. Diego Nicolini Pflücker.

        6B   Dn. Mateo Nicolini Pflücker.

3H   Dª. Luz María Lucrecia Valle Riestra Meiggs (n.18/10/1906) Casada con Dn. Emilio Olivares y Marcó del Pont (n.02/10/1903 - International Genealogical Index (IGI)) Hijo de Dn. Salustiano Olivares y Ballivián y de Dª. Elvira Marcó del Pont.

    4A   Dn. Emilio Olivares Valle Riestra (n.03/06/1937 +15/10/1985, Nueva York) Genealogista.

3I   Dn. Alfredo Luis Valle Riestra Meiggs (n.Lima, Calle Ayacucho –Antes Santa Rosa de las Monjas- N°148, 10/02/1894) Soltero.

2D   Dª. Sofía Valle Riestra Vernaza. (n.Tacna, hacia 1862 +1913, Lima) Casada con Dn. Carlos Cox Doray, natural de Trujillo (n.Trujillo, hacia 1853 +Trujillo) Hijo de Dn. Guillermo "William" Cox casado en Trujillo en 1850 con Dª. Manuela Doray Solano.

3A   Dn. Jorge Cox Valle Riestra (n.Trujillo, 29/10/1898 +06/02/1974) Casado el 4 de Octubre de 1921 con Dª. Carmela Larco Macchiavello (n.14/02/1898) Hija de Dn. Gerónimo Larco Herrera (n.22/06/1869) y de Dª. Teresa Macchiavello Valderrama (n.17/10/1871)

     4A   Dª. Teresa Cox Larco (n.02/10/1923) Casada el 29 de Junio de 1945 en la capilla del Colegio de la Inmaculada con Dn. Luis de la Guerra Roose (n.Trujillo, 22/11/1916 +26/09/1990, Lima)

         5A   Dª. Teresa de la Guerra Cox (n.Lima, 08/05/1946) Casada en primeras nupcias con Dn. Jaime Revoredo Marsano. En segundas nupcias se casó con Dn. Marc Chevet.

         5B   Dn. Luis de la Guerra Cox (n.Lima, 22/05/1947) Casado con Dª. Sara Adham.

             6A   Dn. Dadr de la Guerra Adham.

             6B   Dª. Nadia de la Guerra Adham.

         5C   Dª. María del Carmen de la Guerra Cox (n.Trujillo, 21/12/1948) Casada en Miami el 3 de Octubre de 1981 con Dn. César Llona Tapia (n.Callao, 03/03/1943) Hijo de Luis Felipe Llona Velarde (n.Miraflores, calle Grande N°154, 20/05/1917) y de Dª. Luz Tapia.

             6A   Dn. Luis José Llona de la Guerra.

         5D   Dª. Luisa de la Guerra Cox (n.Lima, 04/02/1954) Casado en la iglesia de San Pedro con Dn. Franco Alvarello (Milán)

         5E   Dª. Sol de la Guerra Cox (n.Lima, 11/08/1964) Casada con Dn. Miguel von Oppen.

             6A   Dn. Santiago von Oppen de la Guerra.

             6B   Dn. Matías von Oppen de la Guerra.

             6C   Dn. Andrés von Oppen de la Guerra.

     4B   Dn. Carlos Jorge Cox Larco (n.Trujillo, 10/02/1925 +02/12/1973, Lima) Casado en primeras nupcias el 10 de Abril de 1948 en la capilla del Colegio de la Inmaculada con Dª. Beatriz Alvarez del Villar Pioletti. En segundas nupcias se casó con Dª. María del Carmen Ganoza Plaza (n.02/05/19__) Hija de Dn. Manuel Angel Ganoza Chopitea y de Dª. Victoria Plaza Perales.

         5A   Dª. Ana María Carmela Cox Alvarez del Villar (n.17/01/194_) Casada con Dn. Alejandro Gubbins Granger. Hijo de Dn. Reynaldo José Emiliano Gubbins Velarde (n.Lima, Plaza Francia N°222, 06/12/1918) y de Dª. Carolina Granger Audrey.

             6A   Dª. Mariana Gubbins Cox.

             6B   Dª. Ximena Maureen Gubbins Cox.

6C   Dn. Carlos Alejandro Gubbins Cox.

6D   Dn. Alejandro Henry Gubbins Cox. Casado el 20 de Diciembre del 2008 con Dª. Patricia Valencia Arias Schreiber. Hija de Dn. José Valencia Cárdenas casado con Dª. Ana María Arias Schreiber Montero.

5B   Dn. Carlos Cox Ganoza (n.02/08/1957) Casado con Dª. Rosa González de Orbegoso Mantilla. Hija de Dn. Luis José González de Orbegoso y de Dª. Lidia Mantilla Moya.

6A   Dª. María Cox González de Orbegoso.

6B   Dª. Ximena Cox González de Orbegoso.

5C   Dn. Manuel Cox Ganoza.

5D   Dn. Luis Fernando Cox Ganoza.

5E   Dn. Gerónimo Cox Ganoza. Casado con Dª. Diana Dianderas.

4C   Dn. Jorge Cox Larco (n.Trujillo, 02/10/1926 +07/12/1991, Lima) Casado el 29 de Mayo de 1955 en la Parroquia de la Virgen del Pilar con Dª. Dolly Denegri Cornejo (n.Lima, 08/10/1933) Hija de Dn. Luis Ernesto Denegri Icaza casado con Dª. Cristina Cornejo Cano.

5A   Dn. Jorge Cox Larco Denegri (n.Lima, 10/06/1956)

5B   Dn. Javier Cox Larco Denegri (n.Lima, 29/05/1957).

5C   Dª. Dolly Cox Larco Denegri (n.Lima, 11/10/1960) Casada con Dn. José Alfredo Calmet Justo. Hijo de Dn. César Alfredo Calmet Justo y de Dª. Zoila Rina Justo Justo.

6A   Dª. Danielle Calmet Cox Larco (n.Lima, 28/12/1991)

6B   Dª. Christianne Marie Calmet Cox Larco.

6C   Dª. Isabella Calmet Cox Larco

4D   Dª. María Angélica Cox Larco.

4E   Dn. Roberto Cox Larco.

3B   Dn. Ricardo Cox Valle Riestra (n.Trujillo, 22/08/1890 +26/09/1938, Lima) Casado el 8 de Mayo de 1923 con Dª. Ida Susana Larco Vásquez (n.Hda.Roma, 29/02/1904 +12/12/1974) Hija de Dn. Víctor Larco Herrera y de Dª. Susana Vásquez Lizarzaburu.

4A   Dª. Susana Sofía Cox Larco (n.Lima, 01/01/1924) Casada con Dn. Alfonso Carvallo Valle Riestra (+11/04/1992, Lima) Hijo de Dn. Arturo Carvallo Alzamora y de Dª. Fanny Valle Riestra Meiggs. Vistos anteriormente.

4B   Dª. Iris Elena Cox Larco (n.Lima, 22/11/1926) Casada el 24 de Junio de 1959 con Dn. Simón Behar Cohen (n.13/06/1925)

5A   Dn. Richard Behar Cox (n.15/01/1961)

        5B   Dª. Susana Behar Cox (n.15/06/1962) Casada con Dn. Mario Ambrosini.

        5C   Dª. Noemi Behar Cox (n.28/05/1963) Casada con Dn. Jack Levy.

    4C   Dª. Sofia Cox Larco (n.03/04/1928) Casada el 28 de Febrero de 1953 en la Virgen del Pilar con Dn. Enrique Maguiña Gálvez (n.Lima, Calle Ayacucho Nº1360, 05/11/1912 +31/05/1979) Hijo de Dn. Sergio Maguiña (n.Huaraz) y de Dª. María Rosa Gálvez.

3C   Dn. Ernesto Cox Valle Riestra. Soltero.

3D   Dª. María Angélica Cox Valle Riestra. Soltera.

3E   Dn. Roberto Cox Valle Riestra. Soltero.

3F   Dn. Gerardo Eduardo Alejandro Cox Valle Riestra (n.Lima, Calle Carabaya – antes Coca- Nº127, 03/10/1888) Cadete de la promoción de 1905 de la Escuela Naval, casado con Dª. María Brusselier.

    4A   Dn. Eduardo Cox Brusselier.

    4B   Dª. Sofia Cox Brusselier.

3G   Dª. Carmen Rosa Cox Valle Riestra. Casada con Dn. Solón Polo Vega (n.Chiclayo, 04/02/1871 +04/09/1934, Lima) Abogado. Falleció siendo Ministro de Relaciones Exteriores. Hijo de Dn. Mariano Polo y de Dª. Manuela Vega.

    4A   Dn. Jorge Polo Cox.

    4B   Dª. Rosa Polo Cox.

2E   Dª. María Esther Valle Riestra Vernaza. Soltera.

2F   Dª. Victoria Valle Riestra Vernaza (b.Lima, San Sebastián, 18/04/1872) (b.Lima, Parroquia de San Sebastián, 18/04/1872) Casada en el Sagrario de Lima el 27 de Enero de 1892 con el Dr. Dn. Marcos Federico Hohagen y Farfán (n.Cuzco, 1862) Hijo de Dn. Federico Hohagen y de Dª. Escolástica Farfán.

2G   Dn. Guillermo Manuel Valle Riestra Vernaza. Soltero.

2H   Dn. Alejandro Valle Riestra Vernaza. Sacerdote.

2I   Dn. Enrique Valle Riestra Vernaza. Casado con Dª. Corina Corzo Trelles.

    3A   Dn. Oscar Valle Riestra Corzo. Casado con Dª. Carmela Avilés.

        4A   Dª. Carmen Rosa Valle Riestra Avilés (+22/06/2008)

    3B   Dª. Eva Josefina Valle Riestra Corzo. Soltera.

    3C   Dn. Víctor Amador Valle Riestra Corzo. Soltero.

    3D   Dª. Julia Ollanta Valle Riestra Corzo. Soltera.

    3E   Dn. José Miguel Valle Riestra Corzo.

    3F   Dn. Manuel Hernani Valle Riestra Corzo. Soltero.

    3G   Dª. María Norma Valle Riestra Corzo. Soltera.

    3H   Dn. Fausto Esteban Valle Riestra Corzo. Soltero.

3I   Dª. Rosa Boheme Valle Riestra Corzo. Casada con Dn. Roberto Mario Duncan González (n.08/12/18_)

         4A   Dn. Roberto E. Duncan Valle Riestra.

         4B   Dn. Emilio Arturo Duncan Valle Riestra.

         4C   Dª. Debora Clorinda Duncan Valle Riestra.

2J   Dn. Ricardo Valle Riestra Vernaza (n.hacia 1869 +29/08/1889, Lima) Soltero.

2K   Dª. Blanca Valle Riestra Vernaza. Soltero.

2L   Dª. Clemencia Valle Riestra Vernaza (n.Iquique, hacia 1881 +01/06/1963) Casada en Miraflores el 26 de Abril de 1903 con Dn. Eduardo Alfredo Fry Ruiz (n.Lambayeque, Chiclayo, hacia 1880 b.Lambayeque, Parroquia de San Pedro, 29/05/1881 +15/11/1952) Hijo de Dn. Guillermo Valentín Fry Darling (n.hacia 1830 +05/06/1913, Miraflores, Calle de la Colina) casado en la Parroquia de San Pedro en Lambayeque, Lambayeque, el 28 de Noviembre de 1876 con Dª. Herminia Ruiz Pastor. En 1904 los Fry Valle Riestra residían en la calle de La Paz Nº 12, Miraflores.

     3A   Dª. Carmen Herminia Fry Valle Riestra (n.Miraflores, Calle de La Paz Nº12, 03/02/1904) Casada en Miraflores el 20 de Octubre de 1943 con Dn. Francisco Ambrosio Machiavello. Contrajo segundas nupcias en Miraflores el 15 de Julio de 1964 con Dn. José César Augusto Taboada. Sin sucesión.

     3B   Dn. Guillermo Fry Valle Riestra (n.Miraflores, 28/05/1907 +09/02/1959) Diplomático. Casado en Miraflores el 18 de Setiembre de 1933 con Dª. Julia Enriqueta Piedad Cipriani Ortiz (n.Lima, Calle Ucayali Nº489, 04/03/1910 +14/08/1997)
Hija de Dn. César Cipriani Guzmán (n.Tarma, hacia 1875) casado en el Templo de Santa Teresa (Parroquia de Santa Ana) de Lima el 12 de Abril de 1903 con Dª. Emma Ortiz y La Hoz. Nieta de Dn. Torello Cipriani casado con Dª. Enriqueta Guzmán y de Dn. Domingo Ortiz casado con Dª. Julia La Hoz.

         4A   Dn. William Fry Cipriani (n.15/07/1934 +05/02/2002) Casado en Miraflores el 29 de Diciembre de 1955 con Dª. Alicia Clara Bertie Espejo (n.12/08/19_) Hija de Dn. George Bertie (n.27/03/19_) y de Dª. Alicia Espejo (n.05/10/19_)

             5A   Dª. Caroline Fry Bertie (n.27/07/1961) Casada con Dn. Gregory Rizo Patrón Buckley. Hijo de Dn. José Rizo Patrón Remy y de Dª. Jean Ann Buckley McElanney. Casada con sucesión.

                 6A   Dn. Gregory Rizo Patrón Fry.

                 6B   Dn. Gabriel Rizo Patrón Fry.

                 6C   Dn. Mateo Maúrtua Fry.

             5B   Dn. William George Fry Bertie. Casado con Dª. Verónica Silva Luna.

                 6A   Dn. Patrick Fry Silva (n.Lima, Santiago de Surco, Av. El Polo Nº505, Clínica Montesur, 17/08/1991)

                 6B   Dn. Derek Fry Silva.

             5C   Dª. Valery Fry Bertie. Casada con Dn. Donald Mclauchlan Castro (n.25/12/1957) Hijo de Dn. Arturo Mclauchlan García Seminario y de Dª. Ada Beatriz Castro Becerra.

      6A   Dn. Alexis Mclauchlan Fry.

      6B   Dn. Leslie Mclauchlan Fry.

5D   Dª. Alice María de Lourdes Fry Bertie. Casada con Dn. Carlos García Delgado.

      6A   Dª. Andrea García Fry.

      6B   Dn. Ignacio Martín García Fry.

4B   Dª. María del Rosario Fry Cipriani (n.15/07/1934 +05/02/2002)

4C   Dª. Julia María Fry Cipriani (n.14/11/19__) Casada con Dn. Mario Hernández Alliegro. Contrajo matrimonio en Miraflores el 27 de Agosto de 1880 con Javier Augusto Labarthe.

      5A   Dª. Claudia Hernández Fry (n.08/09/1968) Casada con Dn. Gonzalo Torres del Pino.

           6A   Dn. Benjamín Torres Hernández (n.13/10/2001)

      5B   Dn. Alvaro Hernández Fry (n.13/07/1972)

4B   Dn. César Miguel Fry Cipriani (n.27/09/1945 +15/09/1998) Casado con Dª. Carmen María Cisneros Gallo (n.03/11/1947) Hija de Dn. Máximo Cisneros Sánchez (n.25/11/19__) y de Dª. Natalia Gallo Ferreyros (n.03/04/19__)

      5A   Dª. María Pía Fry Cisneros (n.1970) Casada en Miraflores el 5 de Marzo de 1993 con Dn. John Hartley González.

           6A   Dn. Ian Hartley Fry.

           6B   Dª. Nicole Hartley Fry.

      5B   Dn. César Fry Cisneros. Casado en primeras nupcias con Dª. Patricia Conroy Rivera. Hija de Dn. Federico Conroy Recavarren (n.14/09/1947) casado con Dª. Patricia Rivera Carrión. En segundas nupcias se casó con Dª. Carolina Carrillo.

           6A   Dn. Vasco Fry Conroy.

           6B   Dn. César Fry Conroy.

           6C   Dn. Iago Fry Carrillo.

      5C   Dn. Ian Fry Cisneros.

4C   Dn. Juan Fry Cipriani. (n.29/03/1952) (SM68)

4D   Dª. Luz María Fry Cipriani (n.24/07/1950) Casada con Dn. Gonzalo Carriquiry Blondet. Hijo de Dn. Pablo Carriquiry Maurer y de Dª. Iris Blondet Goicochea. Casada en segundas nupcias con Dn. Carlos Escudero Deustua. Hijo de Dn. Juan Escudero Bologna casado con Dª. Graciela Deustua Jameson.

      5A   Dª. Luz María Carriquiry Fry.

      5B   Dn. Gonzalo Carriquiry Fry (n.Miraflores, 24/12/1973)

        5C   Dª. Ximena Escudero Fry (n.Miraflores,18/03/1985) Casada en la Iglesia Nuestra Señora de la Reconciliación, Camacho, el 4 de Diciembre del 2010 con Dn. José Pablo Moscol Ynostroza. Hijo de Dn. Fernando Moscol Ledesma y de Dª. Sheyla Ynostroza.

    3C   Dª. Joyce María Fry Valle Riestra (n.Miraflores, 01/04/1909 a las 12 y 30 del dia en la Calle del Centro Nº 23 +19/12/1994) Casada con Dn. Estanislao Ramón Joaquín Laña Santillana (n.Lima, 16/04/1900) Hijo de Dn. Estanislao Laña de Aldama (n.España, Olava, Luyando hacia 1847) y de Dª. María Santillana Alvarez (n.09/04/1869) Sin sucesión.

    3D   Dn. Eduardo Miguel Fry Valle Riestra (n.Miraflores, Calle Bellavista N22, 28/02/1911 +30/09/1990) Casado el 15 de Mayo de 1955 con Dª. María Elvira Araoz Filomeno (n.28/08/19__ +07/04/2015) Hija de Dn. Carlos José Teodoro Araoz Calvet (n.03/04/1891 b.03/04/1891, Sagrario de Lima) y de Dª. María Rosa Filomeno y Chávez. Testigo de matrimonio fue Carlos Cox (n.Trujillo, hacia 1953) Casado en segundas nupcias con Dª. María Luisa Rossel Villon.

        4A   Dn. Henry William Fry Rossel. Casado con Dª. Ivonne Martínez.

                5A   Dn. Héctor Manuel Fry Martínez.

        4B   Dn. William Valentine Fry Rossel. Casado con Dª. Bertha Cecilia Gamero Cunningham.

                5B   Dn. William George Fry Gamero (n.Miraflores, 22/07/1973) Casado con Dª. Karen Witch Aguirre.

                5A   Dª. Cecilia Isabel Fry Gamero (n.Miraflores, 23/05/1975)

                5C   Dn. Eduardo William Fry Gamero (n.Miraflores, 02/03/1977)

    3E   Dª. Rosa Clemencia Fry Valle Riestra (n.Lima, Clínica Febres, La Colmena, 17/03/1913 +25/04/1967) Soltera.

1H   Dª. María Job Toribio del Valle Riestra.

1I   Dª. María Luisa Mercedes del Valle Riestra.

Apuntes de Heinrich Witt sobre Pedro de la Torre:

"Un hombre inteligente del valle de Majes, que fue una vez ministro de Finanzas, no recuerdo bajo que presidencia. Lo conocí muy bien; murió en la plenitud de la vida. Su hermana estuvo casada con el presidente Vivanco. Su primera esposa era hija de Lorenzo Vidaurre; sus hijos eran: Aníbal, abogado, y Virginia, una de las damas más inteligentes y más educadas de Lima, esposa de Domingo Valle Riestra, actualmente, en 1867, Almirante de la Armada Peruana".

N.B.   Doña Virginia de la Torre y Vidaurre fue una de las grandes damas de la sociedad Peruana. Siempre estuvo a la cabeza de la mayoría de las actividades tanto sociales como de caridad. Basadre Grohmann, lo mismo que otros historiadores, la mencionan mucho sobre todo debido a su inteligencia y por su amor al prójimo.

Descendencia de Julio Pflücker Schmiedel

Don Julio Arnaldo Pflücker y Schmiedel, nació en Waldemburgo, Silesia, en Febrero de 1810 (*Partida de Bautismo: **N.1810.** # 038/BAU Ver Libro 20, Folio 376 V. Parroquia del Sagrario, Lima*) y falleció el 21 de Junio de 1900 con 90 años de edad. Sus restos se encuentran en el Cementerio Presbítero Maestro, Cuartel San Pablo A-55. Se bautizó el **12 de Octubre de 1836** para contraer matrimonio el 15 de Octubre de 1836 con doña **María "Mariquita" Taramona Pro** (n.hacia 1821 +15/07/1896, Chorrillos, Calle del Tren N°50) Hija de don *Francisco Antonio Selano H. Taramona y Ames y **Manrique*** (b.El Sagrario de Lima 23/02/1778) *y de doña Francisca Pro* . Don Francisco Antonio Taramona Y Ames a su vez era hijo de Dn. Joseph H. Taramona y Ames y de Dª. María **Manrique** y Vergara. Y nieto de Dn. Manuel María De Taramona y de Dª. Juana de Ames. Julio Pflücker residía en 1853 en la Calle Mata Vilela N° 272 y su empresa se encontraba en la Calle Mata Vilela N° 279.

Don Francisco Taramona fue Oficial Mayor del Ministerio de Hacienda, y también fue comisionado por el Perú, junto con Juan Evangelista Irigoyen y Centeno, José Ruiz y Manuel del Río, para la liquidación de la deuda con Colombia entre los años 1829 y 1830

Witt, en su habitual modo de exponer las ideas nos narra:

"Debo mencionar aquí que, por algún tiempo, los dos hermanos Pflücker habían estado en malas relaciones, debido a que Charles, el mayor, que se había casado con alguien de la aristocracia de Guayaquil, no podía perdonar a su hermano el haber escogido como compañera de toda la vida a una muchacha a quien nadie conocía. Sin embargo, la Sra. de Julius Pflücker resultó ser una mujer excelente, demasiado buena para su esposo. Ahora en 1871, tienen una familia numerosa y con muchos nietos además"

Witt, desafortunadamente, no menciona ni el nombre ni los apellidos de la señora.
Don Julio fue comerciante y minero al igual que su hermano y, entre otras, explotó la mina de plata de Pomacancha. Mientras que su hermano Carlos trabajó para la firma Gibbs & Co., Julio lo hizo para la casa Huth Grüning & Co.

Páginas atrás, hemos visto las diferentes versiones que he hallado del nombre de doña María pues en alguna de las partidas de nacimiento de sus hijos aparece con el apellido de Manrique. Sin embargo, repito, en su partida de defunción la encontramos con el nombre de María Taramona Pro. El hecho de que don Julio se bautizara tres días antes de casarse, nos señala que la familia posiblemente era luterana (la mayoría de los alemanes lo eran) y que tuvo la necesidad de bautizarse para poder contraer matrimonio católico. Testó don Julio, al igual que su hermano Carlos el 18 de Diciembre de 1846 ante el escribano Pedro Seminario y en este testamento (similar al testamento de Carlos Pflücker, su hermano) nombra como albacea a su esposa María Manrique de Pflücker. No he hallado documento posterior pero habiendo vivido 90 años es muy probable que testara más tarde.

N.B. *Casos de conversión al catolicismo como el de don Julio Pflücker eran frecuentes. Como ejemplo, don Antonio Nobelich Scharder, natural de Prusia, se bautizó el 3 de Abril de 1833, para casarse el 15 del mismo mes con doña Isabel Parrau Bardales; don Juan Federico Lembcke Lorentzen, natural de Hamburgo, se bautizó el 22 de Octubre de 1836 para casarse el 29 del mismo mes con doña Isabel Bellodas Salas; don Jorge Edmundo Solf Sohlmann, natural de Hamburgo, se bautizó el 23 de Octubre de 1851 para casarse el 20 de Noviembre del mismo año con doña María Natividad Sepúlveda Laguna; don Enrique Jorge Hemmerde Pape, natural de Londres, se bautizó el 29 de Febrero de 1884 para contraer matrimonio Religioso el 15 de Mayo del mismo año con doña María Esther Vera Pérez de Tudela (Esther Vera Tudela y Taramona); y otro ejemplo que puedo citar es el de don Reginald Seymour Gubbins Russell, nacido en Irlanda, quien se bautizó el 30 de Agosto de 1891 para casarse el 12 de Setiembre del mismo año con doña Rosa María Pastor Raborg. (IPIG)*

En el libro de Dolores Pflücker, "Don Roberto's Daughter", no sé por qué, tal vez porque pensó que con citar a la mayor y a la que luego fue su abuela era suficiente, o quizás debido a que sólo mantuvo relaciones con ellas dos, figuran sólo Beatriz y Hortensia como hijas de don Julio Pflücker Schmiedel. Esta última, como notáramos anteriormente, se casó con Julio Pflücker y Rico, su primo hermano. Sin embargo, don Julio en su matrimonio con doña María tuvo trece hijos, entre hombres y mujeres. Veremos a continuación como una de estas hermanas Pflücker Taramona, Ernestina, se casó con un señor Dibós; y otra, Matilde, con un señor Montero. Sabemos que otro hermano, Gustavo Pflücker Taramona, se casó con María Luisa Albrecht (hay quienes lo escriben Albretch) y ambos fueron padrinos en el bautizo de Luisa Margarita Cabieses Valle Riestra (existe una medalla que lo comprueba) quien, 19 años después, se convertiría en la esposa de Leopoldo Pflücker y Pflücker. Otro hijo de don Julio, Oswaldo, luchó en la guerra del Pacífico y después, terminadas las hostilidades, se fue a residir a Trujillo con toda su familia. En fin, más adelante veremos una relación más completa de los Pflücker Taramona.

Presbítero Maestro pabellón San Luciano A-3 (Cerca a la puerta 3)

Es interesante mencionar, para comprender un poco más este interés mío en ambos hermanos Pflücker y Schmiedel, que los dos, Carlos y Julio, fueron mis tatarabuelos. Pues mi abuelo fue don Leopoldo Pflücker y Pflücker, nieto de ambos hermanos.

Leamos un párrafo en el que Witt se refiere a la familia de don Julio:

"El mismo día que tomé mi primera lección de latín, el 2 de Marzo de 1846, acompañé a mi nieta Corina (diminutivo de Conradina) que entonces tenía sólo 9 años de edad, a la casa de Carlos Pflücker, en la Calle Coca donde ella, junto con los hijos de Pflücker y otros niños, iba a ser instruida por Zyla (un húngaro, profesor de latín) Los hijos de Pflücker eran Carlos, Federico, Julio y Leonardo. El mayor, Carlos, era unos meses menor que Corina. Se les unían las hijas de Julius, el hermano de Charles Pflücker, Beatrice, en 1872 esposa de Sigismund Sattler, primo y socio de Gildemeister, Matilda, que se casó con uno de los hermanos de los adinerados Montero, pero quien después de uno o dos años se volvió loca y está aún confinada en un asilo para dementes en el Cercado; Ernestina, ahora esposa de Félix Dibós, y Sophia, soltera en 1872 y con muy pocas posibilidades de encontrar marido..."

N.B.   Se aprecia aquí la manera tan... singular, muy alemana me dicen, de exponer las cosas que tenía Witt. Notamos también la manera en la que confunde ciertos nombres: Sigismund Sattler fue el suegro de Beatriz y no el marido quien se llamaba Pablo Fernando. Corina no era «su» nieta, lo era mas bien de su esposa. Al parecer Matilde, gracias a Dios, sanó de sus males pues como veremos más adelante en 1898 fue madrina de bautizo de una de sus nietas.

He tratado, como verán en seguida, de ampliar en lo posible la presentación de las diferentes ramas de la familia Pflücker Taramona. **No necesariamente los presento en orden cronológico** y salvo los cónyuges, aquellos que apreciaron a los Pflücker en algún momento, todos los demás comparten la sangre de los Pflücker.

LOS PFLÜCKER Y TARAMONA

1B   **Don Julio Arnaldo Pflücker y Schmiedel y doña María "Mariquita" Taramona Pro fueron padres de**

2A   Dª. María Beatriz Pflücker Taramona, 1837

2B   Dª. Enriqueta Matilde Pflücker Taramona 1838

2C   Dª. Ernestina Eleonora Pflücker Taramona, 1840

2D   Dª. Sofía Elena Pflücker Taramona 1841

2E   Dn. Julio Carlos Pflücker Taramona, 1843

2F   Dn. Oswaldo Francisco Pflücker Taramona, 1844

2G   Dn. Germán Bernardo Pflücker Taramona, 1846

2H   Dn. Guillermo Otto Pflücker Taramona, 1848

2I   Dn. Gustavo Leonardo Pflücker Taramona, 1849

2J   Dª. Hortensia Rafaela Pflücker Taramona, 1851

2K   Dn. Federico Manuel Pflücker Taramona, 1854

2L   Dª. María Isabel Luisa Pflücker Taramona, 1856

2M   Dn. Oscar Renardo Pflücker Taramona.

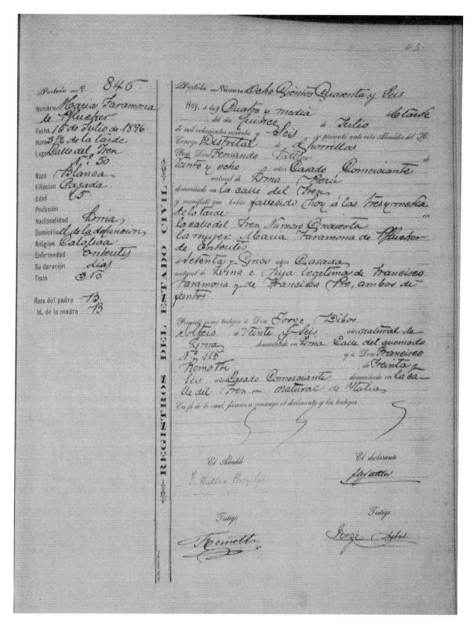

Partida de defunción de María Taramona de Pflücker

2A   LOS SATTLER Y LOS NORMAND.

Dª. María Beatriz Pflücker Taramona (n.Lima, 31/07/1837 b.Parroquia del Sagrario en Lima, 28/03/1938 +20/06/1938, Santa Aurelia, Presbítero Maestro) Casada en Lima el 1º de Octubre de 1863 con Dn. Segismundo Pablo Fernando Sattler Berte 'Sigmund Paul Ferdinand Sattler Berte' Nacido en Bremen, Alemania, el 21 de Agosto de 1833 y fallecido en altamar en el naufragio del vapor mercante "Nile" el 9 de Mayo de 1877. Hijo de Dn. Pablo Segismundo Fernando Sattler y de Dª. Carlota Dorotea Amalia Berte. Aparece también como Beste o Birte.

> NB.   *Partida: Enrique Sattler Birte, bautizado en el Sagrario Metropolitano, Guadalajara, Jalisco, Méjico el 7/11/1857, hijo de Pablo Fernando Sigismundo Sattler y de Carlota Dorotea Amalia Birte. ¿Hermano de Segismundo Pablo ?*

3A   Dª. Carlota María Elena Sattler Pflücker (n.Lima hacia 1865) Contrajo matrimonio ante el Canónigo Doctor Don Agustín Obin y Charún en la residencia de la contrayente Calle Lima –antes Correo- Nº25 (Sagrario de Lima) el 20 de Noviembre de 1888 con Dn. Eugenio Leopoldo Weckwarth Sheerbarth (n.Prusia, Krone hacia 1853 +15/05/1915, Lima, Calle Camaná Nº975) Pedagogo, minerólogo y geólogo, hijo de Dn. Leopoldo Weckwarth y de Dª. Ulrike Sheerbarth. Testigos de la boda fueron Dn. Arnoldo Kitz y Dn. Félix Dibós. Residían en 1896 en La Calle del Tren Nº50 en Chorrillos.

> 4A   **Dª. Carlota María Beatriz Ulderica Weckwarth Sattler** (n.Lima, Calle Lima –antes Correo- Nº25, 13/04/1890)

> 4B   **Dn. Eugenio Sigismundo Leopoldo Weckwarth Sattler** (n. Lima, Calle Lima –antes Correo- Nº25 25/05/1891 5pm + 25/05/1891 7pm, Lima, Calle Lima –antes Correo- Nº25)

> 4C   **Dª. Olga Beatriz María Weckwarth Sattler** (n.Lima, Unión –antes Belén- Nº403, 06/01/1893)

> 4D   **Dª. Beatriz María Enriqueta Weckwarth Sattler** (n.Chorrillos, Calle del Tren Nº50, 07/06/1896) Casada con **Dn. Félix Sattler Dibós** (n.Lima, Moquegua Nº118, 09/01/1903) su primo hermano hijo de Dn. Fernando W. Sattler Pflücker (n.1867) y de Dª. María Teresa Dibós Pflücker (n.15/10/1874) (*Ver más adelante*)

> 4E   **Dn. Max Leopoldo Julio Weckwarth Sattler** (n.Chorrillos, 1897 +04/03/1898, Chorrillos, Calle del Tren Nº50) Falleció a los tres meses y catorce días.

3B   Dª. Beatriz Matilde Sattler Pflücker (n.Lima, 20/04/1869 b.El Sagrario, 01/07/1869) Casó ante el Delegado Apostólico Monseñor Macchi en la Villa de Chorrillos la noche del Miércoles 22 de Setiembre de 1897 (18 de Octubre por lo Civil) con Dn. Julio Santiago Normand Soto (n.Perú, Arica hacia 1850) Diputado a Congreso y Alcalde de Lima en 1897. Hijo de Dn. Pedro Normand y de Dª. Manuela Segunda Soto. Padrinos de la boda fueron don Félix Dibós y doña Beatriz Pflücker viuda de Sattler.

> 4A   **Dn. Julio Normand Sattler** (n.Lima, Calle Callao Nº77, 23/06/1898 +23/06/1898, Lima, Calle Callao –antes Valladolid- Nº77)

> 4B   **Dn. Julio Manuel Pablo Normand Sattler** (n.Lima, Calle Callao Nº77, 01/06/1899)

> 4C   **Dn. Enrique Normand Sattler** (n.Lima, Calle Callao –antes Valladolid- Nº77, 20/03/1901) Industrial y comerciante, realizó sus estudios en París y en Lima. Casado con **Dª. Nelly Sparks Varela** (n.22/03/19__) Hija de Dn. Ricardo Tomás Sparks Beker (n.Inglaterra, Londres, 03/10/1852 b.17/03/1854) casado en la Parroquia de Cocharcas, Lima, el 14 de Setiembre de 1915 con Dª. María Teresa Varela Orbegoso (n.Lima, 29/09/1887)
> Nieto por el lado paterno de Dn. Jordan Richard Samuel Sparks y de Dª. Mary Anne Beker y, por el lado materno, de Dn. Felipe Varela y Valle y de Dª. Rosa María Toribia de Orbegoso y Riglos.

Los Pflücker Taramona – Año 1886 – Bodas de Oro

El Sábado último la familia Pflücker celebró las bodas de oro de sus padres. Hay que añadir la circunstancia especialísima que están vivos los trece hijos frutos de esa unión y, de ellos, once presentes en Lima. La familia cuenta con 71 miembros, entre ellos un bisnieto.

De el diario "El Comercio"
(Publicado el día Martes, 19/10/1886)

121

5A   Dª. Beatriz Normand Sparks (n.01/01/193_ +1950) Casada con Dn. Jaime Alzamora Porras (n.12/03/19__ +17/01/1998) Hijo de Dn. Lizardo Alzamora Silva (n.19/11/1900) casado el 8 de Abril de 1928 con Dª. Sara Porras Tizón (n.15/06/19__) Nieto de Dn. Lizardo Alzamora Mayo (n.Tarma, 11/09/1858 +1929, Lima) Abogado y magistrado (g.1883) Vocal de la Corte Suprema en 1911 y Plenipotenciario en La Haya en 1914. Ministro de Estado, casado en la parroquia de Huérfanos de Lima el 28 de Enero de 1900 con Dª. Matilde Silva Elguera (n.1872) y de Dn. Arístides Porras Osores (n.1863) casado en el Palacio Arzobispal ante Monseñor Bandini, Arzobispo de Lima, el 31 de Octubre de 1895 con Dª. Emma Tizón Salazar (n.Callao hacia 1868)

       6A   Dn. Pascual Alzamora Normand (n.Lima, 30/09/1968)

5B   Dn. Enrique Normand Sparks (n.Lima, 22/07/1934) Empresario, director de las empresas "Industrias Reunidas SA - Inresa" (1995) e Hidrostal SA (1995) casado el 16 de Abril de 1961 con Dª. Rosa María Fort Barnechea (n.14/09/1937 +10/08/2004) Hija de Dn. César Fort Seguín (n.01/05/1911) y de Dª. María Amelia Barnechea Ezeta (n.Lima, Calle Junín Nº1121, 24/05/1913) Nieta de Dn. Julio Ramón Fort Figari (n. Lima, 31/08/1878 b.07/09/1878 +02/07/1956) casado con Dª. María Rosa Seguín Quesada (n.Trujillo, 30/08/1882 +31/10/1963, Lima) y de Dn. Justo Matías Barnechea Rosales (n.España, Santander, Santoña, 09/08/1854 +28/06/1922, Reino Unido, Londres) casado con Dª. Rosa Luisa Ezeta Raygada (n.Lima, 25/08/1870 b.El Sagrario, 30/08/1870)

       6A   Dª. Rosa María Luisa Tadea Normand Fort (n.Miraflores, 28/02/1962) Psicóloga. Casada en 1993 con Dn. César Juan Pedro Orellana Conroy (n.Lima, 27/05/1961) Hijo de Dn. César Orellana Gamero y de Dª. Elvira Conroy Lanatta. Nieto de Dn. Juan Orellana Zúñiga casado con Dª. Teresa Gamero Salcedo y de Dn. Pedro Conroy Roca (n.Lima, Calle Camaná Nº268, 26/01/1911) casado el 6 de Julio de 1939 con Dª. Dora Lanatta Gilhem (n.24/08/19__)

             7A   Dª. Cristina Orellana Normand (n.Lima, Santiago de Surco, Av. El Polo Nº505, Clínica Montesur, 16/07/1994)

       6B   Dª. María Inés Ramona Josefa Normand Fort (n.Miraflores, 05/03/1963) Abogada. Casada el 15 de Agosto de 1987 con Dn. Jorge Federico Rehder Castro (n.Lima, Maison de Sante, 08/04/1962) Abogado. Hijo de Dn. Bernardo Rehder Remy y de Dª. Consuelo Castro Oliart. Nieto de Dn. Otto Rehder Rau (+10/03/1991) casado el 7 de Octubre de 1929 con Dª. María Elvira Remy Valdivieso (n.Lima, Calle Unión Nº443, 31/01/1906) y de Dn. Jorge Castro casado con Dª. Consuelo Oliart.

             7A   Dn. Diego Rehder Normand (n.Lima, Santiago de Surco, Av. El Polo Nº505, Clínica Montesur, 04/08/1989)

             7B   Dn. Daniel Rehder Normand (n.Lima, Santiago de Surco, Av. El Polo Nº505, Clínica Montesur, 10/04/1992)

6C Dn. Enrique Jorge Alfonso Tadeo Normand Fort (n.Miraflores, 27/04/1968) Casado en Agosto de 1997 en San Isidro con Dª. María Inés Gerda Velarde Dellepiane (n.San Isidro, 06/08/1970) Hija de Dn. Manuel Velarde Aspíllaga (n.14/04/19__ +08/02/1985) y de Dª. Gerda Dellepiane Zoeger (n.Miraflores, 12/05/1943)

6D Dª. María Teresa Normand Fort (n.Miraflores, 08/07/1969)

5C Dª. María Teresa Normand Sparks (n.01/01/1931) Casada en la Parroquia de la Virgen del Pilar en San Isidro el 28 de Noviembre de 1953 con Dn. Cornelius Santos Granda (n.Brooklyn, Nueva York, 30/10/1930) Hijo de Dn. Richard da Silva Santos Jr. (Portugal, Madeira, 19/06/1892) y de Dª. Lizzie Teresa María Adelina Granda Pezet (n.Lima, Calle Unión Nº360, 10/01/1892) Nieto de Dn. Ricardo Da Silva Santos casado con Dª. Fermina de Freitas y de Dn. Juan José Granda San Bartolomé (n.Lima, 08/03/1862 +29/12/1944, Lima) Presidente de la Corte Suprema, diputado, Miembro de la Sociedad de Beneficencia, casado en la iglesia del Sagrado Corazón (Huérfanos) en Lima el 31 de Diciembre de 1890 con Dª. Beatriz Pezet Eastted (n.Londres, 1869)

6A Dª. María Teresa Tadea Milagros Santos Normand (n.Lima, Lince, Av. Arequipa Nº2449, Clínica Franco, 04/10/1954)

6B Dn. Richard Santos Normand (n.Lima, Lince, 16/09/1955)

6C Dª. Nelly Santos Normand (n.09/07/1957) Casada con Dn. Francisco Justiniano Gálvez Dañino (n.21/09/1945) Hijo Dn. José Gabriel Gálvez Ayarza (n.Lima, Calle Huallaga Nº778, 02/12/1913 +28/03/2000) Casado el 29 de Diciembre de 1941 con Dª. Josefina Dañino Ribatto (n.Trujillo, 01/08/1920) Nieto de Dn. José Gálvez Barrenechea (n.Tarma, 07/08/1885 +08/02/1957) casado en el Templo de Belén (Huérfanos) en Lima el 25 de Mayo de 1913 (30 de Mayo por lo Civil) con Dª. Amparo

Ayarza Noriega (n.Lima, calle Ayacucho –antes Naranjos-
Nº348, 22/09/1890) y de Dn. Francisco Solano José de
las Mercedes Dañino de la Torre Ugarte casado con Dª.
Rosa Ribatto Carranza.

7A   Dª. Lorena Gálvez Santos (n.21/08/1978)
Casada en la iglesia de San Pedro de Lima el 24
de Abril de 1999 con Dn. Fernando Aza Piccone,
hijo de Dn. Fernando Aza Zevallos y de Dª. Silvia
Piccone. Casada en segundas nupcias el 4 de
Julio del 2009 con Dn. Francisco Barúa Costa
(n.25/04/1977) Hijo de Dn. Ramón Barúa
Alzamora (n.13/09/1946) casado con Da. Rosa
María Costa Santolalla.

7B   Dª. Milagros Gálvez Santos (n.06/07/1981)
Casada el 9 de Mayo del 2009 con Dn. Miguel
Cillóniz T.

6D   Dn. Enrique Nelson Maximino Santos Normand
(n.Miraflores, 08/04/1961) Casado con Dª. Inés Alzamora
Pierantoni. Hija de Dn. Lizardo Alzamora Porras
(n.30/12/1928) Alcalde de Lima (1973-1975) casado con
Dª. Isabel Pierantoni Cámpora (n.04/12/1934) Nieta de
Dn. Lizardo Alzamora Silva (n.19/11/1900) Decano de
Derecho de la Universidad de San Marcos, automovilista
deportivo, casado el 8 de Abril de 1928 con Dª. Sara Rosa
Porras Tizón (n.Lima, Calle Ayacucho Nº170,
15/06/1905) y de Dn. Renato Pierantoni Raghianti
(n.Lucca, Toscana) casado con Dª. Isabel Cámpora Remy
(n.16/08/1901)

6E   Dn. Raúl Martín Santos Normand (n.Miraflores,
27/04/1963)

6F   Dn. Anthony Milagros Tadeo Santos Normand
(n.Miraflores, 07/12/1964) Casado con Dª. Gianinna
Saco Gamero. Hija de Dn. Luis Enrique Saco Salcedo y de
Dª. Carmen Alicia Gamero Palomera.

6G   Dn. Rafael Gastón Tadeo Santos Normand (n.Miraflores,
14/08/1968) Casado en Chincha el 21 de Setiembre de
1996 con Dª. Francesca Corbetto Tizón. Hija de Dn.
Héctor Corbetto Parodi y de Dª. María Fernanda Tizón
Guerra Pérez.

4D   **Dª. María Beatriz Elizabeth Normand Sattler** (n.Lima, Calle Callao Nº77,
27/11/1902 +11/03/1950)

4E   **Dª. María Amelia Enriqueta Normand Sattler** (n.Lima, Calle Callao 77,
09/02/1904 +27/12/2001, Miraflores) Viuda de Ortiz.

5A   Dª. Ana María Ortiz Normand (+04/10/1993, Miraflores)

5B   Dª. Amelie Ortiz Normand.

5C   Dn. Martín Ortriz Normand.

5D   Dª. Andrea Ortiz Normand.

4F   **Dn. Luis Julio Ramón Normand Sattler** (n.Lima, Calle Moquegua Nº17,
04/03/1905 +03/03/1909, Lima, Calle Moquegua Nº17)

4G   **Dª. Rosa María Normand Sattler** (n.Lima, Calle Moquegua Nº17, 28/08/1906)

3C   Dn. Otto *Albrecht* Hellmuth Sattler Pflücker (n.Alemania, Bremen, 14/09/1870 +09/01/1957)

3D   Dn. Fernando W. Sattler Pflücker (n.Lima hacia 1867) Casado en Lima en el Templo de la Recoleta (San Marcelo) el 11 de Mayo de 1895 con su prima Dª. María Teresa Dibós Pflücker (n.15/10/1874) Hija de Dn. Félix Dibós Duplen y de Dª. Ernestina Pflücker Taramona, de quienes trataremos más adelante. Testigos de la boda fueron Dn. Arnaldo Kitz y Dn. Julio Normand.

4A   **Dª. Elena María Sattler Dibós** (n.Lima, Moquegua Nº118, 04/02/1896 +07/08/1975)

4B   **Dª. María Teresa Sattler Dibós** (n.Lima, Moquegua Nº118, 16/03/1897 b.San Marcelo, 25/04/1897) Sus padrinos de bautizo fueron Dn. Jorge Dibós y Dª. Beatriz Sattler.

4C   **Dn. Segismundo Félix Sattler Dibós** (n.Lima, Calle Arica –Antes Sacristía de San Marcelo- Nº170, 10/10/1898 b.San Marcelo, 20/11/1898) Sus padrinos de bautizo fueron Dn. Francisco Aguirre y Dª. Enriqueta Sattler. Casado con **Dª. Consuelo Carmen Maturo Cambana** (n.Lima, Av. Abancay Nº965, 15/07/1908) Hija de Dn. Domingo Maturo (n.Italia, Nápoles hacia 1864) casado con Dª. Filomena Cambana (n.Italia, Nápoles hacia 1868)

    5A   Dª. Carmen Sattler Maturo (+18/01/2009) Casada en 1948 en la Parroquia de la Virgen del Pilar en San Isidro con Dn. Luis José de Orbegoso Vera Tudela (+18/01/2009) Hijo de Dn. Luis José de Orbegoso González (n.25/07/1869) y de Dª. Guillermina Vera Tudela Salas. Nieto de Dn. Guillermo Eloy de Orbegoso y Martínez de Pinillos (n.25/06/1830) Prefecto de la Libertad, casado con Dª. Rosa Agustina González y Madalengoitia y de Dn. Arturo Vera Tudela Villamil casado con Dª. Fidelia Salas Núñez del Prado.

        6A   Dª. María del Carmen de Orbegoso Sattler (n.Trujillo) Casada en primeras nupcias con Dn. Javier García Alvarado. Hijo de Dn. Javier García Castro y de Dª. Rosa Alvarado Castro.

En segundas nupcias se casó con Dn. Alfonso Larco Navarro (n.02/05/1942) Hijo de Dn. Víctor Umberto Larco Vásquez y de Dª. Josefina Navarro Romero y nieto de Dn. Víctor José Avelino Gerónimo Florentino Larco Herrera (n.Hacienda San Idelfonso, 14/03/1867 b.Huanchaco, 25/04/1868 +10/05/1939, Santiago) casado el 31 de Mayo de 1903 en el sagrario de Trujillo con Dª. Susana Victoria Vásquez Lizarzaburu (n.Trujillo en 1884 +02/10/1950, Lima) y de Dn. Darío Navarro y de Dn. Elvira Romero. En terceras nupcias contrajo matrimonio con Dn. Georges Juilland.

            7A   Dª. Carmen Rosa García de Orbegoso. Casada con Dn. Roberto Alfonso Novoa Tello. Con sucesión.

            7B   Dª. Rosa Luisa García de Orbegoso (n.07/09/1973)

            7C   Dn. Maurice Juilland de Orbegoso. Casado con Dª. Aranzazú Muelle.

6B   Dª. Pilar de Orbegoso Sattler. Casada con Dn. José Valle Riestra Briceño. Hijo de Dn. Augusto Valle Riestra Carbo (n.21/01/1899 +07/01/1978) casado con Dª. Marta Briceño Meiggs. Nieto de Dn. Víctor Miguel Valle Riestra Vernaza casado con Dª. Matilde Carbo Buckliff y de Dn. Jorge Briceño casado con Dª. Fanny Meiggs.

            7A   Dª. Carolina Valle Riestra de Orbegoso.

            7B   Dn. José Javier Valle Riestra de Orbegoso (n.12/08/1987)

6C   Dª. Luisa Fernanda de Orbegoso Sattler. Casada con Dn. Jaime Alberto Bogani Ipince (n.Miraflores, 22/05/1949) Hijo de Dn. Enrique Bogani Castillo (n.Lima, La Colmena, Clínica Febres, 11/03/1917) y de Dª. Kina Ipince (n.13/04/19__)

6D   Dª. María Milagros Martina de Orbegoso Sattler (n.La Libertad, Trujillo hacia 1963) Casada con Dn. José Antonio Caro Tiravanti (n.Cajamarca hacia 1959)

            7A   Dª. María Milagros Caro de Orbegoso (n.Lima, Santiago de Surco, Av. El Polo Nº505, Clínica Montesur, 19/12/1992)

4D   **Dn. Luis Arnoldo Sattler Dibós** (n.Lima, Calle Arica Nº160, 30/09/1899 b.San Marcelo, 15/10/1899 +30/07/1981) Fueron sus padrinos de bautizo Dn. Luis Dibós y Dª. Ana Dibós viuda de Kitz. Casado con **Dª. María Emma Olga Lorenza Saija Nalda** (n.Lima, Calle Ancash Nº187, 10/08/1909) Hija de Dn. Hugo Saija Mendoza y de Dª. María Teresa Nalda Ronalger.

5A   Dª. Borka María Sattler Saija (n.22/11/19__) Casada con Dn. Alvaro Chirinos Stein (n.Arequipa, +1995, Lima) Hijo de Dn. Salustiano Chirinos Araico y de Dª. Angélica Stein Abril. Nieto de Dn. Pedro Chirinos Morón casado con Dª. Sara Araico Rubina y de Dn. Máximo Fortunato Stein Yacarini (n.Trujillo, 1888) casado con Dª. Adelia Abril Peña (n.Arequipa, 1882)

            6A   Dª. Borka María Chirinos Sattler (n.21/04/1964) Casada con Dn. Gonzalo Gamero.

                       7A   Dª. Borka Carmela Gamero Chirinos (n.Miraflores, 11/09/1986)

                       7B   Dn. Sebastián Gamero Chirinos (n.Miraflores, 03/02/1988)

                       7A   Dª. Roxana Gamero Chirinos.

                       7B   Dn. Jenkins Gamero Chirinos.

            6B   Dn. Alvaro Paulo Chirinos Sattler (n.Miraflores, 18/05/1965)

            6C   Dª. María Ximena Chirinos Sattler (n.Miraflores, 12/05/1967) Casada con Dn. Máximo Prialé Marquina.

5B   Dª. Borka Sattler Saija.

5C   Dª. Sheila Sattler Saija (n.Lima, 05/02/1941) Casada con Dn. Héctor Chirinos Lorentzen (n.Arequipa, 10/03/1936) Hijo de Dn. Humberto Chirinos Rodríguez (n.Arequipa, 20/12/1908) casado con Dª. Lucila Lorentzen Donoso. Nieto de Dn. Amadeo Chirinos Gamero casado con Dª. Natividad Rodríguez y de Dn. Arthur Lorentzen casado con Dª. Alejandrina Donoso.

       6A   Dª. María Silvia Chirinos Sattler (n.Miraflores, 10/09/1963)

       6B   Dn. Héctor Arturo Chirinos Sattler (n.Miraflores, 14/01/1965) Casado con Dª. Alicia María Zevallos Bellido (n.03/06/1965) Hija de Dn. Enrique Zevallos Távara casado con Dª. Carmen Rosa Bellido Espinosa.

          7A   Dn. Alejandro Chirinos Zevallos (n.Lima, 1991)

          7B   Dn. Diego Chirinos Zevallos (n.Canadá, Toronto, 10/05/1994)

          7C   Dª. Rafaella Chirinos Zevallos (n.Lima, 23/08/1997)

       6C   Dª. Sheila María Chirinos Sattler (n.Miraflores, 16/12/1969)

4E   **Dn. Ernesto Eduardo Sattler Dibós** (n.Lima, Moquegua –Antes León de Andrade- Nº97, 10/01/1902, b.San Marcelo, 04/02/1902 +09/02/1903, Lima, Calle León de Andrade Nº118) Sus padrinos de bautizo fueron Dn. Eduardo Dibós y Dª. Carmela Rutté.

4F   **Dn. Félix Sattler Dibós** (n.Lima, Moquegua Nº118, 09/01/1903) Casado con **Dª. Beatriz María Enriqueta Weckwarth Sattler** (n.Chorrillos, Calle del Tren Nº50, 07/06/1896) su prima hermana hija de Dn. Eugenio Leopoldo Weckwarth Sheerbarth y de Dª. Carlota María Elena Sattler Pflücker (n.1865) (*Vistos anteriormente*)

4G   **Dn. Enrique Jorge Sattler Dibós** (n.Lima, Calle Moquegua Nº118, 27/02/1904 +15/08/1991) Casado con **Dª. Leonor Zanatti Otihura** (n.Lima, Calle Cuzco Nº867, 29/10/1905) Hija de Carlos Zanatti Raffo (n.Génova, Italia hacia 1879) casado el 17 de Junio de 1900 en la parroquia de Los Huérfanos con Dª. Bethsabé Otihura Bueno (n.1882) (También lo escriben: Othihura, Othura y Otiura) Nieta de Dn. Cayetano Zanatti casado con Dª. Teresa Raffo y de Dn. Federico Otihura casado con Dª. Carolina Bueno.

       5A   Dª. Leonor Sattler Zanatti (n.Lima, 18/02/1935) Casada con Dn. Alfonso Arévalo Alvarado-Zañartu (n.La Libertad, Pacasmayo, 23/05/1928 +1996) Hijo de Dn. _____ Arévalo y de Dª. Cristina Alvarado Zañartu.

          6A   Dª. Juana María Teresa Arévalo Sattler (n.Lima, Maternidad, 08/08/1961 +2001)

          6B   Dn. Alfonso Enrique Domingo Arévalo Sattler (n.Miraflores, 04/08/1962)

          6C   Dn. Juan Alfonso Javier Arévalo Sattler (n.Miraflores, 20/11/1963)

          6D   Dn. Eduardo Alfonso Arévalo Sattler (n.Miraflores, 02/08/1965)

          6E   Dª. María Pilar Martina Arévalo Sattler (n.Miraflores, 07/07/1966)

        6F   Dª. María Cecilia Arévalo Sattler (n.Miraflores, 26/08/1967)

        6G   Dª. María Paz Milagros Arévalo Sattler (n.Miraflores, 17/10/1968)

        6H   Dª. María Cristina Alexandra Arévalo Sattler (n.Miraflores, 16/11/1969)

5B   Dª. Ruth Sattler Zanatti (n.13/04/19__)

5C   Dn. Enrique Sattler Zanatti (n.10/10/19__) Casado con Dª. Beatriz Arana Borda (n.03/10/19__)

        6A   Dª. Ingrid Beatrice Sattler Arana (n.Miraflores, 04/01/1968) Casada con Dn. Michel André Pujazón Westphalen (n.Lima, 1966)

                7A   Dn. Michel Francoise Pujazón Sattler (n.Lima, Santiago de Surco, Av. El Polo Nº505, Clínica Montesur, 03/12/1990)

                7B   Dª. Nicole Beatrice Pujazón Sattler (n.Lima, Santiago de Surco, Av. El Polo Nº505, Clínica Montesur, 04/02/1992)

        6B   Dn. Enrique Adolfo Sattler Arana (n.Miraflores, 20/09/1969)

        6C   Dª. Miriam Sattler Arana (n.Miraflores, 12/08/1974)

        6D   Dn. Fernando Sigmund Sattler Arana (n.Miraflores, 21/08/1980) Casado el 2 de Junio del 2012 con Dª. Jacky Jarufe Chehade.

5D   Dn. Gerardo Félix Sattler Zanatti. Casado en Miraflores el 21 de Noviembre del 2009 con Dª. Violeta Miluska Bocanegra Benites.

5E   Dn. Jorge Sattler Zanatti (n.12/08/19__) Casado con Dª. Gabriella Finazzi.

        6A   Dn. Franco Alessandro Sattler Finazzi (n.Miraflores, 21/04/1971) Casado en la parroquia de Nuestra Señora de la Reconciliación con Dª. Cristina Camaiora Giuffredi. Hija de Dn. Mario Camaiora Canessa y de Dª. Mónica Giuffredi.

        6B   Dn. Giorgio Gabriele Sattler Finazzi (n.Miraflores, 13/06/1972)

4H   **Dn. Felipe Manuel Sattler Dibós** (n.Lima, Moquegua Nº118, 25/03/1905 +24/09/1981) Casado con **Dª. María Teresa Zanatti Otihura** (n.Lima, Calle Ancash Nº111, 21/03/1902) Hermana de **doña Leonor** e hija de Carlos Zanatti Raffo (n.Génova, Italia hacia 1879) casado el 17 de Junio de 1900 en la parroquia de Los Huérfanos con Dª. Bethsabé Otihura Bueno (n.Lima hacia 1882) Nieta de Dn. Cayetano Zanatti casado con Dª. Teresa Raffo y de Dn. Federico Otihura casado con Dª. Carolina Bueno.

      5A   Dn. Felipe Sattler Zanatti (n.30/12/19__) Casado con Dª. Leticia Luna (n.14/12/19__)

      5B   Dn. Carlos Sattler Zanatti (n.27/01/19__) Casado con Dª. Marité Pabón (n.06/08/19__)

5C   Dn. Oscar Sattler Zanatti (n.14/03/1937) Casado con Dª. Cecilia Correa Rey (n.18/05/1944) Hija de Dn. Ernesto Correa Elías (n.Chorrillos, Calle de Lima Nº18, 25/02/1911 +13/10/1945) casado en Miraflores el 26 de Junio de 1941 con Dª. Delia Rey Bull (n.13/01/1914) Nieta de Dn. Guillermo Correa Veyán (n.1861 +27/01/1926, París) casado en casa de la familia Correa (Huérfanos) el 17 de Octubre de 1889 con Dª. María Albina Elías Espantoso (Lima) y de Dn. Domingo Rey Alvarez Calderón (n.Lima, Calle Camaná Nº265, 22/06/1880 +14/10/1945) Médico, higienista y economista. (g.San Fernando, 1907) Miembro fundador del Círculo Médico Peruano (1922) Presidente de la negociación agrícola Unanue. Vicepresidente de la asociación de empresarios eléctricos del Perú siendo promotor de las Empresas Eléctricas Asociadas. Autor de numerosas obras, casado el 20 de Junio de 1911 con Dª. Delia Bull Pérez (n.Pisco, 12/06/1889 +24/09/1987)

            6A   Dn. Oscar Ernesto Sattler Correa (n.Miraflores, 31/10/1966)

            6B   Dn. Claudia Cecilia Sattler Correa (n.Miraflores, 06/11/1967) Casada el 22 de Febrero de 1996 en la parroquia de Nuestra Señora de Fátima con Dn. Patricio Rubio Correa. Hijo de Dn. Marcial Rubio Escudero y de Dª. Raquel Correa.

            6C   Dª. Verónica Cecilia Sattler Correa (n.Miraflores, 20/01/1972)

     5D   Dn. Rafael Sattler Zanatti (n.06/04/19__)

4I   **Dª. María Leonor Sattler Dibós** (n.Lima, Moquegua Nº118, 24/06/1906)

4J   **Dn. Otto Sattler Dibós** (n.06/09/19__) Casado con **Dª. Luz Arias de La Torre** (n.13/03/19__) ¿Hija de Dn. Manuel Arias y de Dª. Martina de la Torre?

4K   **Dn. Carlos Sattler Dibós** (n.30/07/19__ +25/02/1977) Casado con **Dª. Iris Sánchez Guerra** (n.31/05/19__)

3E   **Dª. Enriqueta María Sattler Pflücker** (n.Lima, 12/05/1874 b.Sagrario de Lima, 01/07/1874 +10/02/1944, Presbítero Maestro)

3F   **Dn. Herman Heinrich Sattler Pflücker** (b.El Sagrario de Lima, 18/09/1876)

2B   LOS MONTERO Y LOS REVETT.

Dª. Matilde Enriqueta Pflücker Taramona (n.Lima hacia 1838, b.Parroquia de Santa Ana en Lima, 05/10/1838 -Fs.58-) Casada en Lima el 3 de Octubre de 1859 (Sag.T.15 fs.6) con Dn. Juan Cristóbal (Crisóstomo) Montero Elguera (n.hacia 1837) Hijo de Dn. Juan Bautista Montero Núñez (n.Lima, Supe) casado en Lima el 24 de Enero de 1822 con Dª. Petronila Elguera y Fonseca. Nieto por parte de padre de Dn. Ramón Montero y de Dª. Natividad Núñez. Por el lado materno era nieto de Dn. Bernardo Elguera (n.Pativilca t.18/02/1845, Notario Téllez) dueño de la hacienda "Carapongo" cerca de Lima, y de Dª. Jacoba Fonseca Núñez (+16/03/1841)

     3A   Dª. Rebeca Montero Pflücker (n.hacia 1863) Casada el 8 de Junio de 1885 con Dn. Henry Fox Revett Baker (n.Inglaterra, Hampshire, Southampton, hacia 1856) Alcalde de Miraflores en dos períodos, 1886-1889 y en 1903-1908. Era hijo de Dn. Richard Revett y de Dª. Agnes Baker, ambos ingleses. Los Revett Montero vivieron la Calle del Progreso Nº 10 y luego, en 1890, en la Bajada Balta Nº 26, Miraflores.

4A **Dª. Agnes Mary Revett Montero** (n.Miraflores, Calles del Progreso N°10, 31/03/1886) Don Henry Revett declaró en Junio 24 de 1887 el nacimiento de su hija Agnes Mary.

4B **Dª. Amalia Matilde Revett Montero** (n.Miraflores, Calle del Congreso N°10, 28/02/1887) Casada en Miraflores el 19 de Julio de 1914 con **Dn. Jules Charles Rudolphe Lortsch Musson** (n.Francia, 1884) Hijo de Dn. Daniel Lortsch y de Dª. Lucie Musson. Vivían al momento de casarse en la Bajada Balta N° 22, Miraflores.

4C **Dn. Henry Juan Revett Montero** (n.Lima, Calle Arica –antes Toma de Santo Domingo- N°30, 04/09/1888)

4D **Dª. María Rebeca Elena Revett Montero** (n.Miraflores, Bajada Balta N°16, 01/03/1890) Según la VISA para el Brasil que obtuvo en 1952, habría nacido en el año 1899 y permanecía soltera.

4E **Dn. Esteban Revett Montero** (n.Lima, Calle Lima –Antes Correo- N°25, 24/04/1891) Partida de nacimiento inscrita por Oscar Pflücker y con Guillermo Pflücker como testigo.

4F **Dª. María Angelina Luisa Revett Montero** (n.Lima, Calle Lima –Antes Correo- N°25, 01/08/1892) Casada en la parroquia de Miraflores ante el padre Juan Riera el 15 de Febrero de 1917 (al día siguiente se casó por lo Civil) con **Dn. César Augusto Víctor Benavides Diez Canseco** (n.Lima, 14/09/1889) Hijo de Dn. Alfredo Benavides Cornejo (n.Arequipa, Islay, 10/07/1857) casado en la parroquia del Sagrario de Lima el 30 de Noviembre 1878 con Dª. María Diez Canseco Coloma. Testigos de la boda fueron don Alfredo Benavides Canseco de 35 años y don Luis P. Dibós de 41. Vivían en la Avenida Benavides N° 10.

    5A Dª. Juana Benavides Revett (n.Londres, 11/06/1924 +09/2011) casada en Miraflores el 24 de Noviembre de 1944 con Dn. Felipe Barreda Soria (n.Miraflores, 22/05/1918 +10/07/1995) Hijo de Dn. Felipe A. Barreda y Bolívar (n.París, 30/08/1882 +1960) casado el Templo de la Recoleta en Lima el 25 de Junio de 1914 de Dª. María Soria y Bolívar (n.03/06/1893 +19/04/1961) Nieto de Dn. Felipe Barreda y Osma (n.26/05/1845 +12/05/1915) Senador de la República, casado el 8 de Enero de 1877 con Dª. Amalia Bolívar y Pardo y de Dn. Fernando Soria y Llano casado con Dª. Enriqueta Bolívar y Pardo.

        6A Dn. Felipe Augusto Barreda Benavides (n.San Isidro, 13/08/1945 b.Virgen del Pilar, 07/09/1945) Casado con Dª. Ana Teresa Benavides de Souza Ferreira. Hija de Dn. Alfredo Benavides Lazarte (n.Lima, Calle Puno N°137, 14/09/1908) y de Dª. María Souza Ferreira Basagoitia (n.Lima, Calle Unión N°893, 10/10/1907)

            7A Dn. Felipe Barreda Benavides (n.07/12/1977)

            7B Dª. Ana Luisa Barreda Benavides.

            7C Dn. Manuel Augusto Barreda Benavides (n.27/01/1985)

            7D Dn. Fernando Barreda Benavides.

        6B Dª. Juana María Barreda Benavides (n.San Isidro, 05/03/1947 b.Virgen del Pilar, 25/03/1947) Contrajo matrimonio con Dn. Juan Brignardello Radulesco (n.21/02/1943)

Hijo de Dn. Carlos Eduardo Brignardello Campodónico (n.Lima, Calle Ayacucho –antes Naranjos- N°473, 04/02/1901) casado con Dª. Monett Radulesco (n.04/07/19__)

7A   Dn. Juan Brignardello Barreda (n.25/09/1969)

7B   Dn. Augusto Brignardello Barreda (n.17/05/1971)

7C   Dn. Joaquín Brignardello Barreda (n.20/12/1982)

6C   Dª. Augusta María Barreda Benavides (n. San Isidro, 16/04/1954 b.Virgen del Pilar, 15/05/1954)

6D   Dª. Mariana Barreda Benavides (n.11/05/19__)

5B   Dª. María Luisa Benavides Revett (n.28/12/19__) Casada con Dn. Alfredo Porras Cáceres (n.Lima, Calle Moquegua N°205, 26/04/1903) Hijo de Dn. Ignacio Carlos Felipe Porras Osores (b.Lima, San Sebastián, 06/12/1869) y de Dª. Lucía Hortensia Cáceres Moreno (n.Lima, b.San Sebastián, 02/11/1869) Nieto de Dn. Melitón Porras Díaz (n.Lima hacia 1826 +21/02/1906, Santiago de Surco) Médico y Político, Alcalde de Lima (1880) casado con Dª. Virginia Osores Valera (n.hacia 1837 +Lima, 05/07/1916, Calle Moquegua N°205) y por el lado materno, de Dn. Andrés Avelino Cáceres Dorregaray (n.Ayacucho, 04/02/1833 +10/10/1923, Ancón) Prefecto del Cuzco al estallar la guerra del Pacífico, combatió en San Francisco, Tarapacá, Alto de la Alianza, San Juan y Miraflores. Organizó la Campaña de la Breña, Presidente del Perú en 1887, ascendido a Gran Mariscal en 1919, casado en la parroquia de Santa Ana el 22 de Julio de 1876 con Dª. Antonia Moreno Leyva (n.Ica, hacia 1848 +26/02/1916, Lima, Calle Chachapoyas N°37) Hija esta última de Dn. Fulgencio Moreno y de Dª. Agustina Leyva.

6A   Dn. Alfredo Porras Benavides. Soltero.

6B   Dª. Luisa Porras Benavides. Casada.

6C   Dª. Carolina Porras Benavides. Contrajo matrimonio con Dn. José Luis del Solar Dibós. Hijo de Dn. Manuel del Solar Ayllón casado en Miraflores el 11 de Octubre de 1943 con Dª. Blanca Susana Dibós Cauvi (n.18/10/19__) (*Ver más adelante*)

5C   Dª. Augusta Benavides Revett.

4G   **Dª. María Gladys Revett Montero** (n.Lima, Calle Lima –Antes Correo- N°25, 02/10/1893 +11/07/1978, Miraflores) Casada el 6 de Enero de 1922 con **Dn. Augusto Federico Guillermo Leguía de los Ríos** (n.Lima, Calle Callao –antes Arco- N°185, 30/04/1890) Hijo de Dn. Carlos A. Leguía Salcedo (n.Lambayeque hacia 1860) casado con Dª. Ernestina de Los Ríos Zavaleta (n.Lima hacia 1867) Nieto de Dn. Nicanor Leguía y Haro (n.Lambayeque, 1820 +16/08/1907, Miraflores, Calle del Mercado N°23) casado con Dª. María del Carmen Salcedo Taforó (+17/03/1916, Miraflores - Alameda N° 19) y de Dn. Angel de los Ríos y Negrón casado con Dª. Manuela Zavaleta.

5A   Dª. Magdalena Leguía Revett (n.22/07/19__ +24/09/2012)

5B   Dn. Guillermo Enrique Leguía Revett (n.17/04/19__) Casado en Miraflores el 5 de Enero de 1973 con Dª. Blanca María Teresa Lama Lazarte (n.Miraflores, 08/05/1953) Hija de Dn. Ricardo Lama casado en Miraflores el 1º de Diciembre de 1949 con Dª. Elsa Graciela Lazarte.

         6A   Dª. Mariana Leguía Lama (n.Miraflores, 08/08/1973)

         6B   Dn. Guillermo Leguía Lama (n.1976) Sacerdote ordenado el 4 de Agosto 2012 en Lima.

4H   **Dª. Catalina María Revett Montero** (n.Chorrillos, 09/07/1896) Casada en Miraflores el 26 de Julio de 1917 con **Dn. Bruno Esteban Demetrio Montero Meyerhuber** (n.Ica, Hda. Caucato, 15/10/1887 +USA) Hijo de Dn. Juan Manuel Montero Elguera (n.Lima, 1830 +28/01/1802, Hda. Caucato, Pisco) y de Dª. Emilia Meyerhuber Byrnhelmer (n.Karlsruhe, Alemania, 30/07/1858)

        5A   Dª. Mary Montero Revett. Casada el 12 de Noviembre de 1946 con Dn. Fernando Ferrer Rodríguez Guerra (n.24/01/1913) Hijo de Dn. Francisco Ferrer Soria (n.30/06/1887 b.Huérfanos, 03/10/1887) y de Dª. Emilia Rodríguez Guerra Bilbose. Nieto de Dn. Ramón Ferrer Abella (Barcelona) casado con Dª. Bárbara Beatriz Soria e Iribarren, y de Dn. Alejandro Rodríguez Guerra casado con Dª. Melanie Bilbose.

            6A   Dª. Mary Ann Ferrer Montero (n.09/10/1948)

            6B   Dª. Beatriz Emilia Ferrer Montero (n.27/03/1954)

4I   **Dª. María Leonor Revett Montero** (n.Lima, Calle Moquegua –antes León de Andrade- Nº118, 10/01/1898 b.San Marcelo, 19/09/1898) Madrina de bautizo fué su abuela Dª. Matilde Pflücker de Montero.

4J   **Dª. Enriqueta María Elena Revett Montero** (n.Lima, Calle Moquegua – Antes León de Andrade- Nº118, 10/01/1898 b.San Marcelo, 19/09/1898) Melliza de la anterior, siendo su madrina de bautizo Dª. Amalia Revett.

4K   **Dn. Richard Edward Fox Revett Montero** (n.Miraflores, Bajada Balta Nº16, 03/08/1901 +28/05/1991)

4L   **Dn. Charles Fox Revett Montero** (n.Miraflores, Bajada Balta Nº26, 09/09/1906 +21/01/1988, Miraflores)

2C   LOS DIBÓS.

Dª. Ernestina Eleonora (Leonora) Pflücker Taramona. Nace hacia 1840. Bautizada en la Parroquia del Sagrario en Lima el 25 de Abril de 1840. Casada el 12 de Abril de 1861 en la Parroquia del Sagrario de Lima con Dn. Salvat-Félix-Annibal Dibós Duplan, nacido en Bayona, Francia, el 26 de Abril de 1831 e hijo de Dn. Tristán Félix Dibós Dubrocq (n. y b.Bayonne, 23/02/1790 +21/05/1837, Ustarritz, Pirineos Atlánticos) casado con Dª. Gracieuse-Désirée Duplan (n.Bayonne, 30/01/1799 à Bayonne +27/11/1865, Biarritz)

Residente en el Perú hacia 1858 adquirió la mina de nitratos Santa Ana en Tarapacá, propietario en la zona de Magdalena en Lima, funcionario en varias instituciones Franco Peruanas. Dn. Félix Dibós Duplan falleció el 23 de Junio de 1898 en la Calle Moquegua –antes León de Andrade- Nº118, Lima. *Según las notas de la familia Dibós, Ernestina nació en 1848 con información proporcionada por Fray Alberto Saguier Fonrouge.*

3A   Dª. Ana María Josefina Dibós Pflücker (n.Lima hacia 1869 +09/08/1909, Chorrillos, Plaza Matriz Nº3) Casada en primeras nupcias en la capilla de la Recoleta el 29 de Octubre de 1887 con Dn. Arnold Emilio José Kitz Veyrich (n.Oldenburgo, Alemania, 1853 +1896, Huánuco) Hijo de Dn. Arnaldo Kitz, Presidente de la Corte Superior de Justicia de Oldenburgo, y de Dª. Julia Veyrich. Testigos del matrimonio fueron Dn. Félix Dibós, Dn. Eugenio Weckwarth y Dn. Julio Normand.

Viuda contrajo segundas nupcias se casó en la iglesia Matriz de Chorrillos el 4 de Octubre de 1906 con Dn. Víctor González Olaechea (n.Arequipa hacia 1871) Vecino de Chorrillos e hijo de Dn. José Julián González Leyva y de María Aurelia Trinidad Olaechea Guerrero (b.San Jerónimo, Ica, 19/06/1851) Testigo de la boda fue Dn. Otto Sattler.

       4A   **Dn. Arnold Ernest Willie Kitz Dibós** (n.Lima, Calle Puno Nº100 Altos Exterior, 11/07/1888 +13/07/1888, Lima, Calle Puno –antes Padre Jerónimo- Nº100)

       4B   **Dn. Riekhard Julius Félix Kitz Dibós** (n.Lima, Calle Camaná –Antes General La Fuente- Nº178, 11/01/1890 b.San Marcelo, 02/03/1890 +13/03/1891, Lima, Calle Camaná –Antes General La Fuente- Nº173) Fueron sus padrinos de bautizo Dn. Félix Dibós y Dª. María Teresa Dibós.

       4C   **Dn. Wilhelm Georg Kitz Dibós** (n.Lima, Calle Camaná –Antes General La Fuente- Nº173, 10/07/1891 b.San Marcelo, 10/08/1891 +09/04/1892, Lima, Calle Camaná –Antes General La Fuente- Nº173) Fueron sus padrinos de bautizo Dn. Jorge Dibós y Dª. Elena Kitz.

       4D   **Dª. Ana María Elena Rafaela Kitz Dibós** (n.Lima, Calle Moquegua Nº118, 07/09/1893 b.San Marcelo, 15/10/1893) Sus padrinos: Dn. Luis Dibós y Dª. Ernestina Pflücker de Dibós en representación de Dª. María Taramona de Pflücker.

3B   Dn. Luis Rodolfo Dibós Pflücker (n.Lima, 15/02/1875 b.Sagrario, 25/02/1875 +11/02/1957) Casado en la iglesia de La Recoleta el 8 de Mayo de 1905 con Dª. María Isabel de Menchaca Figari (n.27/11/1880 +05/10/1969) Hija de Dn. Gabino de Menchaca Manene (n.Algorta, Vizcaya) y de Dª. Carolina Figari Rosas. Nieta de Dn. Juan Antonio de Menchaca casado con María Vicenta de Manene y de Dn. Juan Figari Olivari (n.Camogli, Génova, hacia 1810 t.25/11/1873 +01/12/1873) casado con Dª. Eulalia Rosas Barragán.

       4A   **Dn. Luis Ernesto Germán Dibós de Menchaca** (n.Lima, Moquegua Nº18, 28/05/1906) Se casó en París con **Dª. Teresa de Lomet de la Brosse** (n. hacia 1910) Hija de Dn. Louis Marie de Lomet y de Dª. Yvonne de la Brosse (n.1886 +1965)

           5A   Dª. María Isabel Dibós de Lomet (n. hacia 1935) Casada con un señor de apellido Wilcken.

               6A   Dn. Colin P. Wilcken Dibós.

               6B   Dn. Ian Wilcken Dibós.

           5B   Dª. Carolina Dibós de Lomet. Casada con un señor de apellido Chay.

           5C   Dª. Delfina Dibós de Lomet. Casada en 1974 en la localidad de Tonbridge Kent, Inglaterra con Dn. Graham M. Williams.

           5D   Dª. Sofía Dibós de Lomet. Casada con un señor de apellido Lordiet.

       4B   **Dª. María Isabel Victoria Dibós de Menchaca** (n.Lima, La Colmena s/n, 08/05/1909 +02/12/1984) Casada en París el 14 de Mayo de 1930 con **Dn. Pierre de Tournemire** (n.París, 15/04/1902) Hijo de *Dn. Jacques de Tournemire y de su esposa Dª. Jeanne Dupuy.*

5A   Dn. Robert de Tournemire Dibós (n. París, 20/01/1932) Casado en Villerville el 21 de Agosto de 1960 con Dª. Chantal Mourre de Douville (n.Boulogne, 1937 +11/07/1967, Turín) Hija de Dn. Edgar Mourre y de Dª. Marie France de Douville Maillefeu. Casado en segundas nupcias con Dª. Mireille Mouries.

5B   Dª. María Nieves de Tournemire Tourneville Dibós (n.París, 22/06/1933) Casada en Dijon el 19 de Setiembre de 1956 con Dn. Jack Lordet Gelas (n.Sfax, Tunisia, hacia 1926 +09/04/1997, Seyne-sur-Mer) Hijo de Jean Lordet y de Dª. Gabrielle Gelas.

         6A   Dn. Benito Lordet de Tournemire.

         6B   Dª. Ana Lordet de Tournemire.

5C   Dn. Bertrand de Tournemire Dibós (n.Reims, 05/12/1934) Casado en Niza el 20 de Diciembre de 1962 con Dª. Michele Catajar Soulier (n.Mostaganem, Algeria, 1940) Hija de Dn. François Charles Catajar y de Dª. Marie Louise Soulier.

5D   Dª. Silvie de Tournemire Dibós (n.Marrakech, 25/09/1937) Casada el 20 de Diciembre de 1962 con Dn. Jack Loussier Duvat (n.Angers, 26/10/1934) Hijo de Dn. René Loussier y de Dª. Marguerite Duvat.

5E   Dn. Rigaud de Tournemire Dibós (n.París, 04/01/1940) Compositor, casado en primeras nupcias en París el 13 de Setiembre de 1962 con Dª. Annie Mioche Pichot (n.Champigny-sur-Marne, 18/03/1942) Hija de Dn. Henri Mioche y de Dª. Francisca Lucienne Pichot. En segundas nupcias se casó con Dª. Carole Desprets.

4C   **Dn. Alberto Félix Dibós de Menchaca** (n.Lima, Av. La Colmena Nº590, Clínica Febres, 25/02/1919) Casado en primeras nupcias con **Dª. Odette Bouzol** y en segundas nupcias con su prima hermana **Dª. María Carolina Adrianzén de Menchaca** (n. Buenos Aires 1912 +1988) Hija de Dn. Rafael Adrianzén Díaz y de Dª. María Eloida Manuela de Menchaca Figari.

         5A   Dª. Bernardette Dibós Bouzol.

4D   **Dn. Jorge Dibós de Menchaca**.

3C   Dn. Eduardo Dibós Pflücker (n.Lima hacia 1866) Fundador de la Cía. de seguros "La Popular" (06/04/1904) Contrajo matrimonio en la iglesia del Sagrado Corazón (Sagrario) en Lima el 2 de Marzo de 1893 con Dª. María Mercedes *Guillermina* Juana Dammert Alarco (n.08/10/1862 b.San Sebastián, 11/02/1863 +02/12/1944, Miraflores) Hija de Dn. Juan Luis Dammert Amsink (n.Hamburgo, 18/04/1837 +31/12/1917) casado con Dª. Juana Alarco Espinosa (n.27/05/1842 +02/08/1932) Dama peruana que luchó por el bien de la niñez. Dn. Eduardo Dibós Pflücker residía en Pacasmayo en el momento de contraer matrimonio. Su esposa era nieta de Dn. Johann Ludewig Dammert casado con Dª. Cornelia Wilhelmine Amsinck y de Dn. Julián Alarco Garavito (n.Huancavelica, 1799 t.15/04/1850 +1860) casado con Dª. Mercedes Espinosa Martínez (n.Guayaquil, 1811)

         4A   **Dª. Mercedes Guillermina Dibós Dammert** (n.Lima, Calle Ica –antes San Agustín- Nº68, 07/02/1894 +19/10/1969, Miraflores) Presidenta de la junta directiva del Hogar del Médico (1947-1949) Casada el 26 de Julio de 1916 en la Parroquia del Sagrario con **Dn. Francisco Camino Crovetto** (n.30/4/1890 +14/8/1938, Rochester) Médico, hijo de Dn. Francisco de Paula Camino Botaro (n.1853) y de Dª. Josefina (Carmela) Crovetto Ordoises. Don Francisco Camino Crovetto era nieto de Dn. José Félix Camino Dueñas casado el 23 de Julio de 1849 con Dª. María Feliciana (Felícita) Bottaro (Génova) y de Dn. Domingo Crovetto casado con Dª. Manuela Ordoises.

5A   Dn. Francisco Eduardo Camino Dibós (n.Lima, Calle Junín N°980, 26/05/1917 +15/04/1997, Miraflores) Casado el 26 de Noviembre de 1943 con Dª. Elsa Boggio Pellerano (n.Lima, 1920 +14/05/2000, Lima) Hija de Dn. Dante Boggio Klauer (n.Lima hacia 1890) y de Dª. María Benedicta Herminia Pellerano Brondy (n.Lima, Calle Huallaga –antes Melchor Malo- N°132, 25/08/1899)

    6A   Dª. Elsa Rosa Teresa Camino Boggio (n.Miraflores, 03/10/1944) Casada en Miraflores el 24 de Junio de 1970 con Dn. Ricardo Alberto Maldonado Zaa.

        7A   Dn. Ricardo José Maldonado Camino. Casado.

    6B   Dn. María Cecilia Camino Boggio (n.30/06/19__) Casada con Dn. José Guerrero Bedoya.

        7A   Dª. Leonor Guerrero Camino.

        7B   Dª. Lucía Guerrero Camino.

    6C   Dn. Francisco Eduardo Jesús Camino Boggio (n.Miraflores, 22/12/1945) Casado con Dª. Teresa Rivera Escribens.

        7A   Dn. Francisco Camino Rivera.

        7B   Dª. Maribel Camino Rivera (n.Miraflores, 12/04/1975)

        7C   Dª. Carolina Camino Rivera (n.Miraflores, 24/01/1979) Casada el 15 de Mayo del 2009 con Dn. Roberto Woll Pizarro.

    6D   Dn. Jaime Enrique Camino Boggio (n.Lima, 25/05/1947 +02/01/1987, Lima) Casado con Dª. Patricia Salaverry Arbulú (+09/01/2009) Hija de Dn. Ernesto Salaverry Ramos (n.Lima, Calle Arica N°389, 10/04/1915) y de Dª. Lily Arbulú Arzubiaga.

        7A   Dn. Jaime Enrique Camino Salaverry (n.Miraflores, 07/12/1972)

        7B   Dª. Ursula Patricia Camino Salaverry (n.Miraflores, 23/08/1976)

    6E   Dn. Luis Guillermo Camino Boggio (n.16/12/19__) Casado con Dª. Patricia Ludmann Paredes.

        7A   Dn. Luis Guillermo Camino Ludmann (n.Miraflores, 30/04/1981)

        7B   Dª. Claudia Camino Ludmann.

        7C   Dn. Carlos Francisco Camino Ludmann.

    6F   Dn. Manuel Gonzalo Camino Boggio (n.Miraflores, 01/11/1955) Casado con Dª. Rosa Duharte Bacigalupo.

        7A   Dª. María Paz Camino Duharte (n.Miraflores, 21/03/1993)

5B   Dn. José Luis Ignacio Camino Dibós (n.Lima, Calle Cañete Nº494, 22/03/1919 +21/10/1971) Contrajo matrimonio con Dª. María Esther Ivanissevich López Cabanillas (Argentina, 1924 +11/01/2006, Buenos Aires) Hija de Dn. Oscar Ivanissevich *De Filippi* (Yugoeslavia) y de Dª. María Esther López Cabanillas.

   6A   Dª. Ana María Camino Ivanissevich (n.05/12/1944) Casada con Dn. Hugo Paredes Gálvez.

      7A   Dª. Ana María Paredes Camino. Casada con Dn. Sergio Luis Dibós Herrera (n.Miraflores, 30/03/1959) Hijo de Dn. Alejandro Dibós Pérez (n.13/04/1932 +19/06/2008, Lima) Casado el 10 de Octubre de 1952 con Dª. Leonor Herrera-Paulsen Bouquin (n.05/03/1935) Nieto por el lado materno de Dn. Darío Alfonso Herrera Paulsen (n.Lima, Callao, 19/08/1910) casado con Dª. Joséphine Bouquin Jullien (n.08/11/1915) (Ver más adelante)

         8A   Dª. Michelle Marie Dibós Paredes.

      7B   Dn. Hugo Paredes Camino (+)

      7C   Dn. Juan Diego Paredes Camino.

   6B   Dn. José Luis Camino Ivanissevich. Casado con Dª. Haydée Dentone Bacigalupo.

      7A   Dn. José Luis Camino Dentone (n.Miraflores, 02/07/1968) casado con Dª. Denise Creel.

         8A   Dn. José Luis Camino Creel.

         8B   Dª. Denise Alexandra Camino Creel.

      7B   Dª. Claudia Mercedes Camino Dentone (n.Miraflores, 28/09/1969)

      7C   Dª. Sandra María Camino Dentone (n.Miraflores, 19/07/1971) Casada en Miraflores el 22 de Marzo de 1995 con Dn. Aurelio Moreyra Prado (n.06/10/1964 +27/02/2010) Hijo de Dn. Aurelio Moreyra García y de Dª. María Prado Sosa.

         8A   Dn. Aurelio José Moreyra Camino.

      7D   Dn. José Antonio Camino Dentone (n.Miraflores, 02/07/1968)

   6C   Dn. Oscar Luis Camino Ivanissevich. Casado con Dª. Amelia Forsyth Rebagliati. Hija de Dn. Alex Forsyth Cauvi y de Dª. Teresa Rebagliati García (n.24/08/19__) Nieta de Dn. Néstor Raúl Rebagliati Carbajal (n.Lima, 08/10/1885) Médico, casado con Dª. Enriqueta García Bromberg (n.Chile, 1894)

      7A   Dn. Luis Ignacio Camino Forsyth (n.Miraflores, 21/02/1979)

7B   Dª. Amelia María Camino Forsyth (n.Miraflores, 16/01/1980) Casada con Dn. Felipe Rojas Fernández (n.24/08/1976) Hijo de Dn. Felipe Rojas Quirós (n.Lima, 10/01/1953 +24/08/2003, Virgina, Fairfax) casado con Dª. María del Pilar Fernández Paino.

7C   Dn. Oscar Alejandro Camino Forsyth (n.Miraflores, 11/06/1982)

7D   Dª. Alexandra María Camino Forsyth (n.Miraflores. 11/08/1984)

7E   Dn. Martín Alonso Camino Forsyth (n.Miraflores, 04/07/1988)

6D   Dª. Luz María Camino Ivanissevich (n.Miraflores, 21/05/1948)

6E   Dn. Felipe Luis Camino Ivanissevich (n.Miraflores, 09/11/1949) Casado con Dª. Karen Whitlum.

7A   Dª. Rebecca Michelle Marie Camino Whitlum.

7B   Dn. Phillip Camino Whitlum.

6F   Dn. Ricardo Alfredo Luis Camino Ivanissevich (n.Miraflores, 27/01/1951)

6G   Dª. Margarita María Camino Ivanissevich. Casada con Dn. José Rouillón Delgado. Hijo de Dn. Alfonso Rouillón y de Dª. María Esther Delgado.

7A   Dn. Jorge Luis Rouillón Camino.

7B   Dn. Carlos José Rouillón Camino.

7C   Dª. María Lucía Rouillón Camino.

7D   Dª. María Fe Rouillón Camino (n.Miraflores, 25/05/1987)

6H   Dª. María Elena Camino Ivanissevich (n.Miraflores, 16/02/1955) Casada con Dn. Adolfo Venegas J.

7A   Dn. José Venegas Camino.

7B   Dn. Pablo Venegas Camino.

7C   Dª. Magdalena Venegas Camino.

7D   Dª. Carmen María Venegas Camino.

7E   Dn. Mariano Venegas Camino.

7F   Dª. Ana María Venegas Camino.

6I   Dn. Juan Luis Camino Ivanissevich (n.Miraflores, 07/04/1956)

6J   Dn. Francisco Luis Camino Ivanissevich (n.Miraflores, 17/09/1958)

6K   Dn. Manuel Vicente Luis Camino Ivanissevich

(n.Miraflores, 21/08/1960)

5C   Dª. Josefina G. Mercedes "Meche" Camino Dibós (n.20/07/1921) Contrajo matrimonio en Miraflores el 26 de Marzo de 1945 con Dn. Felipe Rey Bull (n.Lima, Miraflores, Bajada Balta Nº10, 22/11/1915 +20/04/1993) Ingeniero, hijo de Dn. Domingo Rey Alvarez Calderón (n.22/06/1880 +14/10/1945) y de Dª. Delia Bull Pérez (n.12/06/1889 +24/09/1987) Nieto de Dn. Domingo Rey Torres Valdivia (n.Guayaquil, 24/11/1851) casado el 10 de Febrero de 1877 con Dª. Elvira Alvarez Calderón Beltrán (n.Cerro de Pasco, hacia 1855) y de Dn. Tomás Bull Parra (n.12/05/1858 +06/07/1917) casado con Dª. Jesús Pérez Reyes (n.27/06/1864 +16/04/1928)

> 6A   Dª. Franca Rey Camino (n.15/12/1958) Casada en Miraflores el 4 de Marzo de 1983 con Dn. Ángel Chaparro Cano (n.02/12/1954)
>
> > 7A   Dª. Sol Chaparro Rey (n.05/05/1992)
>
> 6B   Dª. Clara Rey Camino (n.15/12/1958)

4B   **Dn. Eduardo Dibós Dammert** (n.Pacasmayo, 28/01/1897 +05/06/1987, Lima) Importante empresario dedicado tanto al comercio como a la industria. Presidente de la Cia. de seguros "Popular y Porvenir" (1970 - 1976) Alcalde de Lima de 1938 a 1940 y de 1950 a 1952. Casado en primeras nupcias el 20 de Diciembre de 1920 con **Dª. Rina Chappuis Castagnino** (n.Callao, 1898) Hija de Dn. Manuel R. Chappuis y de Dª. Ida Castagnino. Contrajo segundas nupcias en el año 1939 con **Dª. Ida Esmeralda Mier Guerrero**. Hija de Dn. Héctor Arturo Mier (n.1879) y de Dª. Zoila Guerrero (n.1881)

> 5A   Dn. Eduardo «Chachi» Dibós Chappuis (n.22/06/1927 +21/10/1973) Alcalde de Lima desde el año 1970 hasta el 1973, empresario y deportista, casado el 9 de Junio de 1951 con Dª. Betty Silva Block (n.04/10/19__) Hija de Dn. Guillermo Silva Zevallos (n.24/07/1902) y de Dª. Guillermina Block Dohrn (n.12/09/1902)

Eduardo Dibós Dammert y familia

6A Dª. Rina Dibós Silva (n.05/03/1952) Casada con Dn. Pedro D'Onofrio Spazzacampagna. Hijo de Dn. Luis Amadeo D'Onofrio di Paolo (n.Lima, 18/05/1906 +1986) y de Blanca Spazzacampagna. Nieto de Dn. Pedro D'Onofrio Di Resta (n.Nápoles, hacia 1859 +1937) y de Dª. Rafaella Di Paolo Ciuffi (n.Nápoles, hacia 1873 +1966)

7A Dn. Tarik D'Onofrio Dibós y Dª. Alexandra Graña Petrozzi (n.07/09/1976) Hija de Dn. Eduardo Graña Luza y de Dª. Liliana Petrozzi, son padres de

8A Dª. Makenna D'Onofrio Graña (n.02/02/2012)

7B Dn. Karel D'Onofrio Dibós.

7C Dª. Katerina D'Onofrio Dibós (n.06/06/1978)

7D Dn. Pedro D'Onofrio Dibós (n.16/02/1986)

6B Dª. Patricia Guillermina Dibós Silva. Casada por lo Civil en Miraflores el 15 de Julio de 1977 y por lo Religioso el 22 de Julio de 1977 con Dn. Augusto Oscar Rubini Vargas (n.Miraflores, 01/07/1953) Hijo de Dn. Angel Armando Arnaldo Rubini Drago (n.Lima, Av. Grau Nº192, 12/01/1916 +26/12/1997) casado con Dª. María Luz Vargas Condorpusa (+24/12/1971)

7A Dn. Augusto Rubini Dibós.

7B Dª. Janice Rubini Dibós.

7C Dn. Giancarlo Rubini Dibós (n.Miraflores, 08/06/1982)

6C Dª. Ana María Dibós Silva. Casada en Miraflores el 16 de Diciembre de 1976 con Dn. Jaime Fernando Herrera Caballero. Hijo de Dn. Edgardo Herrera Chocano (n.29/08/19__) casado con Dª. Teresa Caballero y Lastres (n.22/09/19__)

7A Dª. Carolina Herrera Dibós. Casada en 1999 con Dn. Rafael Navarro Grau Dyer (n.30/05/1971) Hijo de Dn. Rafael Carlos Navarro Grau (n.26/10/1937 +07/03/1998, Miraflores) y de Dª. Teresa Dyer Caballero. Nieto de Dn. Félix Navarro Irvine (n.16/03/1906 +08/07/1974) casado en la Iglesia de la Recoleta el 1º de Febrero de 1931 con Dª. Dolores Victoria Elena Grau Price (n.Barranco, 09/02/1908 b.Barranco, 31/07/1908 +06/04/1979) Dn. Guillermo Dyer Alary y de Dª. Carolina Margarita Lourdes Caballero Hoyos Osores.

7B Dn. Jaime Fernando Herrera Dibós. Casado con Dª. Alexandra Balta Arribas. Hija de Dn. José Carlos Balta Marcenaro (n.23/10/1943) y de Dª. María del Carmen Arribas Leigh.

6D   Dn. Eduardo Guillermo Dibós Silva (n.12/04/1955 +13/02/2015) Empresario y deportista, ex-director de la empresa "Industria de Gases Callao". Casado en primeras nupcias en Miraflores el 15 de Enero de 1973 con Dª. Elsa Lucila Gálvez. En segundas nupcias contrajo matrimonio en Miraflores el 14 de Abril de 1989 con Dª. Cecilia Madueño Reynaud (n.Miraflores, 10/11/1961)

        7A   Dª. Alessandra Claudia Dibós Gálvez (n.Miraflores, 24/06/1973) Casada en Miraflores el 28 de Agosto del 2004 con Dn. Horacio Daniel Eguren Ciurlizza.

        7B   Dn. Eduardo César Dibós Gálvez. Casado en Miraflores el 11 de Julio del 2008 con Dª. María Teresa Rebaza Gutiérrez.

        7C   Dª. Andrea Dibós Madueño .

        7D   Dn. Mateo Dibós Madueño.

        7E   Dn. Alonso Dibós Madueño (n.24/10/1994)

6E   Dn. Luis Enrique Dibós Silva (n.Miraflores, 29/05/1956) Casado en Miraflores el 4 de Junio de 1976 con Dª. Ana Cecilia Sabogal Meléndez (n.Miraflores, 31/01/1956) Hija de Dn. Augusto Sabogal Morzán (n.06/01/19__) casado con Dª. María Isabel Meléndez (n.02/07/19__)

        7A   Dn. Luis Enrique Dibós Sabogal.

        7B   Dn. Daniel Dibós Sabogal (n.10/04/1979)

        7C   Dn. Gonzalo Felipe Dibós Sabogal

Dn. Luis Dibós Silva y Dª. Mónica Bello Braschi (n.01/09/1957) son padres de

        7A   Dn. Nicolás Dibós Bello (n.1995 ¿?)

6F   Dª. Bettina María Dibós Silva (n.hacia 1959) Casada en primeras nupcias por lo Civil en Miraflores el 7 de Julio de 1978 y por lo Religioso en la Capilla de Santa María Reyna el 15 de Julio de 1978 con Dn. Juan Carlos Ricardo Maggi Pacheco. Hijo de Dn. Carlos Alberto Maggi Vega (n.14/02/19__) y de Dª. Teresa Pacheco Suero (n.03/10/19__) En segundas nupcias contrajo matrimonio con Dn. Daniel Spatz.

        7A   Dn. Juan Carlos Maggi Dibós (n. hacia 1984)

        7B   Dn. Flavio Maggi Dibós (n. hacia 1986)

        7C   Dn. Renzo Antonio Maggi Dibós (n.Long Beach, California, 05/03/1988)

        7D   Dn. Daniel Spatz Dibós (n. hacia 2001)

6G   Dn. Juan Antonio Dibós Silva (n.15/08/1960) Casado en Miraflores el 19 de Diciembre de 1986 con Dª. María Pía Tramontana Gaillard. Hija de Dn. Luciano de Tramontana y de Dª. Mary Gaillard d' Andel Nycander (n.1927 +2005)

        7A   Dª. Daniela Dibós de Tramontana (n.1988)

7B   Dª. Melissa Dibós de Tramontana (n.1990)

7C   Dª. Fiorella Dibós de Tramontana.

6H   Dª. Solange Dibós Silva (+09/06/2001, Jackson, USA) Casada en 1999 con Dn. Jim Pace Russell (n.USA, Mississippi, Monticello, 01/02/1961) Corredor de automóviles. Hijo de Dn. Brantley Pace y de Dª. Ann Russell.

6I   Dª. Jéssica María Dibós Silva (n. hacia 1965) Casada en Miraflores el 4 de Enero de 1991 con Dn. John Christopher Schofield Cavero (n.03/09/1960) Hijo de Dn. George Schofield Bonello y de Dª. María del Pilar Cavero Sayán. En segundas nupcias contrajo matrimonio con Dn. John McLauchlan.

      7A   Dn. John Schofield Dibós (n.1991)

      7B   Dª. Valerie Schofield Dibós (n.1994)

6J   Dª. María Denise Dibós Silva (n.15/04/1967) Productora de Teatro y actriz de cine.

      7A   Dª. Paloma Ortiz de Zevallos Dibós, hija de Dn. Gabriel Ortiz de Zavallos Madueño. Hijo a su vez de Dn. Felipe Ortiz de Zevallos Basadre (n.30/10/1921) casado el 8 de Noviembre de 1946 con Dª. Teresa Madueño González (n.23/05/19__)

5B   Dª. Ida Mina María Dibós Chappuis (n.Miraflores, Calle Italia s/n, 07/10/1921 +08/03/1989) Casada en Miraflores el 30 de Noviembre de 1944 con el ingeniero Dn. Manuel Jesús Málaga Bresani (n.La Libertad, Salaverry, 24/10/1920 +07/05/2011) Ingeniero Agrónomo. Hijo de Dn. Guillermo Málaga Santolalla (n.Cajamarca hacia 1870) y de Dª. Natalia Bresani Rosell (n.Lima, 01/12/1875)

6A   Dª. Ida Natalia Málaga Dibós (n.Miraflores, 07/01/1946) Casada con Dn. Miguel Plaza.

      7A   Dn. Miguel Plaza Málaga.

      7B   Dª. Ida Plaza Málaga.

6B   Dª. María Rosario Málaga Dibós (n.Miraflores, 08/04/1947)

6C   Dn. Manuel Guillermo Eduardo Málaga Dibós. (n. Miraflores, 27/09/1948 +17/07/1976)

6D   Dª. María del Carmen Málaga Dibós (n.04/05/1951) Casada en 1977 con Dn. Fernando Ortiz de Zevallos Ferrand (n.02/06/1950) Hijo de Dn. Fernando Ortiz de Zevallos Basadre (n.21/05/1920) casado con Dª. Teresa Ferrand Inurritegui (n.18/08/192_) Nieto de Dn. Fernando Ortiz de Zevallos Vidaurre (n.30/06/19__) casado con Dª. Inés Basadre Grohmann y de Dn. Enrique Ferrand Salomone (n.06/06/18__) casado el 29 de Noviembre de 1913 con Dª. Esther Inurritegui Eguren (n.03/09/19__)

7A   Dª. Carolina Ortiz de Zevallos Málaga (n.15/12/1977)

7B   Dn. Fernando Ortiz de Zevallos Málaga (n.15/01/1982)

6E   Dn. José Antonio Málaga Dibós (n.Miraflores, 06/01/1953) Casado con el 7 de Marzo de 1980 en la Virgen del Pilar *Dª. Rosa Eugenia Penny Cabrera (n.1959) Hija de Dn. Oscar Penny Donayre y de Dª. Rosa Amelia Cabrera Darquea.*

        7A   *Dn. José Manuel Málaga Penny.*

6F   Dn. Jaime Enrique Málaga Dibós (n.Miraflores, 11/10/1955) Casado en Miraflores el 9 de Julio de 1983 con Dª. María del Carmen Llosa Pasquel (n.Lima hacia 1963) Hija de Dn. Eduardo Manuel Alfredo Llosa Larrabure (n.16/02/1940 +29/09/2008) casado con Dª. María del Carmen Pasquel Elías (n.17/08/1941)

6G   Dª. María del Rocío Málaga Dibós (n.Lima, 26/06/1960)

6H   Dn. Miguel Guillermo Málaga Dibós.

6I   Dª. Natalia Málaga Dibós (n.26/01/1964)

5C   Dª. Ivonne Dibós Chappuis (n.Miraflores, 26/04/1923 +29/05/2001) Casada en Miraflores el 25 de Octubre de 1945, con el ingeniero Dn. Oscar Raúl Orlandini Toscani (n.Módena, 13/01/19_ +07/02/2010) Hijo de Dn. Omero Orlandini Baron (n.Italia, Padua, 18/10/1885 +25/06/1978) y de Dª. María Toscani Nota (Monza)

        6A   Dª. Ivonne Rina María Orlandini Dibós (n.Miraflores, 19/09/1946) Casada con Dn. Miguel Grau Malachowski (n.13/07/194_) Hijo de Dn. Miguel Grau Wiesse (n.29/01/1906) casado con Dª. María Malvina Malachowska Benavides (n.Miraflores, 11/02/1915)

               7A   Dn. Miguel Augusto Grau Orlandini (n.11/05/1969) Casado el 8 de Mayo de 1998 con Dª. Lucy Vallarino Eguren (n.19/03/1947) Hija de Dn. Ricardo Belmont Cassinelli (n.25/08/1945) Alcalde de Lima, casado el 26 de Setiembre de 1968 con Dª. Lucy Vallarino Eguren (n.19/03/1947)

                     8A   Dn. Miguel Grau Belmont.

                     8B   Dª. Andrea Grau Belmont.

                     8C   Dn. Joaquín Grau Belmont.

               7B   Dª. Denisse Grau Orlandini. Casada con Dn. Gian Franco Darío Ferrari de las Casas. Hijo de Dn. Franco Ferrari Gaito y de Dª. Carmen Alicia de las Casas Grieve (n.11/10/1940)

                     8A   Michella Ferrari Grau.

                     8B   Gianluca Ferrari Grau.

7C   Dª. Carolina Grau Orlandini. Casada con Dn. Alvaro Francisco Baertl Espinoza (n.Miraflores, 22/05/1969) Hijo de Dn. Francisco Augusto Baertl Montori (n.Lima, 28/05/1943) casado con Dª. María Jesús Espinoza.

        8A   Dª. Chiara Baertl Grau.

7D   Dª. Patricia Grau Orlandini.

6B   Dn. Oscar Eduardo Orlandini Dibós (n.Miraflores, 14/07/1948 +11/15/2006) Casado en primeras nupcias con Dª. Ana Patricia Camino Diez Canseco (n.Miraflores, 22/05/1951) Hija de Dn. Daniel Camino Brent (n.01/03/19__) casado con Dª. Emilia Diez Canseco y Coronel Zegarra (n.16/09/19__) En segundas nupcias contrajo matrimonio en Punta Hermosa el 30 de Noviembre de 1984 con Dª. Mónica Elizabeth Mercado Neumann.

7A   Dª. Camila Alicia Orlandini Camino (n.Miraflores, 09/12/1974)

7B   Dª. Chiara Orlandini Camino (n.Miraflores, 31/12/1978) Casada el 1º de Octubre del 2010 con Dn. Manuel Belaúnde Craman De Carmand.

7C   Dª. Gianna Orlandini Mercado. Casada el 9 de Noviembre del 2011 con Dn. Diego Correa Valencia

7D   Dn. Oscar Orlandini Mercado.

6C   Dn. Giovanni Orlandini Dibós. Casado con Dª. María Fernanda Febres-Cordero Cordovez. Hija de Dn. León Febres-Cordero Ribadeneira (n.Guayaquil, 09/03/1931 +15/12/2008) Presidente del Ecuador de 1984 a 1988, casado el 14 de nero de 1953 con Dª. Eugenia Cordovez Pontón (n.1935 +2012)

7A   Dª. Leovana Orlandini Febres-Cordero (n.Guayaquil, 27/08/1978)

7B   Dn. Giovanni Orlandini Febres-Cordero (n.Guayaquil)

6D   Dn. Raúl Homero Manlio Orlandini Dibós (n.26/05/1952 +06/11/2006) Casado en 1981 con Kary Lynn Griswold Tweddle (n.14/04/1961) Hija de Dn. _____ Griswold y de Dª. Fanny Tweddle Osterling.

7A   Dª. Kary Orlandini Griswold.

7B   Dn. Raúl Orlandini Griswold (n.31/05/1985)

7C   Dn. Rafael Orlandini Griswold.

6E Dª. Bianca María Orlandini Dibós. Casada en el Country Club de Guayaquil el 18 de Octubre de 1980 con Dn. Fernando Aspiazu Estrada (n.Guayaquil, 17/03/1952 +04/08/1993, Cordillera de Chongón-Colonche) Hijo de Dn. Lautaro Guillermo Aspiazu Wright (n.Guayaquil, 05/04/1928) casado en la iglesia de María Auxiliadora de Guayaquil el 2 de Junio de 1951 con Dª. Georgina Andrea Estrada Avilés (n.Méjico) e hija de Dn. Carlos Estrada Sastré y de Dª. Rosa Avilés Páez (n.Nicaragua, 11/10/1900 +15/02/1979, Guayaquil)

    7A Dª. Bianca Aspiazu Orlandini. Casada el 3 de Diciembre del 2011 con Dn. Jaime Doehler Cassinelli. Hijo de Dn. Jaime Doehler Flores (n.22/03/1948) y de Dª. Luz María Cassinelli Laroza (n.12/04/19__)

    7B Dn. Eduardo Aspiazu Orlandini.

5D Dª. Solange Ana María Dibós Chappuis (n.Miraflores, 18/11/1925 +28/08/1960) Casada por lo Civil en Miraflores el 7 de Enero de 1954 y por lo Religioso el 9 de Enero de 1954 con el ingeniero Dn. Atilio Luis Liceti Coha. Hijo de Dn. Silvio Liceti y de Dª. Leticia Coha.

    6A Dn. Atilio Enrique Liceti Dibós, casado con sucesión. Reside en Brasil.

5E Dª. Dora Edith Dibós Mier (+) Casada con Dn. Manuel Enrique Yzaga Castañeda (+03/09/1999) Hijo de Dn. Manuel Enrique Yzaga Arbulú y de Dª. Emilia Castañeda Yzaga. Nieto de Dn. Manuel María Yzaga Lora casado con Dª. Elisa "Dora" Arbulú y Arbulú y de Dn. Miguel Castañeda Vásquez de Velasco casado con Dª. María Teresa Yzaga Carruel.

    6A Dª. Claudia María Yzaga Dibós (n.Miraflores, 30/10/1965)

    6B Dn. Manuel Enrique Yzaga Dibós (n.Miraflores, 20/04/1969) Casado con Dª. Ximena Miró Quesada Vargas. Hija de Dn. Víctor Miró Quesada Gatjens y de Dª. Cecilia Vargas Bocanegra.

    6C Dª. Ana Cecilia Yzaga Dibós (n.Miraflores, 13/09/1971) Casada con Dn. Walter Maugere Salvatierra.

        7A Dn. Joaquín Maugere Yzaga (n.07/07/1993)

5F Dn. Iván César Dibós Mier (n.18/01/1939) Teniente Alcalde de Lima, empresario, director de la empresa "Industria de Gases Callao" (1995) miembro del Comité Olímpico Internacional al igual que su padre. Casado en Miraflores el 28 de Mayo de 1968 con Dª. Maritza Isabel Távara Arias Schreiber (n.03/07/194_) Hija de Dn. Juan Antonio Távara Cooban (n.19/01/19__) y de Dª. Isabel Arias Schreiber Adalid (n .09/11/19__) Nieta de *Dn. Juan Távara casado con Dª. Ana Cooban* y de Dn. Carlos Arias Schreiber casado con Dª. Isabel Adalid Wolsley.

    6A Dª. Nicole Dibós Távara (n.Lima, 04/04/1969) Casada con Dn. José Antonio del Solar Botto Lercari (n.Miraflores, 17/08/1962) Hijo de Dn. Alvaro del Solar Naranjo casado con Dª. Juana Botto Loyola. Con sucesión.

6B   Dª. Chantal Nadine Dibós Távara (n.Miraflores, 26/02/1971) Casada el 28 de Noviembre del 2003 con Dn. Walter Buse Bazo. Hijo de Dn. Walter Buse Derteano y de Dª. Elvira Bazo Santa María. Con sucesión.

6C   Dª. Karel Esmeralda Dibós Távara (n.Miraflores, 12/12/1973)

6D   Dn. Iván Antonio Dibós Távara (n.Miraflores, 23/09/1975)

4C   **Dn. Luis Dibós Dammert** (n.Pacasmayo, 06/04/*1895* +*07/10/1955*) Alcalde de Lima en 1919, Ministro de Estado. Casado en primeras nupcias en la Parroquia de San Agustín el 15 de Abril de 1920 con **Dª. Blanca Amanda Cauvi Slovenich** (n.Lima, Calle Arequipa –antes Patos- Nº109, 22/09/1898 b.San Marcelo, 06/1899)

Hija de Dn. José Cauvi Rambaldi (n.1866) casado con Dª. Amelia Slovenich (n.1870) Ambos peruanos nacidos en Iquique, Tarapacá. Contrajo segundas nupcias en Washington el 7 de Diciembre de 1946 con **Dª. *Monserrate* "Mona" Silén Maldonado** (n.Puerto Rico, 18/04/*1914*) Hija de Dn. Felipe Silén y de Dª. Matilde Maldonado.

5A   Dn. Luis Dibós Cauvi (n.21/03/1921 +20/09/1987, Miraflores) Casado el 22 de Enero de 1945 con Dª. María Teresa "Maruja" Vargas Prada Ugalde (n.30/09/19_ +20/01/2009) Hija de Dn. Roque Vargas Prada (n.16/08/1890 +12/05/1966) casado el 15 de Agosto de 1913 con Dª. María Cristina Cristina Ugalde Balarín (n.16/12/1889 +09/02/1959)

6A   Dn. José Luis Dibós Vargas Prada (n.21/02/1946) Casado con Dª. Ofelia Margarita Caravedo Molinari. Hija de Dn. Baltazar Caravedo Carranza (n.05/03/1915) y de Dª. María Aspacia Molinari Balbuena (n.01/07/19_) Nieta por el lado paterno de Dn. Baltazar Caravedo Prado (n.15/08/1884 +14/01/1953, Magdalena del Mar) Médico psiquiatra (g.San Fernando, 1910) casado en la iglesia de Belén de Lima (Huérfanos) el 21 de Febrero de 1914 con Dª. Zoila Margarita Carranza Valdez (n.1886) y por el lado materno de Dn. Juan Molinari Garosci casado con Dª. Ofelia Balbuena Ingunza.

7A   Dn. José Luis Dibós Caravedo (n.Miraflores, 03/02/1972)

7B   Dª. Ofelia Dibós Caravedo (n.Miraflores, 05/05/1974)

7C   Dn. Diego Joaquín Dibós Caravedo (n.04/01/1976) Casado con Dª. Cynthia Tong Infante

8A   *Dn. Juan Diego Dibós Tong (n.06/08/20_)*

8B   *Dn. Juan Pablo Dibós Tong.*

6B   Dn. Carlos Guillermo Dibós Vargas Prada (n. hacia 1950) Casado en Miraflores el 11 de Julio de 1978 con Dª. María Angelita "Acke" Cillóniz Benavides (n.29/08/1953) Hija de Dn. Augusto Cillóniz Garfias (n.29/07/19_) y de Dª. Angélica Benavides de la Quintana (n.27/07/19_)

7A   Dn. Daniel Dibós Cillóniz. Casado en el 2004 en Santa Cruz, Bolivia, con Dª. Roxana Suárez Parada.

         8A   Dn. Santiago Dibós Suárez (n.Miraflores, 04/07/2006)

         8B   Dn. Salvador Dibós Suárez (n.Miraflores, 29/08/2009)

7B   Dn. Carlos Guillermo "Chino" Dibós Cillóniz. Casado en Miraflores el 2 de Mayo del 2012 con Dª. Andrea Flores Barrantes.

7C   Dª. Mariana Dibós Cillóniz. (n.14/07/1980)

7D   Dn. Gabriel Dibós Cillóniz.

7E   Dª. Micaela Dibós Cillóniz.

6C   Dn. Alvaro Dibós Vargas Prada (n. hacia 1954) Casado en Miraflores el 11 de Noviembre de 1986 con Dª. Verónica Pastor Argumedo (n. hacia 1960) Hija de Dn. Reynaldo Pastor Bebín y de Dª. Antonieta Argumedo.

7A   Dn. Alvaro Dibós Pastor.

7B   Dn. Joaquín Dibós Pastor.

7C   Dn. Matías Dibós Pastor.

6D   Dª. Blanca María Dibós Vargas Prada (n.Miraflores, 10/10/1952) Casada el 24 de Abril de 1978 con Dn. Rodrigo Alonso Rosales de nacionalidad chilena.

7A   Dn. Rodrigo Alonso Dibós (n.Miraflores, 24/02/1975) Casado en Méjico en el 2001 con Dª. Giannina Rubini Maggiolo. Hija de Dn. Eduardo Rubini Suito y de Giannina Maggiolo Bruttón.

7B   Dn. Ramiro Alonso Dibós (n.03/09/1981)

7C   Dª. María José Alonso Dibós (n.07/03/1983)

7D   Dn. Gonzalo Alonso Dibós (n. hacia 1987)

7E   Dn. Alejandro Alonso Dibós (n.28/07/1989)

6E   Dn. Alfonso Dibós Vargas Prada. Casado en Miraflores el 31 de Mayo de 1974 con Dª. Luisa María Josefina Muñante Moyano.

7A   Dn. Sebastián Dibós Muñante. Casado el 4 de Abril del 2009 con Dª. Patricia Alonso Lindley.

7B   Dª. Luisa Dibós Muñante. Casada el 10 de Abril del 2010 con Dn. Tirco Rojas Costa

         8A   Dn. Alonso Rojas Dibós.

7C   Dn. Alfonso Dibós Muñante.

6F   D^a. Claudia María Dibós Vargas Prada (n.Miraflores, 19/04/1965) Casada en Miraflores el 29 de Agosto de 1985 con Dn. Carlos Enrique Francisco M. Blume Cillóniz (n.Miraflores, 02/04/1964) Hijo de Dn. Carlos Blume Traverso (n.Lima, 20/02/1931 +10/12/2004, Lima) casado con D^a. Cecilia Cillóniz Razzeto (n.31/10/19__)

    7A   D^a. Claudia Blume Dibós.

    7B   Dn. Cristóbal Blume Dibós.

5B   D^a. Blanca Susana Dibós Cauvi (n.18/10/19__) Casada en Miraflores el 11 de Octubre de 1943 con Dn. Manuel Alejo del Solar Ayllón (n.Lima, Calle Muelle N°305, 28/11/1919) Hijo de Dn. Manuel del Solar Lostaunau (Ancash, Santa, hacia 1871) casado en la Iglesia de la Recoleta el 23 de Febrero de 1919 con D^a. Zelmira Ayllón de la Torre Ugarte (n.Lima, hacia 1891)

Nieto de Dn. José Alejo del Solar Gabás (n.17/07/1835 +16/05/1900) casado con D^a. María Josefa Lostaunau y González del Riego (Santa) y de Dn. Abel Julio Ayllón casado con D^a. María de la Torre Ugarte.

6A   Dn. Enrique del Solar Dibós. Casado el 12 de Mayo de 1977 con D^a. Carmela Escardó Balbín (n.18/06/1951) Hija de Dn. Enrique Escardó Garragorri (n.02/04/19__) casado con de D^a. Carmela Balbín Renut (n.08/05/19__)

    7A   D^a. Jimena del Solar Escardó.

    7B   Dn. Alonso del Solar Escardó.

    7C   Dn Diego del Solar Escardó.

6B   Dn. José Luis del Solar Dibós. Casado con D^a. Carolina Porras Benavides. Hija de Dn. Alfredo Porras Cáceres y de D^a. Luisa Benavides Revett. Nieta de Dn. Carlos Porras Osores, diplomático, casado con D^a. Hortensia Cáceres Moreno y de Dn. Augusto Benavides Diez Canseco y de D^a. Luisa Revett Montero. (**Ya vistos**)

    7A   D^a. Micaela del Solar Porras (n.Lima, Magdalena, 30/12/1973)

    7B   Dn. Andrés del Solar Porras.

    7C   D^a. Antonia del Solar Porras.

    7D   Dn. José Luis del Solar Porras.

6C   Dª. Blanca María del Solar Dibós (n.Miraflores, 13/09/1950) Casada con Dn. Ernesto Benavides Ferreyros (n.Lima, 15/02/1949 +) Hijo de Dn. Ismael Benavides de la Quintana (n.Lima, Calle Arequipa Nº170, 21/06/1917) y de Dª. María Ferreyros Gaffron (n.06/11/1921) Nieto de Dn. Alberto Benavides Diez Canseco (n.hacia 1891) casado en la Iglesia de los Sagrados Corazones, Lima, el 3 de Octubre de 1915 con Dª. María Blanca Amalia Fabia de la Quintana Chichero (n.Lima, Calle Unión -antes de la Merced- Nº40, 11/05/1892 +14/11/1935) y de Dn. Alfredo Ferreyros Ayulo (n.Lima, Calle Junín –antes Zárate- Nº114, 17/12/1887) casado en la Iglesia de Belén, Lima, el 13 de Agosto de 1911 con Dª. Ana Gaffron Bromley (n.Lima, Calle Huancavelica Nº17, 06/01/1892)

          7A   *Dn. Gonzalo Benavides del Solar (n.Piura)*

          7B   *Dn. Ernesto Benavides del Solar. Fotógrafo.*

          7C   *Dª. Graciela Benavides del Solar. Casada con Dn. _____ Bancalari ¿?*

       N.B. Por confirmar información.

6D   Dn. Manuel Alberto del Solar Dibós (n.Lima, 1944 +19/11/2006) Casado el 25 de Julio de 1984 con Dª. María Guadalupe "Lupe" Vargas Lozada (n.Lima, 1953) Hija de Dn. Alberto Vargas Ruiz de Somocurcio (n.Arequipa hacia 1915) y de Dª. Caridad Lozada Tamayo (n.Arequipa)

          7A   Dª. María José del Solar Vargas.

          7B   Dª. Ana Lucía Manuela del Solar Vargas (n.Lima, Santiago de Surco, Av. El Polo Nº505, Clínica Montesur, 05/11/1990)

6E   Dª. María Elena del Solar Dibós. Casada con Dn. Ignacio Elizalde (n.Buenos Aires, 17/01/1948 +07/12/1999)

          7A   María Elena Elizalde del Solar (n.Lima, 14/01/1972)

5C   Dª. Amelia Dibós Cauvi (+05/04/2002) Casada en primeras nupcias por lo Civil en Miraflores el 29 de Noviembre de 1946 y por lo Religioso el 1º de Diciembre de 1946 con Dn. José Alfredo Boza Tirado (n.30/03/1917) Hijo de Dn. Alberto Manuel Boza Aizcorbe (n.19/11/18*83*) y de Dª. Angélica Tirado Cáceres (n.22/03/19__) Casada en segundas nupcias, el 31 de Diciembre de 1965, casó con Dn. Enrique Seoane Ros (n.12/01/1915 +26/07/1980) Hijo de Dn. Buenaventura Guillermo Seoane García y de Dª. Rosario Ros Gutiérrez.

          6A   Dª. Alfredo Ricardo Martín Boza Dibós (n.Miraflores, 17/04/1951)

5D   Dª. Ana Teresa Guillermina Dibós Cauvi (n.Lima, 11/07/1926) Casada por lo Civil en Miraflores el 31 de Marzo de 1950 y por lo Religioso en la Virgen del Pilar el 1º de Abril de 1950 con el Dn. Luis Ernesto Maggiolo Robert. Hijo de Dn. Luis Maggiolo Botto (n.Italia, Génova, 22/07/1888) casado en la Parroquia de María Auxiliadora el 1º de Octubre de 1916 Dª. María Robert Cavassa (n.14/06/1991)

6A   Dn. *Luis Ernesto* Maggiolo Dibós (n.18/09/195_) Contrajo matrimonio con Dª. María Mónica Cook Llosa (n.Miraflores, 23/09/1963) Hija de Dn. Antonio Cook Garland (n.Lima, 02/06/1926) casado con Dª. Inés Llosa Porras (n.Lima, 25/10/1929) Nieta de Dn. William Vick Cook Maddox (n.EUA, Michigan, Vicksburg, 15/05/1897) casado el 28 de Noviembre de 1923 con Dª. Natalia Garland Sánchez (n.Lima, Calle Junín –antes Zárate– Nº96, 13/06/1894) y de Dn. José Luis Llosa Belaúnde casado (n.Arequipa, Calle Moral Nº38, 26/03/1897) con Dª. Juanita Porras Barrenechea (n.Lima hacia 1898)

         7A   Dª Thais Maggiolo Cook (n.Miraflores, 24/05/1987) Casada en la Parroquia de la Resurección, La Molina, el 16 de Junio del 2012 con Dn. Roberto Estrada Grueso (n.Bogotá, 25/01/1975) Hijo de Dn. Roberto Estrada casado con Dª. María Eugenia Grueso.

         7B   Dª. Kiana Maggiolo Cook.

         7C   Dn. Javier Maggiolo Cook.

6B   Dn. Rafael *Javier Ernesto* Maggiolo Dibós (n.Miraflores, 27/10/1955) Casado con Dª. Nanny de Almenara Licetti. Hija de Dn. Patricio de Almenara Zaracondegui (n.España, Cataluña, Barcelona, 29/09/1928) y de Dª. María Cristina Licetti de la Riva Agüero (n.30/07/19__) Con sucesión.

6C   Dª. Ana Teresa Guillermina "Mina" Maggiolo Dibós (n.Miraflores, 25/09/1954) Directora de la OSN.

5E   Dª. Nelly Dibós Cauvi (n.11/04/1932 +07/11/1975) Casada en San Isidro el 11 de Febrero de 1954 con Dn. Alfredo Castro Mendívil Castro (n.Cajamarca, La Colpa, 22/03/1928) Hijo de Dn. Alejandro José Castro Mendívil (n.Cajamarca, Hda. Pacachal, 03/03/1893 +18/01/1971, Lima) Propietario de la Hacienda La Colpa casado en la Catedral de Trujillo el 1º de Octubre de 1916 con Dª. Ana Francisca Castro Cabada (n.Trujillo, 02/12/1892 +18/10/1978)

         6A   Dn. Luis Felipe Alejandro Castro Mendívil Dibós (n.Miraflores, 15/08/1954) Casado en primeras nupcias el 1 de Enero de 1980 en Turlock, California, con Dª. Joni Jean Coolidge de Salinas. Hija de Dn. William Coolidge y de Dª. Margie de Salinas. El 11 de Octubre de 1992 en Fremont, California contrajo segundas nupcias con Dª. Carol Josefina Urtecho Lacayo (n.Rivas, Nicaragua, 30/11/1963) Hija de Dn. Rafael Urtecho Sáenz y de Dª. Lillian Lacayo Marenco.

                 7A   Dª. Mariel Castro Mendívil Coolidge (n.Modesto, California, 21/08/1985)

                 7B   Dn. José Luis Castro Mendívil Urtecho (n.Miraflores, 09/11/1997)

         6B   Dn. Fernando Castro Mendívil Dibós (n.Miraflores, 12/02/1956) Casado con Dª. Maribel Tello García (n.07/09/1965) Hija de Dn. Nicolás Tello del Aguila y de Dª. Rosa García Angulo.

                 7A   Dn. Diego Castro Mendívil Tello (n.07/12/1986)

7B   Dª.   Francisca   Castro   Mendívil   Tello (n.22/10/1988)

7C   Dn.   Sebastián   Castro   Mendívil   Tello (n.23/04/1990)

6C   Dª. María Magalli Castro Mendívil Dibós (n.Miraflores, 15/01/1957) Casada en primeras nupcias con Dn. Miguel Garibaldi Sánchez Moreno (n.Miraflores, 05/10/1957) Hijo de Dn. Oscar Garibaldi Portocarrero (n.Tacna) y de Dª. Edith Sánchez Moreno Jiménez (n.Moquegua) En segundas nupcias se casó en California en Agosto de 1997 con Dn. Martin Souverbielle Molina.

7A   Dª.   Ariana   Garibaldi   Castro   Mendívil (n.31/07/1981)

6D   Dª. María Amelie Castro Mendívil Dibós (n.Miraflores, 19/11/1959) Casada en San Isidro el 11 de Abril de 1986 con Dn. Luis Alfredo Arredondo Lindley (n.San Isidro, 27/01/1957) Hijo de Dn. Luis Alfredo Arredondo Basso y de Dª. María Martha Lindley Taboada (+09/11/2010, Lima) Nieto de Dn. Enrique Arredondo casado con Dª. Clara Basso Almonte y de Dn. Isaac R. Lindley Sttopanie casado con Dª. Beatriz Taboada Portal.

7A   Dn.   Alfredo   Arredondo   Castro   Mendívil (n.03/03/1989)

6E   Dn. José Luis Castro Mendívil Dibós (n.Miraflores, 25/07/1961 +02/11/1991) Casado en San Isidro el 9 de Agosto de 1991 con Dª. María Cecilia Navarro Grau Hurtado (n.22/12/1963) Hija de Dn. Félix Navarro Grau y de Dª. Lilly Hurtado Miller. Nieta de Dn. Félix Navarro Irvine casado con Dª. Dolores Victoria Grau Price y de Dn. Humberto Hurtado Abadía y de Dª. Lilly Miller Martens. *Ver Ricardo Padilla.*

5F   Dª. María Luzmila Dibós Cauvi (n.Lima, 19/04/1928 +24/03/2003, EUA, Florida, Miami) Casada por lo Civil en Miraflores el 18 de Agosto de 1949 y en la Parroquia de la Virgen del Pilar en San Isidro el 20 de Agosto con Dn. Antonio Marcelo Miranda Garrido (n.Ica, Pisco, San Clemente, 19/02/1924 +2013) Marino (p.1937) Hijo de Dn. Carlos Quintín Miranda Herencia (n.Ica, Pisco, San Clemente, 31/01/1883 +07/10/1965) y de D. Lindomera Garrido Avanzini (n.Pisco, 28/03/1886 +11/06/1979)

6A   Dª. Luzmila María Miranda Dibós (n.Miraflores, 03/07/1950) Casada con Dn. Jorge Gamio Guillén.

6B   Dª. Ana María Miranda Dibós (n.Miraflores, 28/09/1956) Casada con Dn. Enrique Canaval Landázuri (n.Lima, 06/01/1953) Hijo de Dn. Enrique Canaval Prentice (n.Villefranche, Francia, 26/02/1917) y de Dª. Ana María Landázuri Fuentes (n.Lima, 10/09/1922 +01/10/2011, Lima)

7A   Dª. Ursula Canaval Miranda.

7B   Dª. Ana Luisa Canaval Miranda.

7C   Dª. Talía Canaval Miranda.

        7D   Dn. Enrique Canaval Miranda.

    6C   Dn. José Jaime Miranda Dibós (n.Miraflores, 29/04/1955) Casado con Dª. Vanessa Bambarén Lukis. Hija de Dn. Alfredo Bambarén Gastelumendi y de Dª. María Elena Lukis de la Huerta. Con sucesión. Casado en segundas nupcias con Dª. Silvia Cáceres Zegarra.

        7A   Dn. Jaime Miranda Bambarén (n.1982)

        7B   Dn. Marco Miranda Bambarén.

    6D   Dn. Luis Antonio Miranda Dibós (n.Miraflores, 12/10/1952) Cadete de la Escuela Naval del Perú (p.1970) Empresario, director de la empresa textil "El Progreso", casado con Dª. Ana María Payet Meza, hija de Dn. Carlos Remigio Payet Garreta y de Dª. Yolanda Meza Ricci. Con sucesión.

        7A   Dn. José Carlos Pío Miranda Payet.

        7B   Dn. Rodrigo Miranda Payet

5G   Dª. Lucila Dibós Cauvi (n.26/04/1925) Contrajo matrimonio en primeras nupcias el 2 de Febrero de 1952 con Dn. Lloyd H. Moore Vargas (n.01/08/19__) Hijo de Dn. Lloyd Moore (n.03/06/19__) y de Dª. Blanca Vargas (n.17/09/19__) En segundas nupcias contrajo matrimonio con Dn. Enrique Acevedo Muro. Hijo de Dn. Isaac Acevedo Criado (n.18/12/19__) y de Dª. Lila Muro (n.25/04/19__)

    6A   Dª. Lucy María Moore Dibós (n.Miraflores, 14/12/1952)

    6B   Dn. George Lloyd Moore Dibós (n.Miraflores, 25/11/1953)

    6C   Dn. Luis Fernando Moore Dibós (n.Miraflores, 08/10/1955)

5H   Dn. Jaime Dibós Cauvi. Soltero.

4D   **Dn. Félix Adolfo Dibós Dammert** (n.Lima, Calle Arequipa N°34, 16/01/1900 b.San Marcelo, 11/02/1900) Fueron sus padrinos de bautizo don Luis Dibós y doña Susana Dammert. Casado el 14 de Octubre de 1928 con **Dª. María Josefina "Mary" Valencia Menegotto** (n.Lima, Calle Unión N°191, 27/11/1899) Hija de Dn. Carlos Valencia Cudlipp (n.Lima hacia 1871) casado en la Parroquia del Sagrario de Lima el 12 de Mayo de 1998 con Dª. Angélica Menegotto Crevani (n.Italia, Génova hacia 1879) Nieta de Dn. Camilo Valencia casado con Dª. Josefina Cudlipp y de Dn. Napoleón Manegotto casado con Dª. Clementina Crevani.

    5A   Dn. José Félix Dibós Valencia. Empresario, director - gerente general de la empresa "Industria de Gases Callao" (1995) Casado en primeras nupcias con Dª. Alfonsina Alvarez Domínguez. En segundas nupcias se casó en Miraflores el 23 de Enero de 1956 con Dª. Beatriz Lorenza Oneto Maza (n.Miraflores, 02/01/1934) Hija de Dn. Víctor Manuel Oneto Requena casado en Miraflores el 23 de Julio de 1936 con Dª. Carmen Rosa Cecilia Maza Torres Valdivia.

        6A   Dn. Daniel Dibós Alvarez.

        6B   Dn. Alfredo Dibós Alvarez.

6C   Dn. José Félix Dibós Oneto (n.Miraflores, 26/09/1956) Director de la empresa "Industria de Gases Callao (1995) casado con Dª. May-Lis Valakivi Alvarez (n.Miraflores, 29/04/1957)

> 7A   Dn. Daniel Adolfo Félix Dibós Valakivi (n.Miraflores, 19/11/1981) Casado en Miraflores el 27 de Agosto del 2010 con Dª. Milagros Pamela Gayoso Noguerol.

> 7B   Dn. Bruno Dibós Valakivi (n.Miraflores, 25/10/1986)

6D   Dn. Humberto Miguel Dibós Oneto (n.Miraflores, 06/12/1957) Casado con Dª. Patricia Cardoza Maúrtua.

> 7A   Dª. Lorena María Dibós Cardoza (n.Miraflores, 25/04/1982)

> 7B   Dn. Humberto Dibós Cardoza (n.1986)

6E   Dn. Ricardo Dibós Oneto (n.31/10/1959) Casado con Dª. Liliana Cáceres.

> 7A   Dª. Pamela Dibós Cáceres (n.Miraflores, 19/09/1981 +10/03/1992)

6F   Dª. Luz María Dibós Oneto (n.Miraflores, 19/03/1968) Casada con Dn. Luis Felipe Mario Martín Méndez Venegas (n.1966) Hijo de Dn. Jorge Ernesto Venegas casado en Miraflores el 1º de Noviembre de 1954 con Dª. Rose Marie Méndez.

> 7A   Dn. Paul Méndez Dibós (n.Lima, Santiago de Surco, Av. El Polo Nº505, Clínica Montesur, 15/12/1994)

4E   **Dn. Enrique Dibós Dammert** (n.Lima, Calle Arequipa –Antes Gallos- Nº34, 03/10/1902 +19/03/1989) Casado el 28 de Marzo de 1928 con **Dª. Rosa Amelia Cauvi Slovenich** (n.Cañete, 21/02/19__ +17/04/1996) Hija de Dn. José Cauvi Rambaldi y de Dª. Amelia Slovenich.

5A   Dª. Betty Dibós Cauvi (n.10/01/1928)

5B   Dn. Enrique Dibós Cauvi (n.Lobitos, Talara, Piura, 25/09/1932) Casado en primeras nupcias el 17 de Marzo de 1956 con Dª. Alicia Villarán Aizcorbe, hija de Dn. Eduardo Villarán Freire (n.10/09/1906 +01/08/1990) y de Dª. Alicia Carolina Aizcorbe Ríos (n.Barranco, Av. Bolognesi Nº6, 06/03/1912) En segundas nupcias se casó con Dª. Ana María Fernández.

> 6A   Dª. Giselle María Dibós Villarán (n.Miraflores, 08/10/1956) Casada el 10 de Agosto de 1980 con Dn. Jacques Rafael Franco Sarfaty (n.Marsella, Francia, 26/01/1957) Hijo de Dn. Vitaly Franco Varon (n.Lima, 03/11/1923 +16/03/2009) casado con Dª. Victoria Sarfaty Carrillo (n.Lima, 15/10/1923)

> > 7A   Dª. Victoria Rosa Franco Dibós (n.09/11/1981)

> > 7B   Dn. Vitaly Enrique Franco Dibós.

7C   Dª. Alicia Adriana Franco Dibós (n.Lima, Santiago de Surco, Av. El Polo N°505, Clínica Montesur, 19/09/1993)

6B   Dª. Jeanine Dibós Villarán (n.25/08/1958) Casada con Dn. Rafael Costa Ferrand (n.04/04/195_) Hijo de Augusto Antonio Bartolomé Costa Elice (n.San José de Surco -Barranco- Av. Bolognesi N°428, 08/12/1916) casado con Dª. Ofelia Ferrand Inurritegui (n.Lima, Pasaje Encarnación N°230, 22/06/1919) Nieto de Dn. Carlo Costa Saccomanno (n.Génova, 21/11/1863 +1953, Lima) casado en la iglesia del Sagrado Corazón de Barranco el 29 de Julio de 1909 con Dª. Livia Elice Amico (n.Barranco, 19/02/1887 +19/10/1965) y de Dn. Enrique Ferrand Salomone (n.06/06/1891) casado el 29 de Noviembre de 1913 con Dª. Esther Inurritegui Eguren (n.Lima, 03/09/1995)

En segundas nupcias contrajo matrimonio con Dn. *Fernando* Barreda Zegarra (n.Miraflores, 16/01/1956) Hijo de Dn. José Domingo Barreda Möller (n.Lima, Calle Washington N°244, 09/02/1915) Abogado, Diputado por Lima, casado con Dª. Celia Zegarra Vargas (n.Lima, Calle Santa N°23, 26/05/1918 +02/05/2007)

7A   Dª. Jeanine Costa Dibós.

7B   Dn. Sebastián Costa Dibós.

7C   Dª. Celia Barreda Dibós.

6C   Dª. Alicia Dibós Villarán (n.03/01/1960) Casada con Dn. Juan Carlos Rizo Patrón Leguía (n.01/02/1958) Hijo de Dn. Fernando Rizo Patrón Remy (n.24/12/1932 +05/06/1996) y de Dª. Rowena Leguía Gutiérrez (n.Londres hacia 1936)

Nieto por el lado paterno del ingeniero minero Dn. Antenor Rizo Patrón Lequerica (n.Lima, 20/11/1867) quien ya viudo contrajera segundas nupcias en Pisco el 22 de Enero de 1916 con Dª. Sara Ismena Remy Araoz (n.Miraflores, Calle Bellavista N°40, 07/06/1894) Por el lado materno fue nieto de Dn. Juan Leguía Swayne (n.Lima, 07/09/1899) casado en Francia el 18 de Marzo de 1922 con Dª. Emma Gutiérrez Fernández-Cabada (n.España, San Sebastián, 1906 +01/07/1981, Lima)

6D   Dª. Denise Dibós Villarán. Casada con Dn. Frank Robert Tweddle Risso (n.01/04/1959) Hijo de Dn. Frank Tweedle Granda (n.22/08/1923) Aviador, casado en la parroquia de la Virgen del Pilar el 26 de Junio de 1958 con Dª. Olga Risso Matellini (n.07/01/19_) Nieto de Dn. Frank Tweedle Valdeavellano (n.22/08/1893 +28/01/1969) casado en Lima el 31 de Marzo de 1918 con Dª. Beatriz Granda Pezet (n.11/07/1893 +12/03/1986) y de Dn. Roberto Risso casado con Dª. Olga Matellini.

7A   Dn. Frank Edward Tweddle Dibós.

7B   Dª. Stephanie Tweddle Dibós.

6E   Dn. Rafael Mauro Dibós Villarán (n.Miraflores, 23/10/1967) Casado en Miami, Florida, el 27 de Octubre de 1990 con Dª. May Lee Fuller da Costa (n.16/05/1969) Hija de Dn. Eduardo Enrique Fuller Granda (n.Washington, 11/12/1943) y de Dª. Olga Costa Müller.

Nieta de Dn. Enrique Fuller da Costa (n.Río de Janeiro, 1915) casado en la Iglesia de la Inmaculada el 16 de Mayo de 1943 con Dª. María Isabel «Chabuca» Granda Larco (n.Apurímac, Cotabambas-Grau, 03/09/1920 +07/03/1983, Miami) Reconocida compositora casada con Dn. Antonio Costa y Moncayo casado con Dª. Olga Müller.

7A   Dª. Michelle Dibós Fuller (n.Miami, 18/03/1991)

6F   Dn. Eduardo Enrique Dibós Villarán. (n.21/09/1957) Casado en Miraflores el 30 de Octubre de 1992 con Dª. Flavia Giuliana Maggi Pacheco (n.1968) Hija de Dn. Carlos Alberto Maggi Vega (n.14/02/19__) y de Dª. Teresa Pacheco Suero (n.03/10/19__)

7A   Dn. Enrique Pablo Dibós Maggi (n.Lima, Santiago de Surco, Av. El Polo Nº505, Clínica Montesur, 10/08/1994)

6G   Dn. Rafael Mauro Dibós Villarán (n.23/10/1967)

6H   Dª. Lorena Dibós Fernández.

5C   Dª. Rosa Dibós Cauvi (n.Lima, 07/10/1934) Casada con Dn. Carlos Boza Vega León (n.10/05/1930 +22/11/1912) Hijo de Dn. Carlos Teodoro Boza Barducci (n.Lima, Calle Callao Nº89, 23/11/1902) y de Dª. Irma Vega León (n.Lima, Calle Ica Nº211, 03/06/1904) Nieto Dn. Pablo Boza y Meza (n.27/02/1864 +28/02/1928) casado con Dª. Manuela Barducci Zapata (n.17/06/18__ +06/06/1942) y de Dn. Tomás Vega (n.Lima hacia 1868) y de Dª. Zoila León (n.Lima hacia 1878)

6B   Dn. Francisco Boza Dibós (n.Lobitos, Talara, Piura, 19/09/1964) Medallista Olímpico en la disciplina de Tiro. Casado con Dª. Jéssica Galdós Peschiera. Hija de Dn. Washington Galdós casado en Miraflores el 12 de Noviembre de 1964 con Dª. Leonor Amalia Peschiera.

7A   Dn. Carlos Boza Galdós.

7B   Dª. Almudena Boza Galdós.

7C   Dª. Macarena Boza Galdós.

6A   Dn. Esteban Boza Dibós (n.22/08/1966)

6C   Dª. Ana Beatriz Boza Dibós (n.30/06/19__)

5D   Dª. Ana María Leonor Dibós Cauvi (n.Miraflores, 28/05/1936) Casada el 31 de Agosto de 1960 con Dn. Tomás Diez Hidalgo Fraser-Luckie (n.España, 10/07/1930 +31/01/2011, Lima) Accionista y Gerente de la Hda. Andahuasi. Hijo de Dn. Tomás Diez Hidalgo (n.España, Jerez de la Frontera, 26/04/1892 +25/04/1973, Jerez de la Frontera) y de Dª. Julia Fraser-Luckie Iglesias (n.Lima, Huacho, 01/06/1902 +16/06/1991, Jerez de la Frontera)

6A   Dn. Julián Carlos Martín Diez Hidalgo Dibós (n.Miraflores, 14/06/1964) Casado con Dª. Alexandra Duany Grau (n.Miraflores, 13/10/1969) Hija de Dn. José Manuel Duany Espinosa (+26/02/1969) y de Dª. Teresa Grau Malachowska.

         7A   Dn. Nicolás Diez Duany.

         7B   Dª. Ania Diez Duany.

         7C   Dª. Zoe Diez Duany.

6B   Dª. Verónica Diez Hidalgo Dibós (n.Miraflores, 13/04/1966) Casada en 1995 en la iglesia de María Magdalena con Dn. Julio Prado Pardo Manuel de Villena (n.España, Guipúzcoa, Donostia, San Sebastián, 20/10/1958) Barón de Monte Villena. Hijo de Dn. Julio Prado Colón y Carvajal (n.Madrid, 01/11/1928 +29/12/2012) Conde de la Conquista, casado en San Sebastián el 7 de Setiembre de 1957 con Dª. María Isabel Pardo Manuel de Villena Verástegui (n.San Sebastián, 17/11/1926) Condesa de la Conquista.

         7A   Dn. Julio Prado Diez (n.Madrid, 22/09/1998)

         7B   Dª. Constanza Prado Diez (n.Madrid, 30/03/2001)

6C   Dn. Tomás Enrique Diez Hidalgo Dibós (n.Miraflores, 13/09/1967 +21/03/1989) Casado con Dª. Mari Paz Velasco Braceros.

         7A   Dª. Ana Diez Velasco.

         7B   Dª. Silvia Diez Velasco.

6D   Dª. Ana María Diez Hidalgo Dibós (n.Lima hacia 1961) Casada con Dn. Pedro Carlos Olaechea Alvarez Calderón (n.Lima, 06/01/1954) Hijo de Dn. Manuel Pablo Olaechea Dubois (n.Lima, Calle Carabaya Nº717, 26/05/1916) casado el 13 de Abril de 1952 con Dª. Ana María Alvarez Calderón Fernandini (n.13/05/1931) Nieto de Dn. Manuel Augusto Olaechea y Olaechea (n.Lima, 20/03/1975) Ministro de Estado, casado en el Oratorio particular de la familia Dubois en Lima el 1º de Setiembre de 1912 con Dª. María Rosa Dubois González Orbegoso (n.La Libertad, 15/05/1978) y de Dn. Alberto Alvarez Calderón Flores (n.Lima, calle Unión –antes Juan Simón- Nº438, 29/02/1896 +15/11/1944) Casado el 9 de Junio de 1927 con Dª. Anita Fernandini Clotet (n.Lima, Calle Ica –antes la Riva- Nº118, 17/04/1902 a las 12½ de la tarde)

         7A   Dn. Pedro Olaechea Diez (n.03/10/1988)

         7B   Dn. Santiago Olaechea Diez (n.16/11/1989)

         7C   Dn. Iñigo Olaechea Diez (n.04/08/1992)

         7D   Dª. Ana Sofía Olaechea Diez (n.Lima, Santiago de Surco, Av. El Polo Nº505, Clínica Montesur, 03/10/1994)

6E   Dª. Rosario Diez Hidalgo Dibós casada con Dn. Fernando Chueca Aguinaga (n.España) Arquitecto y Político. Hijo de Dn. Fernando Chueca Goitia (n.España, Madrid, 29/05/1911 +30/10/2004) Arquitecto, y de Dª. Goya Aguinaga (+09/2004)

    7A   Dn. Fernando Chueca Diez Hidalgo.

    7B   Dª. Almudena Chueca Diez Hidalgo.

6F   Dª. Alexandra María Diez Hidalgo Dibós (n.Miraflores, 10/06/1970) Casada con Dn. Alberto Piattoni Díaz.

    7A   Dn. Luca Piattoni Diez.

    7B   Dn. Enzo Piattini Diez.

5E   Dn. José Jaime Dibós Cauvi (n.Miraflores, 19/05/1938)

4F   **Dª. Mary Dibós Dammert** (n.02/02/19*04* +06/06/1999, Miraflores) Presidenta del directorio de "Industria de Gases Callao" (1995) Contrajo matrimonio el 10 de Febrero de 1951 con **Dn. Juan Antonio Machiavello González** (n.Lima, Calle Piura –antes Malambo- Nº81, 29/07/1899) Hijo de Dn. *César* Evangelista Machiavello Luxardo (n.Italia, San Lorenzo, 02/06/1862) y de Dª. *Susana* Eusebia González Leymnan (n.Lima, Chancay, 16/03/1872)

4G   **Dª. Blanca Dibós Dammert.**

4H   **Dª. Constanza Dibós Dammert.**

4I   **Dª. Rosalía Dibós Dammert.**

4J   **Dª. Leonor Dibós Dammert.**

4K   **Dn. Julio Dibós Dammert.**

3D   **Dn. Jorge Manuel Oswaldo Dibós Pflücker** (n.Lima, Calle Moquegua Nº118, 05/06/1870 b.Sagrario, 19/03/1871 +14/03/1919, Lima, Piérola Nº699) Casado en la casa de la novia, Camaná número 53, y registrado en la Parroquia del Sagrario el 18 de Setiembre de 1903 con **Dª. Josefa Valdeavellano Canaval** (n.Lima, 25/01/1875 +28/05/1912, Lima, La Colmena Nº699) Hija de Dn. Benito Valdeavellano y García de Vinuesa (n.España, Soria, Tierra de Cameros, Montenegro, hacia 1827) quien emigró al Perú y fue dueño de la hacienda Vinzos en el valle del río Santa, Huaraz. Casado 18 de Febrero de 1863 con Dª. Juana Canaval Munarris (+1875) Nieta de Dn. Fausto García de Valdeavellano (n.España, Montenegro, 15/02/1796 +1861, Montenegro) casado en 1819 con Dª. Gregoria García de Vinuesa y García Dueñas y de Dn. José Mansueto Canaval Zamudio (n.Pativilca, 19/02/1806 +13/12/1867, Pativilca) casado en Pativilca el 14 de Febrero de 1833 con Dª. Josefa Munarris y Manrique (n.Callao, 20/02/1815 +03/01/1893, Lima)

4A   **Dª. Consuelo Dibós Valdeavellano** (n.02/07/1905)

4B   **Dn. Jorge A. Dibós Valdeavellano** (n.Lima, Calle Moquegua Nº518, 14/07/1906 +27/05/1907, Lima, Moquegua Nº518)

4C   **Dn. Jorge B. Dibós Valdeavellano** (n.Lima hacia 1908 +19/05/2007, Lima) Casado en 1937 en Devon, Inglaterra, con **Dª. Diana Leticia Cumberlege de Avial** (n.Inglaterra, 06/07/1907 +25/08/1989, Lima) Hija de Dn. Claude Lionel Cumberlege (n.Marylebone, Middlesex, England, 09/06/1877 +22/11/1962) Alto oficial de la Armada Real.

5A   Dª. María Cristina Dibós Cumberlege (n.Bayonne, 16/10/1939) Casada con Dn. Gastón Basadre Elguera (n.17/03/1933) Hijo de Dn. Gastón Basadre Grohmann y de Dª. Aurora Elguera Diez Canseco (n.05/11/19__) Nieto de Dn. Carlos Basadre Forero (n.Tacna, 09/07/1859 +07/05/1909, Tacna) Ingeniero minero (Escuela de Ingenieros, 1878) casado con Dª. Olga Grohmann y Pividal y de Dn. Federico Elguera Seminario (n.Lima, 01/06/1860 +19/11/1928) Abogado (g.1884) quien estudió en París y en Lima, periodista, Alcalde de Lima desde 1901 hasta 1908, nombrado en 1911 ministro en Bolivia, casado en San Marcelo el 16 de Marzo de 1890 con Dª. Julia Diez Canseco Olazábal (n.1864) María Cristina se casó en segundas nupcias en Punta Hermosa el 8 de Marzo de 1978 con Dn. Pedro Guillermo Lecaros Hernández.

     6A   Dª. Alejandra Cristina Basadre Dibós (n.Miraflores, 04/06/1959) Casada el 14 de Setiembre de 1979 con Dn. Víctor Lanfranco Laos (n.Tarma, 11/11/1955)

         7A   Dn. Nicolás Fernando Lanfranco Basadre (n.14/04/1981) Casado el 25 de Abril del 2009 con Dª. Beth Ann Padgett.

         7B   Dn. Lucas Giovanni Lanfranco Basadre (n.19/09/1987)

     6B   Dn. Gastón Santiago Basadre Dibós (n.Miraflores, 26/09/1962)

     6C   Dn. Fernando Nicolás Basadre Dibós (n.Miraflores, 10/02/1965) Casado con Dª. Melissa Alcock.

         7A   Dª. Sophia Ann Basadre Alcock.

         7B   Dª. Andrea Inés Basadre Alcock.

     6D   Dª. Cecilia Josefa Basadre Dibós (n.Miraflores, 25/11/1966) Casada con Dn. Enrique Octavio Eduardo Costa y Costa (n.Lima, 28/03/1955) Hijo de Dn. Octavio Costa y de Dª. Olga Costa de la Flor. Contrajo segundas nupcias con Dn. Dany Alahlel Lender. Arquitecto.

         7A   Dª. Micaela Costa Basadre.

         7B   Dª. Alejandra Costa Basadre.

         7C   Dn. Yago Alahlel Basadre.

     6E   Dª. Cristina Tatiana Aurora Basadre Dibós (n.Miraflores, 16/04/1971) Casada con Dn. Joseph Ayoub. California.

         7A   Dª. Nadia Celeste Ayoub Basadre.

     6F   Dª. María José Basadre Dibós (n.Miraflores, 07/12/1973) Casada con Dn. David Vega Velayos. Hijo de Dn. Roberto Vega Monje y de Dª. Nelly Velayos.

         7A   Dª. Natalia Cristina Vega Basadre (n.18/06/2006)

         7B   Dª. Soleil Emilia Vega Basadre (n.20/04/2009)

     6G   Dª. Cayetana Lecaros Dibós (n.Miraflores, 16/10/1978) Casada con Dn. Roberto Denegri.

7A   Dª. Raffaela Denegri Lecaros.

7B   Dn. Matteo Denegri Lecaros.

7C   Dn. Tassio Denegri Lecaros.

5B   Dn. Jaime Eduardo Dibós Cumberlege (n.Peterfield, Inglaterra, 1938) Casado en primeras nupcias el año 1961 con Dª. Marjorie J. "Peggy" Bell. En segundas nupcias se casó con Dª. Martha Luz Israel Aráoz.

            6A   Dª. Cristina Leticia Dibós Bell (n.Miraflores, 11/06/1966)

            6B   Dn. Sebastián Jaime Dibós Bell (n.Miraflores, 18/08/1962)

            6C   Dª. Diana Luisa Dibós Israel.

5C   Dn. Jorge Dibós Cumberlege (+19/05/2007) Casado con Dª. Isabel Seligmann Blanco. Hija de Dn. Kurt Seligmann casado con Dª. Isabel Blanco.

            6A   Dn. Jorge Dibós Seligmann casado el 8 de Mayo del 2010 con Dª. María Jesús Torrens Alvarez (n.Barcelona) Pedagoga.

            6B   Dª. Camila Dibós Seligmann (n.1981) Casada en el 2007 con Dn. Manuel González Olaechea Yrigoyen (n.21/05/1974) Hijo de Dn. Manuel José Gregorio Ignacio González Olaechea y Franco (n.04/01/1948) y de Dª. Victoria Rosa María Julia Teresa Ana Yrigoyen Yrigoyen (n.17/07/1950)

5D   Dn. Miguel Dibós Cumberlege.

4D   **Dª. Josefa Dibós Valdeavellano** (n.09/03/1910) Casada el 18 de setiembre de 1943 con **Dn. Pedro Alejandro Balarín de la Torre** (n.Junín, Huancayo, Calle de Arequipa Nº37, 11/01/1909) Hijo de Dn. Pedro Balarín (n.Austria hacia 1876) Minero, y de Dª. Carmen de la Torre (n.Huancayo hacia 1890) *Pedro (Petar) Balarin Kisch, hijo de Mateo Balarin y de Juana Kisch, natural de Dubrovnik, Croacia, llegó al Perú durante la década de 1,880 radicándose en la ciudad de Huancayo, contrajo matrimonio con la dama huanuqueña de apellido Ingunza y al enviudar de ella se casó, en segundas nupcias, con la Sra. De la Torre.*

5B   Dn. Juan Balarín Dibós (n.14/10/19__)

5B   Dn. Alejandro Balarín Dibós (n.24/05/19__)

4E   **Dn. José Guillermo Dibós Valdeavellano** (n.Lima, La Colmena Nº699, 09/04/1911 +07/06/1987) Casado en primeras nupcias el 13 de Setiembre de 1937 en Bulogne-sur-Seine, Francia, con **Dª. María Wolkonsky** (n.27/06/1913) Hija del Príncipe Grigori y de la Condesa Schouwalova. En segundas nupcias contrajo matrimonio con **Dª. Mary L. Rojo**.

Princess Maria Wolkonsky was born on 27 June 1913 at Tallinn, Estonia. She is the daughter of Prince Grigori Wolkonsky and Countess Sophia Schouwalow. She married, firstly, Joseph Guillaume Jean Dibos-Valdeavellanos on 13 September 1937. She and Joseph Guillaume Jean Dibos-Valdeavellanos were divorced before 1941. She married, secondly, Lewis Luchenbach in 1941 at New York, U.S.A.. She and Lewis Luchenbach were divorced before 1959. She married, thirdly, George Livingstone de Peyster on 22 December 1959 at New York, U.S.A.

From 13 September 1937, her married name became Dibos-Valdeavellanos. From 1941, her married name became Luchenbach. From 22 December 1959, her married name became de Peyster.

The Peerage

5A   Dª. Mariana Dibós Rojo (n.Miraflores, 27/07/1971 +01/04/1989, Miraflores)

3E   **Dª. María Teresa Dibós Pflücker** (n.15/10/1874 +18/10/1965) Casada el 11 de Mayo de 1895 en el Templo de la Recoleta (San Marcelo) con **Dn. Fernando Sattler Pflücker**. (Ya vistos)

"La tía Anita (Dammert Tode) me contaba, que en su infancia los Dammert vivían próximos unos a otros en el centro de Lima. Tanto Francisco como Adolfo Dammert (May. 23) vivían en la Calle Cañete, una vía semicerrada donde los niños podían estar sin ningún peligro. Cerca, en la esquina, vivía Ernestina Pflücker, madre de Eduardo Dibós Pflücker, con dos hijos casados; y a la espalda, en un pasaje de la Colmena, vivían (sus nietos) los Dibós Dammert. Anita Dammert recuerda que jugaba con sus primos -entre los cuales se encontraba mi padre- a ladrones y celadores y a las escondidas. Mi abuela Rosina, generalmente se sentaba en el porche de su casa y supervisaba el juego de los niños."

Alfredo Dammert Lira
(Jul. 24) 1985

A estas alturas añado dos ramas de los Dibós que no he podido relacionar aún.

5A   Dn. José Carlos Dibós Pérez. Casado con Dª. Carmen García Luza.

         6A   Dª. Marcela Dibós García. Casada con Dn. Fernando Valencia Friedman. Hijo de Dn. Oscar Valencia Abanto y de Dª. Beatriz Friedman Zapata.

                 7A   Dn. Fernando Valencia Dibós.

         6B   Dª. Patricia Dibós García.

         6C   Dª. Susana Dibós García.

         6D   Dn. Alfredo Dibós García.

         6E   Dª. Camille Dibós García.

         6F   Dª. Fernanda Dibós García.

5B   Dn. Iván Dibós Pérez.

5C   Dn. Pablo Emilio Dibós Pérez. (Méjico)

5D   Dª. Kiki Dibós Pérez.

5E   Dn. Alejandro Dibós Pérez (n.13/04/1932) Casado el 10 de Octubre de 1952 con Dª. Leonor Herrera-Paulsen Bouquin (n.05/03/1935) Hija de Dn. Darío Alfonso Herrera Paulsen (n.Lima, Callao, 19/08/1910) casado con Dª. Josephine Bouquin Jullien (n.08/11/1915)

         6A   Dn. Alejandro Dibós Herrera (n.14/03/1953)

         6B   Dª. Silvia María Leonor Dibós Herrera (n.18/11/1954) Casada en Buenos Aires con Dn. Pedro Gerardo Enríquez Della Fontana.

7A   Dª. Lorena Enríquez Dibós.

7B   Dn. Daniel Enríquez Dibós.

6C   Dª. Aída Rosa María Dibós Herrera (n.Miraflores, 07/08/1957) Casada el 2 de Mayo de 1980 con Dn. Carlos Alfredo Bebín Crovetto (n.Lima, 1950) Arquitecto.

7A   Dn. Jean Pierre Bebín Dibós.

7B   Dn. Paul Bebín Dibós.

7C   Dª. Natalie Bebín Dibós.

7D   Dª. Valerie Bebín Dibós (n.Lima, Santiago de Surco, Av. El Polo Nº505, Clínica Montesur, 06/02/1991)

6D   Dn. Felipe Darío Dibós Herrera (n.Miraflores, 12/03/1959) Casado con Dª. Rosa Maritza Pavlovic Martínez.

6E   Dn. Sergio Luis Dibós Herrera (n.Miraflores, 30/03/1960) Casado con Dª. Ana María Paredes Camino. Hija de Dn. Hugo Paredes Gálvez casado con Dª. Ana María Camino Ivanissevich (n.05/12/1944) (Ya vistos)

7A   Dª. Michelle Marie Dibós Paredes.

6F   Dn. Juan Carlos Oscar Dibós Herrera (n.Miraflores, 19/06/1963) Casado con Dª. Jéssica Isabel Nemi Galeb.

7A   Dn. Alejandro Dibós Nemi.

7B   Dª. Verónica Dibós Nemi.

7C   Dª. Vanessa Dibós Nemi.

6G   Dn. Darío Dibós Herrera. Casado con Dª. Maritza Beatriz Zavala Hernández.

6H   Dn. Daniel Dibós Herrera.

Y,

5B   Dn. José Luis Dibós. Casado en Miraflores el 16 de Julio de 1974 con Dª. María de la Paloma Stefania Balta Ezeta (n.Miraflores, 21/04/1957) Hija de Dn. José Balta Hugues (n.22/06 +1979) Ingeniero minero (g.Escuela de Ingenieros, 1931) Casado en Miraflores el 30 de Octubre de 1948 con Dª. Ana Ezeta Tizón (n.26/09/19__)

6A   Dn. José Luis Dibós Balta (n.Lima, 01/01/1975 – Inscrito el 18/08/1977)

6B   Dª. María de la Paloma Dibós Balta (n.Lima, 15/08/1977 – Inscrito el 18/08/1977)

2D   **Dª. SOFÍA ELENA PFLÜCKER TARAMONA.** (n.hacia 1841, b.Parroquia del Sagrario en Lima, 27/12/1841) Soltera, como bien presagiara herr Witt.

2E   LOS DE LA PUENTE, LOS VÁSQUEZ DE VELASCO Y LOS BOUILLÓN.

Dn. Julio Carlos Pflücker Taramona (n.Lima hacia 1843 b.Sagrario, 02/06/1843 +18/07/1925, San Judas Tadeo C-144, Presbítero Maestro) Agricultor, contrajo matrimonio el 14 de Enero de 1872 (Sagrario de Lima) con **Dª. Rosalía de la Puente y Risco** nacida hacia 1851 en Lima e hija de Dn. Lorenzo de la Puente y Arias de Saavedra, Marqués de Villafuerte (n.1815) con Dª. Francisca del Risco Merino. Nieta de Dn. Manuel de la Puente y Querejazu (t.17/06/1839 +26/06/1839) Quinto Marqués de Villafuerte, Caballero de Santiago, casado el 7 de Enero de 1812 con Dª. Petronila Arias de Saavedra Bravo de Lagunas.

    3A   Dª. Blanca Pflücker de la Puente (n.Lima hacia 1874) Casada por lo Religioso en Lima (Huérfanos) el 31 de Marzo de 1896 y por lo Civil el Domingo 5 de Abril de 1896 con Dn. Guillermo Espantoso Bergmann (n.Lima, 1868 +03/08/1926, Lima) Gerente de la Empresa de Alumbrado Eléctrico, Cónsul y Encargado de Negocios del Perú en Panamá, hijo de Dn. Domingo Miceno Espantoso y Oramas (n.Guayaquil, 27/10/1827 +05/10/1891, Lima) y de Dª. Augusta Bergmann y Rubio (n.Lima, 28/08/1836 +23/09/1910, Lima) Nieto de Dn. Manuel Espantoso y Avellán (n.Guayaquil, 24/01/1799 +06/06/1873, Lima) Prócer de la independencia del Ecuador, casado con Dª. Francisca Oramas e Izaguirre (Guayaquil, 08/03/1807 +27/10/1827, Guayaquil) y de Dn. Christian Federico Bergman (Hannover) casado con Dª. Estanislaa Rubio de Velasco y Rivera de los Santos. (En el libro de Robles y Chambers aparece como Estanislaa Rubio y Rivero)

        4A   **Dª. María Blanca Espantoso Pflücker** (n.hacia 1900 +31/08/1954, Miraflores)

        4B   **Dª. Carlota Espantoso Pflücker** (n.09/11/1897 +05/1985, Nueva York)

        4C   **Dn. Guillermo José Espantoso Pflücker** (n.30/07/1898 b.04/09/1898 + 05/1981, Nueva York) Casado con Dª. Teresa Andrade Curtissoz (n.Bogotá, 19/03/1909 +02/1981, Nueva York) Hija de Dn. Calisto Andrade Suescun y de Dª. Analía Curtissoz Semblas. Sin sucesión.

        4D   **Dª. María Juana Emilia Rosario Espantoso Pflücker** (n.20/11/1900 b.12/02/1901 +29/10/1908, Barranco, Calle Unanue Nº14)

        4E   **Dn. Carlos Adolfo José Espantoso Pflücker** (n.26/07/1899 b.San Sebastián, 27/08/1899 +12/1961, Nueva York)

        4F   **Dª. Olga Espantoso Pflücker** (n.26/10/1909 +21/10/1997) Biznieta del Marqués de Villafuerte. Casada el 1 de Enero de 1937 con **Dn. Eduardo Fontcuberta Mendizábal** (n.31/01/1901) Ingeniero y arquitecto, Senador de la República, hijo de Dn. Eduardo Fontcuberta Navarro (n.Caspe, Zaragoza hacia 1865) casado el 19 de Marzo de 1895 con Dª. Dolores Mendizábal Benavides (n.Tarma hacia 1871)

    3B   Dª. María Leonor Felipa Pflücker de la Puente (b.Sagrario de Lima, 09/05/1876)

    3C   Dª. Amalia Simona Pflücker de la Puente (b.Sagrario de Lima, 10/11/1877)

    3D   Dª. María Carlota Isabel Pflücker de la Puente (b.Parroquia del Sagrario en Lima, 10/11/1877)

3E   Dª. María Eugenia Adelina Rosalía Pflücker de la Puente (n.Lima, Calle Ayacucho – Antes Botica de San Pedro- N°86, 02/06/1886 +12/04/1983) Casada el 20 de Enero de 1907 con Dn. Jorge Teodoro Vásquez de Velasco y Vásquez de Velasco (n.Lima, Calle Unión, antes Belén- N°378, 22/04/1883) Agricultor, hijo del Doctor Dn. Arístides Vásquez de Velasco Morales casado en Lima (Sagrario) el 27 de Enero de 1876 con Dª. María Vásquez de Velasco y Fernández de Paredes quien era viuda de Dn. Flavio Castañeda Seminario y Seminario. Nieto de Dn. Vicente Vásquez de Velasco y Bermúdez casado con Dª. Francisca Tomasa Morales y Rivas y de Dn. Gaspar Vásquez de Velasco y de la Puente (n.Lima, 09/07/1802 +21/12/1847, Piura) Quinto Conde de Lagunas, casado el 20 de Julio de 1839 con Dª. Jacinta Fernández de Paredes y Fernández Carrasco.

4A   **Dn. Julio Teodoro Arístides Germán Vásquez de Velasco Pflücker** (n.Lima, Calle Ica N°59, 10/05/1908) Casado en el Templo de la Recoleta (Sagrario) de Lima el 17 de Octubre de 1936 con **Dª. Elvira Fortunata Ganoza de la Puente** (n.Lima, Calle Chili N°175, 14/12/1914 +06/09/2000) Hija de Dn. Fortunato Ganoza y Ganoza (n.Trujillo, 14/06/1878) y de Dª. Elvira de la Puente y Ganoza (n.Trujillo, 04/12/1881) Nieta de Dn. Ricardo Ganoza Calonge, casado con su prima hermana Dª. Manuela Rosa Ganoza y Cabero y de Dn. Agustín de la Puente Quiñones, casado el 30 de Diciembre de 1873 con Dª. Lucila Ganoza Cabero.

   5A   Dª. Fortunata Vásquez de Velasco Ganoza (n.Lima, 13/07/1937) Casada el 14 de Noviembre de 1957 con Dn. Carlos Edgard Newell Benavides (n.Arequipa, Mollendo, 19/08/1934 +26/06/1996, Houston)

      6A   Dn. Germán Newell Vásquez de Velasco (n.Miraflores, 16/09/1958) Casado el 23 de Abril de 1988 con Dª. Micheline Ferrand Prado (n.12/02/1968) Hija de Dn. Javier Ferrand Cillóniz (n.10/06/1931) y de Dª. Mercedes Prado Sosa. Nieta de Dn. Julio Ferrand Salomone (n.14/07/1892) casado el 9 de Octubre de 1921 con Dª. Hortensia Cillóniz Eguren (n.13/09/19__) y de Dn. Mariano I. Prado Heudebert (n.23/10/19__) casado el 15 de Junio de 1935 con Dª. Mercedes Sosa Pardo de Zela.

         7A   Dn. Michelle Newall Ferrand.

         7B   Dn. Javier Newall Ferrand.

         7C   Dn. Mariano Newall Ferrand.

         7D   Dn. Alfonso Newall Ferrand.

      6B   Dª. Cristina Newell Vásquez de Velasco (n.Miraflores, 24/06/1960) Casada el 6 de Junio de 1981 (Religioso el 3 de Agosto en Jesús María) con Dn. Felipe Aspíllaga Menchaca (n.Miraflores, 02/04/1949) Hijo de Dn. Gustavo Adolfo Aspíllaga Anderson (n.Lima, Calle Camaná N°291, 05/10/1907) y de Dª. María Luisa de Menchaca Blacker (n.03/01/1916 +22/04/1965) Nieto de Dn. Ramón Aspíllaga Barrera (n.Lima, 1851 +29/02/1940) casado en la iglesia de Santa Teresa el 18 de Enero de 1897, con Dª. María Agripina G. Anderson Perales (n.Lima, 1871) y de Dn. Daniel de Menchaca Figari casado con Dª. Elisa Blacker Higginson. Casada en segundas nupcias el 27 de Enero del 2001 en las Vegas (o en Cuzco) con Dn. William Moore Kallop (n.EUA, Nueva York)

7A   Dª. María Cristina Aspíllaga Newell (n.San Borja, 25/03/1984) Casada el 12 el Mayo del 2007 con Dn. Enrique Armando Paez Farah (n.San Isidro, 27/02/1978) Hijo de Dn. Armando Paez Adawi casado con Dª. Adelaida Farah Galindo.

        8A   Dª Cristina Paez Aspíllaga (n.EUA, Texas, Houston, 01/02/2007)

        8B   Dª. Arantza Paez Aspíllaga (n.EUA, Texas, Houston, 17/05/2011)

7B   Dª. María Alejandra Aspíllaga Newell (n.San Borja, 28/10/1986)

7C   Dn. Guiillermo Arturo Kallop Newall (n.San Borja, 30/08/2009)

7D   Dª. María Victoria Kallop Newall (n.San Borja, 30/08/2009)

5B   Dª. Rosalía Vásquez de Velasco Ganoza (n.Lima, 27/04/19__) Casada con el Contralmirante Dn. Fernando Grau Umlauff. Hijo de Dn. Rafael Grau Price (n.Barranco, Calle de los Pasos Nº11, 16/04/1909 +2001) y de Dª. María Martha Umlauff León (n.Lima, Calle Iquique Nº125, 15/04/1914) Nieto de Dn. Rafael Grau Cabero (n.Lima, Distrito Segundo, 17/01/1876 +04/01/1917, Apurímac) Abogado, Alcalde del Callao, Diputado por Cotabambas Apurímac, Vicepresidente de la Cámara de Diputados y Ministro de Justicia y Culto, casado en la Iglesia de Belén en Barranco, el 1º de Febrero de 1907 con Dª. María Elena Price y Argumániz (n.03/07/1883 +31/07/1940) y de Dn. Alfredo Umlauff Igarza (n.Lima, 08/11/1879 +26/10/1946, Lima) casado el 21 de Noviembre de 1909 con Dª. Marina León Porta (n.Lima, hacia 1884 +1966, Lima) Bisnieto de Don Miguel Grau Seminario.

    6A   Dª. Rosalía Grau Vásquez de Velasco (n.1966) Casada con Dn. José Antonio Ríos Montagne (n.Miraflores, 25/05/1959) Hijo de Dn. Bartolomé Enrique Ríos Bérninzon (n.Lima, Calle Lima Nº358, 20/12/1910) casado en Miraflores el 9 de Octubre de 1935 con Dª. María Alicia Mercedes Montagne Sánchez (n.Lima, Calle Paruro Nº367, 12/04/1915 +1982) Nieto de Dn. Bartolomé Ríos Cazo casado con Dª. Mercedes Berninzon Salcedo y de Dn. Ernesto Montagne Markholz (n.1885 +1954) Militar y político, casado con Dª. Raquel Sánchez La Rosa (n.1892 +1978)

        7A   Dª. Rosalía Ríos Grau (n.1992)

        7B   Dª. María Fernanda Ríos Grau.

    6B   Dª. Patricia Grau Vásquez de Velasco. Casada en Miraflores el 20 de Octubre de 1995 con Dn. Sergio Soler Fischmann. Hijo de Dn. Joaquín Soler Pitarch casado en Miraflores el 22 de Noviembre de 1957 con Dª. María Cecilia "Chichi" Fischmann Betancourt. Nieto de Dn. Joaquín Eduardo Soler Sabado (n.España, Castellón de la Plana, 18/01/1906 +17/06/1998, Madrid) casado en Barcelona el 22 de Junio de 1930 con Dª. María Pitarch Vicente (n.España, Castellón de la Plana, 02/06/1909)

        7A   Dn. Sebastián Soler Grau.

7B   Dn. Matías Soler Grau.

6C   Dª. Giselle Grau Vásquez de Velasco. Casada con Dn. Fernando Salazar Muente.

7A   Dn. Fernando Salazar Muente.

6D   Dn. Fernando Grau Vásquez de Velasco.

4B   **Dn. Alfonso Teodoro Vásquez de Velasco Pflücker** (n.Lima, Calle Ica N°59, 29/11/1909) Contrajo matrimonio con **Dª. María Isabel Saravia Martín** (n.Lima, Calle Junín N°1055, 12/10/1911) Hija de Dn. Enrique Saravia García y de Dª. Delia Martín.

5A   Dª. María Vásquez de Velasco Saravia (n.02/08/19__ +06/10/2011) Hermana de los Sagrados Corazones.

5B   Dª. Delia Vásquez de Velasco Saravia (n.10/04/19__)

5C   Dª. Alicia Hortensia Vásquez de Velasco Saravia (n.09/04/19__) Casada con Dn. Gonzalo Valderrama.

6A   Dn. Juan Carlos Valderrama Vásquez de Velasco.

6B   Dn. Diego Valderrama Vásquez de Velasco.

6C   Dn. Gonzalo Valderrama Vásquez de Velasco (n.Miraflores, 12/03/1960) Casado con Dª. Lisbeth Fernández Concha Ortmann. (n.Miraflores, 07/06/1960)

7A   Dª. María José Valderrama Fernández Concha.

7B   Dn. Rodrigo Valderrama Fernández Concha.

7C   Dª. Fátima Valderrama Fernández Concha.

7D   Dn. Gonzalo Valderrama Fernández Concha.

6D   Dn. José Luis Valderrama Vásquez de Velasco.

5D   Dª. Luisa Vásquez de Velasco Saravia (n.21/06/19__)

5E   Dn. Vicente Arístides Vásquez de Velasco Saravia.

5F   Dª. Isabel Vásquez de Velasco Saravia.

5G   Dn. Jorge Teodoro Vásquez de Velasco Saravia. Casado con Dª. Roxana Marcela González Vigil Romero. Hija de Dn. José González Vigil Valencia casado con Dª. Blanca Dolores Romero González Vigil

6A   Dª. Mariana Isabel Vásquez de Velasco González Vigil (n.Miraflores, 07/03/1970)

5H   Dn. Javier Ignacio Vásquez de Velasco Saravia.

4C   **Dn. Gaspar Roberto Vásquez de Velasco Pflücker** (n.Lima, Calle Ica N°323, 01/12/1910 +15/08/1996, Miraflores) Contrajo matrimonio el 4 de Junio de 1938 con **Dª. Graciela Jesús Elisea Felicísima de la Puente**

Olavegoya Ganoza (n.Lima, Magdalena del Mar, 06/08/1919) Hija de Dn. Agustín de la Puente Olavegoya (n.Lima, Magdalena del Mar, 23/08/1882) casado en la Iglesia de la Recoleta, Lima, el 24 de Setiembre de1917 con Dª. Jesús Ganoza Chopitea (n.Trujillo, 06/12/1895) Nieta de Dn. José Agustín de la Puente Cortés (n.Lima, 28/08/1838 +18/01/1910, Lima) Alcalde de Lima en 1893, fundador de Magdalena del Mar, Ministro de Hacienda y Comercio, casado con Dª. Jesús Olavegoya Iriarte y de Dn. Fernando Luis Ganoza Cabero, Alcalde de Trujillo y Prefecto de la Libertad, casado con Dª. Elicia Chopitea Luna Victoria.

5A   Dª. María Jesús Vásquez de Velasco de la Puente (n.03/05/1939) Casada en Miraflores el 24 de Noviembre de 1995 con Dn. Eugenio Germán Krüger Espantoso, hijo de Dn. Luis Eugenio Krüger Fantini (n.Lima, 15/04/1904) casado el 15 de Agosto de 1934 con Da. María Victoria Espantoso Freund (n.Lima, Calle Arica Nº590, 21/11/1914)

5B   Dn. Agustín Vásquez de Velasco de la Puente (n.Lima, 28/08/1941) Casado en la Iglesia de San Pedro, Lima, el 10 de Julio de 1965 con Dª. Rosario Presa Freire (n.Lima, 22/06/1944) Hija de Dn. José María Presa Roca (n.Buenos Aires, Coronel Suárez, 31/07/1909) casado en la Iglesia de San Marcelo, Lima, el 31 de Noviembre de 1939 con Dª. María Freire Raygada (n.Lima, Quinta Heeren, 12/01/1912)

         6A   Dn. Agustín Vásquez de Velasco Presa (n.San Isidro, 30/04/1966)

         6B   Dn. Diego Vásquez de Velasco Presa (n.San Isidro, 03/05/1968) Falleció al día de nacido.

         6C   Dn. José Antonio Vásquez de Velasco Presa (n.San Isidro, 27/12/1969) Casado en Setiembre de 1999 en la iglesia de Nuestra Señora de la Reconciliación en Camacho con Dª. Adriana Esparza Gálvez (n.Callao, Bellavista, 14/06/1976) Hija de Dn. Fernando Esparza Ruiz (n.11/02/1949) casado el 29 de Agosto de 1973 con Dª. Adriana Sara Gálvez Figari (n.24/10/1950)

         6D   Dª. Claudia Vásquez de Velasco Presa (n.San Isidro, 30/12/1972) Casada en La Molina, Lima, el 11 de Abril de 1997 con Dn. Jaime Yzaga Tori (n.Miraflores, 23//10/1967) Tenista Profesional. Hijo de Dn. Miguel Yzaga Castañeda y de Dª. Hilda Tori Guerrero.

         6E   Dn. Joaquín Vásquez de Velasco Presa (n.San Isidro, 27/02/1980)

5C   Dª. Roberto Vásquez de Velasco de la Puente (n.08/04/1945 +19/04/2008) Casado con Dª. Chantal Germaine Lebacq Vanneck (Bélgica)

         6A   Dn. Patrick Vásquez de Velasco Lebacq (n.Miraflores, 19/12/1973) Casado en la iglesia de Santa María de Magdalena el 28 de Abril del 2001 con Dª. Patricia Sotomayor Borda, hija de Dn. Eduardo Sotomayor Gosdinski y de Dª. Hortencia Borda. Residen en Canadá.

         6B   Dª. Valerie Vásquez de Velasco Lebacq. Periodista y Reportera. Reside en España.

5D   Dn. Fernando Vásquez de Velasco de la Puente (n.08/05/19__)

5E   Dn. Guillermo Vásquez de Velasco de la Puente (n.14/05/19__)

4D   **Dn. Rodolfo Gaspar Vicente Vásquez de Velasco Pflücker** (n.Lima, Calle Puno N°458, 08/08/1919 +16/04/1994) Conde de Gamio, quien contrajo matrimonio **con Dª. María de los Dolores Goyeneche y Silva de la Puente y Sapia**, desde 1941, tercera condesa de Gamio. Hija de Dn. Lorenzo de Goyeneche y de la Puente, Conde de Gamio, casado con Dª. María de Silva y Sapia.

         5A   Dn. Lorenzo Vásquez de Velasco y Goyeneche. Fallecido de corta edad.

         5B   Dª. María Juana "Maruja" Vásquez de Velasco y Goyeneche, Condesa de Gamio, casada con Dn. Jesús Greus Pinzá.

             6A   Dn. Jesús Francisco Greus Vásquez de Velasco. Escritor y reside en Marrakech.

3F   Dn. Julio Pflücker de la Puente (n.12/05/1881) Casado el 7 de Setiembre de 1910 con Dª. Adriana Bouillón Cabrera (n.Callao, 13/05/*1887* +04/09/1956) Hija de Dn. Alcides Bouillón y de Dª. Adelaida Cabrera Salazar (n. hacia 1848 +29/02/1913, Barranco, Calle Dávalos N°15)

         4A   **Dª. Carmen Edith Pflücker Bouillón** (n.01/12/1911 b.Santa Cruz de Barranco, 13/02/1913 +30/10/1993, Miraflores)

         4B   **Dn. Armando Julio Pflücker Bouillón** (n.Barranco, Calle Dávalos N°15, 09/08/1913 b.Santa Cruz de Barranco, 30/01/1914 +18/08/1984)

         4C   **Dn. Augusto Pflücker Bouillón** (n.27/03/19__) Casado el 12 de Mayo de 1953 con **Dª. Consuelo Yépez Zapatero** (n.06/09/19__) Hija del Teniente Coronel Dn. Germán Yépez (n.28/05/19__) y de Dª. Susana Zapatero (n.01/07/19__)

             5A   Dn. Julio Miguel Pflücker Yépez (n.Lima, 30/04/1957) Cadete de la Escuela Naval del Perú, promoción que ingresara en el año 1974, Contralmirante desde el 2005. Casado con Dª. Silvia Sicheri Monteverde (n.1960)

                 6A   Dn. Julio Pflücker Sicheri.

                 6B   Dn. Erik Pflücker Sicheri. Casado el 11 de Febrero del 2012 con Dª. Sandra Galimberti Villalonga.

                 6C   Dª. Stephanie Mariel Pflücker Sicheri. Casada con Dn. Daniel A. Espejo Higueras.

             5B   Dª. Cecilia Susana Pflücker Yépez (+30/12/2002)

             5C   Dª. María del Pilar Pflücker Yépez (n.Miraflores, 21/05/1963) Casada con Dn. Danny Sánchez.

         4D   Dn. Luis Manuel Pflücker Bouillón (n.Barranco, Calle de Dávalos N°325, 16/01/1917)

3G   Dn. Rodolfo Remberto Pflücker de la Puente (n.Lima, Calle Ayacucho –Antes Botica de San Pedro- N°88, 04/02/1890 +18/04/1890, Lima, Calle Ayacucho –antes Botica de San Pedro N°88)

3H   Dn. Manuel Eusebio Pflücker de la Puente (n.10/08/1891 +14/08/1891, parroquia de Huérfanos, Lima)

3I   Dª. Leonor Pflücker de la Puente (n.Lima hacia 1891) Casada el dia 21 de Noviembre de 1920 en el domicilio de la contrayente en Lima con Dn. Félix Augusto Pereyra Pinedo (n.Lima, Calle Cajamarca –antes *Borricos*- Nº81, 29/12/1893) Hijo de Dn. Augusto Pereyra (n.Lima, 1862) militar, y de Dª. Josefina Pinedo (n.Lima, 1864)

2F   LOS JACOBS Y LOS OTOYA.

Dn. Oswaldo Pflücker Taramona. Nació en Lima hacia 1844. Bautizado en la Parroquia del Sagrario en Lima el 18 de Febrero de 1845. Fué, entre otras cosas, ingeniero de ferrocarriles, militar y agrónomo. Contrajo matrimonio en Trujillo con Dª. Tránsito Urquiaga natural de aquella localidad.

He aquí un párrafo de la carta con que Mario Jacobs Pflücker tan amablemente colaborara en este ensayo;

"Sofía Ignacia Pflücker Urquiaga nacida el 31 de Julio de 1899. Su padre, Oswaldo Pflücker Taramona, había nacido en Lima. Recibido de Ingeniero en Alemania retornó al Perú para participar en la guerra con Chile. Fue herido en la batalla de San Juan y Miraflores. Participó como Ingeniero en la construcción del ferrocarril central. Se casó con Tránsito Urquiaga y residieron en Trujillo donde adquirió en el valle de Chicama el fundo Facalá que en sociedad con Madalengoitia explotaron agrícolamente. Este fundo pasó, posteriormente, a ser parte de la hacienda Casa Grande. Sofía tuvo un hermano menor: Oswaldo Pflücker Urquiaga"

3A   Dª. Sofia Ignacia Pflücker Urquiaga (n.31/07/1889) Casada con Dn. Fernando Gustavo Jacobs Dávila (n.14/01/1889) Comerciante radicado en Trujillo e hijo de Dn. Fernando Jacobs Schmith de nacionalidad Belga.

        NB La hermana de Don Gustavo Jacobs Dávila, doña Julia Ernestina Jacobs Dávila se casó con don Alberto Urquiaga Calonge quien había heredado la "Casa Urquiaga" en Trujillo. La Casa Urquiaga fue declarada integrante del ambiente urbano histórico monumental de Trujillo por Resolución Suprema N° 2900-72-ED pasando a conformar el patrimonio Monumental de la Nación.

        4A   **Dn. Gustavo Jacobs Pflücker** (fallecido a los 2 años de edad)

        4B   **Dª. Jesús María Jacobs Pflücker** (n.25/12/19__ +11/11/2002) Casada con **Dn. Rodolfo Calderón Herrera** quien falleció en 1946.

               5A   Dn. Jesús Gustavo Calderón Jacobs (n.06/11/19__) Casado con Dª. Mercedes Zamudio.

               5B   Dª. María Eugenia Calderón Jacobs (n.05/02/19__) Casada con Dn. Miguel Armando de la Flor Otero (n.12/03/19__)

                      6A   Dª. Roxana de la Flor Calderón (n.04/02/19__)

                      6B   Dn. Rodolfo de la Flor Calderón (n.15/04/19__)

               5C   Dn. Rodolfo Calderón Jacobs (n.19/02/19__ +22/08/1999) Estudió en el Colegio Militar Leoncio Prado (Promoción, XVI) Casado con Dª. Cecilia Tosso.

                      6A   Dn. Daniel Alejandro Calderón Tosso.

        4C   **Dn. José Jaime Jacobs Pflücker** (n.18/03/19__ +26/06/1985) Casado con **Dª. María Luisa Zúñiga** (n.15/06/19__)

               5A   Dª. Jenny Jacobs Zúñiga (n.23/10/19__) Casada con Jorge Romero.

5B Dª. Astrid Jacobs Zúñiga (n.01/04/19__) Casada con Dn. Jorge del Pozo Valdez.

   6A Dn. Alvaro Jacobs Del Pozo (n.Miraflores, 15/10/1989)

   6B Dª. Jimena Jacobs del Pozo (n.Miraflores, 04/06/1988)

   6C Dª. Vanessa Jacobs del Pozo (n.Miraflores, 13/08/1985)

5C Dn. Gustavo Jacobs Zúñiga (n.03/01/19__)

4D **Dn. Mario Jacobs Pflücker** (n.09/04/19__ +05/02/2004, Miraflores) Casado el 31 de Agosto de 1955 con **Dª. Teresa Freundt Llona** (n.02/04/19__) Hija de Dn. Alberto Freundt Rosell (n.19/12/1896) y de Dª. Adriana Llona Gastañeta (n.05/03/19__) Nieta de Dn. Alejandro Freudt Noble casado con Dª. Constanza Rosell Cacho y de Dn. Scipión Llona Gastañeta (n.1865 +21/11/1946, Miraflores) casado el 31 de Diciembre de 1902 con Dª. Rosa Luisa Gastañeta Espinosa.

   5A Dª. Florencia María Jacobs Freundt (n.Miraflores, 26/06/1956) Casada en Miraflores el 25 de Setiembre de 1981 con Dn. James Gerald Bingham Powell Alayza (n.San Isidro, 09/04/1950) Hijo de Dn. Gerald Bingham Powell Clarke (n.Londres, 27/07/1915) casado en Miraflores el 21 de Julio de 1947 con Dª. Elvira María Alayza Escardó (n.Lima, 22/06/1922 b.Parroquia de Miraflores, 28/08/1922)

      6A Dª. Lavinia Bingham Powell Jacobs.

      6B Dª. Marion Bingham Powell Jacobs.

   5B Dn. Mariano José Jesús Jacobs Freundt (n.Miraflores, 03/01/1960) Casado con Dª. Jimena Fernández Concha.

4E **Dn. José Edmundo Benito Jacobs Pflücker** (n.Trujillo, 05/01/1924 +01/07/2005) Promoción 1947 de la Universidad Católica. Contrajo matrimonio en 1952 con **Dª. Rosa Adela Martínez la Hoz** (n.15/05/1931) Hija de Dn. Humberto Martínez Fernandini (n.30/10/19__) y de Dª. Rosa Elvira la Hoz (n.18/04/19__)

   5A Dª. Patricia Rosa María Jacobs Martínez (n.Lima, Av. Arequipa, Clínica Franco, 23/04/1953) Casada con Dn. Luis Mora Bernasconi (n.10/03/19__) Hijo de Dn. Carlos Mora (n.03/11/19__) y de Dª. Dora Bernasconi Bohl (n.03/11/19__)

      6A Dn. Humberto Mora Jacobs (n.Miraflores, 09/04/1974)

   5B Dn. Gustavo Jacobs Martínez (n.25/03/195_) Casado en dos oportunidades: con Dª. Rocío Morín Vargas (n.07/12/19__) Hija de Dn. Charles Morín Labrousse (Burdeos) y de Dª. Maruja Liliana Vargas Viaña (Chepén) y, en segundas nupcias se casó con Dª. Alexa Urbina (n.01/09/19__)

      6A Dn. Edmundo Jacobs Morín (n.06/10/19__)

      6B Dn. Gustavo Jacobs Morín (n.02/05/1982)

   5C Dª. Rosa Jacobs Martínez (n.29/05/19__) Casada con Dn. Luis Lavaggi Breña (n.12/08/1943) Hijo de Dn. Luis Lavaggi Galliani (n.12/11/1905) y de Dª. Alida Breña Moyano (n.15/08/19__)

      6A Dn. Luis José Lavaggi Jacobs (n.Miraflores, 22/07/1981)

      6B Dn. Giácomo Lavaggi Jacobs (n.14/07/1986)

6C	Dª. Francesca Lavaggi Jacobs (n.31/05/19__)

5D   Dª. Mónica María Rosa Jacobs Martínez (n.10/07/1957) Casada con Dn. José Alfredo Barrios García Calderón (n.12/08/1954) Hijo de Dn. Octavio Barrios Llona (n.21/06/1918) casado con Dª. Ofelia García Calderón Koechlin (n.22/06/1920)

6A	Dn. Ignacio Barrios Jacobs (n.22/11/1982)
6B	Dn. Rodrigo Barrios Jacobs (n.Miraflores, 20/11/1989)
6C	Dn. Joaquín Barrios Jacobs (n.23/07/1991)

5E   Dª. Magali Jacobs Martínez (n.20/10/19__) Casada con Dn. Henry Stenning Sacio. Hijo de Dn. Henry Stenning Orellana (n.11/03/19__) y de Dª. María Sacio León (n.30/07/1929) hija a su vez de Dn. José Alberto Sacio Arriz (n.17/05/1892 b.20/06/1892 +16/01/1970) y de Dª. Elena León Porta (n.22/09/1901 +22/11/1990)

6A	Dª. Viera Stenning Jacobs (n.17/06/19__)
6B	Dª. Kiana Stenning Jacobs (n.01/02/19__)
6C	Dn. Harry Stenning Jacobs (n.08/02/19__)

4F   **Dn. Octavio Jacobs Pflücker** (n.18/02/19__) Casado con **Dª. Zulema Lenz** (n.19/10/19__)

5C	Dª. Zully Jacobs Lenz. Casada con Dn. Vedran Gijuivanovic.
5B	Dª. Sofía Jacobs Lenz.
5A	Dn. Octavio Jacobs Lenz.

4G   **Dn. José Iván Jacobs Pflücker** (n.03/09/1930) Casado con **Dª. Alicia Gálvez** (n.03/03/19__)

5A	Dn. José Martín Gustavo Jacobs Gálvez (n.Miraflores, 21/04/1966)
5B	Dn. Juan Carlos Jacobs Gálvez (n.Miraflores, 06/05/1967)
5C	Dn. Luis José Jacobs Gálvez. Casado en el 2009 con Ximena Sierralta Patrón, hija de Dn. Aníbal Sierralta Ríos y Carmen Patrón.
5D	Dn. José Enrique Jacobs Gálvez.
5E	Dª. Ana Sofía Jacobs Gálvez.

3B   Dn. Oswaldo B. Pflücker Urquiaga (n.1895) Casado con Dª. Carmela González de Otoya *Méndez* (n.1898), hija de Dn. Teodoro Daniel González de Otoya (n.Trujillo, 1844 +1913, Piura, Paita) y de Dª. Carmen Méndez.

4A   **Dn. Otto Oswaldo Pflücker Otoya** (n.Trujillo, hacia 1918) Casado con **Dª. María Consuelo Silva Marquina** (n.16/02/1926)

5A	Dn. José Antonio Pflücker Silva (n.Chiclayo, Calle Cabrera N°831, 20/07/1943)
5B	Dª. Carmen Pflücker Silva (16/02/19__)

5C   Dª. María Elsa Pflücker Silva (n.Trujillo, *23/02/1949*) Estudió en el colegio Belén de Trujillo. Casada con Dn. José Renán Urcia Gastañadui. Contrajo segundas nupcias con Dn. Juan Aguilera. Reside en España.

        6A   Dn. Jose Oswaldo Urcia Pflücker (n.Trujillo, 21/01/1974) Reside en Barcelona.

        6B   Dª. Liliana Paola Urcia Pflücker (n.Trujillo, 29/07/19__) Casada el 2 de Setiembre del 2006 con Dn. Tito Alejandro Sánchez Bueno (n.08/02/1972)

                7A   Dª. Ana Paula Sánchez Urcia.

        6C   *Dª. Milagros Urcia Pflücker.*

5D   Dª. Lydia Rosa Pflücker Silva (n.Trujillo, 03/02/1952) Casada con Dn. Luis Emilio Agreda Gutiérrez (n.15/10/1951 +04/05/2008)

        6A   Dn. Luis Oswaldo Agreda Pflücker (Fallecido al año y nueve meses)

        6B   Dn. Peter Mitchell Agreda Pflücker (n.Trujillo, 19/02/1974)

        6C   Dn. Carlos Luis Agreda Pflücker (n.31/05/1976)

        6D   Dn. Luis Fernando Agreda Pflücker (n.Trujillo)

        6E   Dª. Jennifer Agreda Pflücker (n.02/10/1982)

        6F   Dn. Alexander Agreda Pflücker (n.19/04/1984)

        6G   Dn. Christopher Agreda Pflücker.

        6H   Dª. Patricia del Pilar Agreda Pflücker (n.Venezuela, Carabobo, 24/02/1995)

5E   Dn. Otto Pflücker Silva (*Sullana*) Casado con Dª. Fredislinda Mendoza.

        6A   Dn. José Luis Pflücker Mendoza.

        6B   Dn. Otto Pflücker Mendoza (n.Trujillo, 02/02/1981)

5F   Dn. Oswaldo Pflücker Silva, Casado con Dª. María Sandoval.

        6A   Dª. Elsa Pflücker Sandoval (n.Trujillo, 22/04/1992)

5G   Dn. Renato Pflücker Silva.

5H   Dª. Isabel Pflücker Silva (n.16/02/19__)

Me llamo Ronald Pflücker Acaro, nuestra familia es de Piura. Somos cinco hermanos (Karina del Rosario, Carlos Martín, Ronald Fernando, Rudy Alberto y Liliana Milagros) Mi padre fue Carlos Pflücker Espinoza y mi abuelo se llamó Otto Pflücker Otoya el mismo que tenía varios hermanos de los que recuerdo a Herbert, René, Julio; sé que nuestro bisabuelo se llamó Oswaldo Pflücker.

N.B.   *En varios documentos aparecen Carlos Pflücker Espinoza y sus descendientes con el apellido apellido Phlucker (Flucar) debido a una inscripción errónea en un registro militar.*

Oswaldo B. Pflücker Urquiaga y **Carmela González de Otoya** *Méndez*

5I   Dn. Luis Gerardo Pflücker Espinoza (n.Chiclayo, Calle L. González, 22/06/1941 +20/12/1941, Chiclayo) *Hijo de Dª. Paula Espinoza Fernández (n.29/06/1912 +31/10/1996)*

5J   Dn. Carlos Pflücker Espinoza (n.13/12/1948 +23/02/2008) hijo de Dª. Paula Espinoza Fernández (n.29/06/1912 +31/10/1996) Casado con Dª. Karina Acaro Castro (n.Sullana, Piura)

    6A   Dª. Karina del Rosario Pflücker Acaro (n.26/05/1972) Casada con Dn. Jaime Rivera Villalobos.

        7A   Yanela Yasmín Rivera Pflücker (n.01/09/2006)

    6B   Dª. Brenda del Carmen Pflücker Acaro (n.13/05/1973) Falleció en la infancia.

    6C   Dn. Carlos Martín Pflücker Acaro (n.21/11/1975)

    6D   Dn. Ronald Fernando Pflücker Acaro (n.17/07/1977) Casado con Dª. Edith Mely Uceda Marchand.

        7A   Dª. María Fernanda Pflücker Uceda (n.01/07/2009)

    6E   Dn. Rudy Alberto Pflücker Acaro (n.18/09/1979) Casado con Dª. Delia Pacheco Ruidias.

        7A   Dª. Ana María Pflücker Pacheco (n.14/02/2008)

        7B   Dª. Nicole Valentina Pflücker Pacheco (n.01/03/2011)

        7C   Dn. Carlos Alberto Pflücker Pacheco (n.01/03/2011)

    6F   Dª. Liliana Milagros Pflücker Acaro (n.04/11/1981)

4B   **Dn. Renato Pflücker Otoya.**

4C   **Dª. Lidia Tránsito Jacobita Isabel Pflücker González Otoya** (n.Trujillo, 20/02/1922) Casada en la parroquia de La Virgen del Pilar de San Isidro el 8 de Noviembre de 1959 con **Dn. Alberto Jesús Carrera Risco** (n.Barranco hacia 1939)

       5A   Dn. Carlos Luis Carrera Pflücker (n.Lima, Clínica Santa Fé, 05/03/1961)

       5B   Dª. Ana Carmela Carrera Pflücker (n.Lima, Calle Montevideo Nº608, 29/07/1962)

       5C   Dª. Alicia Carrera Pflücker.

4D   **Dn. Axel Pflücker Otoya** (n.La Libertad, Trujillo hacia 1923 +05/10/1996, Miraflores) Casado con **Dª. Elvira Correa** (n.Punta de Bombón hacia 1930)

       5A   Dn. Gustavo Daniel Ramón Pflücker Correa. Casado en Miraflores el 31 de Julio de 1993 con Dª. María de los Angeles Bedregal García Valencia.

       5B   Dn. Javier Oswaldo Máximo Pflücker Correa (n.Lima, Maternidad, 18/11/1956)

       5C   Dª. Sandra Pflücker Correa.

4E   **Dn. Víctor Elio Pflücker Otoya** (n.14/05/1925) Ordenado sacerdote el 23 de Diciembre de 1950 en La Libertad. Párroco de Jayanca, Lambayeque.

4F   **Dn. Luis Jaime Pflücker Otoya** (+28/01/1956) Casado con **Dª. Doris Encomenderos Chang.** (n.Trujillo, 07/06/1932)

       5A   Dª. Carmela Doris Pflücker Encomenderos.

       5B   Dn. Luis Jaime Estanislao Oswaldo Pflücker Encomenderos (n.Trujillo, 07/05/1957)

       5C   Dª. Lilia Cecilia Pflücker Encomenderos. Casada con Dn. Carlos Gabriel León Castillo.

             6A   Dn. César Oswaldo León Pflücker (n.Trujillo, 20/09/1973) Casado con Dª. Diana Villoslada.

                   7A   Dn. Thiago Valentino Pflücker Villoslada (n.01/2015)

             6B   Dª. Cecilia Paredes Pflücker. Hija de Dn. Fermín Paredes.

4G   **Dª. René Pflücker Otoya** (n.06/07/1946) Chiclayo.

4H   **Dn. Herbert Benjamín Pflücker Otoya** (n.04/12/1932) Casado con **Dª. Soledad Paz Ansuini** (n.1932 +21/04/1999)

       5A   Dn. Necker Oswaldo Pflücker Paz (n.Lima, 27/09/1966)

       5B   Dª. Fanny Jeanette Pflücker Paz (n.Lima, 18/03/1962) Casada con un señor de apellido Pinzás.

             6A   Dª. Estefanía Pinzás Pflücker. Reside en Pucallpa, Ucayali.

             6B   Dª. Peggie Pinzás Pflücker.

5C   Dª. Ivonne Rocío Pflücker Paz (n.Trujillo) Reside en La Paz.

5D   Dª. Estrella Pflücker Paz.

5E   Dª. María del Pilar Eugenia Pflücker Paz (n.Trujillo, 1956) Casada con Dn. Luis Edgardo Carreño Peña (n.20/12/1954)

       6A   Dn. Jean Paul Vicente Carreño Pflücker (n.Lima, Maison de Sante, 22/01/1977)

       6B   Dª. Angie Carreño Pflücker.

       6C   Dn. Luis José Carreño Pflücker (Ica, Marcona)

4I   **Dn. Julio Arnaldo Pflücker Otoya** (n.hacia1936) Casado con **Dª. Florimer Marroquín**.

5A   Dª. Carmela de los Milagros Pflücker Marroquín.

5B   Dn. Jesús Arnaldo Pflücker Marroquín.

5C   Dn. Jesús Oswaldo Pflücker Marroquín.

4J   **Dn. Neker Oswaldo Pflücker Otoya.**

4K   **Dª. Elsa Pflücker Otoya.** La mayor de los hermanos.

2G   LOS PFLÜCKER GAMIO, LOS HOLGUÍN Y LOS ARENAZA. LOS MATUTE Y LOS VALDEZ. LOS PAZOS Y LOS GAILLOUR, LOS ALARCO Y DE LOS DE ALBERTIS.

Dn. Germán Bernardo Pflücker Taramona. Nació en Lima hacia el año 1846. Bautizado en Lima, Parroquia del Sagrario, el 25 de Noviembre de 1846. Contrajo matrimonio en Lima en la Capilla de la Parroquia de Belén el 24 de Mayo de 1884 con Dª. Amelia Gamio Igarza. Nacida en Lima hacia 1860 e hija del Coronel Dn. Domingo Gamio y García Pacheco (n.Arequipa, 03/08/1827 +02/02/1873, Huánuco) Célebre caudillo arequipeño, Prefecto de Arequipa y Representante en el Congreso, casado en la Parroquia de San Marcelo, Lima, el 10 de Noviembre de 1851 con Dª. Aurora Igarza Sarrio. Nieta de Dn. Pedro José Gamio y Araníbar (Arequipa, hacia 1813) casado en 1825 con Dª. María Martina García Pacheco. Doña Amelia falleció el 26 de Noviembre de 1898 en el 216 de Calle Camaná en Lima a los 38 años de edad.

En que año nació don Germán Bernardo? En las partidas de nacimiento de 5 de sus hijos declaró tener las siguientes edades: Con María Jesús, 49 años (1849) Con Germán Enrique, 38 años (1848) Con María Amelia, 39 años (1850) Con Elvira María, 43 años (1851) Y con César Augusto, 41 Años (1852)

3A   Dn. Germán Enrique Pflücker Gamio (n.Lima, Calle Apurímac –Antes Corazón de Jesús- Nº79, 05/10/1886) Ingeniero, contrajo primeras nupcias en Barranco, Capilla de los Sagrados Corazones, en oficio celebrado por Monseñor Drinot el 5 de Marzo de 1911 con Dª. María *Elvira* Josefa Mercedes Vicenta Holguín de Lavalle Mallarino y Pardo (n.Lima, 24/09/1884 b.San Marcelo, Lima, 18/10/1884) Hija de Dn. Ignacio Holguín Mallarino (n.Colombia, Cali, hacia 1852 +1924, Valparaíso) casado con Dª. Elvira de Lavalle y Pardo (n.25/01/1861 +07/05/1930) Contrajo segundas nupcias el 16 de Abril de 1947 con Dª. Julia Arenaza Vela (+21/05/2003) nacida en Arequipa e hija de Dn. José T. Arenaza y de Dª. Mónica Vela. Testigo de la inscripción de la partida nacimiento de don Germán fue Dn. Julio Normand.

Los Pflücker Holguín:

4A   **Dª. Elvira Pflücker Holguín Gamio y de Lavalle** (n.07/10/1912 +28/02/1918)

Germán Pflücker Gamio

4B   **Dn. Germán Ignacio Pflücker Holguín Gamio y de Lavalle** (n.Lima, Calle Callao Nº358, 21/01/1915 +22/06/1956) Abogado, casado por lo Civil en Miraflores el 20 de Julio de 1946 y por lo Religioso en la Iglesia de Santa María, Magdalena, el 21 de Julio de 1946 con **Dª. Carmen Ofelia Castro Mendívil Berninsone** (n.Barranco, 27/05/1923 +1975) Hija de Dn. César Agustín Castro Mendívil (n.Cajamarca, 28/08/1900 +12/12/1952, San Isidro) casado con Dª. Angélica Berninsone Plantanida (n.Ica, 11/12/1899 +08/08/1980) Nieta de Dn. Víctor Francisco de Paula Castro Iglesias (n.Cajamarca, 17/10/1860 +07/03/1915, Cajamarca) casado en la Iglesia de Belén, Lima, el 6 de Agosto de 1890 con Dª. Elvira Santos Medívil Prunier (n.Callao, 31/12/1861+08/09/1929, Barranco)

  5A   Dn. Germán Pflücker Castro Mendívil (n.26/05/1947) Falleció el mismo día.

  5B   Dn. Germán Pflücker Castro Mendívil (n.28/05/1948) Casado en Miraflores el 19 de Mayo de 1983 y el 27 del mismo mes por lo Religioso con Dª. Dolores Tuesta Tietzel. Hija de Dn. _____ Tuesta y de Dª. María Tietzel. Con sucesión.

  5C   Dn. Gonzalo Oscar «Mirabal» Pflücker Castro Mendívil (n.Miraflores, 07/04/1949) Pintor y escultor, casado en Miraflores el 14 de Marzo de 1977 con Dª. María Cecilia Rodrigo Ruiz de Castilla. Hija de Dn. Aurelio Isaac Rodrigo Eguren y de Dª. Nelly Ruiz de Castilla Marazani.

    6A   Dn. Rafael A. Pflücker Rodrigo (n.Miraflores, 13/11/1975)

    6B   Dª. Cristina María Pflücker Rodrigo (n.Miraflores, 19/06/1979)

  5D   Dª. Diana Ofelia Pflücker Castro Mendívil (n.Miraflores, 12/08/1952) Casada con Dn. Eduardo Francisco Gabino Tola de Habich (n.Lima, 05/09/1944) Hijo de Dn. Fernando Tola Mendoza y de Dª. Marta Odette de Habich Trefogli (n.Francia) Nieto por el lado de su padre de Dn. Fernando Tola Cires casado con Dª. María Rosa Mendoza Almenara y por el lado materno de Dn. Adriano Virginio Eduardo de Habich Brando (b.Lima, Calle Moquegua Nº390, 08/10/1878) casado con Dª. Marta Trefogli.

5E   Dn. Alejandro Ignacio Pflücker Castro Mendívil (n.Miraflores, 12/02/1954)

4C   **Dª. Amelia Pflücker Holguín Gamio y de Lavalle** (n.Cajamarca, 18/05/1916 b.Sagrario de Cajamarca, 02/09/1916) Casado en la iglesia de la Recoleta el 13 de Setiembre de 1942 con **Dn. José Barbe Soria** (n. Lima, 20/03/1910 b.Huérfanos, 26/03/1910) Hijo de Dn. José Manuel Barbe Montero (n.Callao, 28/01/1876 +23/03/1950, Miraflores) casado en Lima en la iglesia de la Caridad ante Monseñor Luis Polanco el 15 de Julio de 1907 con Dª. Zoila Rosa Soria Lecca (n.Lima, 04/03/1880) Nieto de Dn. Juan Francisco Barbe casado en la Iglesia de Santa Rosa, Callao, el 6 de Julio de 1867 con Dª. Aurea Montero y Morales por el lado del su padre y de Dn. Manuel Aurelio Soria y Avasolo (n.28/06/1848) casado en la Parroquia de San Sebastian, Lima, el 24 de Noviembre de 1875 con Dª. Zoila Rosa Lecca Aservi (n.hacia 1857) por el lado materno.

Según don Felipe Barreda, los Barbe descendían de Guillaume Barbe, nacido en Blaye, departamento de Gironde, Francia, quien había contraído matrimonio con Dª. María Iglvettse, nacida en Breda, Holanda.

      5A   Dn. José Barbe Pflücker (n.Lima, 30/06/1943 b.San Isidro, 29/07/1943) Ingeniero, director de la empresa Asea Brown Boveri, casado un 30 de Agosto con Dª. Mónika Welzel (n.02/12/1943) de nacionalidad chilena.

            6A   Dn. José Barbe Welzel.

            6B   Dn. Pablo Barbe Vetzel.

            6C   Dª. Mónika Barbe Vetzel.

      5B   Dª. Zoila María Barbe Pflücker «Elvira» (n.Lima, 09/07/1944 b.San Isidro, 18/08/1944)

      5C   Dn. Germán Luis Barbe Pflücker (n.Lima, 07/06/1945 b.San Isidro, 19/06/1945) Casado con Dª. Ivonne María Allison (n.hacia 1947)

            6A   *Dn. Germán Barbe Allison (1981)*

            6B   *Hans Barbe Allison (1983)*

            6C   *Erick Barbe Allison.*

      5d   Dª. Verónica Barbe Pflücker.

4D   **Dn. Jorge Washington Pflücker Holguín Gamio y de Lavalle** (n.Barranco, Calle Mariátegui Nº109 –Felipe Pardo-, 14/08/1918 +08/2013) Contrajo matrimonio en la Capilla de Santa María Reyna, San Isidro, el 17 de Febrero de 1955 con **Dª. María Amalia Gloria 'Victoria' Valverde Larco** (n.Lima, 08/06/1928) Hija de Dn. Emilio Enrique Valverde Arce (n.Tacna, 05/07/1889 +15/11/1961, Lima) y Dª. María Amalia Larco Torres (n.Trujillo, 23/09/1899 +15/12/1980, Lima) Nieta de Dn. Fernando Emilio Valverde casado con Dª. María Arce y de Dn. Jesús Antonio Gerónimo Larco Villanueva (n.Lima, 12/01/1862 b.San Marcelo, 19/01/1872 +30/08/1928, Lima) casado en 1881 en Lima, con Dª. María Teresa Torres Lara (n.Supe, Pativilca +1943) *Según aparece en la visa expedida por el consulado del Brasil Jorge Pflücker Holguín nació el 14 de agosto de 1912.*

      5A   Dn. Jorge Pflücker Valverde (n.24/09/1956) Casado en Barranco el 18 de Agosto de 1989 con Dª. María José Olaechea Aljovín (n.21/11/1956) Hija de Dn. Luis Olaechea Dubois (n.Lima,

26/01/1921 +28/10/1994) y de Dª. Augusta Cecilia Aljovín Swayne (n.*13/05*/1927) Nieta de Dn. Manuel Augusto Olaechea y Olaechea (n.Lima, 20/03/19*75*) Ministro de Estado, casado en el Oratorio particular de la familia Dubois en Lima el 1º de Setiembre de 1912 con Dª. María Rosa Dubois González Orbegoso (n.La Libertad, 15/05/19*78*) y de Dn. Miguel C. Aljovín del Castillo (n.Lima, 22/11/1872 t.07/04/1921 +1958, Lima) Médico (i.San Fernando, 1894 g.1900) casado el 31 de Enero de 1926 con Dª. Augusta María Swayne Pro (n.07/11/1899 +16/11/1975)

> 6A   Dª. María José Pflücker Olaechea (n.Lima, Santiago de Surco, Av. El Polo Nº505, 23/07/1990)

> 6B   Dn. Jorge Pflücker Olaechea (n.Lima, Santiago de Surco, Av. El Polo Nº505, 29/02/1992)

5B   Dª. Gloria Elvira Pflücker Valverde (n.Lima, Lince, Av. Arequipa Nº2449, 01/09/1957) Casada en Miraflores el 5 de Marzo de 1988 con Dn. Miguel Antonio Bellatín O'Hara (n.Miraflores, 03/03/1957) Cadete de la Escuela Naval (p.1975) Hijo de Dn. Luis Bellatín La Rosa y de Dª. Gladys O'Hara.

5C   Dn. Fernando Pflücker Valverde (n.14/11/1961)

5D   Dª. Elvira Pflücker Valverde (n.23/12/1962 +05/08/1969)

5E   Dª. Amalia Pflücker Valverde (n.06/06/1965) Casada en La Molina en Febrero de 1988, con Dn. Pedro Bustamante Gereda. Hijo de Dn. Luis Humberto Bustamante Suito (n.24/02/19__) y de Dª. Lucy Gereda Peschiera (n.01/12/19__) Nieto de Dn. Pedro Bustamante Santisteban casado con Dª. Teresa Suito y de Dn. Oscar Gereda y Gereda casado con Dª. Colombina Peschiera Tori.

> 6A   Dª. Alexa Bustamante Pflücker.

> 6B   Dª. Lorena Bustamante Pflücker.

4E   **Dn. Héctor Otto Pflücker Holguín Gamio y de Lavalle** (n.Barranco, 28/05/1921 b.Santa Cruz, 12/10/1921 +12/01/1998, Lima, Miraflores) Fueron sus padrinos de bautizo Dn. Gregorio Domingo de Zaracondegui y Dª. Maggie Schaar de Zaracondegui. Casado el 21 de Diciembre de 1947 con **Dª. Carolina Alvarado Palmer** (n.Philadelphia, 02/12/19__) Hija de Dn. Francisco Alvarado y de Dª. Dorothy Palmer.

5A   Dª. Nelly Pflücker Alvarado (n.04/02/1948 +03/22/2013) Casada con Dn. Juan Rubín Véliz.

> 6A   Dn. Juan Rubín Pflücker.

> 6B   Dª. Frances Rubín Pflücker. Casada con Dn. Jaime de los Ríos.

> > 7A   Dn. Martin de los Ríos Rubín (n.2007)

> 6C   Dª. Bárbara Rubín Pflücker.

> 6D   Dn. Jaime Rubín Pflücker.

5B   Dn. Carlos José Pflücker Alvarado (n.24/11/1951 +01/1999) Casado con Dª. Blanca Carmen Patricia "Patty" Valdivia Maybach (n.Arequipa, 15/10/1058) Colegio Santa Ursula (p.1974) Hija de Dn. Rodolfo Valdivia Cervantes casado con Dª. Carmen Maybach O'Connor. Nieta por el lado materno de Dn. Rudolph Maybach y de Dª. Blanca Rosa O'Connor Lázaro de Ortecho (n.Lima, 24/07/1902 +09/10/2004, Lima)

6A   Dª. Caroline Pflücker Valdivia (n.Miraflores, 06/11/1987) Casada el 11 de Noviembre del 2011 con Dn. Alfonso Gálvez.

6B   Dª. Jaqueline Pflücker Valdivia (n.Miraflores, 12/05/1989)

6C   Dª. Nicole Pflücker Valdivia (n.Lima, Santiago de Surco, Av. El Polo Nº505, 08/02/1991)

7A   Dª. Patty Rodríguez Pflücker (n.13/12/2012) Hija de Dn. Alfonso Rodríguez.

5C   Dª. Susana María Martina Pflücker Alvarado (n.hacia 1961) Casada con Dn. Emilio Francisco Lincoln Bresani Ferrer (n.hacia 1960) Hijo de Dn. Federico Bresani Ramos y de Dª. Beatriz Ferrer Rodríguez Guerra (n.29/05/1916)

6A   Dn. Santiago Andrés Bresani Pflücker (n.Miraflores, 08/12/1984)

6B   Dª. Lorena Beatriz Bresani Pflücker (n.Miraflores, 08/06/1986)

6C   Dª. Susana Bresani Pflücker.

6D   Dª. Beatriz Emilia Bresani Pflücker (n. Lima, Santiago de Surco, Av. El Polo Nº505, 11/01/1991)

6E   Dn. Emilio Francisco Bresani Pflücker (n.Lima, Santiago de Surco, Av. El Polo Nº505, 21/05/1992)

5D   Dª. Cecilia María Martina Pflücker Alvarado. Melliza de Susana. Casada en segundas nupcias con un señor Alzamora.

4F   **Dn. Fernando Pflücker Holguín Gamio y de Lavalle** (n.22/02/1935)

Los Pflücker Arenaza:

4G   **Dª. Ruth Pflücker Arenaza** (n.Arequipa, 08/09/1935) Arquitecta. Casada con **Dn. Mario Alvarado Ballón** (n.22/02/1928) Hijo de Dn. Oscar A. Alvarado M. (n.Callao, hacia 1890) casado con Dª. Emperatriz Ballón (n.Apurímac, Abancay, hacia 1896)

5A   Dª. Ruth Julia Empreratriz Alvarado Pflücker (n.Miraflores, 02/11/1956) Casada en Miraflores el 1 de Febrero de 1980 con Dn. Federico Augusto Cúneo de la Piedra (n.Lima, Lince, Av. Arequipa Nº2449, Clínica Franco, 05/09/1952) Hijo de Dn. Federico Gerardo Cúneo Cúneo (n.Lambayeque, Puerto Eten hacia 1925) casado con Dª. Malva María Marcela de la Piedra Lora (n.Lima hacia 1930)

6A   Dn. Nicolás Cúneo Alvarado.

6B   Dª. Alessia Cúneo Alvarado. Casada el 28 de Abril del 2012 con Dn. Sergio Raffo Moncloa. Hijo Dn. Gonzalo Raffo de Lavalle casado con Dª. Mercedes Moncloa Arias Schreiber (n.08/08/19_) Nieto de Dn. Gonzalo Raffo Uzátegui y de Dª. Carmen de Lavalle Garragori casada con Dn. Enrique Manuel Aurelio Moncloa Diez Canseco (n.Miraflores, 26/03/1921) casado con Dª. Hortensia Arias Schreiber Bowden (n.05/02/19_)

5B   Dn. Mario Alvarado Pflücker. Casado con Dª. Claudia Gutiérrez Benavides (n.15/08/1960) Hija de Dn. Vicente Gutiérrez Gálvez (n.Lima, Calle Callao Nº234, 18/05/1915) casado en la iglesia del Colegio de la Inmaculada en Lima el 15 de Agosto de 1941 con Dª. Rosario Benavides de la Quintana (n.Lima, Calle Arequipa Nº170, 06/10/1918) Nieta de Dn. Salvador Gutiérrez Pestana (n.Trujillo, 17/09/1872) casado en la Catedral de Lima ante el Arzobispo Monseñor Manuel Tovar el 21 de Diciembre de 1898 con Dª. Adriana Gálvez Rodrigo (n.Lima, 26/08/1877) y de Dn. Alberto Benavides Diez Canseco (n.Lima, 06/10/1891 +15/07/1949, Lima) casado en Lima el 3 de Octubre de 1915 con Dª. Blanca de la Quintana Chichero (n.Lima, 11/11/1893 +14/11/1935, Lima)

    6A   Dª. Aurelia Alvarado Gutiérrez (n.01/08/19_)

    6B   Dn. Santiago Alvarado Gutiérrez (n.30/07/19_)

    6C   Dª. Valeria Alvarado Gutiérrez (n.04/09/19_)

5C   Dª. Elisa del Carmen Alvarado Pflücker (n.Lima, Av. Arequipa, 2449, Clínica Santa Mónica, 02/03/1959) Casada con Dn. Eduardo Roe Battistini. Hijo de Dn. Carlos Roe Gómez (+2005) y de Dª. Renée Battistini Vargas.

    6A   Dn. Eduardo Roe Alvarado. Casado en Miraflores el 22 de Noviembre del 2012 (1º de Diciembre Religioso) con Dª. Antonella Bustamante Tizón (n.Miraflores, 08/05/1986) Hija de Dn. Fernando Bustamante Cáceres casado con Dª. Mirella Tizón Zanetti (n.Miraflores, 19/01/1962)

    6B   Dª. Carolina Roe Alvarado. Casada el 21 de Diciembre del 2013 con Dn. Andrés Rodrigo del Castillo. Hijo de Dn. Gustavo Augusto Rodrigo Santisteban (n.06/02/1951) casado con Dª. María Luisa del Castillo Marrou.

    6C   Dª. Jimena Roe Alvarado.

    6D   Dª. Adriana Roe Alvarado.

5D   Dn. Gonzalo Javier Alvarado Pflücker (n.Miraflores, 09/01/1963) Casado con Dª. Ursula Camino Linares (n.Miraflores, 19/11/1969) Hija de Dn. Carlos Camino Andrade (n.23/05/19_) y de Dª. Celia Linares de la Torre (n.03/11/19_) Nieta de Dn. Carlos Camino Egret (n.Lima, Calle Unión –antes Baquíjano- Nº276, 14/04/1902) casado con Dª. Alina de Andrade Cortissuz (n.23/04/19_) y de Dn. Jaime Linares Buño casado con Dª. Celia de la Torre López de Romaña.

    6A   Dn. Gonzalo Alvarado Camino (n.Lima, Santiago de Surco, Av. El Polo Nº505, 07/06/1991)

    6B   Dª. Ursula Alvarado Camino (n.Lima, Santiago de Surco, Av. El Polo Nº505, 20/08/1994)

4H   **Dn. Julio Bernardo Oswaldo Pflücker Arenaza** (n.27/07/1947) Casado el 27 de Agosto de 1976 con **Dª. Margarita Espinosa Salcedo**, natural de Colombia.

        5A   Dª. Lucía Fernanda Pflücker Espinosa.

        5B   Dª. Karen Patricia Pflücker Espinosa.

4I   **Dn. José Hernán Pflücker Arenaza** (n.24/09/1949) Casado en el año 1978 con **Dª. María Cecilia Plenge Thorne** (n.28/11/1950) Hija de Dn. Carlos Herbert Plenge Washburn (n.Miraflores, Bajada Balta Nº35, 13/08/1917 +26/11/2010, Lima) y de Dª. Angélica Thorne Larrabure (n.Lima, Plaza Francia, 15/03/1920) Nieta de Dn. Carlos Plenge Kast y de Cossio (n.12/03/1882 b.Lima, 17/10/1883 +27/02/1957) casado en el Templo de Belén, Lima, 16 de Junio de 1912 con Dª. María Cristina Washburn Salas (n.Trujillo, 24/07/1890) y de Dn. Rollin Thorne Sologuren (n.hacia 1882) casado en el Oratorio de la Delegación Apostólica, Lima, el 15 de Setiembre de 1916 con Dª. Isabel Larrabure Correa (n.Lima, Calle Moquegua –antes Quemado- Nº84, 02/03/1891)

        5A   Dª. María Cecilia Pflücker Plenge (n.Miraflores, 08/05/1979)

        5B   Dn. Carlos Hernán Pflücker Plenge (n.Miraflores, 28/08/1981)

        5C   Dn. Pablo Germán Pflücker Plenge (n.Miraflores, 25/08/1983)

Los Pflücker Matute:

4J   **Dn. Enrique Jorge Pflücker Matute** (n.23/12/1917 +26/04/2001) Hijo de Dn. Germán Pflücker Gamio y de Dª. Julia Matute Zevallos. Casado con **Dª. Elizabeth Meléndez Merino** y, en segundas nupcias, con **Dª. Mercedes Castro Changa**.

        5A   Dª. Helga Pflücker Meléndez (n.Trujillo, 22/02/19__ +11/08/1970, Miraflores) Casada el 20 de Junio de 1954 con Dn. Augusto Pedro Elías Sarria (Iquitos, 20/05/1920) Hijo de Dn. Domingo Rafael Delfin Elías y Elías (n.24/12/1881 +1958) casado con Dª. Amada Cleopatra Sarria Mariátegui (n.13/09/1892 +19/12/1984) Nieto de Dn. Domingo Elías de la Quintana (Lima) casado el 6 de Marzo de 1865 con su prima hermana Dª. Conradina Elías Román y de Dn. Pedro Pablo Sarria Layseca (+1901) casado con Dª. Hercilia Mariátegui López (1871 +1939)

               6A   Dª. Helga Elizabeth Elías Pflücker. Casada en primeras nupcias en Miraflores el 14 de Junio de 1978 con Dn. Luis Miguel Masías Astengo. Hijo de Dn. Edmundo Masías Scheelje (n.01/02/19__) Cadete de la Escuela Naval (Prom.1942) casado con Dª. Irma Astengo Ríos (n.22/10/19__) En segundas nupcias se casó en Miraflores el 16 de Octubre de 1987 con Dn. Fernando Peirano Troll (n.Miraflores, 10/08/1957)

                      7A   Dª. Helga María Masías Elías. Casada con Dn. Eduardo González.

                            8A   Dn. Luca González Masías.

                      7B   Dn. Romano Peirano Elías (n.Miraflores, 14/05/1988)

                      7C   Dª. Sandra Peirano Elías.

6B   Dn. Augusto Germán Elías Pflücker. Casado en primeras nupcias en Miraflores el 12 de Diciembre de 1977 con Dª. Giselle Belaúnde Plenge. Hija de Dn. Mario Belaúnde Guinassi y de Dª. Gisele Plenge Cuglievan. En segundas nupcias contrajo matrimonio con Dª. Viviana Alvarado. En terceras nupcias se casó con Dª. Mariella Desulovich. Tuvo un cuarto compromiso.

     7A   Dª. Gisella Helga Elías Belaúnde (n.Miraflores, 28/06/1978)

     7B   Dn. Sergio Elías Alvarado.

     7C   Dn. Augusto Elías Desulovich. (n.Miraflores, 19/04/1994)

     7D   Dn. Gianluca Elías _____.

Enrique Pflücker Matute

6C   Dn. Jorge Augusto Elías Pflücker. Casado en Miraflores el 3 de Abril de 1996 con Dª. Claudia Helena Pacheco Vasi (n.Miraflores, 11/05/1965) Hija de Dn. Luis Fernando Pacheco casado en Miraflores el 28 de Agosto de 1961 con Dª. Angelina Olga Vasi.

     7A   Dª. Estefanía Elías Pacheco.

     7B   Dn. Fabricio Elías Pacheco.

6D   Dn. Luis Fernando Elías Pflücker (n.02/06/1963) Casado en Miraflores el 3 de Marzo de 1993 con Dª. Silvia María Jiménez Monteverde.

     7A   Dª. Adriana Elías Jiménez (n.Miraflores, 21/05/2001)

7B   Dn. Daniel Elías Jiménez.

6E   Dn. José Carlos Elías Pflücker (n.Miraflores,14/06/1967) Casado con Dª. Vannesa Viteri.

7A   Dª. Daniela Elías Viteri.

7B   Dn. Domingo Elías Viteri.

5B   Dn. Enrique Jorge Pflücker Castro. Casado con Dª. Rebeca Vallejos Buster.

6A   Dn. Enrique Gilbert Pflücker Vallejos.

6B   Dn. Renzo Luis Pflücker Vallejos (n.23/04/1984) Casado con Dª. Fátima Quirós.

6C   Dn. Hans Johnathan Pflücker Vallejos. Periodista.

5C   Dn. Germán Axel Pflücker Castro (+12/02/1995) Casado con Dª. Milagros Parodi Rodríguez.

6A   Dn. Germán Enrique Pflücker Parodi.

6B   Dª. Melanie Lucía Pflücker Parodi.

5D   Dn. Ricardo Pflücker Castro (n.25/09/1960) Casado con Dª. Ana Isabel Farfán Cornelio.

6A   Dn. Ricardo José Jorge Pflücker Farfán (n.28/12/1982)

6B   Dª. Diana Elizabeth Pflücker Farfán (n.14/03/1987) Relación con Dn. Luis Rodríguez Pastor. Con sucesión.

6C   Dn. Daniel Fernando Pflücker Farfán (n.05/11/1990) Casado con Dª. Gabriela Triviños.

7A   Dn. Bruno Pflücker Triviños (n.2010)

5E   Dn. Fernando Luis Pflücker Castro (n.08/07/1962) Casado con Dª. Jacny Becker Castillo.

6A   Dª. Kathleen Jacny Pflücker Becker (n.13/09/1995)

6B   Dª. Salomé Jacny Pflücker Becker (n.Lima, 16/01/2001)

5F   Dª. Mercedes Ana María Pflücker Castro (n.31/01/1966) Casada con Dn. Miguel Mori.

6A   Dª. Melissa Mercedes Mori Pflücker (n.03/05/1989)

Dª. Enrique Jorge Pflücker Matute y Dª. Teresa García Aguirre fueron padres de

5G   Dn. Jorge Juan Pflücker García. Soltero.

5H   Dª. María del Carmen Pflücker García. Casada con Dn. Miguel Arteta.

6A   Dª. María del Carmen Arteta Pflücker.

6B   Dª. Tatiana Patricia Arteta Pflücker.

Los Pflücker Valdez:

4K **Dª. María Luisa Pflücker Valdez** (1920) Hija de Dn. Germán Pflücker Gamio y de Dª. María Natividad «Manchy» Valdez Longaray (b.La Merced, Chachapoyas, Amazonas, 07/09/1895) Hija de Dn. Fernando Valdez y de Dª. Carmen Longaray, ambos nacidos en Chachapoyas. Doña María Luisa contrajo matrimonio el 28 de Julio de 1943 con **Dn. Manuel Enrique Benza Chacón** (n.Lima, Calle Arica Nº240, 23/07/1916) Cadete de la Escuela Naval del Perú (p.1934) Hijo de Dn. Manuel A. Benza y de Dª. Lucinda Chacón. *La señora Manchy tuvo descendencia con un señor Rovira.*

    5A   Dn. Manuel Germán Benza Pflücker (n.Lima, Magdalena del Mar, 16/04/1944) Casado en tres oportunidades; con Dª. María Solari Chávez, con Dª. Mercedes Merino y con Dª. Soledad Llatas Arteaga.

        6A   Dª. Silvia Benza Solari.

        6B   Dª. Gabriela Marissa Benza Solari.

        6C   Dn. Giusseppe Benza Merino.

        6D   Dn. Manuel Enrique Benza Llatas.

    5B   Dn. Gastón Enrique Benza Pflücker (n.Perú, Islay, 23/05/1945) Casado en primeras nupcias con Dª. Irene Benavides Bittrich. Hija de Dn. Augusto Benavides González Prada casado con Dª. Käthe Kittrich Wernicke (n.Alemania, Berlín, 04/05/1905) En segundas nupcias se casó con Dª. Carmen Rondinelli.

        6A   Dn. Gastón Benza Benavides.

        6B   Dn. Marco Benza Benavides.

        6C   Dª. Jazmín Benza Benavides casada con Dn. Alfredo Ugarte Fontana, hijo de Dn, Alfredo Ugarte Vargas casado con Dª. Ana María Fontana Benavides.

        6D   Dn. Paolo Benza Rondinelli.

    5C   Dª. María Luisa Benza Pflücker (n.Lima, Magdalena del Mar, Arica Nº155, 28/04/1950) Testigo de inscripción fue don Gastón Enrique Pflücker Valdez. Casada en dos oportunidades. En primeras nupcias con Dn. Edmir Espinosa Cortez y en segundas nupcias con Dn. Jorge Núñez del Prado.

        6A   Dn. Alvaro Espinosa Benza.

        6B   Dn. Juan Manuel Núñez del Prado Benza.

        6C   Dn. Leonardo Núñez del Prado Benza.

    5D   Dn. Gustavo Adolfo Benza Pflücker (n.Miraflores, 06/08/1955) Casado con Dª. Luisa Isabel Fiocco Bloisa.

        6A   Dª. Magdalena Benza Fiocco (1978)

        6B   Dª. Luciana Benza Fiocco (1981)

    5E   Dn. Javier Ernesto Benza Pflücker (n.Miraflores, 15/08/1957) Casado con Dª. Vanessa Nassi Liza. (En la Municipalidad aparece como Pflueker)

        6A   Dn. Nicola Benza Nassi.

> 6B   Dª. Natalia Benza Nassi (n.10/12/1991)

4L   **Dn. Gastón Enrique Pflücker Valdez** (1922 +2004) Casado el 6 de Julio de 1957 con **Dª. Elba Faverón Alcázar** (n.1928 +03/13/2013)

> 5A   Dª. Elva Patricia Pflücker Faverón (n.Callao, 14/10/1958) Casada por lo Civil en Miraflores el 15 de Junio de 1979 y por lo Religioso el 28 de Junio de 1978 con Dn. Luis Enrique Bedoya Torrico (n.Lambayeque hacia 1958)
>
>> 6A   Dª. Alexandra Patricia Bedoya Pflücker (n.Miraflores, 25/12/1979)
>>
>> 6B   Dª. Fiorella Patricia Bedoya Pflücker (n.14/06/1982)

Gastón Enrique Pflücker Valdez y Elba Faverón Alcázar

>> 6C   Dª. Patricia Bedoya Pflücker (n.30/09/1985)
>>
>> 6D   Dª. Giuliana Patricia Bedoya Pflücker (n.Lima, Santiago de Surco, Av. El Polo Nº505, 14/04/1990)
>
> 5B   Dn. Gastón Enrique Pflücker Faverón (n.22/11/1959) Casado el 4 de Mayo de 1985 con Dª. Jannet Myriam Kahatt Espinoza (n.06/02/1963) Hija de Dn. Teodoro Kahatt Kattan y de Dª. Enriqueta Espinoza.
>
>> 6A   Dª. Karen Pflücker Kahatt (n.07/11/1985)

183

6B   Dn. Gastón Pflücker Kahatt (n.26/02/1987)

6C   Dª. Milenka Pflücker Kahatt (n.02/02/1989)

5C   Dn. Kurt Germán Pflücker Faverón (n.23/08/1966) Casado en Miami el 7 de Noviembre de 1999 con Dª. Mary Ann Suárez (Miami)

      6A   Dn. Kurt Pflücker Suárez.

5D   Dn. Paul Erwin Pflücker Faverón (n.21/08/1968) Soltero.

4M   **Dª. Elena Pflücker Valdez** (+08/11/1998) Casada el 1º de Setiembre de 1951 con **Dn. Humberto Concepción Zelaya Sotomayor** (n.Ancash, 1918 +1985) Ingeniero Mecánico Electricista (UNI) Presidente de la Corporación Peruana del Santa /1973)

5A   Dn. Humberto Antonio Zelaya Pflücker. Casado con Dª. Elvira Sánchez Muñoz.

      6A   Dn. Sebastián Zelaya Sánchez.

5B   Dª. María Elena Zelaya Pflücker (n.25/07/1953) Casada en primeras nupcias con Dn. Luis Delgado Matallana. En segundas nupcias se casó con Dn. Enrique Rodríguez Ríos.

      6A   Dª. Gisella Delgado Zelaya.

      6B   Dn. Luis Humberto Delgado Zelaya.

      6C   Dª. María Luisa Delgado Zelaya.

      6D   Dª. Cristina Rodríguez Zelaya.

5C   Dn. Ernesto Gastón Zelaya Pflücker (n.18/11/1954) Casado el 28 de Agosto de 1978 con Dª. Teresa Miñano Pérez.

      6A   Dª. Adriana Zelaya Miñano.

      6B   Dª. Lorena Zelaya Miñano.

      6C   Dn. Ernesto Zelaya Miñano.

5D   Dª. Carmen Rosa Zelaya Pflücker (n.Miraflores, 09/01/1956) Casada en primeras nupcias con Dn. Luis Herrera Abad, y en segundas nupcias con Dn. Ricardo Flores Figueroa.

      6A   Dn. Alonso Herrera Zelaya.

      6B   Dª. Lucía Flores Zelaya.

      6C   Dn. Ignacio Flores Zelaya.

5E   Dª. María Cecilia Zelaya Pflücker (n.Miraflores, 28/05/1959) Casada con Dn. Luis Alberto Lanfranco Bonilla (n.18/07/1954)

      6A   Dª. Ursula Lanfranco Zelaya.

      6B   Dª. Anabel Lanfranco Zelaya.

      6C   Dn. Alberto Lanfranco Zelaya (n.16/10/1986)

5F   Dª. Lucy Elizabeth Zelaya Pflücker (n.Miraflores, 29/07/1960) Casada con Dn. Carlos Bustamante Morales.

6A   Dª. Elena Bustamante Zelaya.

6B   Dª. Camila Bustamante Zelaya.

5G   Dª. Jacqueline Adriana Zelaya Pflücker (n.Miraflores, 25/05/1966) Casada el 14 de Octubre de 1995 en la Parroquia de Nuestra Señora de Fátima en Miraflores con Dn. Jorge Holguín Camino. Hijo de Dn. Jorge Holguín Reyes y de Dª. Cecilia Camino Rodríguez Larraín. Nieto de Dn. Luis Holguín de Lavalle casado con Dª. Angela Reyes Peña y de Dn. Leoncio Camino Brent, casado el 31 de Enero de 1934 con Dª. Ana Rodríguez Larraín Pendergast.

4N   **Dª. Piedad Amelia Pflücker Valdez** (+1977) Casada el 23 de Marzo de 1948 con **Dn. Alberto Pareja Lecaros.**

5A   Dn. Alberto José Pareja Pflücker (n.Lima, Magdalena del Mar, 24/03/1949) Casado con Dª. Marta Cecilia Boluarte Figueroa. (n.06/01/1959) Hija de Dn. José Boluarte y de Dª. Rosa Figueroa Coello.

6A   Dª. Fiorella del Carmen Pareja Boluarte.

6B   Dª. Claudia Cecilia Pareja Boluarte.

5B   Dª. Piedad Amelia Pareja Pflücker (n.14/10/1950) Casada en primeras nupcias con Dn. Emiliano del Castillo. En segundas nupcias se casó con Dn. Aldo Enrique Gatti Murriel.

6A   Dª. Isabella Gatti Pareja.

6B   Dª. Romina Gatti Pareja.

5C   Dª. Margarita Cristina Pareja Pflücker. Casada en Miraflores el 15 de Marzo de 1972 con Dn. Marco Arturo Spirgatis Velaert (n.25/03/1948)

6A   Dn. Arturo Rolando Spirgatis Pareja (n.Miraflores, 02/08/1973)

6B   Dª. Nicole Marie Spirgatis Pareja (n.Miraflores, 17/05/1975)

6C   Dn. Javier Spirgatis Pareja.

6D   Dn. Daniel Spirgatis Pareja.

5D   Dn. Eduardo Antonio Pareja Pflücker (n.Lima, Magdalena del Mar, 27/01/1954) Casado con Dª. Berta Deniza Cabrejos Paz.

6A   Dn. Eduardo Pareja Cabrejos.

6B   Dª. Piedad Pareja Cabrejos.

6C   Dn. Alfredo Pareja Cabrejos.

6D   Dn. Alejandro Pareja Cabrejos.

5E   Dn. Fernando Augusto Pareja Pflücker (n.Lima, Magdalena Del Mar, Jr. Arica Nº175, 09/02/1956) Casado con Dª. Mariela Carrera. Con sucesión.

5F   Dª. Marina del Carmen Pareja Pflücker (n.Miraflores, 26/01/1971) Casada con Dn. Javier Payet Con sucesión.

4Ñ   **Dª. Aída Nelly Pflücker Valdez** (Nelly J.) (n.19/02/1929 +21/12/2009) Casada el 28 de Febrero de 1953 con **Dn. Rodolfo Pareja Marmanillo** (n.Ica, 25/04/1922 +26/08/2001) Ingeniero minero (g.1944) Hijo de Dn. David Emiliano Pareja Llosa (n.Lima, 1877) y de Dª. Juana María Marmanillo Zárate (n.Cuzco, 1884)

         5A   Dª. Juana María Pareja Pflücker (n.14/02/1954) Casada en la Iglesia de San José, Miraflores, el 16 de Agosto de 1979 con Dn. Raúl Castro Stagnaro (n.Miraflores, 05/07/1952) Hijo de Dn. Raúl E. Castro y de Dª. María Stagnaro.

                 6A   Dª. Lorena Castro Pareja.

                 6B   Dn. Raúl Castro Pareja.

         5B   Dª. Aída Elvira Pareja Pflücker (n.Lima, Magdalena del Mar, Arica Nº175, 21/07/1955) Casada con Dn. Roberto D'Onofrio.

                 6A   Dª. Andrea D'Onofrio Pareja.

                 6B   Dª. Francesca D'Onofrio Pareja.

         5C   Dª. María del Pilar Pareja Pflücker (n.Miraflores, 11/08/1957) Casada el 1 de Marzo de 1991 con Dn. Marco Antonio Hipólito Jerí Paredes (n.Lima hacia 1955) (En la Municipalidad aparece como Pflueker)

                 6A   Dª. Ariana Jerí Pareja (n.Lima, Santiago de Surco, Av. El Polo Nº505, 03/07/1992)

         5D   Dª. Rocío del Carmen Pareja Pflücker (n.Miraflores, 31/07/1959) Casada en la iglesia de San José de Miraflores el 2 de Mayo de 1986 con Dn. Juan Luis Cánepa Villavicencio (n.Miraflores, 30/08/1959) Hijo de Dn. Juan Luis Cánepa y de Dª. Sara Villavicencio.

                 6A   Dn. Franco Cánepa Pareja.

                 6B   Dª. Romina Cánepa Pareja (n.Lima, Santiago de Surco, Av. El Polo Nº505, 04/01/1994)

         5E   Dª. Ursula María Pareja Pflücker (n.Miraflores, 30/01/1963) Casada con Dn. Barry Schnegas.

                 6A   Dn. David Schnegas Pareja.

         5F   Dn. Rodolfo Emiliano Pareja Pflücker (n.Miraflores, 04/07/1966) Soltero.

3B   Dª. María Amelia Teresa Margarita Pflücker Gamio (n.Lima, Calle Ica –Antes Concha- Nº63, 19/06/1889   b.Parroquia de San Sebastián, 20/09/1889 +03/02/1891, Chorrillos)

3C   Dª. María Julia Carmen Rosa Pflücker Gamio (n.Lima, Calle Apurímac –Antes Corazón de Jesús- Nº79, 19/08/1887 +16/05/1965, Santa Victoria B-8, Presbítero Maestro) Casada en el Templo de Belén (Huérfanos), Lima, el 18 de Julio de 1915 con el Doctor Dn. Héctor Hernán Jorge Pazos Varela (n.Lima, Calle Unión –antes Belén- Nº392, 23/04/1887 +17/04/1955, Santa Victoria B-9, Presbítero Maestro) Hijo de Dn. Juan Francisco Pazos Monasí (n.Lima,1838 b.24/07/1838 +24/06/1902, Lima, pueblo de Barranco) casado el año 1869 con Dª. Isabel Varela Salvi (n.hacia 1845 +04/02/1919, Lima, Barranco, Calle Ermita Nº4) Nieto de Dn. Juan José Pazos Soriano (n.hacia 1798 t.21/02/1846) casado el 27 de Junio de 1845 con Dª. Francisca Monasí Morán y de Dn. Manuel María Varela Cabrera casado con Dª. Gregoria Salvi y Arévalo.

4A **Dª. María Amelia Pazos Pflücker** (n.Lima, Calle Chota Nº163, 11/05/1916) Casada el 23 de Abril de 1938 con **Dn. Juan Martín Duany Dulanto** (n.Lima, Calle Huanta Nº31, 23/11/1908) Hijo de Dn. José Manuel Duany Franco (n.Cuba, 1877) casado en la Parroquia de Santa Ana, Lima, el 27 de Julio de 1905 con Dª. Clementina Dulanto Descalzo (n.Lima, hacia 1878 b.Santa Ana, 08/04/1878) Nieto de Dn. Juan Duany casado con Dª. Gertrudiz Franco y de Dn. Martín Dulanto casado con Dª. Gloria Descalzo.

    5A Dn. Juan Manuel Duany Pazos (n.20/05/19_) Abogado. Casado en tres oportunidades. En primeras nupcias en Miraflores el 03 de Octubre de 1966 con Dª. Ana María Julia Rey Sella (n.25/12/19_) Hija de Dn. Alfonso Rey Comminnetti (n.Italia, Viela, 02/03/1894 +18/07/1962, Hospital Rebagliati, Lima) y de Dª. Frida Brígida Sella Sella (n.Alemania, Breitenbach, 08/09/1910 +04/05/1997, Lima) En segundas nupcias con Dª. Aída del Solar McBride (n.17/03/1939) Hija de Dn. José Luis del Solar Castro (n.hacia 1897) casado el 1º de Enero de 1934 (31/12/1933) con Dª. Emma Mc Bride Miller (n.Callao, 21/04/1912) En tercera oportunidad se casó con Dª. Alicia Sarmiento Madueño. Hija de Dn. José Benjamín Sarmiento Calmet (n.Arequipa, 27/02/1912 +17/09/1996, Lima) y de Dª. Isabel Madueño.

        6A Dn. Juan José Duany del Solar (n.05/03/1979)

        6B Dª. Lizzie María Duany Sarmiento (n.Miraflores, 18/12/1981)

        6C Dn. Ian Manuel Duany Sarmiento (n.Miraflores, 26/11/1986)

4B **Dª. Carmen Rosa Pazos Pflücker** (n.Lima, Calle Lampa Nº279, 13/04/1917) Casada el 18 de Julio de 1939 con **Dn. Francisco Zariquiey Ramos** (n.Lima, 04/10/1910) Ingeniero. Hijo de Dn. Manuel Zariquiey Cenarro (n.Navarra, 1872) casado el 14 de Noviembre de 1901 con Dª. Julia Ramos Sagaste (n.25/12/1874) Nieto de Dn. Modesto Zariquiey casado con Clara Cenarro y de Dn. Baldomero Ramos casado con Dª. Carolina Sagaste.

    5A Dª. Carmen Rosa Zariquiey Pazos (n.Lima, 19/05/1940) Casada con Dn. Ciro Antonio Jeanneau Gracey (n.Lima, 16/10/1935) Ingeniero Agrónomo.

        6A Dª. Carmen Rosa Jeanneau Zariquiey (n.Lima, 15/04/1965) Casada con Dn. Enrique Castiglioni Palestrieri (n.Montevideo, 10/04/1956)

            7A Dn. Claudio Castiglioni Jeanneau (n.Lima, 30/04/1995)

        6B Dª. Yrene Jeanneau Zariquiey (n.Lima, 24/09/1968) Casada con Dn. Federico Moënch.

            7A Dn. Bryan Moënch Jeanneau (n.Suiza, Winterthur, 14/06/1992)

            7B Dª. Karin Moënch Jeanneau (n.Suiza, Winterthur, 18/02/1995)

    5B Dn. Manuel Francisco Zariquiey Pazos (n.Lima, 11/04/1942) Casado con Dª. Mariela Biondi Shaw (n.Lima, 03/02/1946)

        6A Dn. Francisco Zariquiey Biondi.

        6B Dª. Natalia Zariquiey Biondi (n.Lima, 23/04/1973)

6C   Dn. Luis Felipe Zariquiey Biondi (n.Lima, 05/01/1975)

6D   Dn. Roberto Daniel Zariquiey Biondi (n.Lima, 06/05/1979)

5C   Dn. Manuel Hernán Zariquiey Pazos (n.Lima, 14/06/1943) Casado con Dª. Elena Valle Riestra Briceño (n.Lima, 13/05/1948) Hija de Dn. Federico Valle Riestra Carbo (n.26/10/19_) Cadete de la Escuela Naval (p.1922) casado el 12 de Julio de 1937 con Dª. María Fanny Briceño Meiggs (n.16/02/19_) (Vistos antes)

6A   Dª. María Elena "Malena" Zariquiey Valle Riestra (n.Lima, 21/01/1972) Casada en Miraflores el 20 de Febrero de 1998 con Dn. Richard Jurgen Freiberg Puente.

7A   Dn. Gerhard Freiberg Zariquiey (n.Lima, 24/07/1999)

6B   Dª. Magaly Zariquiey Valle Riestra (n.Lima, 21/01/1972) Casada con Dn. César Enrique Juan Dávila Díaz (n.Miraflores, 12/06/1964)

7A   Dª. Gala Magali Dávila Zariquiey (n.Miraflores, 06/06/2003)

7B   Dª. Elena Dávila Zariquiey (n.Montreal, 04/02/2009)

6C   Dª. Marisol Zariquiey Valle Riestra (n.Lima, 07/04/1975) Casada en Miraflores el 21 de Diciembre del 2001 con Erick Grahammer Klein.

7A   Dª. Vivian Grahammer Zariquiey (n.Suiza, Argau, 22/03/2003)

7B   Dn. Alejandro Grahammer Zariquiey (n.Suiza, Argau, 30/04/2004)

7C   Dª. Daniela Grahammer Zariquiey (n.Madrid, 16/09/2009)

6D   Dª. Mariana Zariquiey Valle Riestra (n.Lima, 22/12/1978) Casada con Dn. Marco Melgar Romarioni.

7A   Dn. Mateo Melgar Zariquiey (n.Miraflores, 21/02/2003)

7B   Dª. Maytana Melgar Zariquiey (n.Lima, 20/08/2009)

5D   Dª. Inés Zariquiey Pazos, casada con Dn. José Georgy (n.Lima, 08/08/1944) Casada con Dn. Giorgi Genoni (n.Argentina, Mendoza, 24/04/1936)

6A   Dn. José Francisco Georgi Zariquiey (n.Lima, 20/04/1978) Casado con Dª. Pamela Lizárraga Flores (n.Miraflores, 24/11/1978) Hijo de Dn. Carlos Alberto Lizárraga casado en Miraflores el 24 de Noviembre de 1984 con Dª. Susana Inés Flores.

7A   Dª. Isabella Fernanda Giorgi Lizárraga (n.Lima, 18/04/2011)

5E Dn. Ricardo Víctor Zariquiey Pazos (n.26/08/1945) Casado con Dª. Mayela Arizona Falvy Valdivieso (n.28/03/1944)

  6A Dª. Mayeli Zariquiey Falvy (n.Lima, 27/08/1969)

  6B Dn. Ricardo Zariquiey Falvy (n.Lima, 30/08/1970) Casado con Dª. Lourdes Salinas Ortega. Hija de Dn. Carlos Alberto Salinas Sedó (n.09/01/1939) Casado con Dª. Rosa Ortega Bardelli.

  6C Dn. Alejandro Zariquiey Falvy (n.Lima, 20/10/1971)

  6D Dª. Zarela Zariquiey Falvy (n.Lima, 07/04/1974) Casada con Dn. Gabriel Chahud Durand.

4C **Dª. María Lucila Pazos Pflücker** (n.Lima, Calle Lampa Nº279, 30/07/1918) Casada el 29 de Octubre de 1944 con **Dn. Alejandro León de Vivero** (n.17/12/1917) Hijo de Dn. Fernando León Arechua (n.Ica, Hacia 1877) casado en el Templo del Milagro (Santa Ana) Lima, el 22 de Agosto de 1903 con Dª. María Amalia de Vivero y Ugarte (n.Bélgica, Amberes hacia 1878) Nieto de Dn. José F. León Galdames, Agente Fiscal de Ica, casado con Dª. Dolores Arechua Meza y de Dn. Herman 'Germán' de Vivero casado con Dª. María de Ugarte.

5A Dn. Alejandro León Pazos. Casado con Dª. Rosa Zapata López Aliaga (n.13/01/19__) Hija de Dn. Cesáreo Zapata Agurto (n.20/04/19__) y de Dª. Genoveva López Aliaga (n.18/02/19__)

  6A Dª. Sandra León Zapata.

5B Dª. Lucila León Pazos. Casada con Dn. Antonio de la Puente Uceda. Hijo de Dn. Juan de Dios de la Puente Ganoza (n.Lima, Calle Arequipa –antes San Marcelo- Nº72, 28/08/1893) y de Dª. Rita Uceda Callirgos. Nieto por e lado de su padre de Dn. Agustín de la Puente Quiñones (n.Trujillo, hacia 1846) casado el 30 de Diciembre de 1873 con Dª. Lucila Ganoza Cabero (n.Trujillo, hacia 1855)

  6A Dn. José Antonio de la Puente León.

  6B Dª. María Alejandra de la Puente León.

  6C Dn. Luis Felipe de la Puente León.

  6D Dn. Javier de la Puente León.

  6E Dª. Lucía de la Puente León.

  6F Dª. Rocío de la Puente León.

5C Dª. Estela León Pazos. Casada con Dn. Manuel Castro (España)

  6A Dª. Mónica Castro León.

  6B Dª. María José Castro León.

5D Dª. Carmen María Isabel León Pazos (n.Miraflores, 20/09/1949) Casada con Dn. Carlos Klinge Pásara (n. hacia 1945), hijo de Dn. Federico G. Klinge y de Dª. Josefina Pásara C.

  6A Dn. Bernardo Klinge León.

  6B Dn. Gustavo José Klinge León (n.Miraflores, 01/07/1971)

  6C Dn. Oscar Jaime Klinge León (n.Miraflores, 29/01/1977)

6D   Dn. Hugo Jorge Klinge León (n.Miraflores, 21/12/1977)

5E   Dª. María Silvia Rosa León Pazos (n.Miraflores, 13/02/1951) Casada con Dn. José Luis Noriega Lores, cadete de la Escuela Naval (p.1965)

     6A   Dn. José Luis Noriega León.

     6B   Dª. Silvia Noriega León.

5F   Dª. María Amelia León Pazos. Casada con Dn. Francisco Basili Domínguez. Casada en segundas nupcias con Dn. Abel Garfias.

     6A   Dn. Francisco Basili León.

     6B   Dª. Adriana Garfias León.

4D   **Dª. María Luisa Pazos Pflücker** (n.Lima, Calle Lampa Nº279, 21/11/1919) Casada el 24 de Enero de 1942 con **Dn. Emilio Angel LeRoux Catter** (n.Lima, Calle Callao Nº255, 02/01/1917 +07/02/1996, Jesús María) Hijo de Dn. Emilio LeRoux (n.Francia, hacia 1874) y de Dª. Rebeca Catter (n.Callao, hacia 1888)

5A   Dn. Emilio Angel LeRoux Pazos. Casado en primeras nupcias con Dª. Sylvia Otero Linares, y en segundas nupcias, con Dª. Mónica Beaumont.

     6A   Dª. Sylvia María LeRoux Otero. Casada con Dn. Carlos Parró Lively. Residen en los Estados Unidos.

         7A   Dn. Carlo Parró Le Roux.

     6B   Dn. Emilio LeRoux Otero. Casado con Thaisa _____ (n.Brasil) Residen en Salvador, Bahia, Brasil.

         7A   Dn. Caio Le Roux.

     6C   Dn. Daniel LeRoux Otero.

     6D   Dn. Sergio LeRoux Otero. Casado con Dª. Lorena del Carpio Willstätter.

5B   Dª. María Luisa LeRoux Pazos, casada con Dn. Carlos José Muñante Moyano.

     6A   Dn. Carlos Emilio Muñante LeRoux. Casado con Dª. Patricia Van Den Hanenberg Van der Rijy. Hija de Dn. Cornelius Van den Hanenberg y de Dª. Johanna Van der Rijt. Residen en Canadá.

         7A   Dn. Gabriel Emilio Muñante Van Den Hanenberg.

     6B   Dª. Luisa María Muñante LeRoux. Casada con Dn. Christopher Atkinson. Residen en Canadá.

         7A   Dª. Isabella Atkinson Muñante.

         7B   Dª. Madelane Atkinson Muñante.

     6C   Dª. Claudia Muñante LeRoux. Casada con Dª. Ted Francis. Residen en Canadá.

       7A   Dª. Eva Sierra Francis Muñante.

       7B   Dª. Dahlia Francis Muñante.

5C   Dª. Gloria LeRoux Pazos, casada con Dn. Gustavo Vásquez Caicedo Nosiglia.

      6A   Dª. Gloria Margarita Vásquez Caicedo LeRoux. Casada con Dn. Manuel ____. Residen en Alemania.

      6B   Dª. Ana Lucía Vásquez Caicedo LeRoux. Casada con Dn. Christoph Marquardt. Residen en Alemania.

      6C   Dn. Gustavo Vásquez Caicedo LeRoux.

5D   Dª. Olga LeRoux Pazos, casada con Dn. Guillermo Miró Quesada Gatjens, hijo de Dn. Víctor Miró Quesada Ureta (n.06/01/19__) y Dª. Marie Gatjens Smith (n.17/02/19__) Nieto de Dn. Víctor Miró Quesada Carassa (n.06/03/1871) Jefe del departamento de máquinas del diario El Comercio, casado 17 de Abril de 1913 con Dª. Rosa Ureta del Solar (n.01/09/18__) y de Dn. Edgard Hugo Gatjens de la Aza casado con Dª. María Smith Cornejo.

      6A   Dª. Marisol Miró Quesada LeRoux (n.Miraflores, 29/07/1974) Casada con Dn. Eric Sivret Residen en Australia.

      6B   Dn. Guillermo Emilio Miró Quesada LeRoux (n.Miraflores, 28/07/1976)

4E   **Dª. Inés Pazos Pflücker** (n.24/04/19__) Casada el 8 de Diciembre de 1946, con **Dn. James Cottle Crosby** (n.01/06/19__) Hijo de Dn. Percy Cottle Boorn (n.Inglaterra, 27/10/1891 +06/07/1954) casado con Dª. Laura Victoria Crosby Tizón Correa (n.Lima, Calle Caylloma –antes Monopinta Nº214, 18/02/1889 +21/01/1932) Nieto de Dn. Alfredo B. Cottle casado con Dª. Alicia María Boorn y de Dn. Francis Lewis Crosby Barnard (n.Massachusetts, Nantucket, 02/05/1840 +14/11/1912, Lima, Chosica) casado en la Iglesia Matriz del Callao el 21 de Setiembre de 1867 con Dª. Julia Mercedes Tizón Correa (n.Callao, 05/09/1847 +19/05/1991, Lima)

      5A   Dª. Rosario Cottle Pazos (n.14/12/19__) Casada con Dn. Michael O'Loughlin.

      5B   Dª. María Laura Cecilia Cottle Pazos (n.29/08/19__) Casada en Miraflores el 22 de Mayo de 1973 con Dn. Jan Chadderton. Casada en Miraflores el 30 de Abril de 1981 con Dn. Máximo Hildebrando Calderón.

      5C   Dª. Inés Cottle Pazos (n.11/01/1949)

      5D   Dª. Alice Mary Cottle Pazos (n.Lima, 02/05/1953) Casada en Miraflores el 3 de Marzo de 1976 con Dn. José Francisco Bisso Lossio (n.Lima, 10/04/1951) Hijo de Dn. Pedro Bisso Torero (Huacho) y de Dª. Consuelo Lossio Iturri (n.Chiclayo, 07/06/1921) Divorciada.

            6A   Dn. Giovanni Bisso Cottle (n.Lima, 06/08/1977) Casado con Dª. Pamela Corcuera Chocano (n.Lima, 24/12/1981) Hija de Dn. Jorge Hernán Corcuera Carrera (n.Miraflores, 10/04/1936) casado en Miraflores el 7 de Noviembre de 1979 con Dª. Susana Sofia Chocano Vargas.

                7A   Dn. Paolo Bisso Corcuera (n.01/06/2007)

7B   Dª. Alessia Bisso Corcuera (n.01/08/2012)

6B   Dn. Antonio Bisso Cottle (n.Lima, 26/08/1981) Casado
con Dámaris Amar Aspíllaga. Hija de Dn. Yaish Amar
Shitrit (n.Israel) casado con Dª. María del Rocío Aspíllaga
Plenge (n.13/06/1958)

5E   Dn. James Percy Cottle Pazos. Casado en Miraflores el 12 de Enero
de 1987 con Dª. Frinee Amparo García Lazo.

6A   Dn. James Mark Cottle García (n.Miraflores, 02/02/1988)

6B   Dn. Bryan Nicholas Cottle García (n.Miraflores,
09/04/1994)

5F   Dn Cottle Pazos Michael Georges (+04/2011) Casado en Miraflores
18 de Abril de 1986 con Dª. Mónica Bastante Zelaya.

5G   Dª. Elizabeth "Lizzie" Cottle Pazos.

5H   Dn. Alfred John Cottle Pazos (+03/10/1996)

4F   **Dn. Hernán Eugenio Pazos Pflücker** (n.23/07/1922 +23/06/2004) Casado
el 23 de Julio de 1950 con **Dª. María Deifilia Parró Barrantes**
(n.12/07/1921) Hija de Dn. Luis Parró Ramírez y de Dª. María Jesús
Barrantes Barrantes (n.20/07/19__)

5A   Dª. Ana María del Carmen Pazos Parró (n.27/07/1951) Casada el
6 de Febrero de 1976 con Dn. Alberto Angel Palacios Maertens,
Ingeniero Industrial Maderero. Hijo de Dn. Carlos Alberto Palacios
Seminario casado con Dª. Gabriela Alejandrina Maertens Lorente.

6A   Dn. Carlos Alberto Palacios Pazos (n.08/04/1977)
Ingeniero Industrial, casado con Dª. Patricia Vegas Arias
Stella. Hija de César Augusto Vegas Baumann de Metz y
de Patricia Arias Stella Castillo

7A   Dª. Camila Palacios Vegas.

7B   Dª. Talía Palacios Vegas (n.2014)

6B   Dn. Rodrigo Palacios Pazos (n.02/10/1980) Abogado.
Casado en Mayo del 2013 en el Balneario de Santa María
con Dª. Bárbara María Jarufe Cahuas. Hija de Dn.
Eduardo Jarufe Saba y de Dª. Cecilia Cahuas Roggero.

6C   Dn. Mariano Hernán Palacios Pazos (n.18/05/1983)
Sicólogo, casado con Dª. María Cristina Vega Cordano.
Hija de Dn. Héctor Vega y de Dª. Marianina Cordano
Carella.

5B   Dn. Hernán Pazos Parró (n.26/08/1952) Pintor y dibujante, casado
con Dª. Sandra Wiese Moreyra. Hija de Dn. Augusto Felipe Wiese
de Osma (n.Lima, 01/10/1924) casado en Lima el 14 de Mayo de
1955 con Dª. María Luisa "Marilú" Moreyra Porras (+27/11/2009)
Nieta de Dn. Augusto N. Wiese Eslava (n.Trujillo, 06/12/1887)
Fundador del banco Wiese, casado el 16 de Diciembre de 1923 con
Dª. Virginia de Osma Porras (n.27/03/18__) y de Dn. José Moreyra
y Paz Soldán casado con Dª. Virginia Porras Barrenechea.

6A   Dn. Ignacio Pazos Wiese (n.1991 +18/10/2009)

6B   Dn. Lorenzo Pazos Wiese (n.1994)

5C   Dª. Aurora Lucía Pazos Parró (n.01/08/1954) Casada el 10 de Enero de 1978 con Dn. Francisco Goytisolo Hamann. Hijo de Dn. Francisco Goytisolo R. (n.03/09/19__) y de Dª. Else Hamann Jiménez (n.12/04/19__)

       6A   Dn. Francisco Goytisolo Pazos.

           6B   Dn. Alejandro Goytisolo Pazos. Casado en Canadá con Melanie Maurus.

       6C   Dª. María Lucía Goytisolo Pazos.

5D   Dª. María Jesús Pazos Parró (n.Miraflores, 24/11/1955) Casada el 2 de Diciembre de 1982 con Dn. Miguel Olivero Canales. Hijo de Dn. Luis Olivero Silveira y de Dª. Julia Canales.

       6A   Dn. Miguel Olivero Pazos.

       6B   Dn. Juan Pablo Olivero Pazos.

       6C   Dn. Santiago Olivero Pazos.

       6D   Dn. Iván Olivero Pazos, mellizo de

       6E   Dn. Diego Olivero Pazos.

5E   Dn. Fernando Pazos Parró (n.01/02/19__) Casado con Dª. Mariela Navarro Valcárcel. Hija de Gustavo Navarro Myrick y de Bertha Beatriz Valcárcel Rubina.

       6A   Nicolás Pazos Navarro

       6B   Gonzalo Pazos Navarro

5G   Dn. César Augusto Pazos Parró.

5F   Dª. Carmen Rosa Pazos Parró. Casada en la Iglesia de Nuestra Señora de los Angeles, en el Convento de los Descalzos de Lima, en 1988, con Dn. Alvaro Pérez de Armiñán y de la Serna. Hijo de Dn. Alfredo Pérez de Armiñan (n.08/04/1923 +23/04/2011) Arquitecto y Economista casado con Dª. María del Pilar de la Serna y Gutiérrez-Répide (n.España, Cantabria, Santander, 28/12/1927 +24/05/2010, Madrid)

       6A   Dn. Catalina Pérez de Armiñán Pazos.

       6B   Dª. Victoria Pérez de Armiñán Pazos.

4G   **Dª. Rosario Pazos Pflücker** (n.Lima, 07/10/1923) Casada el 4 de Mayo de 1957, con **Dn. Jorge Masson Meiss** (n.Lima hacia 1919) Hijo de Dn. Víctor Masson Debuissy (n.19/01/1877 +13/07/1944) y de Dª. Margarita Meiss (n.16/02/1898 +30/06/1986)

       5A   Dn. Jorge Alejandro Martín Masson Pazos (n.Lima, Maison de Sante, 13/05/1962) Casado con Dª. Cecilia Delgado.

       5B   Dn. Pablo Enrique Masson Pazos (n.18/07/1963) Casado con Dª. Laura Milagros Pérez Reinoso (n.21/10/1958)

           6A   Dn. Christian Paul Masson Pérez (n.05/06/1986) Casado con Dª. Camelia Elizabeth Campos Barreto.

           6B   Dn. Pierre Philippe Masson Pérez (n.04/08/1987)

6C   Dn. André Michel Masson Pérez (n.06/03/1990)

3D   Dn. Carlos Ernesto Pflücker Gamio (n.Chorrillos, 20/04/1891 +31/01/1976, Miraflores) Casado en dos oportunidades. El 14 de Julio de 1918 en la Iglesia de Belén – parroquia de Huérfanos- con Dª. Domitila Julio Rospigliosi Gómez Sánchez (n.Azcapotzalco, Méjico, 1891 +13/04/1919) Hija de Dn. Ermel Julio Rospigliosi Barrenechea (n.Barranco hacia 1854 b.Lima, 16/08/1854) Abogado, casado con Dª. María Isabel Teófila Gómez Sánchez Rodamonte (n.Lima, 28/02/1860 b.Santa Ana, 28/02/1860 +23/10/1913, Lima, Calle Lampa Nº712) No hubo descendientes de este matrimonio ya que doña Domitila falleció muy temprano. En la iglesia Matriz de Chorrillos el 2 de Mayo de 1920 contrajo segundas nupcias con Dª. Adela Gaillour Arrieta (n.Lima, 1898) Hija en adopción de Dn. Andrés Gaillour Larrabure (n. Bajos Pirineos, Francia, 1849 +23/10/1915, Lima) y de Dª. Paulina Arrieta y Arrieta (n.San Esteban, España, 1851)

    4A   **Dn. Carlos Pflücker Gaillour** (n.20/01/19__) Casado el 29 de Enero de 1949, con **Dª. Rosa Margarita Aguilar Ayllón** (n.27/12/19__ +02/06/2001) Hija de Dn. Víctor Edmundo Aguilar Pastor y de Dª. Margarita Ayllón.

        5A   Dª. Tania Rosa Pflücker Aguilar (n.05/12/19__)

        5B   Dn. Juan Carlos Edmundo Pflücker Aguilar. Ingeniero Químico. (n.24/06/19__)

        5C   Dn. Carlos Armando Pflücker Aguilar (n.13/03/19__ +17/02/2007)

    4B   **Dª. Alicia Pflücker Gaillour** (n.05/07/1923 +11/02/2010) Casada el 25 de Octubre de 1945 con **Dn. José Francisco Idelfonso Alarco Larrabure** (n.Lima, Calle Arica Nº544, 25/01/1915 +24/10/1990) Hijo de Dn. Tomás Luis Gerardo Alarco Calderón (n.Lima, Calle Arica Nº46, 21/12/1975) casado en la Capilla de San José de los Desamparados (Sagrario) el 16 de Abril de 1906 con Dª. Rosa Mercedes Larrabure Correa (n.12/03/1978) Nieto de Dn. Gerardo Alarco Espinosa (n.1849) casado con Dª. Celinda Calderón Sevilla y de Dn. Eugenio Larrabure Unanue casado con Dª. María Rosa Correa Veyán.

        5A   Dª. Alicia Alarco Pflücker (n.24/09/19__) Casada con Dn. Alvaro Rey de Castro Iglesias. Hijo de Dn. Alvaro Rey de Castro y López de Romaña y de Dª. Luz Iglesias.

        5B   Dn. Lino Alarco Pflücker (n.Miraflores, 13/08/1958)

        5C   Dn. Francisco Alarco Pflücker.

3E   Dª. María Luisa Pflücker Gamio (n.19/07/1895) Casada en Lima, Parroquia del Sagrario, el 23 de Marzo de 1919 con Dn. Carlos Francisco de Albertis Costa (n.Génova, Italia, 1893) Agricultor, domiciliado en la Calle Lampa 279, Lima. Hijo de Dn. Carlos F. de Albertis y de Dª. Margarita Y. Costa. Testigo de la Boda don Hernán Pazos Varela, con el mismo domicilio.

    4A   **Dª. María Luisa de Albertis Pflücker**, casada con **Dn. Carlos Eduardo Lishner Tudela** (n.Lima, Calle Huancavelica Nº355, 07/04/1917) Hijo de Dn. Carlos E. Lishner (n.Cajamarca, 1891) y de Dª. María Delia Tudela (n.Lima, 1897)

        5A   Dn. José Antonio Lishner de Albertis.

        5B   Dn. Carlos Lishner de Albertis.

        5C   Dª. María Luisa Lishner de Albertis.

        5D   Dª. María del Pilar Socorro Lishner de Albertis. Casada con Dn. _____ Bellina.

194

	5E	Dª. Patricia Lishner de Albertis. Casada con Dn. _____ Lavado.
	5F	Dn. Eduardo Lishner de Albertis.
	5G	Dn. Julio César Lishner de Albertis.
	5H	Dª. Elizabeth Lishner de Albertis.

3F   Dn. César Augusto Ricardo Pflücker Gamio (n.Lima, Calle Ayacucho –antes La Rifa-Nº52, 14/03/1893 +11/01/1894, Huérfanos, Lima) Falleció de 8 meses.

3G   Dª. Eloísa María Raquel Pflücker Gamio (n.Lima, Calle Ayacucho –Antes Rifa- Nº52, 19/07/1894)

3H   Dª. María Jesús Pflücker Gamio (n.Lima, Calle Camaná –Antes Serrano- Nº216, 26/08/1898 +29/08/1898, Lima, Calle Camaná –Antes Serrano- Nº216)

2H   LOS VILOGRÓN

Dn. Guillermo Otto Pflücker Taramona. Nacido en Lima hacia 1848 y bautizado en la Parroquia de el Sagrario en Lima el 3 de Mayo de 1848. Minero, residió en el departamento de Lambayeque después de 1875 (en 1875 vivía en Huallaga Nº 327, Lima) Se casó con Dª. Matilde Vilogrón Sagredo, nacida en Lima hacia 1847 y fallecida antes de Octubre de 1886. Hija de Dn. Simón Vilogrón y de Dª. María Sagredo. (En la partida de nacimiento de Matilde Angélica Pflücker Vilogrón la madre, Matilde, aparece como natural de Lima. Sin embargo existe la posibilidad de que haya nacido en Lambayeque. Doña Emilia Vilogrón Sagredo, hermana de doña Matilde fue bautizada en la parroquia de Santa Ana de Lima el 16 de abril 1847)

3A   Dª. Ana Pflücker Vilogrón quien con Dn. Francisco C. Mendizábal fueron padres de:

4A   **Dª. María Eugenia Mendizábal Pflücker** (n.hacia 1892) Casada en Lima (San Marcelo) el 14 de Febrero de 1914 con **Dn. José María Cabral y Araníbar** (n.Pisagua, Tarapacá, 1872) Hijo de Dn. José M. Cabral y de Dª. Ana Araníbar.

5A   Dª. María Magdalena Cabral Mendizábal (n.Lima, Calle Arica Nº112, 22/07/1912)

Don Francisco Caraciollo Mendizábal Luza, nacido hacia 1951 en Tarapacá, residente en Lima (Calle Lampa Nº76) tuvo una hija llamada María Carmen Justina el 12/12/1893 con su esposa doña Carmen Gil, nacida hacia 1871 en Chincha.

3B   Dª. Mercedes Juana Pflücker Vilogrón (n.Lima hacia 1873 b.San Lázaro, 01/11/1873) Casada en el Templo de Santa Teresa (Huérfanos) el 16 de Enero de 1904 con Dn. Ezequiel Félix Muñoz de la Fuente (n.Lima, 1866 b.Santa Ana, 27/06/1866) Hijo de Dn. Luciano Muñoz y de Dª. María de la Fuente. Padrinos de la boda fueron Guillermo Pflücker Taramona y Emilia Vilogrón Sagredo. Esta rama de la familia se desarrolló en la costa norte. Trujillo, Guadalupe, Pacasmayo, Chiclayo y Piura.

3C   Dª. Matilde Angélica Pflücker Vilogrón (n.Lima, Calle Huallaga Nº327, 02/10/1875 b.Santa Ana, 20/10/1875 +08/01/1914, Calle Arica Nº112, Lima)

3D   Dn. Guillermo Paulino Pflücker Vilogrón (n.Lima hacia 1870) Contrajo matrimonio con Dª. Magdalena Gutti Seminario (Pacasmayo) Hija de Dn. Eulogio Gutti y de Dª. Toribia Seminario.

4A   **Dª. Isabel Pflücker Gutti** (n.Lambayeque, Pacasmayo, hacia 1905) Casada el 22 de Noviembre de 1943 en la ciudad de Chiclayo con **Dn. Miguel Soto Maradiegue** (n.Lambayeque hacia 1887) Hijo de Dn. Miguel Soto y de Dª. Rosa Maradiegue.

5A   Dn. Marco Aurelio Francisco Soto Pflücker "Pluquer" (n.Chiclayo, Calle Sáenz Peña s/n, 11/12/1935)

5B   Dª. Isabel Soto Pflücker (n.Chiclayo, Calle Balta Nº41, 26/11/1941)

5C   Dn. Oscar Germán Miguel Soto Pflücker (n.Chiclayo, Calle J. Balta Nº41, 31/12/1943)

4B   **Dn. Luis Pflücker Gutti**.

4C   **Dn. Guillermo Pflücker Gutti**.

4D   **Dª. Rebeca Pflücker Gutti** (n.La Libertad, Pacasmayo hacia 1912) Casada el 16 de Diciembre de 1940 en Chiclayo con **Dn. Celso Fernández Cubillas** (n.Cajatambo, hacia 1908) Abogado, hijo de Dn. Genaro Fernández y de Dª. Angela Cubillas.

         5A   Dn. Celso Guillermo Genaro Fernández Pflücker (n.Chiclayo, Calle Bolognesi Nº210, 21/02/1947)

4E   **Dª. Rosa Amelia Pflücker Gutti**.

4F   **Dª. María Pflücker Gutti**. Casada con **Dn. _____ Vera**.

4G   **Dn. Carlos Rodrigo Pflücker Gutti** (n.La Libertad, Pacasmayo, 13/03/1908) Casado con **Dª. Fátima Arnida Cáceres Seminario** (n.hacia 1906) _Don Carlos Rodrigo Pflücker Gutti tuvo otros compromisos en la zona de Bambamarca. Dos son los que mantuvo con doña **María Verástegui** y con doña **Juana Ruiz**. De estos compromisos descienden los Pflücker Verástegui y los Pflücker Ruiz._

Carlos Rodrigo Pflücker Gutti

196

5A   Dª. Socorro Pflücker Cáceres. Casada con Dn. Walter Zárate Figueroa.

     6A   Dª. Elena del Socorro Zárate Pflücker.

     6B   Dn. Walter Abel Zárate Pflücker. Reside en Sidney, Australia. Casado con sucesión.

         7A   Dª. Ariana Zárate.

     6C   Dn. Paul Glenn Zárate Pflücker.

     6D   Dª. Rocío del Pilar Zárate Pflücker.

     6E   Dª. Nathalie Caroll Zárate Pflücker.

     6F   Dª. Guiuliana Veruschka Zárate Pflücker.

5B   Dª. Gladys Luz Magdalena Pflücker Cáceres. Casada con Dn. Germán Fiestas Barturén (n.Chiclayo, Pimentel, 25/05/1931 +24/07/2012, Clifton, New Jersey) Médico.

     6A   Dn. Jorge Fiestas Pflücker. Casado con Dª. Gabriela López-Guido (n.Lima, 27/07/1960)

         7A   Dn. Jorge Carlos Fiestas López-Guido.

         7B   Dn. Renato Fiestas López-Guido.

     6B   Dn. Germán Fiestas Pflücker. Médico. Reside en Trujillo.

     6C   Dª. María B. "Mary" Fiestas Pflücker. Reside en Paterson, New Jersey.

     6E   Dª. Laly Fiestas Pflücker. Reside en Florida.

     6D   Dn. Gustavo Fiestas Pflücker. Reside en Sidney, Australia.

     6E   Dª. Cony Fiestas Pflücker. Casada con Dn. Dean Fine. Residen en New Jersey.

     6F   Dn. David Fiestas Pflücker. Reside en Chile.

5C   Dn. Carlos Martín Pflücker Cáceres (n.Chiclayo, Calle Alfredo Lapoint Nº419, 04/05/1946) Casado con Dª. Luisa Heydí Baca Salazar.

     6A   Dn. Carlos Martín Pflücker Baca (n.17/01/1975)

     6B   Dn. Hans Pflücker Baca (n.02/12/1976)

5D   Dª. Rosa Cristina Pflücker Cáceres. Casada con Dn. José Calderón Ledesma.

     6A   Dn. Marco Calderón Pflücker.

     6B   Dª. Roxana Calderón Pflücker.

5E   Dn. Carlos Guillermo Pflücker Cáceres. Falleció en la infancia.

5F   Dn. Carlos Martín Pflücker Cáceres.

Hijos de Dn. Carlos Rodrigo Pflücker Gutti con Dª. María Verástegui:

5G   Dª. Renée Pflücker Verástegui (n.Cajamarca, Bambamarca, 06/07/1946)

5H   Dª. María Antonieta Pflücker Verástegui (n.Cajamarca, Bambamarca, 30/11/1950)

5I   Dn. Rodrigo William Pflücker Verástegui.

5J   Dª. Magdalena Pflücker Verástegui. Casada con Dn. Nelson Pérez Noriega (n.07/06/1941)

     6A   Dn. Carlos Pérez Pflücker (n.Chiclayo) Casado con Dª. Adriana Díaz (n.05/12/1972)

          7A   Dª. Alondra Pérez Díaz.

          7B   Dª. Camila Pérez Díaz.

Hijos de Dn. Carlos Rodrigo Pflücker Gutti con Dª. Juana Ruiz;

5K   Dn. Juan Carlos Pflücker Ruiz.

5L   Dn. Guillermo Raúl Pflücker Ruiz (n.Chiclayo, 21/02/1956) Maestro. Casado dos veces. En Primeras nupcias con Dª. *Rosa* Limaco Huayascachi. En segundas nupcias contrajo matrimonio el 4 de Febrero de 1993 con Dª. Luisa Marcela Suárez Alvarado (n.Lima, San Juan Miraflores hacia 1973)

     6A   Dª. Nathalí Denessi Pflücker Limaco (n.07/06/1981) Arquitecta.

     6B   Dª. Carla Marcela Pflücker Limaco (n.Lima, 1989)

          7A   Dª. Dhanishtha Torres Pflücker.

     6C   Dn. Guillermo Alonso Pflücker Suárez (n.Lima, Santiago de Surco, Av. Jorge Chávez Nº1416, 23/12/1993)

     6D   Dª. Camila Marcela Pflücker Suárez.

2I   LOS ALBRECHT (O ALBRETCH)

Dn. Gustavo Leonardo Pflücker Taramona (n.Lima hacia 1849 b.El Sagrario, 27/12/1849 +27/11/1900, Hospital Francés de Lima – San Pablo E-99, Presbítero Maestro) Casado con Dª. Aída María Luisa Albrecht Casanova (n.01/01/1862, Trujillo b.Chocope, 08/01/1862 +02/07/1928) Hija de Dn. Luis Gustavo Albrecht Meng (n.Bamberg, Bavaria, Alemania, 19/03/1826 +08/07/1891) Agricultor en el Valle de Chicama, La Libertad, quien había contraído matrimonio en la Parroquia de San Marcelo de Lima el 11 de Febrero de 1857 con Dª. Emilia Casanova Velarde (n.Arequipa) hija de Dn. Domingo Casanova y de Dª. María Velarde. Aída María Luisa nació en la hacienda Casa Grande de la que su padre fuera propietario. (Según la partida de Bautismo la madre de don Gustavo figura como Doña María Manrique) Don Luis Albrecht era hijo de Dn. Enrique Albrecht y de Dª. Agnes Dorothea Meng (n.Evangelisch, Ensingen, Neckarkreis, Wuerttemberg, 15/04/1818 b.19/04/1818) ambos de Baviera.

LUIS ALBRECHT MENG

Una interesante oportunidad para conocer algo acerca del sistema de producción agrícola en las grandes haciendas de la costa ofrece el litigio entre Luis Albrecht, propietario de la hacienda Casa Grande en Chicama y Augusto Cabada. Ambos celebraron un contrato en febrero de 1871 comprometiéndose Albrecht a colocar y tener expedita en Casa Grande una máquina e ingenio de vapor de triple efecto encargada a Inglaterra capaz de beneficiar toda la caña dulce que Cabada pudiese plantar en las haciendas de Lache y Santa Ana por él arrendadas, y que se obligó a cultivar por todo el tiempo del arrendamiento. Cada contratante debía aprovechar del cincuenta por ciento del azúcar producido en aquella operación. Albrecht cumplió con su parte y llegó a colocar una máquina más para el caso de que la de triple efecto encargada a Inglaterra no llegase a tiempo. Cabada en cambio, llevó por su cuenta otra maquinaria a Lache y celebró con José Mercedes Guerra un contrato de compra enfitéutica sobre esa misma hacienda y en una de sus cláusulas convino en romper el arreglo con Albrecht procediendo, además, a destruir los puentes y a anegar los caminos por donde debían conducirse a Casa Grande los materiales que eran necesarios para el uso de los nuevos aparatos. Por otra parte, hubo retardo en la colocación y en el funcionamiento del artefacto de triple efecto importado de Inglaterra. Albrecht se convirtió así en un socio moroso. El juicio que surgió con motivo de todos estos hechos fue muy sonado y la ejecutoria de la Corte Suprema de 24 de diciembre de 1877 mandó llevar adelante la demanda ejecutiva planteada por Albrecht.

(Historia de la República del Perú, Jorge Basadre Grohmann)

N.B.   Esto viene al caso debido a la relación que algunos agricultores de La Libertad tuvieron con la familia sobre todo en el Valle de Chicama y a la relación de los Albrecht con los Pflücker. Luis Albrecht fue padre de Aída Luisa, casada con Gustavo Pflücker y madre de los Pflücker Albrecht.

He logrado encontrar a otros personajes que llevan este apellido, aunque no parecen tener relación alguna con los Pflücker. Como dato curioso, lo hallé buscando en otras fuentes, pues el padre de don Pablo de Madalengoitia Aubry (n.11/05/1920) se llamaba Pablo Madalengoitia Albrecht. Hijo del socio de Oswaldo Pflücker en Facalá y sobre quien leímos antes. Don Baldomero Aspíllaga Barrera, hacendado del norte, se casó el 9 de Diciembre de 1919 con doña Julia Sotomarino Albrecht, hija de don José Jacinto Soto Marina y de doña Amelia Albrecht. Don Luis G. Albrecht fue casado con Dª. Emilia Casanova.

Como antecedente curioso, existe también un señor Hans Albrecht un dirigente comunista de la ex-RDA, quien actualmente (1991) es uno de los acusados por las muertes ocurridas debido al muro de Berlín. Además en la ciudad alemana de Bielefeld (Rin Septentrional - Westfalia) existe una Calle que lleva por nombre Albrecht.

Algo más sobre don Luis G. Albrecht:

Nacido en Bamberg (ciudad Alemana en Baviera, a orillas del Regnitz) emigró a Perú, como dependiente de comercio en 1854. Después de su matrimonio con la hija de un hacendado (¿por qué omitirán lo nombres?) comenzó una gran explotación agrícola en Chicamatal, al norte de Trujillo. Estableció varias haciendas como Facalá, Casa Chica y otras que luego vendió para establecer una gran hacienda llamada Casa Grande. En esta hacienda azucarera invirtió más de tres millones de marcos. Con su capacidad y su lema "Ora et labora", que todavía hoy es visible en otros ingenios azucareros, estableció una de las más grandes haciendas de aquel tiempo. Cuando en el año 1881 los chilenos desembarcaron en Malabrigo (hoy Puerto Chicama) e impusieron a Trujillo una fuerte contribución de guerra que Albrecht pagó de su propio bolsillo, después de lo cual los chilenos se retiraron. En el ayuntamiento hay un cuadro de Albrecht como muestra de gratitud de la municipalidad.

Gustavo Pflücker Taramona y María Luisa Albrecht Casanova

La crisis que siguió al conflicto Peruano-Chileno y la interrupción de la exportación de la azúcar ocasionaron la ruina de Albrecht, que en 1887 se vio obligado a ceder la hacienda a sus acreedores y pasar el resto de su vida con una pequeña pensión.

El 24 de Setiembre de 1880 estaban en Eten (se refiere a la expedición Lynch) y el 27 ingresaron a Chiclayo produciendo daños y cometiendo exacciones. Lo mismo sucedió en Lambayeque y Ferreñafe. El 5 de Octubre salieron rumbo a Trujillo, asolando Chepén, Pacasmayo y Ascope. Luis G. Albrecht pagó un cupo por la hacienda Casa Grande, después que Lynch le rebajara la cantidad, por ser casado con una prima suya. Cecilio Cox, Alcalde de Trujillo, de su peculio cubrió la demanda para salvar a su ciudad. Recibieron los chilenos orden de regresar cuando la extorsión estaba en plena marcha y se embarcaron en Malabrigo, el 24 de Octubre, llegando a Quilca el primero de Noviembre.

(Traducción del libro editado en ocasión del Centenario del Club Germania)

3A   Dn. Luis Pflücker Albrecht (+11/11/1943, San Faustino B-71, Presbítero Maestro) Casado con Dª. Ida (Aida) Dall'orso *(+23/02/1961)* Sin sucesión.

3B   Dn. Rafael Benito Pflücker Albrecht (n.Lima, 10/04/1899 b.Santa Ana, 10/04/1902 +04/04/1958, Presbítero Maestro) Casado con Dª. Aurora Augusta Gaviño Cáceda (n.07/10/1899 +29/10/1936) Hija de Dn. Salomón Augusto Gaviño Lagos (n.Callao, 13/03/18__ +18/11/1943) y de Dª. Manuela Eustaquia Cáceda Loyola (n.Trujillo, 20/09/1869) Nieta por el lado paterno de Dn. Andrés Gaviño y de Dª. Germana Lagos, ambos de Chincha y, por parte de madre, de Dn. Manuel Cáceda y de Dª. Vicenta Loyola. Padrinos de bautizo de Benito Rafael fueron don Benito E. Lores y doña Emilia Albrecht Casanova de Madalengoitia. Contrajo segundas nupcias con Dª. Esperanza Ramos de Rosas.

    4A   **Dª. Gala Alejandra Pflücker Gaviño** (n.Trujillo, 18/08/1922) Casada con **Dn. Pedro Virgilio Loli Coral** (n.Ancash, Huaraz, 1914 +1956) Mayor del Ejército.

        5A   Dn. Pedro Rafael Loli Pflücker (n.02/01/1943) Casado. En primeras nupcias con Dª Anette Furio. Luego contrajo matrimonio con Dª. Marlene Stoll, con Dª. Mary Ann Kaineth y finalmente con Dª. Bertha Sanglade.

            6A   Dn. Peter Anthony Loli Furio (n.21/11/1964)

            6B   Dn. Ralph Loli Furio (n.23/10/1966)

            6C   Dn. Luigi Pier Loli Stoll (n.18/05/1970)

                7A   Dª. Shandari Loli Morales (n.08/03/2000)

            6D   Dn. Patricio Ray Loli Stoll (n.06/10/1972)

                7A   Dn. Domenico Loli (n.08/02/1979)

            6E   Dn. Mark Pier Loli Kaineth (n.05/06/1979)

            6F   Dª. Gianine Nicole Loli Kaineth (n.03/08/1979)

                7A   Jonah Pierre Loli (n.05/09/2004)

        5B   Dª. Aurora Rosa Loli Pflücker (n.15/03/1944) Casada con Dn. Gerardo Antonio López y López, Ingeniero Industrial.

            6A   Dn. Leonardo Antonio López Loli.

        5C   Dª. Gala Alejandra Loli Pflücker (n.30/06/1945) Casada con Dn. Daniel Travi Prochaska.

            6A   Dª. Magali Travi Loli, pedagoga residente en España.

            6B   Dn. Daniel Paul Travi Loli.

            6D   Dn. Bruno Rodolfo Travi Loli.

            6E   Dn. Bruno Pedro Travi Loli.

        5D   Dª. María Luisa Loli Pflücker (n.15/08/1952 +30/01/1955)

        5C   Dª. María Jesús «Marita» Loli Pflücker (n.Lima, Lince, Av. José Leal Nº1301, 16/08/1953) Psicóloga residente en París. Unesco.

4B   **Dn. Rafael Roberto Pflücker Ramos** (n.17/08/1925 +20/06/1948)

3C   Dn. Alfredo Máximo Pflücker Albrecht (n.Lima, 29/05/1888 +29/01/1957, San Sebastián D-117, Presbítero Maestro) Casado en la parroquia de Santa Ana el 9 de Junio de 1911 –Civil el 15 de Junio- con Dª. Teodora María Elena Fiscalini Alvarez (n.Lima, Calle Paruro –antes Penitencia- Nº27, 03/11/1891 +01/03/1944) Hija de Dn. Mechele Antonio Giugni Fiscalini (n.Locarno, Suiza, hacia 1843 +20/07/1925 Cuartel San Tadeo A-147, Presbítero Maestro, Lima) y de Dª. Aurora Alvarez (n.hacia 1869 +05/09/1930).

4A   **Dª. María Luisa Pflücker Fiscalini** (n.05/07/1911 +13/12/1981, San Demetrio D-15, El Angel) Casada con **Dn. Moisés Oviedo Mendizábal**. *Hijo de Dn. Aurelio Oviedo Solís y de Dª. Elisa Mendizábal.*

      5A   Dª. Elisa Oviedo Pflücker. Casada con Dn. Roberto Elías Cossío Marino (n.21/05/1935 +02/07/1989)

            6A   Dn. Erick Cossío Oviedo. Abogado.

            6B   Dª. María Sol Cossío Oviedo (n.16/12/1972) Sicóloga, casada con Dn. Manuel Saravia. Sicólogo.

                  7A   Dª. Romina Saravia Oviedo.

4B   **Dª. María Elena 'Jesús' Pflücker Fiscalini** (n.Lima, Calle Carabaya Nº1159, 28/06/1912 +01/12/1913, Lima, Calle Unión Nº1187)

4C   **Dn. Alfredo Gustavo Pflücker Fiscalini** (n.Lima, Calle Unión Nº1187, 22/09/1913 +03/12/1970, San Aniano C-35, El Angel) Soltero.

4D   **Dn. Pedro Enrique Alfonso Pflücker Fiscalini** (n.Lima, 26/03/1915 – Inscrito 26/03/1976- +03/07/1982, Santa Gudelia D-17, El Angel) Casado con **Dª. Zoila Sánchez Daga** (+17/05/1992) Sin descendencia.

4E   **Dn. Jorge Pflücker Fiscalini** (n.22/05/1919 +23/11/1986) Casado con **Dª. Ana María Larrea Aquije** (n.04/05/1927 +25/05/1997, La Molina)

      5A   Dª. Ana María Luisa Pflücker Larrea (n.Lima, Maternidad, 20/01/1958) Periodista.

      5B   Dn. Jorge Alfredo Pflücker Larrea. Residió en Milán. Soltero.

      5C   Dª. María del Rosario Pflücker Larrea (n.27/06/19__) Arquitecta residente en USA, casada con Dn. José Antonio Noriega.

4F   **Dn. Luis Pflücker Fiscalini** (n.Lima, Calle Washington Nº246, 22/05/1918 +28/08/1995, Santa Clelia G-73, El Angel) Casado con **Dª. Rosa "Tita" Avila** (n.Lima, 1939) *Inscrito por Don Gustavo Pflücker Albrecht el 27 de Mayo de 1918*

      5A   Dª. Elisa Pflücker Avila (n.Lima, Maternidad, 04/04/1957)

      5B   Dª. Sara Pflücker Avila.

      5C   Dn. Alfredo Pflücker Avila.

      5D   Dn. Pedro Rafael Pflücker Avila (n.Lima, Maternidad, 08/11/1967)

      5E   Dª. Alicia Pflücker Avila.

4G   **Dª. Elena María Pflücker Fiscalini** (n.Lima, Calle Washington Nº246, 04/04/1920 +03/08/1990, San Adao D-29, El Angel) Casada con **Dn. Carlos Emilio Silva Orbegoso** (n.21/08/1923)

      5A   Dn. Carlos Jesús Silva Pflücker (n.23/12/1954) Casado con Dª. Doris Maritza Nomberto Torres (n.17/01/1957)

6A   Dn. Carlos Martín Silva Nomberto (n.20/11/1996)

4H   **Dn. Rafael Pflücker Fiscalini** (n.15/11/1924 +07/11/1998) Casado con **Dª. Ana Ivushich Gómez** (n.Junín, Ataura – Jauja. 23/09/1929 +18/02/2004) Hija de Dn. Niko Nikolin Ivushich Matechevich (n.Croacia, hacia 1899 +18/08/1944, Junín, Concepción) y de Dª. Benedicta Gómez Rojas (n.18/04/1911)

       5A   Dn. Rafael Gustavo Pflücker Ivushich (n.08/07/1955) Casado con Dª. Aurea Fanny Carrillo Albites (n.Chiclayo, 11/09/1955)

            6A   Dª. Fanny Maribel Pflücker Carrillo (n.03/08/1984)

            6B   Dª. Claudia Milagros Pflücker Carrillo (n.07/06/1987)

            6D   Dª. Katia Verónica Pflücker Carrillo (n.26/05/1988)

       5B   Dª. María Elena Pflücker Ivushich (n.27/11/1956) Casada con Dn. Víctor Eduardo Hopkins Sacieta (n.04/10/1952)

            6A   Dª. Evelyn Hopkins Pflücker (n.11/03/1974)

            6B   Dª. Jeanette Emily Hopkins Pflücker (n.02/04/1975) Casada con Dn. José Antonio Palacios Vílchez (n.21/04/2004)

                  7A   Dª. Gabriela Palacios Hopkins (n.21/04/2004)

            6C   Dn. John Forsyth Hopkins Pflücker (n.24/12/1977) Casado con Dª. Evelyn Aguayo.

                  7A   Dª. María Gracia Hopkins Aguayo (n.20/12/2013)

            6D   Dª. Jennifer Hopkins Pflücker (n.18/06/1979)

                  7A   Dª. Alana Nicole Suárez Hopkins (n.29/06/2005)

            6E   Dª. Giselle Hopkins Pflücker (n.13/06/1981)

                  7B   Dn. Nicolás Alonso Torres Hopkins (n.17/09/2009)

       5C   Dª. Ana María Pflücker Ivushich (n.Lima, Av. Arequipa Nº2055, 26/12/1958) Casada el 15 de Abril de 1983 con Dn. José Raúl Román Bacigalupo (n.12/02/1958)

            6A   Dª. Valerie Allison Román Pflücker (n.31/05/1988)

            6B   Dn. Mateo Stefano Román Pflücker (n.16/04/2001)

       5D   Dn. Nicolás Enrique Pflücker Ivushich (n.Lima, Av. Arequipa Nº2055, 28/07/1966) Casado con Dª. Isabel Marena Osorio Veramendi (27/06/1966)

            6A   Dª. Marguiori Pflücker Osorio (n.19/06/1992)

            6B   Dn. Marlon Rafael Pflücker Osorio (n.19/10/2001)

       5E   Dª. Luisa Elvira Pflücker Ivushich (n.30/11/1971)

3D   Dn. Gustavo Pflücker Albrecht Falleció en la infancia.

3E   Dn. Gustavo Pflücker Albrecht. Falleció en la adolecencia.

2J   LOS PFLÜCKER Y PFLÜCKER.

Dª. Hortensia Rafaela Pflücker Taramona. Nació hacia 1851. Bautizada en la parroquia del Sagrario el 20 de Enero de 1852 y contrajo matrimonio en el Sagrario de Lima el 3 de agosto de 1872 con su primo hermano Dn. Julio Pflücker y Rico, ya mencionado, hijo de Dn. Carlos Pflücker Schmiedel y de Dª. Gertrudis Rico y Rocafuerte. Falleció el 9 de Enero de 1944 y sus restos yacen en el cementerio Presbítero Maestro de Lima en el Cuartel San Faustino, Nº 128, Letra B.

2K   LOS PEDEMONTE. LOS ROSPIGLIOSI Y LOS HÖEFKEN. LOS OLIVARES Y LOS VERNAL. LOS MARTÍNEZ, LOS LABARTHE Y LOS NOYA.

Dn. Federico Manuel Pflücker Taramona (n.hacia 1854 b.El Sagrario de Lima, 01/05/1854 +02/09/1894, Lima, Calle Junín -antes Caridad- Nº164) Abogado, diplomático y periodista. Casado con Dª. Aurora Pedemonte Pinillos (n.Ica, b.Pisco, 29/11/1857) Hija de Dn. Manuel Pedemonte Urquijo (b.Pisco, 10/04/1815) y de Dª. Natalia Martínez de Pinillos y Boza Ardiles. Nieta de Dn. Pedro Pedemonte y Talavera (n.hacia 1783 +06/04/1835, Pisco) Abogado de la Real Audiencia y segundo presidente del Congreso Peruano después de Luna Pizarro, casado con Dª. María del Carmen Urquijo y de Dn. Francisco Martínez de Pinillos y Cacho (Trujillo) casado con Dª. María Manuela de Boza Ardiles (Ica)

DEFUNCIÓN

A las once de la mañana de ayer ha fallecido el Doctor Federico Pflücker director de "El Diario" de esta capital. El acontecimiento ha causado dolorosa impresión en los círculos políticos, especialmente dentro del Partido Constitucional, donde hay más motivos para apreciar los méritos del malogrado periodista. El doctor Pflücker se inició en el periodismo escribiendo en las columnas de "El Nacional", del cual llegó a ser uno de los redactores principales.

Luego de cumplir tareas diplomáticas en Bolivia, el doctor Pflücker regresó a Lima, en 1888, para fundar "El Diario", que fue el órgano que impulsó la candidatura a la presidencia de la República del coronel Remigio Morales Bermúdez. Una vez conseguida la victoria, "El Diario" fue el vocero autorizado de esa administración hasta la muerte del mencionado mandatario y hasta el día de hoy apoyó sus realizaciones con gran altura y dignidad.

De el diario "El Comercio"   (Publicado el día Lunes, 3/09/1894)

Federico Pflücker Pedemonte

3A Dn. Federico Carlos Oscar Francisco Pflücker Pedemonte nacido hacia (n.Arequipa, 09/03/1881 b.Santa Ana, Lima, 23/04/1981 +16/04/1940, Miraflores) Abogado. En Lima desempeñó el Primer Juzgado en lo Civil durante muchos años desde 1917 hasta su trágica muerte. Casado en la Parroquia de Los Huérfanos el 3 de Marzo de 1912 (Civil el 8) con Dª. María Teresa Clementina Rospigliosi Gómez Sánchez (n.Lima, 27/08/1885 +30/08/1983, Lima) hija de Dn. Ermel Julio Rospigliosi Barrenechea (n.hacia 1854 b.Lima, 16/08/1854) abogado, y de Dª. María Isabel Teófila Gómez Sánchez Rodamonte (n.Lima, 28/02/1860 b.Santa Ana, 28/02/1860 +23/10/1913, Lima, Calle Lampa Nº712)

Parte del discurso el doctor Andrés Echevarría, Juez Decano de Lima en 1940

> *"El Poder Judicial, en una de sus ramas, está de duelo. Uno de sus miembros, el que más se destacaba por la claridad de su inteligencia y por su versación jurídica, ha perdido la vida en circunstancias trágicas, a los golpes de puñal de un asesino que acababa de salir del presidio en el que había purgado sus crímenes.*

> *La muerte de Federico Pflücker es un símbolo: traduce la guerra que se libra entre el ejército de los delincuentes y los soldados de la justicia que consagran su vida a la defensa de los derechos sociales. El asesino no conocía a su víctima que, por otra parte, ni siquiera había intervenido en su juzgamiento, ya que su actividad jamás se ejerció en el campo penal. Pero era miembro del poder judicial odiado por la delincuencia y al que desearía suprimir. Así, por uno de esos caprichos del destino, ha sido Pflücker la víctima sacrificada en representación del grupo. Puede decirse, por esto, que ha muerto en acción de guerra y como consecuencia del ejercicio de su augusto cargo."*

4A   **Dª. María Teresa Clementina Pflücker Rospigliosi** (n.Barranco, Avenida Chorrillos Nº240, 14/11/1912 b.Santa Cruz de Barranco, 20/02/1913 +17/11/1989) Casada en el Templo de la Recoleta el 13 de Febrero de 1944 con **Dn. Hugo Höefken Carbone** (n.Lima, Calle Tacna Nº639, 11/07/1918 +25/02/1998) Hijo de Dn. Hugo Höefken Ramírez (n.11/01/1894 +05/02/1951) casado con Dª. Blanca Albina Carbone Cancino (n.Lima, Calle Ica –antes Chávez- Nº117, 17/12/1886 +29/12/1946) Nieto por el lado paterno de Dn. Julio Hugo Höefken Weeren (n.Alemania, Colonia 08/03/1851 b.Prussia, Westfalen, Hagenham) casado en el Templo de Belén (Santa Ana) el 8 de Marzo de 1893 con Dª. Clotilde Ramírez Perales (n.1870) Y por el lado de su madre, de Dn. Giovanni Carbone y Carbone (n.Italia, Génova, Lumarzo, hacia 1852 +21/07/1931, Lima) casado con Dª. María Cancino Morales (n.Tacna, San Pedro de Tacna, hacia 1855 +28/08/1931, Lima)

        5A   Dª. María Teresa "Therese" Höefken Pflücker (n.09/08/1946)

        5B   Dn. Hugo Juan Höefken Pflücker (n.04/07/1948) Médico pediatra.

        5D   Dª. Anne Mary Höefken Pflücker (n.26/09/1952) Casada el 28 de Diciembre de 1978 con Dn. Carlos E. Rincón de la Torre.

               6A   Dª. Milagros Rincón Höefken.

               6B   Dn. Carlos Hugo Rincón Höefken (n.24/09/1979) Casado el 9 de Febrero del 2013 con Dª. Silvia Esquivel Mejía.

                      7A   Dª. Alejandra Rincón Esquivel.

               6C   Dn. Martín Rincón Höefken (n.1984)

        5C   Dª. Heidi María Höefken Pflücker (n.05/07/1956) Casada con Dn. Luis Torrejón Muñoz.

               6A   Dª. María Pía Torrejón Höefken (n.1982)

               6B   Dn. Pablo Esteban Torrejón Höefken.

4B   **Dª. María Aurora Teófila Pflücker Rospigliosi** (n.Lima, Calle Lampa Nº712, 08/01/1915 +26/07/2008) Casada en San Isidro el 6 de Marzo de 1953 con **Dn. Alfonso Pérez Vásquez** (n.19/01/19__) Natural de Paita.

        5A   Dª. Rosario del Pilar Pérez Pflücker (+04/04/2007, Lima)

4C   **Dª. María Violeta Clotilde Pflücker Rospigliosi** (n.La Libertad, Pacasmayo, 02/06/1916 +24/04/1987, Pueblo Libre, Clínica Stella Maris) Casada el 17 de Setiembre de 1944 con **Dn. Luis Fausto Olivares Olivares** (n.Lima, Calle Azángaro Nº118, 20/10/1904) Hijo de Dn. Luis Alfonso Olivares Jordán (n.1879) casado en Lima en la Parroquia de Huérfanos el 6 de Diciembre de 1903 con Dª. María Manuela Olivares Geraldino (n.1879) Nieto de Dn. Luis E. Olivares casado con Dª. Lastenia Jordán y de Dn. Eudocio Olivares casado con Dª. Elvira Geraldino.

        5A   Dª. María Teresa Violeta Olivares Pflücker (n.30/04/1945) Casada el 28 de Agosto de 1965 con Dn. Robin Pfeiffer Erickson (n.28/08/1939) Hijo de Dn. Harold Pfeiffer (n.Massachusetts, New Bedford) casado con Dª. Signe Erickson (n.Suecia, Upsala) Contrajo segundas nupcias con Dn. Ricardo Leonidas Narvarte Oberti (n.Callao, Bellavista, 1941) Hijo de Dn. Wilfredo Narvarte Peyrone casado con Dª. Ana María Oberti García.

María Teresa Clementina Pflücker y **Hugo Höefken Carbone**

6A   Dª. Ursula Cecilia Pfeiffer Olivares (n.Oregon, Eugene, 26/08/1965) Casada con Dn. Jorge Luis Guillén Garay (n.Lima, 21/06/1964)

         7A   Dn. Luis Alberto Sebastián Guillén Pfeiffer (n.31/12/1991)

6B   Dn. Leonardo Miguel Narvarte Olivares (n.Lima, Lince, Av. Arequipa Nº2449 –Clínica Santa Mónica-, 04/11/1980)

6C   Dn. Luis Andrés Narvarte Olivares (n.Lima, Lince, Av. Arequipa Nº2449 –Clínica Santa Mónica-, 02/09/1982)

5B   Dn. Luis Federico Tarcisio Urbano Olivares Pflücker (n.25/05/1946) Casado con Dª. María Rosa Elvira Prieto Flores.

6A   Dn. Luis Olivares Prieto (n.Hogar de la Madre, 1982)

6B   Dª. Giannina Olivares Prieto (n.Miraflores, 24/07/1980)

6C   Dn. Anaí Olivares Prieto (n.Miraflores, 25/02/1988)

5C   Dª. María Beatriz Fausta Olivares Pflücker (n.26/11/1947) Casada en primeras nupcias con Dn. Carlos Linares García. En segundas nupcias se casó con Dn. Emilio Ode.

6A   Dn. Carlos Linares Olivares.

6B   Dn. Jamil Ode Olivares.

5D   Dª. María Eugenia Olivares Pflücker (n.17/11/1950) Casada en primeras nupcias con Dn. Gastón Vizcarra Kennedy. Luego contrajo matrimonio con Dn. Glenn B. Jörk Webb.

         6A   Dn. Gastón Vizcarra Olivares.

         6B   Dn. Christian B. Jörk Olivares.

5E   Dn. Federico Juan Benjamín Olivares Pflücker (n.Miraflores, 31/01/1952) Casado con Dª. Teresa Cortez Massa.

         6A   Dn. Luciano Olivares Cortez.

         6B   Dn. Daniel Federico Olivares Cortez (n.Miraflores, 07/06/1981)

4D   **Dn. Federico Nemesio Pflücker Rospigliosi** (n.Lima, Calle Moquegua Nº441, 01/08/1918 +20/05/2004, Miraflores) Casado por lo Civil en Miraflores el 5 de Enero de 1950 por lo Civil y por lo Religioso el 8 del mismo mes con **Dª. María Elsa Vernal de la Vega** (n.24/05/19__) Hija de Dn. Antonio B. Vernal y Ríos (n.13/02/19__) y de Dª. Rosa de la Vega (n.07/02/19__)

     5A   Dª. Margarita María Pflücker Vernal (n.13/01/1951) Casada en Miraflores el 26 de Marzo de 1976 con Dn. Eduardo Miguel Villanueva Guerrero, hijo de Dn. Augusto Villanueva Campos y de Dª. Francisca Guerrero Ugaz. En segundas nupcias se casó con Dn. Eduardo Angulo.

         6A   Dª. Margarita Mabel Villanueva Pflücker (n.Miraflores, 01/10/1976)

         6B   Dn. Eduardo Javier Villanueva Pflücker (n.Miraflores, 20/04/1981)

         6C   Dª. María Teresa "Tesa" Angulo Pflücker (n.Miraflores, 19/11/1983)

     5B   Dn. Alfonso 'Carlos' Pflücker Vernal (n.06/03/1955)

     5C   Dn. Carlos R. Federico Pflücker Vernal (n.03/10/1958) Casado en Miraflores el 28 de Diciembre de 1985 (Religioso 4 de Enero de 1986) con Dª. Dora Patricia Muñoz Muñoz (n.29/01/19__) (*Muñoz Zapater?*)

         6A   Dª. Diana Carolina Pflücker Muñoz (n.15/08/1987)

         6B   Dª. Dora Pflücker Muñoz (n.12/10/1993)

         6C   Dn. Federico Pflücker Muñoz.

4E   **Dn. Fernando Julio Pflücker Rospigliosi** (n.Lima, Calle Abancay Nº435, 01/07/1920) Sin sucesión.

4F   **Dn. Juan Eduardo Pflücker Rospigliosi** (n.13/03/1922 +09/05/1924)

4G   **Dn. Augusto Pflücker Rospigliosi** (n.11/08/1923 +18/04/1988) Casado con **Dª. Isabel Martínez Gamarra** (n.10/05/19__)

     5A   Dn. Augusto Federico Pflücker Martínez (n.Miraflores, 30/09/1957) Gerente general de "El Roble", AFP (1995) casado con Dª. Rosa María Puig Salaverry.

         6A   Dª. María Cristina Pflücker Puig.

       6B   Dn. Augusto Indalesio Pflücker Puig.

       6C   Dn. Ignacio Pflücker Puig.

5B   Dª. María Isabel Pflücker Martínez (n.03/05/1959) Casada con Dn. Carlos Alfonso Zapata Saldaña (n.1943)

       6A   Dn. Carlos Augusto Zapata Pflücker (n.Lima, Santiago de Surco, Av. El Polo N°505, 07/02/1990)

       6B   Dª. Verónica Zapata Pflücker (n.Lima, Santiago de Surco, Av. El Polo N°505, 18/01/1993)

5C   Dª. Teresa María Pflücker Martínez (n.24/11/1960) Casada con Dn. Percy Esteban Buzaglo Terry (n.Lima, Calle Cuzco N°496, 28/11/1917 +22/09/2006) Hijo de Dn. Héctor Buzaglo de las Casas y de Dª. Blanca Rosa Terry García (n.Chiclayo)

       6A   Dª. Mónica Buzaglo Pflücker.

5D   Dª. María Cecilia Pflücker Martínez (n.Miraflores, 15/12/1964) Casada por lo Civil en Miraflores el 23 de Octubre del 2004 con Dn. Clipper Mark Ledgard Marrou. Hijo de Dn. Enrique «Kiko» Ledgard Jiménez (n.28/11/1918 +23/10/1995, Madrid) y de Dª. Ana Teresa Marrou Freundt (n.Lima,28/03/1925)

       6A   Dn. Michael Ledgard Pflücker.

4H   **Dn. Eduardo Pflücker Rospigliosi** (n.28/10/1925 +18/04/2005) Casado con **Dª. Vilma Yolanda de los Ríos Aristondo** (n.02/09/19__) Hija de Dn. Antonio Antenor de los Ríos Villanueva (n.Huaraz, 30/07/1898 +30/05/1986, Lima) casado el 28 de Mayo de 1927 con Dª. Rosalina Aristondo Requejo (n.Callao, 28/01/1907 + 12/04/1999, Lima) Don Antonio Antenor era a su vez hijo de Dn. Polidoro de los Ríos Pomiano (n.1862 – 1946) y de Dª. Isabel Villanueva. Doña Rosalina era hija de Dn. Saturnino Aristondo Benavides (1869 – 1935) y de Dª Juana Requejo Girón (1884 – 1961)

5A   Dn. Eduardo Antonio Pflücker de los Ríos (n.Lima, 29/07/1958) Casado con Dª. Elizabeth Sayán Buckelew. Hija de Dn. Eloy Sayán Hart casado el 2 de Mayo de 1947 con Dª. Teresa Buckelew Espinosa.

       6A   Dª. Norka Pflücker Sayán (n.13/05/1991).

5B   Dn. Juan Eduardo Pflücker de los Ríos (n.11/07/1959 +26/10/1980)

5C   Dª. Vilma Pflücker de los Ríos

4I   **Dª. María Amelia Valeria Pflücker Rospigliosi** (n.17/11/1927 b.San Marcelo, 08/12/1927 *+02/06/2009, en Lima*) Casada por lo Civil en San Isidro el 2 de Mayo de 1947 y por lo Religioso el 3 de Mayo en la Iglesia de la Inmaculada con **Dn. Manuel Alberto Labarthe González** (n.Chiclayo, 06/10/1921) Hijo de Dn. Pedro Abel Labarthe Durand (n.09/08/1882 +02/09/1952) y de Dª. Rosario González Orrego (n.Lambayeque, Chiclayo, 28/12/1893 +20/01/1987) Nieto de Dn. Pedro Adolfo Labarthe Effio (n.Lima, 22/02/1855 +02/02/1905, Lima) casado con Dª. María Luisa Durand Folch.

5A   Dª. María Amalia Labarthe Pflücker (n.02/05/1948) Casada con Dn. Carlos Armando Lazarte Hoyle (n.28/05/1942 +14/01/2012) Hijo de Dn. Carlos Lazarte Echegaray (n.12/02/19__ +14/01/2012) y de Dª. Esther Hoyle Vásquez (n.26/04/19__) Nieto de Dn. Armando Lazarte casado con Dª. Mercedes Echegaray y de Dn. Alfredo Hoyle y Castro casado con Dª. Elvira Vásquez Lizarzaburu.

       6A   Dª. María Amelia Lazarte Labarthe. Casada con Dn. José Francisco Mariátegui Riglos Hijo de Dn. José Francisco Mariátegui Viera Gallo y de Dª. Mariela Riglos Reyes.

             7A   Dn. Santiago Mariátegui Lazarte (n.1998)

             7B   Dª. Daniela María Mariátegui Lazarte (n.2001)

             7C   Dª. Andrea María Mariátegui Lazarte (n.2002)

       6B   Dn. Carlos Manuel Lazarte Labarthe (n.1973) Casado con Dª. Carolina de la Guerra Villarán. Hija de Dn. Carlos de la Guerra Sisson y de Dª. Carmela Villarán Escardó.

5B   Dn. Manuel Augusto Labarthe Pflücker (n.Lima, 17/07/1949) Casado en la parroquia de la Virgen del Pilar el 2 de Setiembre de 1975 con Dª. Marilú Wiese Moreyra (n.1957) Hija de Dn. Augusto Felipe Wiese de Osma y de Dª. María Luisa Moreyra Porras; nieta de Dn. Augusto N. Wiese Eslava (n.Trujillo, 06/12/1887) fundador del banco Wiese, casado el 16 de Diciembre de 1923 con Dª. Virginia de Osma Porras (n.27/03/18__) y de Dn. José Moreyra y Paz Soldán casado con Dª. Virginia Porras Barrenechea.

       6A   Dª. Denisse Labarthe Wiese. Casada en la iglesia de La Virgen del Pilar el 22 de Diciembre del 2000 con Dn. Carlo Mario Viacava Bahamonde. Hijo de Dn. Miguel Viacava Molinelli y de Dª. Nicky Bahamonde.

       6B   Dn. Pedro Manuel Labarthe Wiese (n.04/02/1983) Falleció al nacer.

       6C   Dª. Michelle Labarthe Wiese. Casada con Dn. Leslie Pierce Balbuena. Hijo de Dn. Leslie Harold Pierce Diez Canseco y de Dª. Silvia Balbuena Favarato. Nieto de Dn. Harold Arthur Pierce Watkins (n.Vermont, Newport, 07/09/1906 +04/03/2009) casado con Dª. María Jesús Felícita Diez Canseco Gonzales (Nacida en Lambayeque, +21/01/2003) por el lado de su padre y de Dn. Jesús Fernando Balbuena Valverde casado con Dª. Margot Favarato. Bisnieto por el lado de su abuelo de Dn. Arthur Frank Pierce y de Dª. Ada Watkins y de Dn. Federico Diez Canseco Escobar casado con Dª. Luzmila Gonzales Orrego.

       6D   Dn. Manuel Augusto Labarthe Wiese.

       6E   Dn. Pedro Manuel Labarthe Wiese.

       6F   Dª. Marilú Labarthe Wiese.

       6G   Dª. Nicole Labarthe Wiese.

5C   Dn. José Antonio Labarthe Pflücker (n.17/08/1950) Casado con Dª. María Consuelo "Nanina" Arrieta Basombrío " (n.Lima hacia 1954) Hija de Dn. Antonio Arrieta Trucios (n1913 +18/10/1983) y de Dª. Consuelo Juana María Basombrío Porras (n.13/05/1924); nieta de Dn. José Cipriano Arrieta Zuloaga casado con Dª. Elisa Trucios Argote y de Dn. Carlos Basombrío Echenique casado el 14 de Mayo de 1922 con Dª. Clementina Porras Echenique (n.25/07/18__)

        6A   Dª. María Alejandra Labarthe Arrieta (n.11/07/1979)

        6B   Dn. José Antonio Labarthe Arrieta (n.23/12/1983)

        6C   Dª. Paloma Labarthe Arrieta (n.15/09/1981)

        6D   Dn. Diego Labarthe Arrieta (n.Lima, Santiago de Surco, Av. El Polo Nº505, 06/08/1990)

5D   Dª. María Cecilia Labarthe Pflücker (n.06/12/1954) Casada el 18 de Enero de 1974 con Dn. Enrique Germán Zevallos Bellido (n.29/01/1955) Hijo de Dn. Eugenio Carlos Enrique Zevallos Távara (n.16/07/1925 +2005) casado con Dª. Carmen Rosa Bellido Espinoza.

        6A   Dª. María Cecilia Zevallos Labarthe (n.26/04/1981)

        6B   Dª. María Pía Zevallos Labarthe (n.10/10/1982)

        6C   Dª. María Inés Zevallos Labarthe (n.03/09/1989)

        6D   Dn. Enrique Martín Zevallos Labarthe (n.Lima, Santiago de Surco, Av. El Polo Nº505, 01/07/1994)

5E   Dn. Juan Miguel Labarthe Pflücker (n.08/02/1956) Casado con Dª. María Inés Rosa Ferreyros Peña (n.Lima, 16/08/1957) Hija de Dn. Manuel Bartolomé Ferreyros Balta (n.Barranco, 06/01/1921 +13/09/1976, Lima) casado en la Iglesia de la Virgen del Pilar de San Isidro el 14 de Setiembre de 1952, con Dª. Rosa Peña Roca (n.Lima, 18/04/1933)

        6A   Dª. Verónica Labarthe Ferreyros (n.Lima, 20/10/1983)

        6B   Dn. Juan Miguel Labarthe Ferreyros (n.Lima, 20/12/1989)

5F   Dª. Gloria Mariella Labarthe Pflücker (n.04/08/1961) Casada el 5 de Diciembre de 1985 con Dn. José Augusto Barrios Sousa (n.Lima, 05/08/1962) Hijo de Dn. José Augusto Barrios de Idíaquez (n.Lima, 14/03/1934 +26/09/1974) casado en la Iglesia de la Virgen del Pilar el 5 de Diciembre de 1985 con Dª. Sara María Sousa Moreyra (n.Lima, 23/06/1943)

        6A   Dn. José Augusto Barrios Labarthe (n.08/02/1988)

        6B   Dª. Daniela Alejandra María Amelia Barrios Labarthe (n.Lima, Santiago de Surco, Av. El Polo Nº505, 22/08/1989)

        6C   Dn. Rodrigo Alonso Manuel Alberto Barrios Labarthe (n.Lima, Santiago de Surco, Av. El Polo Nº505, 04/09/1992)

        6D   Dª. Lorena Barrios Labarthe (n.30/06/1999)

6E   Dª. Lucía Barrios Labarthe (n.30/06/1999) Melliza de la anterior.

5G   Dn. Raúl Alberto Labarthe Pflücker (n.26/10/1965) Casado con Dª. Rosario Rafaela Uranga Prado. Hija de Dn. Federico Uranga Bustos (n.lima, 08/05/1936 +16/11/1993, Lima) y de Dª. María Luisa Prado Rey (n.05/04/1940) Nieta de Dn. Federico Uranga Elejalde (n.calle Lima –antes Matavilela- Nº85, 15/08/1901 +11/09/1989) casado con Dª. María Teresa Constanza Bustos Azcárate (n.Lima, Calle Huallaga Nº149, 19/09/1906) y de Dn. Enrique Prado Heudebert (n.Lima, Calle Cuzco Nº94, 01/10/1911 +03/02/1996) casado el 18 de Mayo de 1939 con Dª. María Luisa Rey y Lama (n.Lima, Calle Puno Nº346, 11/05/1916) Casado en segundas nupcias con Dª. Cynthia Saric.

      6A   Dª. Rafaela Labarthe Uranga. Casada el 1 de Mayo del año 2010 en la Basílica de Santo Domingo con Dn. Gino Antonio Sangalli de los Ríos. Hijo de Dn. Gino Augusto José Sangalli Ratti (n.Lima, 11/01/1953) y de Dª. Claudine de los Ríos de Vidaurre.

      6B   Dn. Raúl Antonio Labarthe Saric (n.14/11/1990)

4J   **Dª. María Luisa Erminia Pflücker Rospigliosi** (n.25/04/1931) Contrajo matrimonio con **Dn. Carlos Seminario Frías** (n.Piura, 09/05/1904) Casada en segundas nupcias en Miraflores el 6 de Abril de 1964 con **Dn. Jorge César Guerrero Valdez**.

5A   Dª. María Luisa Rocío del Pilar Seminario Pflücker (+) Madre de

      6A   Dn. Carlos Fernando Seminario Seminario.

5B   Dn. Carlos Federico de Jesús Seminario Pflücker (n.Lima, Maternidad, 15/06/1958) Testigo de inscripción fue doña Teresa Pflücker de Höefken.

5C   Dª. Carmen Rosa Patricia Liliana Seminario Pflücker. Casada con Dn. Carlos Guillermo Villanueva Pietrone.

      6A   Dª. María Gemma Patricia Villanueva Seminario (1981)

      6B   Dª. Camila Daniella Alessandra Pflücker Seminario (17/10/1997)
             (Aparece como Patricia Bacigalupo Seminario)

5D   Dn. Jorge César Federico Guerrero Pflücker (n.Miraflores, 16/01/1965)

5E   Dn. Miguel Angel Armando Guerrero Pflücker (n.Miraflores, 16/02/1966) Casado con Dª. Pilar Buezo de Manzanedo.

      6A   Dn. Miguel Guerrero Buezo de Manzanedo.

      6B   *Dª. Pilar Guerrero Buezo de Manzanedo.* (*Jaime?*)

5F   Dª. Nelly Teresa Guerrero Pflücker (n.Miraflores, 22/07/1967) Casada con Dn. Carlos Enrique Delgado de Rivero.

      6A   Dn. Carlos Enrique Delgado Guerrero (n.Miraflores, 23/02/1988)

5G   Dn. Guillermo Fernando Guerrero Pflücker (n.Miraflores, 05/06/1969) Casado por lo Religioso en la parroquia de Nuestra Señora de Belén el 4 de Junio de 1994 y por lo Civil en la municipalidad de Barranco el 1º de Junio de 1994 con Dª. Hilda Carolina Muñoz Nájar Barclay (n.11/06/1974) Hija de Dn. Octavio Muñoz Nájar Núñez y de Dª. Guadalupe Barclay Delgado.

       6A   Dª. Alejandra Guerrero Muñoz Nájar.

       6B   Dª. Gianella Guerrero Pimentel.

5H   Dª. Mariela Aurora Guadalupe Guerrero Pflücker (n.Miraflores, 04/05/1972) casada con Dn. Jorge Antonio Bonifaz Carmona.

       6A   Dª. Paula Bonifaz Guerrero (1999)

       6B   Dª. Camila Bonifaz Guerrero (2001)

5I   Dª. Gina Elizabeth Guerrero Pflücker (n.Miraflores, 01/03/1976) Casada con Dn. Sergio Pérez Reyes

4K   **Dª. Luisa Aída Edelmira Pflücker Fuller** (n.Bellavista, Callao, 07/09/1928 b.Iglesia de San José, Bellavista, Callao, 23/11/1928) Hija de Dª. Hortensia Fuller García (n.08/05/1887 +04/10/1973) Viuda. Hija de Dn. George Brisco Henry Fuller O'Brien (n.1849 +1910) y de Dª. Edelmira Isabel García Esteves (n.1854 +1893) Luisa Aída contrajo matrimonio en Miraflores el 21 de Mayo de 1948 con **Dn. Augusto Floríndez Padilla** (n.La Rioja, San Martín, 06/09/1922 +27/05/2001) Hijo de Dn. Pedro Floríndez y de Dª. Carmen Padilla.

    5A   Dn. Augusto Eduardo Floríndez Pflücker (n.Talara, 15/03/1949) Casado con Dª. Eliana M. Aramburú Ortúzar (Londres, 17/04/1953) Hija de Dn. Andrés Avelino Aramburú Alvarez Calderón (n.05/04/1927 +06/04/1982) Diplomático, casado con Dª. Eliana Ortúzar Spíkula (n.Chile, 10/06/1930) En primeras nupcias había casado con Dª. Gioconda Bonomini.

       6A   Dn. Gonzalo Mauricio Floríndez Bonomini (n.Miraflores, 08/09/1979)

       6A   Dn. Francisco José Floríndez Aramburú (n.19/07/1991)

    5B   Dn. Eduardo Floríndez Pflücker.

    5C   Dª. Mariella Del Carmen Floríndez Pflücker (n.Miraflores, *31/08/1953*) Casada en la Iglesia de la Virgen del Pilar, San Isidro, el 23 de Noviembre de 1984 con Dn. José Antonio Alvarez Diaz (n.España, Asturias, Gijón)

       6A   Dª. Milagros Alvarez Floríndez (n.Miraflores, 12/12/1985)

       6B   Dª. María Paz Alvarez Floríndez.

    5D   Dª. Aída Patricia Floríndez Pflücker (n.04/08/1957) Casada el 15 de Octubre de 1982 en San Isidro con Dn. Oscar Federico Mazzini Arredondo (n.San Isidro, 10/11/1955) Hijo de Dn. Ricardo 'Juan' Mazzini Chávez y de Dª. Ana Arredondo Bazo.

       6A   Dª. Sandra Patricia Mazzini Floríndez (n.San Borja, 19/02/1989)

    5E   Dn. Gonzalo Javier Floríndez Pflücker (n.San Isidro, 28/09/1963)

3B   Dn. Augusto Luis Alberto Pflücker Pedemonte (n.Lima hacia 1882 b. Parroquia de Santa Ana en Lima, 12/02/1882 +21/12/1950) Casado en la capilla de las Madres Franciscanas (Santa Cruz de Barranco) el 12 de Enero de 1921 con Dª. Consuelo Noya Noel (n.Chorrillos, 11/09/1898 +12/05/1986) Hija de Dn. César Noya y de Dª. Elena Noel. Adoptaron a (*con documentación*)

         4A   **Dª. Gladys Jiménez - Pflücker Vargas** (n.31/01/19__) Casada con **Dn. Jorge Arriarán Olano**.

                 5A   Dn. Arturo Jorge Arriarán Jiménez – Pflücker.

                 5B   Dª. Luisa María Mónica Arriarán Jiménez – Pflücker.

                 5C   Dª. Milagros Arriarán Jiménez – Pflücker.

         4B   **Dª. Nelly Jiménez – Pflücker Vargas** (n.27/03/1923) *hija legítima de Dn. Juan Demetrio Jiménez Vásquez y de Dª. Carmen Vargas Rospigliosi.* (Ella murió muy joven y él, al parecer, desapareció) De alli que el apellido se convierta en Jiménez – Pflücker al ser adoptada por la pareja Pflücker Noya. Contrajo Nelly matrimonio con **Dn. Carlos Pareja Marmanillo** (n.12/12/1911 +10/05/1990, Lima) Hijo de Dn. David Emiliano Pareja Llosa y de Dª. Juana María Marmanillo Zárate, hija a su vez de Dn. Santiago Marmanillo Cernados y de Dª. María Aurora Zárate Concha. Doña Nelly también fué adoptada por los Pflücker Noya pero al parecer sin documentación. *(No todos usan Pareja Jiménez – Pflücker)*

                 5A   Carmen Elena Pareja Jiménez – Pflücker (n.01/08/1945) Casada con Dn. Enrique Valdivia García (n. Arequipa) Hijo de Dn. Enrique Valdivia Herrera y de Dª. Julia García Valdivia.

                        6A   Dª. Mónica Valdivia Pareja (n.14/07/1966)

                        6B   Dn. Enrique Valdivia Pareja (n.11/12/__)

                        6C   Dn. Alvaro Valdivia Pareja (n.21/04/__)

                 5B   Dn. Carlos Augusto Pareja Jiménez – Pflücker (n.14/12/1946) Casado en primeras nupcias en Miraflores el 2 de Enero de 1971 con Dª. Alice Madelaine Cannock Hurtado (n.Miraflores el 23/10/1948 *padrino de Bautizo fue mi padre Leonardo Pflücker Cabieses*) Hija de Dn. Charles Cannock Southwell y de Dª. Magdalena Hurtado Elías. Casó Carlos Augusto en segundas nupcias con Dª. Ana María Villanueva Guerrero, hija de Dn. Augusto Villanueva del Campo y de Dª. Francisca Guerrero Ugaz. Pareja de Carlos Augusto, Flor de María Phillips Cuba.

                        6A   Dn. Tomás Pareja Cannock (n.21/08/1971)

                        6B   Dn. Gonzalo Alejandro Pareja Cannock (n.19/08/1972)

                        6C   Dª. Andrea Carolina Pareja Cannock (n.30/11/1977) Casada en Miraflores el 23 de Diciembre del 2008 con Dn. Johann Briceño de Luise

                        6D   Dª. Claudia Pareja Villanueva.

                 5C   Dª. Consuelo Pareja Jiménez – Pflücker (n.11/01/1948) Casada con Dn. Jorge Castro Montes (n.antes de: 19/04/1949)

                        6A   Dn. Carlos Castro Pareja.

                        6B   Dª. Paula Castro Pareja.

5D   Dª. María Cristina Pareja Jiménez – Pflücker (n.05/08/1953) Casada en Miraflores el 4 de Noviembre de 1994 con Dn. Carlos Alfredo Protzel Kusovatz (+2007) Hijo de Dn. Carlos Alfredo Protzel Malmborg (n.Lima, Calle Callao Nº171, 11/05/1910) y de Dª. Olga Kusovatz Martinovich (+30/04/2007)

5E   Dª. María Cecilia Pareja Jiménez – Pflücker (n.23/04/1958) Casada en Miraflores el 26 de Enero de 1984 con Dn. Jorge de Azambuja. A partir de 1992 tuvo como pareja a Dn. Jorge Bazo Nanfi (n.22/08/1953) hijo de Dn. Jorge Bazo Santa María y de Dª. Cristina Rosario Nanfi Suero.

         6A   Dª. Bárbara Bazo Pareja (n.Lima, Sanriago de Surco, Av. El Polo Nº505, 13/12/1993)

Dn. Luis Pflücker Pedemonte y Dª. María Peña (n.hacia 1885) fueron padres de

4C   **Dª. Juana Zoila 'Rosa' Pflücker Peña** (n.Lima, Primera cuadra de Lambayeque Nº 6, 29/08/1904 +16/11/1999) Casada con **Dn. Luis 'Luigi' Cereghino Boitano** (n.Italia, Génova, 23/04/1881 +31/12/1949) Hijo de Dn. Giovanni Batista Cereghino y de Dª. Rosa Teresa Boitano.

5A   Dª. Dina Rosa Cereghino Pflücker (n.Callao, 27/08/1922) Casada en Lima el 12 de Abril de 1947 con Dn. Enrique Miranda Nieto (n.17/06/1908) Hijo de Dn. Froilán Miranda Gutiérrez, casado en Moquegua el 6 de Febrero de 1904 con Dª. Cristina Nieto Vargas (Moquegua)

         6A   Dn. Enrique Miranda Cereghino (n.30/12/1947, b.Parroquia de San Isidro, 27/08/1948)

         6B   Dn. Juan Carlos Miranda Cereghino (n.24/08/1949, b.Parroquia de San Isidro, 26/12/1949)

         6C   Dª Fátima Dina Miranda Cereghino (n.17/03/1954 b.Parroquia de San Isidro, 18/06/1954)

5B   Dª. Rosa Luisa Cereghino Pflücker (n.Paita, 28/01/1927 +14/02/1994) casada con Fernando García.

         6A   Dª. María Luisa García Cereghino (n.01/12/1956)

5C   Luis Ricardo Cereghino Pflücker (n.Paita, 03/04/1931 +20/03/1987)

         6A   Dn. Pietro Paolo Cereghino Morello (n.Piura, 29/06/1961 +13/03/1985, Vitor, Arequipa)

5D   Dª. Ada Teresa Cereghino Pflücker, casada con Dn. Juan Manuel Andrade Fernández.

5E   Dª. Martha Yolanda Cereghino Pflücker (n.06/02/19__) Casada con Dn. José María Sayán Hardt (n.07/05/19__) Hijo de Dn. Luis Sayán Palacios casado el 26 de Noviembre de 1908 con Dª. María Felicia Hardt Segura (n.Lima, 20/11/18__)

         6A   Dª. Rosa María Sayán Cereghino (n.1958)

         6B   Dn. José Luis Sayán Cereghino (n.1960)

Don Luis Pflücker Pedemonte y doña Mercedes Azpilcueta fueron padres de

4D **Dn. Adolfo Wilfredo Pflücker Azpilcueta** (n.07/05/1912 +29/06/1989) Promoción 1927 del Colegio de la Inmaculada. Banco Internacional, Cofide, ONUDI. Casado con **Dª. Violeta Jerí** (n.hacia 1921)

      5A   Dª. Diana Pflücker Jerí (n.07/07/1948) Casada en Miraflores el 19 de Marzo de 1971 con Dn. Eduardo de la Puente y Orbegoso (n.08/08/1945 +12/08/2002) Hijo de Dn. Enrique de la Puente Ganoza (n.Trujillo, 04/01/19__ +07/02/1964) casado con Dª. María Luisa de Orbegoso Tudela.

           6A   Dn. Eduardo de la Puente Pflücker (n.30/06/1972) Casado el 6 de Diciembre del 2008 con Dª. Cecilia Puga Buse (n.04/12/1980) Hija de Dn. Roberto Luis Miguel Puga Castro casado el 14 de Diciembre de 1979 con Dª. María Cecilia Buse Ayulo (n.02/12/1955)

               7A   Dª. Amalia de la Puente Puga.

           6B   Dn. Rodrigo de la Puente Pflücker (n.08/05/1981) Abogado. Casado con sucesión.

      5B   Dn. Wilfredo Adolfo Pflücker Jerí (n.Miraflores, 18/02/1950)

3C Dn. Manuel Ernesto Pflücker Pedemonte (n.Lima, Calle Junín –Antes Caridad- N°167, 23/05/1883 +19/03/1950) Médico Cirujano.

3D Dª. Juana Luisa Otilia Pflücker Pedemonte (n.Lima, 15/02/1885 b.Santa Ana, 23/03/1885 +03/06/1885, Lima, Calle Junín –antes Caridad- N°164)

3E Dª. María Aurora Pflücker Pedemonte (n.25/08/18__ +09/12/1968, Miraflores)

3F Dn. Pablo Alfredo Pflücker Pedemonte (n.Lima, Calle Junín –Antes Caridad- N°167, 07/06/1888 b.Santa Ana, 29/06/1888) Padrinos de bautizo de Alfredo fueron don Antonio Pinillos y doña María Teresa Pflücker.

Hay una partida de defunción registrada en Lima en el Libro 1874 – 1996 y específicamente del año 1915 perteneciente a Lucrecia "Fluker" Marroquín, hija de Pablo "Fluker" y de Margarita Marroquín el día 9 de Diciembre de dicho año quien falleció a los 15 días de nacida.

3G Dª. María Graciela Pflücker Pedemonte (n.Lima, Calle Junín –Antes Caridad- N°167, 13/12/1889 +13/09/1978, Miraflores) Casada el 26 de Agosto de 1936 con Dn. Artemio Almenara Ramos (n.Lima, 20/10/1879 +19/08/1957) Hijo de Dn. Domingo Almenara Buttler, Primer Ministro en Octubre de 1900, y de Dª. María Josefa Ramos. Había casado en dos oportunidades con Dª. Esther Dávila en primeras nupcias y con Dª Amalia Villavicencio Coronel Zegarra en segundas nupcias con sucesión en ambos matrimonios.

      NB   *Artemio Almenara Ramos contrajo matrimonio en Lima el 1 de Abril de 1914 con Carmen Amalia Villavicencio Coronel Zegarra (n.1886) Hija de Manuel Antonio Villavicencio y de Carmen Coronel Zegarra. Con sucesión.*

3H Dª. Rosa Marina Pflücker Pedemonte (n.Lima, Calle Junín –Antes Caridad- N°167, 18/07/1891 +30/01/1968, Miraflores)

2L   Los Cuadros.

Dª. María Isabel Luisa Pflücker Taramona, (n.Lima, 18/02/1856 b.Parroquia de San Sebastián, 22/02/1856) Casada en Lima por lo Civil el 12 de Mayo de 1877 y por lo Religioso en el (Parroquia del Sagrario) el 23 de Abril de 1877 con Dn. José Manuel Cuadros Viñas (n.Lima, 07/12/1848 + 21/09/1898, Calle Lima, Chorrillos) Hijo único del Doctor Dn. Manuel María Asencio Cuadros,

Diputado por Arequipa, y de Dª. María Rosa Viñas. Don José Manuel, quien aparece en algunos textos como Juan Manuel, luchó muy joven en el combate del 2 de Mayo y en la guerra del Pacífico, durante la cual el 13 de Setiembre de 1880 junto con Carlos Bondy, hundió la nave Covadonga en Chancay. Anteriormente, el tres de Julio del mismo año, ya había volado la nave Loa frente a la rada del Callao. Alcalde de Chorrillos, Diputado por Lima y Senador electo por Piura. Ministro de Fomento y de Guerra y Marina durante el gobierno de Piérola. Uno de los fundadores del primer club de tiro al blanco en el país.

3A   Dª. María Cuadros Pflücker.

3B   Dª. María Hortensia Cuadros Pflücker (n.Lima, Calle Puno –Antes Padre Gerónimo- Nº116, 07/06/1886) Casada en Lima el 23 de Febrero de 1919 con Dn. Hermann de Castro Joseph (n.Miraflores, 18/06/1889) Hijo de Dn. David S. de Castro (n.Saint Thomas, Antillas Danesas, 1853) Cirujano dentista, casado con Dª. Clara Joseph (n.Saint Thomas, 1861) Los De Castro vivían en la Alameda de Miraflores Nº 23.

         4A   **Dª. Margarita de Castro Cuadros** (n.29/09/19__)

         4B   **Dª. Berta de Castro Cuadros** (n.07/06/19__) Casada con **Dn. Víctor Grisanti** (n.03/01/19__)

3C   Dn. Rafael Cuadros Pflücker (n.1888 +20/10/1918, Chorrillos, Calle Colina, arma de fuego)

3D   Dn. Manuel Gonzalo Antonio Cuadros Pflücker (n.Lima, 06/04/1881 b.Sagrario, 25/03/1882 +31/01/1950)

3E   Dª. Leonor Cuadros Pflücker (n.10/08/1887) Como vimos *se casó en primeras nupcias* con Dn. Leonardo Pflücker y Rico. En segundas nupcias contrajo matrimonio en Chorrillos el 2 de Febrero de 1927 con Dn. Luis Tarallo Scionne (n.Portici, Italia, 1898) Hijo de Dn. Fortunato Tarallo y de Dª. Sofia Scionne.

3F   Dn. Felipe Ambrosio Cuadros Pflücker (n.Lima, Calle Azángaro –antes Juan Pablo- Nº149, 13/09/1891)

2M   LOS TEJEDA Y LOS ALEXANDER. LOS BALTA Y LOS MENDIOLA. LOS PICASSO Y LOS MOLLISON. LOS DAÑINO Y LOS MIRÓ QUESADA.

Dn. Oscar Renardo Pflücker Taramona. Nació en Lima hacia 1859. Se casó en la Capilla de la Veracruz ante el canónigo don Juan Manuel Rodríguez el 23 de Mayo de 1885 (Sagrario) con Dª. Victoria Tejeda Igarza (n.Lima hacia 1866) Hija de Dn. José Simeón Tejeda Mares (n.Arequipa, Andaray, 1826 +30/08/1873) casado con Dª. Matilde Igarza y Sarrio (n.1832) Falleció don Oscar el 6 de Abril de 1901 en la Calle de La Palma Nº25, Chorrillos (San Pablo D-137, Presbítero maestro) Testigos en la boda de los Pflücker Tejeda fueron don Manuel Espíritu Taboada y don Henry Fox Revett.

3A   Dª. Teresa Rosa Victoria Pflücker Tejeda (n.Lima, Calle Lima –Antes Correo- Nº25, 17/03/1886 +06/11/1886, Lima, Chorrillos, La Villa)

3B   Dª. Victoria Isabel Pflücker Tejeda (n.Lima, Calle Correo Nº25, 15/03/1887 +12/09/1978, Miraflores)

3C   Dn. Carlos Oscar Pflücker Tejeda (n.Lima, Calle Lima –Antes Correo- Nº25, 25/06/1889 +28/02/1959, Miraflores) Casado el 31 de Diciembre de 1927 con Dª. Victoria Esperanza Picasso Rivarola (n.12/03/1893 +26/01/1978, Miraflores) Hija de **Dn. Jose "Giuseppe" Picasso Gianelli** (n.Italia, hacia 1862) casado en la **Parroquia de San Judas y San Simón en el Callao el 14 de Diciembre de 1896 con Dª. Hermenegilda A. Rivarola León** (n.Lima, hacia 1866) *Según la Visa del Brasil, don Carlos Oscar nació el año 1892.*

4A **Dª. Consuelo Victoria Pflücker Picasso** (n.Lima, Calle San Carlos Nº755, 23/01/1915, +1966) Casada el 23 de Diciembre de 1938 con **Dn. Jorge Enrique Dañino Payetaca** (n.Lima, Calle Washington Nº240, 04/06/1909 +1980) Hijo de Dn. Rafael Dañino de la Torre Ugarte (n.21/01/1868) casado en Lima el 31 de Diciembre de 1898 con Dª. Paulina Leonor Payetaca Avalon (n.Callao, 08/01/1877) Nieto de Dn. José Antonio Dañino Rodríguez (n.13/01/1841 +10/08/1901) casado en el Sagrario de Lima el 24 de Setiembre de 1867 con Dª. Mercedes de la Torre Ugarte e Iturregui (n.Lambayeque) y de Dn. Pedro Payetaca casado con Dª. Leontina Fleur.

    5A   Dª. Consuelo Victoria Dañino Pflücker (n.Miraflores, 01/12/1946) Contrajo matrimonio con Dn. Alberto D'Angelo Serra (n.16/09/19__) Hijo de Dn. Alberto D'Angelo Gereda (n.19/03/19__) y de Dª. Laura Serra Salcedo (n.02/06/19__)

        6A   Dª. Consuelo D'Angelo Dañino (n.16/06/19__) Contrajo matrimonio con Dn. Tulio Gallese Díaz (n.04/03/19__)

            7A   Dn. Stéfano Gallese D'Angelo (n.05/08/19__)

            7B   Dn. Gianfranco Gallese D'Angelo.

            7C   Dn. Renzo Gallese D'Angelo.

        6B   Dª. Johanna D'Angelo Dañino (n.02/08/19__) Casada el 11 de Octubre de 1997 en la parroquia de San Felipe Apóstol, San Isidro, con Dn. Pedro Larrañaga León Hardt. Hijo de Dn. Pedro Larrañaga de Seras y de Dª. Naty León Hardt.

        6C   Dn. José Alberto D'Angelo Dañino (n.13/02/19__)

    5B   Dª. María Cecilia Dañino Pflücker (n.Miraflores, 11/11/1952) con Dn. César Janic Arllentar Guerci (n.19/07/1947 +05/01/2012) Contrajo segundas nupcias con Dn. Guillermo Serpa Ratti.

        6A   Dn. Janic Arllentar Dañino (n.25/12/1979)

        6B   Dª. Denisse Arllentar Dañino (n.02/04/19__) Casada el 20 de Octubre del 2012 con Dn. Juan Carlos Gallegos Ponce.

        6C   Dª. Daniella Serpa Dañino.

    5C   Dn. Rafael Dañino Pflücker (n.04/02/19__) Casado con Dª. María Patricia <Maruja> Roca Olivares (n.28/07/19__) Hija de Dn. Carlos Aníbal Roca Varea y de Dª. Laura Rosa Olivares M.

        6A   Dn. Jan Rafael Dañino Roca (n.22/11/19__)

        6B   Dn. Paul Dañino Roca (n.09/04/19__) Casado con Dª. Carolyn Briceño Clemens.

        6C   Dª. Vanessa Dañino Roca (n.20/12/19__) Melliza de

        6D   Dª. Jasmine Dañino Roca (n.20/12/19__) Casada el 6 de Julio del 2013 con Dn. Rafael Corrochano Chichizola.

    5D   Dn. Enrique Dañino Pflücker (n.23/02/19__ +23/08/2002) Casado en primeras nupcias con Dª. Rosalvina Costa Müller (n.29/03/19__) Hija de Dn. Antonio Eduardo Costa Moncayo y de Dª. Olga Müller. Contrajo segundas nupcias con Dª. Dora Cassinelli Massey.

6A   Dª. Melinda Dañino Costa (n.10/12/19__) y Dn. Luis Bianchi Ríos son padres de

    7A   Dª. Natalia Bianchi Dañino.

6B   Dn. Erick Dañino Costa y Dª. Susana Lay son padres de

    7A   Dn. Luan Dañino Lay.

4B   **Dn. Carlos Enrique Pflücker Picasso** (n.29/07/1929 +11/2012, Lima) Casado por lo Civil en Miraflores el 23 de Agosto de 1952 y por lo Religioso el 31 de Agosto del mismo mes con **Dª. Elizabeth Mollison Crosby** (n.25/11/19__) Hija de Dn. William Mollison Mollison (n.25/10/19__) y de Dª. Mary Crosby Macbean (n.Lima, Calle Lampa Nº937, 02/01/1909) Nieta por el lado de su madre de Dn. Francisco Crosby Tizón casado con Dª. Enriqueta Macbean Hurtado.

5A   Dn. William Karl Pflücker Mollison (n.17/05/19__) Casado con Dª. Nelly Pereyra.

    6A   Dn. William Pflücker Pereyra (n.13/12/19__)

5B   Dª. Bárbara Anne Pflücker Mollison (n.23/11/1966) Casada con Dn. Jerónimo Ernesto Nicolini de la Puente Dn. Hijo de Ernesto Nicolini Peschiera (n.Lima, Calle Lampa –antes Soledad- Nº26, 30/09/1896) Director del Banco de Crédito (1939-19__) y creador del Banco Unión, casado con Dª. Teresa de la Puente Valle Riestra.

    6A   Dn. Diego Nicolini Pflücker.

    6B   Dn. Mateo Nicolini Pflücker.

5C   Dª. Nelly Pflücker Mollison.

4C   **Dª. Nelly María Pflücker Picasso** (n.Lima, 23/11/1923) Casada en Miraflores el 6 de Diciembre de 1947 con **Dn. Ernesto Miró Quesada Ureta** (n.Lima, 14/02/1920 +25/01/2006) Hijo de Dn. Víctor Miró Quesada Carassa (n.Callao, 06/03/1871) Jefe del departamento de máquinas del diario *El Comercio*, casado 17 de Abril de 1913 con Dª. Rosa Ureta del Solar (n.01/09/1879) Nieto de Dn. Gregorio Miró Quesada (n.Panamá, +14/11/1884, Trujillo) Guardiamarina (g.09/03/1854) ascendido (26/01/1869) al grado de Capitán de Fragata, casado el 6 de Marzo de 1869 con Dª. Manuela Carassa Mena (n.15/01/1842) y de Dn. Daniel María Ureta de la Jara (b.Arequipa, Parroquia de Santa Marta, 11/04/1851) casado con Dª. Rosa María del Solar Cárdenas.

5A   Dn. Ernesto Miró Quesada Pflücker (n.08/02/1949) Casado en 1973 con Dª. Mónica Ponce de León Fernández (n.01/10/19__) Hija de Dn. Ramón Ponce de León Blondet y de Dª. Rosa Fernández.

    6A   Dª. Mónica Miró Quesada Ponce de León (n.03/02/19__) Casada con Dn. Juan Carlos Pazos.

        7A   Dn. Juan Carlos Pazos Miró Quesada.

        7B   Dn. Juan Diego Pazos Miró Quesada.

    6B   Dn. Ernesto Miró Quesada Ponce de León (n.15/11/19__)

5B   Dn. Jaime Enrique Miró Quesada Pflücker (n.Miraflores, 21/10/1950) Casado en primeras nupcias con Dª. Jenny Woodman Franco (n.Piura, 1958) Hija de Dn. Arturo Woodman Pollit y de Dª. Jenny Franco Seminario. En segundas nupcias se casó con Dª. María Soledad Mariátegui Cornejo (n.04/09/19__) Hija de Dn. Diego Mariátegui Viera Gallo y de Dª. Delia Cornejo Bursasca.

> 6A   Dª. Jenny Miró Quesada Woodman (n.30/06/19__) Casada el 16 de Mayo del 2009 con Dn. Fernando Rodríguez Angobaldo.

> 6B   Dª. Julissa Miró Quesada Woodman (n.22/10/19__)

> 6C   Dª. Melissa Miró Quesada Mariátegui (n.15/03/19__)

> 6D   Dn. Jaime Enrique Miró Quesada Mariátegui (n.19/05/1990)

5C   Dn. Daniel Luis Mario Miró Quesada Pflücker (n.Miraflores, 25/07/1952) Casado dos veces. Con Dª. Flora Wilson Poblete, y en segundas nupcias con Dª. María Luisa Uranga Prado. Hija de Dn. Federico "Fico" Uranga Bustos (n.08/05/193__ +16/11/1993) y de Dª. María Luisa Prado Rey. Nieta de Dn. Federico Uranga Elejalde (n.Calle Lima –antes Matavilela- Nº85, 15/08/1901 +11/09/1989) y de Dª. María Teresa Constanza Bustos Azcárate (n.Lima, Calle Huallaga Nº149, 19/09/1906) y de Dn. Enrique Prado Heudebert (n.Lima, Calle Cuzco Nº94, 01/10/1911 +03/02/1996) casado el 18 de Mayo de 1939 con Dª. María Luisa Isabel Maximina Rey y Lama (n.Lima, Calle Puno Nº346, 11/05/1916)

> 6A   Dn. Daniel Miró Quesada Wilson (n. 18/10/19__)

> 6B   Dª. Flora Miró Quesada Wilson (n. 22/12/19__)

> 6C   Dn. Andrés Miró Quesada Uranga (n. 02/05/19__)

> 6D   Dª. María Luisa Miró Quesada Uranga (n. 02/07/19__)

5D   Dn. Miguel Clemente Miró Quesada Pflücker (n.Miraflores, 23/11/1954) Casado el 20 de Febrero de 1983 con Dª. Alessandra Ferreyros Barbarich (n.14/08/1955) Hija de Dn. Ernesto Ferreyros Gaffron (n.02/01/1918) y de Dª. Susana Barbarich di Poglizza Magugliani (n.Munich, 13/07/1934) Nieta de Dn. Alfredo Ferreyros Ayulo (n.17/09/18__) Embajador del Perú en Washington, casado el 13 de Agosto de 1911 con Dª. Ana Gaffron Bromley (n.Lima, 06/10/18__)

> 6A   Dª. Stefanía Miró Quesada Ferreyros (n. 25/03/19__)

> 6B   Dn. José Miguel Miró Quesada Ferreyros (n. 10/04/19__)

5E   Dª. Nelly Isabel Miró Quesada Pflücker (n. Miraflores, 25/11/1962) Casada en Miraflores el 8 de Febrero de 1988 con Dn. Andrés Duany García (n.Miraflores, 09/06/1959) Hijo de Dn. Andrés Duany Espinosa (n.02/12/19__) y de Dª. María «Mara» García Mujica.

> 6A   Dn. Andrés Duany Miró Quesada.

> 6B   Dª. Camila Duany Miró Quesada (n. Miraflores, 14/08/1994)

5F   Dn. Augusto José Miró Quesada Pflücker (n. Miraflores, 21/08/1964)

3D   Dn. Enrique Armando Pflücker Tejeda (n.Lima, Calle Lima –Antes Correo- N°25, 06/10/1890 +27/06/1925, San Tadeo C-125, Presbítero Maestro)

       4A   *Dª. Gertrudis Armanda Pflücker Rivera (n.Lima, 01/04/1913) hija de Dn. Armando Pflücker (de 21 años) y de Dª. Carmen Rivera (n.1896) Por confirmar.*

3E   Dª. María Victoria Pflücker Tejeda (n.Lima, Calle Lima –antes Correo- N°25, 11/03/1892) Casada ante el Reverendo Padre Teófanes (Sagrados Corazones) en el oratorio particular de la contrayente el 20 de Julio de 1919 (25 por lo Civil) con el ingeniero Dn. Alberto Alexander Rosenthal (n.Lima, Calle Sechura –antes Perros- N°15, 14/10/1889) Hijo de Dn. Oscar Alexander (Nueva York) y de Dª. Rosa Raquel Rosenthal (Alemania)

3F   Dª. Clara Valentina Pflücker Tejeda (n.Lima, Calle Lima –Antes Correo- N°25, 25/06/1894 +07/03/1895, Lima, Calle Lima –Antes Correo- N°25)

3G   Dª. María Carmela Pflücker Tejeda (n.Lima, 1897 +25/06/1898, Lima, Calle Quilca – antes San Jacinto- N°42)

3H   Dn. José Pflücker Tejeda *(n.16/03/1902)* Ingeniero, contrajo matrimonio el 14 de Marzo de 1926 con Dª. Olga Balta Hugues (n.28/10/1910) Hija de Dn. José Balta Paz (n.1866 +14/03/1939) y de Dª. Alina Hugues Wegnelin. Nieta de Dn. José Balta Montero, Presidente de la República, casado con Dª. María Paz y de Dn. Ernesto Hugues casado con Dª. Alina Wegnelin. Poseo una estampa conmemorativa de la bendición e inauguración de la Bóveda del Presbiterio del Templo Parroquial de Nuestra Señora de Monserrat el 8 de Diciembre de 1941 en la que don José y doña Olga fueron padrinos. (*Cortesía del padre Mouchard*)

       4A   **Dn. José Pflücker Balta** (n.19/11/1927 +24/04/1993) Casado por lo Civil en Miraflores el 17 de Abril de 1952 y por lo Religioso el 19 de Abril de 1952 con **Dª. Esperanza Natalia Mendiola García Seminario** (n.01/12/1929)

              5A   Dª. Inés María del Pilar Pflücker Mendiola (n.Miraflores, 01/03/1953) Casada en Miraflores el 6 de Diciembre de 1973 con Dn. José Bernardo Ortiz de Zevallos López (n.04/04/1947 +20/10/1999) Hijo de Dn. Emilio Ortiz de Zevallos Thorndike (n.15/11/1916 +07/08/1992) y de Dª. Ana López Puelma (n.28/07/1919)

                    6A   Dª. María Gracia del Rocío Ortiz de Zevallos Pflücker (n.Miraflores, 15/12/1973)

                    6B   Dn. José Bernardo Ortiz de Zevallos Pflücker (n.19/03/1975)

                    6C   Dª. Alejandra Ortiz de Zevallos Pflücker (n.23/02/1979)

                    6D   Dn. Rodrigo Ortiz de Zevallos Pflücker (n.12/04/1982)

              5B   Dª. Olga María Pflücker Mendiola (n.08/03/1954) Casada en Miraflores el 15 de Enero de 1976 con Dn. Víctor Loero Nagaro (n.25/05/1948) Hijo de Dn. Domingo Loero Silva (n.12/07/1901 +15/07/1990) y de Dª. Lily Nagaro Bianchi (n.02/01/1912)

                    6A   Dª. Mariana Loero Pflücker (n.Miraflores, 06/12/1977)

                    6B   Dª. María Lucía Loero Pflücker (n.Miraflores, 20/02/1981)

José Pflücker Tejeda

5C   Dª. Silvia Pflücker Mendiola (n.17/12/1955) Casada con Dn.
      Roberto Derteano Bernós (n.13/10/1952 +) Hijo de Dn. Leonel
      Derteano Le Roy (n.16/02/1905 +31/07/1999) y de Dª. Angélica
      Bernós Ramírez Zuzunaga (n.08/07/1916 +05/12/1998)

      6A   Dn. Roberto Javier Derteano Pflücker (n.05/06/1985)

      6B   Dª. Diana Derteano Pflücker (n.22/06/1988)

5D   Dn. Patricia María Gabriela Pflücker Mendiola (n.Miraflores,
      24/03/1959) Casada con Dn. José Queirolo Nicolini Chiriboga
      (n.28/02/1956) Hijo de Dn. Luis Queirolo Nicolini (n.Lima, Calle
      Lampa Nº773, 29/05/1919 +16/08/1999) y de Dª. Maruja
      Chiriboga Sotomayor (n.18/05/19__)

      6A   Dª. Patricia Queirolo Nicolini Pflücker (n.24/06/1983)
            Casada el 28 de Noviembre del 2008 con Dn. Alvaro Puga
            Sánchez.

      6B   Dª. Sandra Queirolo Nicolini Pflücker (n.29/03/1985)

      6C   Dª. Flavia Queirolo Nicolini Pflücker (n.29/08/1989)

5E   Dn. José Martín Pflücker Mendiola (n.Miraflores, 19/02/1961)
      Casado con Dª. Gabriela Gallástegui Sáenz (n.11/11/1963) Hija de
      Dn. Manuel Gallástegui Benites (n.26/09/19__ +1981) y de Dª.
      Clara Sáenz Picasso (n.14/01/1947 +18/12/1980)

6A   Dn. José Ignacio Pflücker Gallástegui (n.Miraflores, 01/09/1986) Casado con Dª. Geilan Mustafa Artadi. Hija de Dn. Mario Mustafa Aguinaga y de Dª. Mariella Artadi Urteaga.

6B   Dª. Gabriela Alessandra Pflücker Gallástegui (n.Miraflores, 14/07/1990) Universidad de Lima.

6C   Dª. Natalia María Pflücker Gallástegui (n. Miraflores, 07/04/1993)

5F   Dn. Gonzalo Alberto Luis Pflücker Mendiola (n.San Isidro, 21/06/1968 b.Santa Rita de Casia, 06/07/1968 +11/07/1999) Casado el 30 de Enero de 1988 en la parroquia del Santísimo Nombre de Jesús de Lima con Dª. Jaqueline Gladys Sempertegui Delgado (n.Lima, 22/07/1968 b.castrense, 15/07/1972) Hija de Dn. Hernán Sempertegui Robladillo (n.19/02/1935) y de Dª. Gladys Luz Delgado Carranza (n.13/07/1939) En 1998 contrajo segundas nupcias en Cieneguilla con Dª. Karin María Ortiz de Zevallos Lietz (n.25/06/1970) Hija de Dn. Ernesto Ortiz de Zevallos Santisteban (n.15/11/1940) y de Dª. Karin Margarita Lietz Manzanares.

6A   Dª. Stephanie Jacqueline Pflücker Sempertegui (n.Miraflores, 27/04/1988)

6B   Dn. Alonso Pflücker Sempertegui (n.10/09/1990)

6C   Dª. Karin Pflücker Ortiz de Zevallos (n.19/01/1999) y su mellizo:

6D   Dn. Gonzalo Pflücker Ortiz de Zevallos (n.19/01/1999)

4B   **Dn. Alberto Pflücker Balta** (n.24/09/1929 +29/06/1973) Médico, se casó el 26 de Febrero de 1956 con **Dª. Kyra Von Lignau Ruiz**. Hija de D, George Von Lignau Sviatapolk Iaronshinsky (n.Odesa, Ucrania) y de Dª. Cecilia Ruiz Escobar

5A   Dª. Kyra Jeannet Pflücker von Lignau (n.03/09/19_) Colegio Santa Ursula (p.1974) Casada en Clark, Nevada, USA, el 3 de Marzo del 2003 con Dn. Gilberto Vilcarromero.

5B   Dª. Ursula Pflücker von Lignau (n.06/01/1958), casada en Kern, California, USA el 9 de Octubre de 1976 con Dn. José F. Bellina (n.1956)

5C   Dª. Erika Pflücker von Lignau (n.Miraflores, 30/05/1961)

5D   Dª. Lizzi Pflücker von Lignau.

Don Julio Arnaldo Pflücker Schmiedel, fue padre de

2N   Dª. María Pflücker Valdez, hija de Dª. Carmen Valdez. Casada en Lima el 19 de Julio de 1866 con Dn. Federico Ortega Hidalgo (Lambayeque) Hijo de Dn. Juan Ariosto 'Crisóstomo' Ortega y de Dª. Mercedes Hidalgo.

3A   Dn. Julio A. Ortega Pflücker (n.vecino de Lima en hacia 1877) Casado en Lima el 6 de Noviembre de 1915 con Dª. Zoila M. Cedrón Ortega (n.Chepén, La Libertad, hacia 1880) Hija de Dn. Joaquín Cedrón y de Dª. Cora Ortega.

3B   Dn. José Emilio Ortega Pflücker (n.Lima, 05/05/1885 b.Santa Ana, 20/06/1885 +28/06/1885, Lima, Calle Puno –antes Santa Catalina- N°129)

Los siguientes descendientes de don Julio Pflücker, por motivos que desconozco, omiten el apellido Pflücker, vemos que, como ejemplo, en la partida de defunción de María Luisa aparecen como padres Enrique Valdez y Mercedes Melgarejo sin embargo, en el Presbítero Maestro, esta última aparece como Doña Mercedes Melgarejo de Pflucher Valdez (sic)

2Ñ   Dn. Eduardo Pflücker Valdez (n.1852 +10/05/1914, Lima, Calle Cuzco Nº45) Comerciante, hermano de la anterior, casado por lo Religioso en Santa Ana el 9 de Abril de 1887 y por lo Civil el 15 de Abril de 1887 con Dª. Carmela Ramírez Ayluando (n.1865) Hija de Dn. Francisco Ramírez y de Dª. Carmen Ayluando. (*En la partida de defunción de don Eduardo aparece como Eduardo Valdez. Sin embargo en la misma partida aparece como hijo de don Julio Pflücker*)

3A   Dª. Carmela Guillermina Valdez Ramírez (n.Lima, Calle Ayacucho –antes Siete Jeringas- Nº188, 16/01/1888)

3B   Dª. Alicia Grimanesa Valdez Ramírez (n.Lima, Calle Ayacucho –antes Siete Jeringas- Nº188, 13/01/1889)

3C   Dn. Eduardo Valdez Ramírez (n.Lima, Calle Ayacucho –antes Siete Jeringas- Nº188, 02/06/1890)

3D   Dn. Eduardo Valdez Ramírez (n.Lima, Calle Ayacucho Nº188, 04/08/1892 +1966) Cadete de la Escuela Naval (Prom.1908) Casado con Dª. Lily Pérez del Castillo Echazú (n.29/01/1998 +1967) Hija de Dn. Francisco Pérez del Castillo (n.Bolivia) casado con Dª. Carmen Echazú Suarez (n.Bolivia, Tarija)

    4A   **Dn. Eduardo Valdez Pérez del Castillo**. Casado con **Dª. Margarita Liceti Coha**.

        5A   Dn. Eduardo Valdez Liceti.

    4B   **Dª. Gladys Valdez Pérez del Castillo** (n.17/07/19__)

    4C   **Dn. Luis Valdez Pérez del Castillo** (n.05/05/19__) Casado con **Dª. Julia Senovilla Gómez** (n.03/09/19__)

        5A   Dn. Luis Alberto Valdez Senovilla (n.Miraflores, 09/10/1963)

        5B   Dn. Jaime Valdez Senovilla (Miraflores, 20/04/1960)

    4D   **Dn. Fernando Valdez Pérez del Castillo** (n.20/05/19__) Casado con **Dª. Blanca de la Rosa Arias Soto** (n.08/01/19__)

        5A   Dª. Sandra Valdez La Rosa (n.Miraflores, 13/06/1968)

    4E   **Dn. Jorge Valdez Pérez del Castillo** (n.27/05/19__) Casado con **Dª. Luisa Carrillo Porras** (n.08/04/19__) Hija de Dn. Federico Carrillo Ugarte y de Dª. Juana Porras Gil.

3E   Dn. Eduardo Rafael Valdez Ramírez (n.Lima, Calle Ayacucho Nº188, 04/08/1892) Hermano gemelo del anterior, casado en la iglesia de La Recoleta (San Marcelo) de Lima el 11 de Febrero de 1917 con Dª. Leonor Arróspide de la Flor (n.11/12/1892) Hija de Dn. Arturo Arróspide casado con Dª. Leonor de la Flor

    4A   **Dª. María Teresa de Jesús Bertha Valdez Arróspide** (n.Miraflores, 06/12/1926)

    4B   **Dn. Hernán Valdez Arróspide** (n.15/01/19__) Casado con **Dª. María Luisa Bortesi Jurado de los Reyes** (n.05/04/19__)

        5A   Dª. María Luisa Valdez Bortesi (n.Miraflores, 16/08/1968)

    4C   **Dn. Ernesto Valdez Arróspide** (n.16/10/19__)

4D   **Dn. Eduardo Valdez Arróspide** (+13/11/1995) Casado en Miraflores el 10 de Marzo de 1951 con **Dª. Sofía Muelle de la Torre Ugarte Maturana**. Hija de Dn. Ricardo Muelle de la Torre Ugarte y de Dª. María del Pilar Maturana.

4E   **Dn. Rafael Tomás Valdez Arróspide** (n.07/03/19__ +Julio, 2004) Casado el 22 de Octubre de 1946 con **Dª. María Elena Bernós Ramírez** (n.22/05/1927 +23/11/1979) Hija de Dn. Juan Gabriel Bernós Malherbe casado el 11 de Enero de 1914 en Lima, con Dª. María Josefa Ramírez Barinaga. Nieta de Dn. Alfonso Bernós y de Dª. Amalia Malherbe por el lado paterno, y de Dn. Antonio Ramírez y de Dª. María Jesús Barinaga por el materno.

         5A   Dn. Rafael Valdez Bernós (n.05/10/1947) Casado con Dª. Milagros Giner Ugarteche. Hija de Dn. Rafael Giner y de Dª. Elsa Ugarteche Huerta Mercado.

                 6A   Dª. Milagros Valdez Giner (n.Miraflores, 19/12/1974)

                 6B   Dª. María Fe Valdez Giner (n.Miraflores, 03/08/1976)

                 6C   Dª. Jimena Valdez Giner (n.Miraflores, 21/07/1978)

                 6D   Dn. Rafael Alonso Valdez Giner (n.Miraflores, 16/05/1983) Casado el 9 de Julio del 2011 con Dª. Francesca Capurro Leoncini

         5B   Dª. María Patricia Valdez Bernós (n.Miraflores, 19/06/1956)

         5C   Dn. Ricardo Valdez Bernós.

         5D   Dn. Jaime Valdez Bernós.

         5E   Dn. Javier Valdez Bernós.

4F   **Dª. Nora Valdez Arróspide** (n.26/04/19__) Casada con **Dn. Eduardo Seminario García** (n.22/11/19__) Hijo de Dn. Juan Francisco Seminario y García León y de Dª. Norah García Wicks.

         5A   Dn. Eduardo Seminario Valdez (n.11/03/1947)

         5B   Dª. María Elena Seminario Valdez. (n.04/02/19__)

         5B   Dª. Leonor Seminario Valdez (n.02/05/19__)

         5C   Dn. Alvaro Seminario Valdez.

3F   Dn. Francisco Marcelo Valdez Ramírez (n.Lima, Calle Ayacucho Nº188, 11/05/1894)

3G   Dn. Carlos Alberto Valdez Ramírez (n.Lima, Calle Cuzco –antes Mascarón- Nº103, 21/11/1898)

3H   Dn. Pedro Feliciano Valdez Ramírez (n.Lima, Calle Cuzco –antes Mascarón- Nº103, 19/12/1901) Casado con Dª. María "Mary" Victoria Bryce Tuccio (n.Lima, 13/01/1915) Hija de Dn. Juan N. Pablo Bryce y Cotes (n.Lima, 26/10/1878 +21/02/1946) casado con Dª. Clara Tuccio Moreno (n.1890 +21/02/1948) Sin sucesión.

3I   Dn. Ernesto Wenceslao Alejandro Valdez Ramírez (n.Lima, Calle Cuzco –antes Mascarón- Nº103, 11/08/1903)

3J   Dª. María Laura Valdez Ramírez (n.Lima, Calle Cuzco Nº103, 10/08/1905)

3K   Dª. María Elena Valdez Ramírez (n.Lima, Calle Cuzco Nº545, 05/02/1907 +15/07/2007)

20   Dn. Enrique Pflücker Valdez (n.1854) Hermano de la anterior, casado en la Parroquia de Santiago Apoóstol en Lima el 9 de Marzo de 1878 con Dª. Mercedes Melgarejo (n.1855 +08/05/1889, B-119 Presbítero Maestro) Vivían en la Calle Chávez de Belén Nº 6, Lima.

3A   Dª. Rosa Mercedes Pflücker y Valdez Melgarejo (b.Lima, Santiago Apóstol, 02/02/1879)

3B   Dn. Enrique Pflücker y Valdez Melgarejo (b.Lima, Santiago Apóstol, 01/02/1880)

3C   Dn. Julio Pflücker y Valdez Melgarejo (n.1885 +18/09/1885, parroquia de Huérfanos, Lima) Falleció a los 3 meses y quince días de nacido.

3D   Dª. María Luisa Pflücker y Valdez Melgarejo (+28/06/1886, parroquia de Huérfanos, Lima)

2P   Dª. Teófila Pflücker Valdez (n.Lima, 18/04/1856 b.Parroquia de San Sebatián, 22/04/1856)

2Q   Dª. Matilde Pflücker Valdez (n.Lima, 30/05/1857 b.San Sebastián, 03/06/1957)

2R   Dn. Luis Enrique Pflücker *Gil* (n. hacia 1862) Hijo de Dª. Teodora Gil casado con Dª. María Piedad Presa (n.hacia 1867) Residían en la Calle Chacarilla Nº 125, Lima.

3A   Dn. Alejandro Enrique Pflücker Presa (n.Lima, Calle Tacna –antes Mantequería- Nº21, 26/02/1885 +07/01/1887, parroquia de Huérfanos, Lima)

3B   Dn. Germán Arturo Pflücker Presa (n.Lima, Calle Apurímac –Antes Chacarilla- Nº125, 01/10/1886 +28/11/1886, parroquia de Huérfanos, Lima)

3C   Dn. Luis Conrado Pflücker Presa (n.Lima, Calle Apurímac –antes Chacarilla- Nº121, 31/10/1887) Casado con Dª. Elena Piedad Cortez.

4A   **Dn. Luis Conrado Pflücker Cortez** casado con **Dª. Noemí Celinda Núñez Huerta**.

5A   Dª. Liliana Noemí Pflücker Núñez (n.Lima, 16/05/1957)

5B   Dn. Marcos Pflücker Núñez. Periodista.

5C   Dn. Luis Conrado Pflücker Núñez (n.23/10/19__)

5D   Dª. Doris Pflücker Núñez (n.Piura, San Miguel, 25/06/1954)

5E   Dn. César Alfonso Pflücker Núñez (n.24/02/19__) Reside en Suecia con sucesión.

4B   Dª. María Luisa Pflücker Cortez. Casada y con sucesión.

3D   Dn. Manfredo Desiderio Pflücker Presa (n.Lima, Calle Ayacucho –antes San Bartolomé Nº230, 22/11/1890)

3E   Dn. Luis Alfredo Pflücker Presa (n.Lima hacia 1891) Casado en Lima (Huérfanos) el 27 de Setiembre de 1916 con Dª. María Consuelo Román Salazar (n.Lima hacia 1897) Hija de Dn. Benito Román y de Dª. Higinia Salazar.

    4A   Dª. María Isabel Pflücker Román (n.Lima, Calle Juan Castilla Nº195, 05/11/1916)

    4B   Dn. Alfredo Pflücker Román (n.Lima, Calle *Mapiri Nº 440,* 17/09/1918)

    4C   Dn. Liberto Pflücker Román (n.Lima, Calle Sandia Nº319, 11/03/1920)

3F   Dª. Auristela Romana Pflücker Presa (n.Lima, Calle Azángaro –antes Huérfanos- Nº118, 28/02/1894)

    N.B.   *No tenía seguridad de que don Luis Enrique fuera hijo de Julio Pflücker Schmiedel, pudo haber sido hijo de Henry Pflücker, sobrino de Carlos y de Julio quien viniera al Perú a mediados del siglo XIX, pero la Partida de Matrimonio de don Luis Enrique Pflücker Gil parece confirmarlo.*

Dn. Luis Enrique Pflücker Gil. Casado en la parroquia de San Marcelo de Lima el 16 de Junio de 1900 con Dª. Lilly Scates Buckingham (n.Kingston, Jamaica, 1879) Hija de Dn. Guillermo Scates y de Dª. Alicia Buckingham. (Ver partida de Matrimonio)

NB   *El 14 de Febrero de 1879 fue registrada en la parroquia de Saint James en Montego Bay una niña nacida el 5 del mismo mes, hija de Alice Buckingham y hermana de Edith Buckingham. Pero no aparece el nombre de la recién nacida.*

3G   Dn. Carlos Enrique 'Ernesto' Pflücker Scates (n.Lima, Jirón Trujillo Nº176, 23/11/1900 +14/04/1910, Calle Arequipa Nº151)

3H   Dn. Héctor Fernando Pflücker Scates (n.Lima, Av. Arequipa 161, 12/01/1904 +05/03/1964) Casado con Dª. Julia Margarita Neyra Guzmán (n.Lima, Calle Ica – antes Chávez de San Sebastián- Nº175, 08/01/1890) Hija de Dn. José Mercedes Neyra (n.Piura, 1834) y de Dª. Mercedes Guzmán (n.Lima, 1847)

    4A   **Dn. Víctor Fernando Pflücker Neyra** (n.Lima, Callao, 22/09/1955) Casado con **Dª. Delia María Campos Fiestas** (n.Lima hacia 1959) Hija de Dn. Manuel Campos Rodríguez y de Dª. Inocenta Fiestas Lizana (n.Lambayeque, Lambayeque, Calle Manco Capac Nº40, 28/12/1924)

        5A   Dn. Víctor Fernando Pflücker Campos (n.Lima, 26/05/19__) Reside en Tigre, Argentina.

        5B   Dn. Fred Fernando Pflücker Campos (n.Lima, Maternidad, 18/06/1979)

        5C   Dª. Kami Pflücker Campos (n.Lima)

    4B   **Dn. Luis Alberto Pflücker Neyra** (n.Callao) Casado con **Dª. Celmira Grández Puertas**.

        5A   Dn. Luis Enrique Pflücker Grández (n.San Martín, Rioja, 1984)

        5B   Dª. Julia Melissa Pflücker Grández (n.San Martín, Rioja, 1986) Casada con Dn. Percy Navarro Ruiz.

    5C   Dª. Alicia Fernanda Pflücker Grández (n.San Martín, Rioja, 09/10/1992)

4C   **Dª. María Fernanda Pflücker Neyra**. Casada con **Dn. Pedro Pedemonte Ponce** (n.Callao, La Perla, 18/06/1952)

    5A   Dn. Pedro Fernando Pedemonte Pflücker.

    5B   Dn. Marlo Arturo Pedemonte Pflücker (n.01/12/1969)

    5C   Dª. Nelly Julia Pedemonte Pflücker (n.Callao)

4D   **Dª. Lilly Bertha Pflücker Neyra.**

4E   **Dª. Julia Margarita Pflücker Neyra**.

3I   Dn. Alberto Pflücker Scates (n.Lima, Av. Arequipa 161, 23/01/1906 +05/03/1906, Lima, Av. Arequipa 161)

3J   Dn. Luis Alfonso Pflücker Scates (n.Lima, Av. Arequipa 161, 20/06/1902 +19/05/1984) Casado con Dª. Juana Retamozo (+03/06/1997)

    4A   **Dn. Luis Pflücker Retamozo**. Casado con **Dª. Carlota Pastor**.

        5A   Dª. Sandra Pflücker Pastor.

    4B   **Dn. Isidro Pflücker Retamozo**

Primera Comunión de María Fernanda Pflücker Neyra

    4C   **Dn. Fernando Pflücker Retamozo**.

    4D   **Dª. Esther Pflücker Retamozo** (n.hacia 1941) Casada con **Dn. Carlos Arce Cappelletti** (n.Lima hacia 1946)

5A   Dª. Carla Patricia Arce Pflücker (n.Lima, Calle Hipólito Unánue Nº1176, 13/09/1969)

4E   **Dn. Rolando Eleuterio Pflücker Franco** (n.Lima -o en Ica- hacia 1930) Hijo de Dª. Julia Franco Muñante (n. probablemente en Palpa, Ica) Hija de Dn. Clemente Franco y de Dª. María Muñante. Don Rolando contrajo matrimonio con **Dª. Elsa Guerrero**.

    5A   Dn. Jaime Eduardo Pflücker Guerrero (n.Ica, 29/07/1953) Reside en Barranca, Lima, Casado con Dª. Claudia Flores.

        6A   Dª. Claudia Julia Pflücker Flores (n.02/05/1975)

        6B   Dª. Elizabeth "Elsa" Pflücker Flores (n.Barranca, 20/09/19__) Casada el 24 de Enero del 2003 con Dn. Wilder Claudio Salcedo Núñez.

            7A   Dª. Andrea Salcedo Pflücker.

            7B   Dn. Johnathan Salcedo Pflücker (n.12/12/1997)

        6C   Dª. Milka Myrna Pflücker Flores (n.13/09/1978) Casada el 5 de Enero del 2002 con Dn. Hilcias Rodolfo Pacheco Díaz.

        6D   Dn. Eduardo Pflücker Flores (n.Lima, Barranca, 30/06/1980)

        6E   Dª. Miluska Consuelo Pflücker Flores.

        6F   Dª. Angélica Alejandra Pflücker Flores (n.21/02/1995)

    5B   Dn. Edward Dante Pflücker Guerrero (n.28/06/1955 +2014)

    5C   Dª. Isabel Pflücker Guerrero.

    5D   Dª. Carmen Pflücker Guerrero.

    5E   Dª. Ruth Pflücker Guerrero.

    5F   Dª. Duany Pflücker Guerrero.

Don Rolando Eleuterio Pflücker Franco y doña Julia Elena Pantoja Ríos fueron padres de

    5G   Dn. Rolando Alfredo Pflücker Pantoja (n.26/01/1951 - inscrito en Lima el 23/03/1966)

    5H   Dn. Jorge Luis Pflücker Pantoja (n.02/08/1952 - inscrito en Lima el 05/05/1962) Casado con Dª. María Carolina Bustamante Díaz. Con sucesión.

Don Rolando Eleuterio Pflücker Franco y doña doña Filomena Cancho (n.Ica hacia 1936) fueron padres de

    5I   Dª. Miluska Consuelo Pflücker Cancho (n.Lima, Maternidad, 26/05/1967) Casada el 30 de Setiembre del 2006 con Dn. Jared Lee Duncan. Residen en Arkansas.

        6A   Dª. Milly Duncan Pflücker.

5J   Dª. Adriana Janet Pflücker Cancho (n.Lima, Maternidad, 06/10/1971) Casada el 17 de Diciembre de 1994 con Dn. Edmundo Antonio Toro Picón.

     6A   Dn. Ricardo Toro Pflücker (n.11/07/1995)

3K   Dª. Enriqueta Pflücker Scates (+24/11/2001, Lima) Casada con Dn. _____ Carrera.

     4A   **Dn. Carlos Luis Carrera Pflücker** *(n.Lima hacia 1960). Ingeniero. Casado con* **Dª. Inés Maritza Colarossi Salinas** *(n.Lima hacia 1965)*

          5A   *Dª. Carla Solange Carrera Colarossi (n.Lima, Santiago de Surco, Av. El Polo Nº505, Clínica Montesur, 17/01/1992)*

     4B   **Dª. Maruja Carrera Pflücker Vda. De Vidal.**

     4C   **Dª. Alicia Carrera Pflücker.**

     4D   **Dª. Ana Carrera Pflücker.**

3L   Dn. Roberto Pflücker Scates (n.Lima, Calle Arequipa 161, 15/10/1907 +11/05/1908, Lima, Calle Arequipa Nº161) "Phluquer"

3M   Dª. Eugenia Pflücker Vidaurre (n.03/06/1914 +25/08/1914, Calle Lampa Nº236) Hija de Dª. Gumercinda Vidaurre.

3N   Dn. Rodolfo Amador Pflücker Vidaurre (n.13/09/1917 +20/12/1990, USA, Florida, Dade) Numismático.

     4A   **Dn. Manuel Alberto Pflücker Gálvez.**

***Don Luis Alfonso Pflücker Scates (de sombrero) y su hermano Don
Héctor Fernando Pflücker Scates (sentado) en algún lugar de Lima.***

4B   **Dn. Enrique Pflücker Gálvez**.

*MI PADRE FUE RODOLFO AMADOR PFLUCKER VIDAURRE 1917 - 1990 Y MI ABUELO
PFLUCKER GIL. HERMANA DE MI PADRE FUE ENRIQUETA PFLUCKER CASADA CON UN SR.
CARRERA ME GUSTARIA SABER SI ALGUIEN TIENE VINCULACION CON ELLOS PARA SABER
ALGO MAS DE LA FAMILIA (Manuel Pflücker) (Rodolfo Amador Pflücker Vidaurre – hijo de Pflücker
Gil +19/12/1990)*

Los Pflücker Vidaurre, los Pflücker Gálvez y otros descienden de esta rama. (**Ver parte Uno**)

2S   Dn. Gustavo *Phlücker* Pflücker Perona (n.Lima, 1851 +29/11/1900, Hospital Francés) Hijo de
Dª. María Perona y de Julio "*Phlücker*" Pflücker.

205677

Concejo Provincial de Lima

Sección de Registros del Estado Civil

El Jefe del Archivo que suscribe:

Certifica, que a fojas 255 — *del Registro de* **Defunciones
en Hospitales** *correspondiente al año* 1900 — *y bajo el número*
94 — *se encuentra la Partida general relativa a las defunciones
ocurridas en el hospital* Francés —————— *durante el mes*
Noviembre ————*del expresado* — *año de 1900*
*y en ella está comprendida la que copio a continuación con las firmas
que legalizan dicha Partida general* Gustavo Phlücker, de
cuarentinueve años, casado, comerciante, natural de Lima, Perú, domiciliado en Lima,
hijo de Julio Phlücker y María Perona, falleció el día veintinueve — El Alcalde = Beby Beza
El Tenedor de Libros = J. Combe - El Jefe de la
Sección = A. Jorjópida
Es copia fiel del original

Lima, 7 de Marzo de 190-

Partida de Nacimiento de Gustavo Pflucker

----------------- o -----------------

Comprenderán que la información que he presentado en las páginas anteriores, en la mayoría de los casos sólo cubre a aquellos nacidos hasta la década del 40 ó 50 y que definitivamente hay más, muchos más, descendientes. En algunos casos faltarán algunos hijos, pues me refiero solamente a aquellos sobre los que me han proporcionado información. Además, como habrán observado, los hermanos no necesariamente están en orden cronológico.

----------------- o -----------------

DOCUMENTO SIN FIRMA PERO CON MUCHO SENTIDO...

Se halla en mi poder un manuscrito que por desgracia no se encuentra en perfectas condiciones y, además, carece de la firma del autor. Pero por considerarlo de interés transcribo. Calculo que data de la década de 1930 o algo antes. Este documento fue una de las bases para poder iniciar la elaboración de este ensayo.

(Beatriz) 1
Beatriz Pflücker de Sattler e Hija
Carlota Sattler de Weckwarth
Beatriz Sattler de Normand e Hijas
Julio Normand (Sattler?)
Enrique Normand y Señora
Otto Sattler
Fernando Sattler, Señora e Hijas
Fernando Sattler Dibós y Señora
Luis Sattler Dibós
Felipe Sattler Dibós
Félix Sattler Dibós
Enrique Sattler Dibós
Otto Sattler Dibós

---------.---------

(Ernestina) 3
Ernestina Pflücker de Dibós
Luis Dibós y Señora
Eduardo Dibós Señora e Hija
Eduardo Dibós Dammert y Señora
Luis Dibós Dammert y Señora

---------.---------

(Matilde) 2
Laura o Luisa Montero de Revett e Hija
Henry Revett
Frank (?) *Revett*
Ricardo Revett
Carlos Revett (luego hay un nombre ilegible)
Gladys Revett de Leguía

---------.--------

(Julio) 5
Rosalía Puente de Pflücker e Hija
Blanca Pflücker de Espantoso e Hijas
Teodoro Vásquez de Velasco y Señora
Julio Pflücker de la Puente y Señora

232

--------.---------

(Guillermo) 13
Ezequiel Muñoz y Señora
Guillermo Pflücker (Vilogrón)

--------.---------

(Gustavo) 12
Luis Pflücker Albrecht

--------.---------

(María Luisa) 10
María Cuadros Pflücker
Luiggi de Pardo y Señora
Hermann de Castro y Señora

--------.---------

(Germán) 8
Ernesto Pflücker y Gamio
Hernán Pazos Varela y Señora
Carlos de Albertis y Señora
Germán E. Pflücker y Señora

--------.---------

(Federico) 11
Aurora de Pflücker e Hijas
Federico Pflücker e Hijas
Luis Pflücker Pedemonte y Señora
Manuel Pflücker y Pedemonte
Alfredo Pflücker y Pedemonte

--------.---------

(Oswaldo) 6
Oswaldo Pflücker y Señora
Gustavo Jacobs y Señora

--------.---------

(Oscar) 10
Victoria Tejeda de Pflücker e Hijas
Alberto Alexander y Señora
Carlos Oscar Pflücker, Señora e Hijas
José Pflücker y Señora

--------.---------

*"Estos son los Pflücker descendientes del abuelo que recuerdo, sin incluir a la familia de tu mamá - Primas de tu madre son las Tudela, Ester (Vera) Tudela de Hemmerde y Napoleón **Valdez** e Hijas"*

Doña Ester Vera Tudela y Taramona, casada (15/05/1884) con don Henry Jorge Hemmerde Pape (nacido en Londres hacia 1859, hijo de don Jaime Godofredo Hemmerde y de doña Francisca Pape) era hija de don Casimiro Vera Tudela y Pérez de Tudela y de doña María Eugenia Taramona Laya. Don Casimiro y doña María Eugenia se casaron el 15 de Mayo de 1859 (23 años después que se casaran Julio Pflücker y María Taramona Pro) ¿Era doña María Eugenia Taramona prima de doña María Taramona Pro?

Probablemente sí lo fue. Es este acaso el origen de la relación de los Pflücker con los Hemmerde?

La lista anterior ha sido copiada literalmente incluyendo aquellas separaciones por grupos. Familias probablemente. Los nombres entre paréntesis los he añadido con el propósito de indicar a que Pflücker Taramona pertenece el grupo. ¿Quién podrá haberlo escrito, y para quién__.? ¿Con el objeto de elaborar una lista de invitados quizás? Lo que si está claro es que sólo se refiere a los que descienden de Julio Pflücker S., y que, en segundo lugar, no menciona a Hortensia Pflücker Taramona ni a ninguno de sus descendientes. ¿Lo escribió ella? No lo creo. Dice: "*sin incluir a la familia de tu mamá*". Otra cosa que se puede sacar en claro es que hay once grupos reconocidos y añadiéndoles el de Hortensia y el de Sofía *(soltera)* serían los **trece** hijos señalados anteriormente. Además no se menciona a ningún pariente de Luisa Margarita Cabieses Valle Riestra, por lo que el destinatario podría ser cualquiera de los Pflücker Cabieses o Pflücker y Pflücker en fin, no son más que conjeturas. Lo mismo que la fecha aproximada en que fue escrito, la que calculo en base a los matrimonios que aún vivían, y las personas solteras mencionadas.

El aviso publicado en el Comercio en referencia a las bodas de oro matrimoniales de don Julio, ayuda mucho a resolver algunas incógnitas: en primer lugar define el número de hijos de la pareja; trece. En segundo lugar confirma la estancia de dos de los hijos fuera de Lima; Oswaldo en Trujillo y Guillermo, quien se trasladó a Lambayeque. Sabíamos de Oswaldo residiendo en Trujillo, pero faltaba confirmar la historia de Guillermo en Lambayeque. La historia por fin se confirmó con la declaración de la señora Socorro Pflücker Cáceres, descendiente de Guillermo Pflücker Taramona.

Cuenta doña Socorro que su bisabuelo don Guillermo Pflücker había sido de muchacho un poco difícil de carácter y a quien no interesaban los estudios ni las formalidades. En consecuencia sus padres, a modo de penitencia, le habían enviado a trabajar a los molinos de arroz de Lambayeque. Contrajo matrimonio con doña Matilde Vilogrón de esa localidad y, según cuentan, no regresó a Lima. De don Guillermo desciende la extensa rama ya mencionada.

---------------- o ----------------

Los Pflücker (Fluker) de Puno;

4A **Dn. Miguel Pflücker Torres** *(n.Cuzco, Quispicanchi, Quiquijana, hacia 1912)* Guardia Republicano fue padre

  5A *Dn. Winder Pflücker _____ (n.Lima, 1935) Guardia Republicano. (Miguel Pflücker aparece como testigo en la inscripción de los Fluker Malca – Dawn y Fletcher SO de Brigada de las Aguilas- hijos de Winder)*

  Con Dª. Dolores Cosío Pancorvo

  5A *Dn. Fidel Tadeo Pflücker Cosío (n.Lima, 01/04/1948 – Ins.1965)*

  Con Dª. Dominga Serrano Montalvo *(n.Cuzco, Quispicanchi, Quiquijana, hacia 1928 +13/07/2009) Su esposa*

  5B *Dn. José Miguel Pflücker Serrano (n.Cuzco hacia 1949) Emfermero de la Guardia Civil y Dª. Mercedes Gallegos Rodríguez (n.Puno hacia 1949) Luego se casó con Dª. Isabel Quispe Vargas (+)*

    6A *Dª. Clara Donata Pflücker Gallegos (n.Puno, 17/02/1964 – Ins. 1976) y Dn. Juan Demetrio Huarachi Huamán*

      7A *Dn. Anthony Rick Huarachi Pflücker (n.Puno, Hospital General, 06/12/1985)*

    6B *Dn. Jesús Miguel Pflücker Gallegos (n.Puno, 25/12/1966) – Ins. 1976)*

  5C *Dn. John Pflücker Serrano (n.Puno, Calle Ancash Nº320, 27/11/1954) PNP*

5D   *Dn. Herzen Pflücker Serrano (n.Lima, Maternidad, 01/12/1962) S.O. de Brigada Aguilas.*

5E   *Dª. Skiff Pflücker Serrano. Técnico Administrativo II de la Dirección Regional de Comercio Exterior y Turismo-DIRCETUR del Gobierno Regional Cusco al momento del fallecimiento de su madre.*

5F   *Dn. Andrew Pflücker Serrano.*

5G   *Dn. George Pflücker Serrano. S. O. Superior de la PNP*

Con Dª. Sinforosa Fuentes Rodríguez

5H   *Dn. Jaime Pflücker Fuentes (n.Puno, 08/08/1959) Militar fue padre*

        Con Dª. Narcisa Aurora Esteba Flores. (n.Puno, Chucuito hacia 1954)

        6A   *Dn. Jaime Pflücker Esteba (n.Puno, Jr.Horiapata Nº169, 06/05/1977)*

        6B   *Dª. Fanny Lina Pflücker Esteba (n.Puno, Jr. Velasco Astete s/n, 16/09/1979)*

        6C   *Dn. John Pflücker Esteba (n.Puno, Jr. Velasco Astete s/n, 29/03/1985)*

        Con Dª. Sonia Huanca Flores (n.Puno hacia 1964)

        6C   *Dn. Ronald Juan Pflücker Huanca (n.Puno, Hospital General, 24/11/1983)*

Algunos Comentarios

Como se habrán dado cuenta, la mayoría de los comentarios vertidos aquí se refieren a los antepasados directos de los Pflücker Cabieses, y es que soy descendiente de uno de ellos. Pero de igual manera se habrán percatado de que me he preocupado por presentar a todos los que descienden de los Pflücker y Schmiedel, tanto de ramas masculinas como de femeninas, con el mismo afecto y respeto, como debe ser.

Hasta hace muy poco tiempo, una década quizás, no me di cuenta de que si bien sabía que existía un buen número de personas que llevaban mi apellido, no tenía una noción más o menos adecuada del origen de aquellos Pflücker.

Un día me senté ante la máquina de escribir y me puse a apuntar los nombres de todos los primos hermanos, de los tíos carnales, de los abuelos y así hasta que ya no supe de más parientes. Cada vez que tenía oportunidad preguntaba o leía, y así, por aquí y por allá fui encontrando datos y pistas. Iba incluyendo cada nombre, cada informe, hasta que poco a poco, logré formar algo más concreto y al mismo tiempo fui interesándome cada vez más en el tema.

Mi primera fuente, como es lógico, fue lo que escuchaba en las reuniones familiares, aquellas conversaciones de mayores, donde mis padres se complacían con la certeza de mi ausencia...pero ahí me encontraba y, por supuesto, con el oído alerta, mas la razón, a esa edad, aún no despertaba. De esta fuente solo obtuve un inmenso desorden.

La segunda fue la biblioteca del hogar. Ni pobre ni abundante, allí siempre encontré algún dato que me causó gracia o rubor por algún instante... y allí encontré a Dolly, la tía a quien luego conocería en persona, ya mayor, en casa de la abuela Margarita Cabieses Valle Riestra. Recuerdos de ella no hay muchos, pero fue la tía que dejó un libro...algo por donde comenzar.

Y comencé.

Se hablaba mucho y Dolly, parece que con dolor lo menciona en su libro, de la buena o mala fortuna de los Pflücker. De Roberto Pflücker y Pflücker, su padre, se decían muchas cosas y hay circunstancias que nunca fueron establecidas claramente. Usualmente escuchábamos la historia de como jugó una muy fuerte cantidad en un club social de Lima y cómo la perdió originando así la debacle económica para la familia. Se hablaba a menudo de las tenencias en el norte, de los problemas con una tía o tía abuela (este, por ejemplo, es uno de los problemas de la fuente de "oído" ya que no tengo idea a que, ni a quién, exactamente se referían), de las minas en el centro, y de lo que en aquél tiempo eran Surquillo y Miraflores en la capital (me cuentan que Manuelita Porta y familia eran dueños de la mitad de Miraflores y Surquillo), se hablaba de los Marsano (nunca me explicaron claramente el por qué)... en fin, se hablaba de mucho y...al final, yo por lo menos, no tenía ni idea sobre lo que se trataba y no estoy para investigarlo después de tantos años. Ahora que lo pienso, tampoco tenía mucho interés en el asunto, salvo el que despertaba mi natural curiosidad.

Se percatarán de lo difícil que es comenzar de esa manera. Escuché, me informaron, leí, me dijeron... Un buen dato por aquí un nombre por allá y volver a comenzar... Borrón y cuenta nueva. Pero aún con lo poco que contaba me inicié en esta hasta ahora fascinante aventura.

Del libro de Dolly pasé, gracias a José Cabieses García Seminario, a una copia de una parte del libro de Pedro Robles y Chambers «Contribución Para el Estudio de la Sociedad Colonial de Guayaquil». Allí tuve conocimiento de los Rico, de los Rocafuerte y de los hijos de Charles Pflücker Schmiedel.

Tiempo después mi sobrino, Jaime Pflücker Elguera, me presentó (aunque telefónicamente) a la señora Frida Galdos quien en esos momentos colaboraba con los señores Luis Lasarte Ferreyros y Juan Miranda Costa en la edición de «Apuntes sobre Cien Familias». Ella y yo nos ayudamos mutuamente, ella proporcionándome información más precisa sobre los descendientes de Julio Pflücker Schmiedel y yo corrigiendo y añadiendo en ocasiones algunos datos, sobre todo en lo referente a los Pflücker Cabieses. (Aunque algunos meses después, cuando publicaron el libro, me llevé la ingrata sorpresa de que hasta la fecha que aparecía allí del fallecimiento de mi padre estaba equivocada. Esos siempre indeseables errores de imprenta...digo yo).

Poco a poco he ido conociendo personalmente y por teléfono a muchas personas, parientes les digo ahora, que gustosamente han colaborado y lo siguen haciendo porque esto, al parecer, es de nunca acabar. Mercedes Camino Dibós de Rey me proporcionó buena parte de lo relativo a los Dibós, rama esta que luego fuera revisado por Iván Dibós; y, de los Sattler, me informó mi suegro Augusto Rey Bull. Tanto Mario Jacobs Pflücker como su sobrina Patricia Jacobs Martínez colaboraron en lo que les correspondía: los Jacobs. Algunas pautas sobre los Rospigliosi y otros familiares me fueron dadas por Federico Pflücker Rospigliosi.

Mucho me ayudó Elvira Barbe Pflücker en lo referente a los Pflücker Holguín, mientras Julia Arenaza Vela y su hijo Hernán me informaron de los Pflücker Arenaza y, completé la descendencia de don Germán Pflücker Gamio en base a la información de Gastón Pflücker Valdez, sus recuerdos y anécdotas así como la abundante información que me proporcionó sirvieron además de impulso ya al final cuando creí que todo estaba por fin concluido.

Nelly Miró Quesada Pflücker me detalló todo lo referente a los Pflücker Picasso. Gonzalo Arrieta Pflücker, varias veces mencionado y a quien no veo desde el colegio, gustosamente me informó telefónicamente sobre su familia. Fernando Pazos Parró me puso al tanto sobre los Pazos Pflücker.

Simpática fue la ocasión en que conocí a doña Socorro Pflücker Cáceres. Un día recibí la llamada de un señor Carlos Pflücker Baca. Ante mi sorpresa, pues no había escuchado de ningún Pflücker Baca, brevemente me informó sobre su interés de saber sobre sus antepasados, pues estaba en tratativas de conseguir un pasaporte alemán. Quedamos en vernos y esa misma tarde apareció en mi casa acompañado de su tía, doña Socorro. Ella nos narró (mi hermano se hallaba presente) lo que su padre, don Carlos Rodrigo Pflücker Gutti, le había contado y que yo ya expuse.

Aunque, en la mayoría de los casos, no nos conocíamos personalmente, todos ellos han demostrado tanto simpatía como interés por este deseo de integrarnos conociendo un poco más a la familia. No recuerdo en este momento más nombres que citar. Tengo la seguridad de que comprenderán mi olvido. Mala fuente la memoria...

Importante ayuda fue la de Jorge Arias Schreiber Recavarren al proporcionarme, entre muchos libros aparte de gratos momentos de charla, los apuntes realizados por su padre, Jorge Arias Schreiber Pezet, sobre diversas familias de Lima. Esto sirvió de alguna manera como estímulo para introducirme aún más en el tema ampliándolo con las Addendas, las que algún día serán un complemento a este ensayo. En esta segunda parte, como me he permitido llamarla, apareció ayuda de los lugares más insospechados. Es anecdótico, por ejemplo, el caso de un sacerdote algo mayor que colecciona estampas conmemorativas bastante antiguas. Enterado de lo que yo realizaba, inmediatamente me hizo llegar una estampa de 1903, recordando la primera comunión de una señora. Me proporcionó así el nombre completo de una persona, con lo que por fin pude relacionarla y armar un cuadro algo más completo. El sacerdote, a quien aún no he tenido el gusto de conocer personalmente, se llama Jesús Alberto Mouchard Sequi, párroco de Santa Ana.

Aún así, con toda esta colaboración, me faltan muchos datos, mucha información. Y no siempre ocurre que no me la proporcionen. Mas sucede que es difícil confiar en ella. Ojalá que la próxima vez que alguien realice este esfuerzo, figuren, y sobre todo participen en él, los Llona, los Roncagliolo y los Moreno, los Remy, los Sousa y los Vingerhoets (por lo menos en lo que respecta a los Pflücker Cabieses) pues estoy convencido, y es el objeto de este pequeño estudio, de que lo importante es que nos conozcamos, que sepamos de donde venimos y quiénes somos respecto a nuestros parientes, que estemos unidos y que la historia, aquella que cuentan los abuelos, sea siempre para nosotros una lección.

Sé que mis padres tuvieron amistad con los Jacobs, los Holguín, los Rospigliosi, los Dibós y con todos los demás. Pero ¿por qué esa misma amistad no continuó en las siguientes generaciones?

Quiero añadir que en este compendio deben existir múltiples errores, al extremo de que yo "todo lo pondría entre comillas", y es lógico si consideramos la falta de datos y de fuentes fidedignas. Obviamente, estoy dispuesto a corregir cualquier falla, por defecto o por exceso, siempre que me la comuniquen, pues mi objetivo es que exista una buena fuente de información para nosotros y los que vengan en el futuro.

Sí suplico que cuando corrijan algún dato, no se limiten a indicar lo que está mal sino que se esfuercen en darme, al mismo tiempo, el dato correcto. Lo añadiré o corregiré en la próxima edición, y todos saldremos ganando.

Me hubiera agradado poseer o por los menos tener en mis manos algunos buenos libros de heráldica o de genealogía (no existían en la biblioteca familiar) para así lograr un trabajo más completo y algo más científico. He revisado, superficialmente lo confieso, algunos libros de la Revista del Instituto Peruano de Investigaciones Genealógicas, el Diccionario Histórico-Biográfico del Perú de don Manuel de Mendiburu y algunos otros libros y documentos que, desgraciadamente, hacen referencia en la mayoría de las veces sólo a los apellidos latinos (p.ej, Rico y Rocafuerte o Rocafort) y por lo tanto en ellos no figuran los Pflücker y menos, por supuesto, los Schmiedel, que son los apellidos que en este caso tienen mayor interés para nosotros. No me parece suficiente tener sólo conocimiento de que allá por el siglo XVI hubo un señor que viajó con un descubridor y que después escribió un libro que probablemente aún nadie ha leído. Sería muy interesante conocer algo más de la familia Schmiedel ¿no es verdad? Hace algún tiempo llegó, en calidad de muy breve préstamo, una copia del excelente ensayo escrito por Alfredo Dammert Lira sobre su familia; los Dammert. Que buena bibliografia! Sumamente completa.

Y por último -sin querer herir suceptibilidades- y con el cariño que a la familia tengo (si no fuera así no estaría invirtiendo tiempo en esto), al tratar de hacer un buen trabajo, he tropezado con diferentes actitudes: personas que con muy buena fe me dieron la información que les solicité; primos, porque eso es lo que somos al fin y al cabo, que me dieron datos que resultaron errados (sobre todo en lo que a las fechas se refiere), sabrá Dios por qué, ¿memoria quizás? Repito, mala fuente aquella.

Hermosa historia la de los Pflücker Schmiedel. Nos narra cómo, solo Dios sabe el por qué, dos muchachos emigraron de la patria donde nacieron para venir a un nuevo continente lleno de vicisitudes. Recordemos que llegaron durante las guerras de la independencia de América; y allá, en Europa, concluían de manera terriblemente sangrienta las ambiciones expansionistas napoleónicas. Fue una época decisiva tanto en la historia del mundo como en la de la familia Pflücker. En el mundo histórico, el continente americano recién comenzaba a asentarse, era el nacimiento de una nueva etapa, doloroso y sangriento como cualquier parto. En la familia, comenzaba la epopeya de sus descendientes, los que vinieron. Carlos, si bien llegó trabajando para Gibbs, no tenía más de veintidós años cuando llegó, y Julio pues no lo sé, pero calculo que tendría unos veinte años cuando emigró, y solos y en base de esfuerzo fundaron toda una dinastía. Bonito ejemplo.

Agradezco a todos los que colaboraron de una u otra forma y espero lo sigan haciendo. No doy nombres. No vale la pena. Aportamos todos un poquito y creo que, de alguna manera, funcionó. En fin, a todos los que con cariño proporcionaron lo poco que sabían, (y poco es lo que sabemos) para construir algo a partir de una información tan dispersa.

Finalmente deseo recordar lo que a sus hijos manifestara don Tomás Miró, fundador de la dinastía de los Miró Quesada, al entregarles los apuntes genealógicos de su familia que poco antes de su muerte lograra compilar:

"No es cuestión de orgullo, sino por lo satisfactorio que es el tener conocimiento de nuestros progenitores".

Lima, 1994

----------------- o -----------------

Transcripción de parte del poder y testamento otorgado por Carlos Renardo Pflücker Schmiedel en 1846:

*En el nombre de Dios todopoderoso con cuyo principio todas las cosas tienen feliz medio, loable y dichoso fin amén. Lea notario como yo don Carlos Renardo Pflücker de este comercio, natural que declaro ser de **Waldemburgo en Silesia**, hijo legítimo del finado Bernardo Pflücker y de la Señora doña Federica Schmiedel que .... Estando en pie en estado de completa salud y por consiguiente en todo mi juicio, memoria y entendimiento natural; creyendo como verdaderamente creo y confío en el Sacro Santo misterio de la Santísima Trinidad: Padre, Hijo y Espíritu Santo tres personas distintas y un solo Dios verdadero y en todos los demás misterios que cree y predica Nuestra Santa Madre Iglesia Católica Romana bajo de cuya verdadera fe y crédito .... vivía y moría como católico cristiano y temeroso de la muerte que es cosa natural a toda criatura humana; he deliberado conferir mi poder para testar a mi legítima Esposa la Señora doña Gertrudis Rico y Rocafuerte natural de Guayaquil, a mi hermano Señor **don Julio Arnaldo Pflücker** de este comercio, **natural de Waldeburgo en Silesia** y al Señor **don Enrique Witt** natural de Altona y Cónsul de su Majestad Danesa, para que conjuntamente et insolidum y en clase de comisarios puedan formalizar mi última voluntad después de mi fallecimiento y no antes, con arreglo a la memoria e intenciones que en pliego cerrado y sellado y autorizado sobre la cubierta por el presente escribano y por los testigos instrumentales de este poder, dejo depositado en la caja de fierro de la Casa de Gibbs y Crawley Compañía, donde se guardan documentos de importancia cuyo poder les confiero y otorgo a los expresados señores reservándome declarar lo siguiente :*

*Primeramente es mi voluntad que los dichos mis comisarios declaren como yo declaro y mando que a falta de mi Esposa doña Gertrudis Rico y Rocafuerte la reemplace en el cargo la Señora doña Francisca Rocafuerte madre de mi esposa, así como por falta o impedimento de mi hermano don Julio Arnaldo Pflücker lo reemplace mi hermano don **Leonardo** Pflücker y por falta o impedimento de éste mi hermano don **Ottón** Pflücker y últimamente por falta del Señor **don Enrique Witt** cónsul de su Majestad Danesa, lo reemplace **don Geraldo Garland** de este comercio natural de Inglaterra, siendo de advertir que por ningún motivo dejarán de intervenir en la confección del testamento los tres comisarios conjuntamente nombrados a los que respectivamente los substituyen según he declarado en inteligencia de que si llegara a faltar alguno o algunos de los comisarios principales y los títulos, deberá llevarse el encargo por los que sobrevivan y estén en capacidad de cumplir siempre que por ningún motivo pueda llenarse la falta por nombramiento judicial o de cualquier otro grado;*

Igualmente declaren como yo declaro, mando y es mi voluntad, que los dichos comisarios instituyan y nombren por mis herederos como yo nombro e instituyo desde ahora por herederos en la .... de mis bienes y por iguales porciones sin mejora alguna a mis hijos legítimos habido en mi matrimonio con la Señora Gertrudis Rico y Rocafuerte, nombrados doña Francisca, don Carlos, don Federico, don Julio y don Leonardo y cualquier otro hijo posthumo que me naciese de este mismo matrimonio o me estuviera por nacer al formalizarse el testamento.

Ítem declaren como Yo declaro que en lo relativo al haber por ganancial pues conforme a la Ley deben corresponder a mi Señora Esposa, así como por lo que hace a mis créditos activos y pasivos, cuerpo de bienes y deducciones legítimas ......etc.
Lima, 18 de Diciembre de 1846

El documento es bastante extenso y de difícil lectura y, además, para hacerlo más complicado, hay palabras escritas en castellano antiguo y hasta en latín. Ambos hermanos, Carlos y Julio hacen el testamento en el mismo año, probablemente al mismo tiempo, se nombran mutuamente albaceas y de igual manera nombran a sus esposas como herederas conjuntamente con los hijos.

Julio menciona a su esposa María Manrique de Pflücker y en caso de faltar ella a su hermano Carlos Renardo. En su reemplazo a Ottón o a Leonardo. Menciona también a sus hijos María Beatriz, Enriqueta, Matilde, Ernestina Eleonora, Sofía Elena, Julio Carlos, Oswaldo y a Germán Bernardo.

TRANSCRIPCIÓN DEL TESTAMENTO HECHO POR CARLOS RENARDO PFLÜCKER SCHMIEDEL EN 1887:

Mi Ultimo Testamento

Conste por el presente documento, que yo Carlos Renardo Pflücker, encontrándome en pleno ejercicio de todas mis facultades físicas, morales e intelectuales y procediendo con entera libertad y pleno conocimiento, otorgo este mi testamento como mi última y final voluntad en los términos siguientes:

Cláusula 1ª — Declaro que soy natural de Waldemburgo en la provincia de Silesia, reino de Prusia, hijo legítimo de los finados Dn. Carlos Bernardo Pflücker y de Dª. Federica Eleonora Schmiedel, de religión cristiana y de nacionalidad prusiana.

Cláusula 2ª — Declaro que en primeras nupcias fui casado con Dª. Gertrudis Rico, natural de Guayaquil, República del Ecuador, hija legítima de los finados, Coronel Dn. Luis Rico y Dª. Francisca Rocafuerte, que de este matrimonio nacieron ocho hijos de los cuales murieron tres de menor edad, antes que mi dicha esposa, que falleció el 1º de Julio de 1860 en Breslau, Reino de Prusia; que el 15 de Mayo de 1878 falleció intestado mi hijo Federico de mayor edad y soltero; y que sobreviven cuatro de mis hijos de primer matrimonio nombrados Francisca, Carlos María, Julio y Leonardo, todos mayores de edad y casados.

Cláusula 3ª — Declaro que en segundas nupcias fui casado con Dª. Paula Ampuero de nacionalidad peruana, sin haber hecho yo capital de bienes ni haberlos aportado mi dicha esposa; que en ella he tenido los cuatro hijos legítimos nombrados: Virginia, María Luisa, Sofía y Alfredo, la primera mayor de edad y casada, los otros tres menores de edad y que mi referida segunda esposa falleció en el Perú, el 18 de Abril de 1878.

Cláusula 4ª — Declaro que al contraer matrimonio con mi esposa Dª. Gertrudis Rico, no hice Capital de Bienes, ni los que adquirido después por herencia, donación u otro título gratuito, que la referida mi primera esposa aportó al matrimonio como Dote Diez mil pesos y que adquirió después como parafernales otros Diez mil pesos que le dejó en un legado su cuñado Dn. Manuel Antonio Luzárraga; que ambas cantidades entraron en mi poder y fueron invertidas por mi en los establecimientos minerales a cuya explotación me dediqué.

Cláusula 5ª — Declaro que durante mi primer matrimonio adquirí por mi trabajo e industria los bienes siguientes: la hacienda mineral de Morococha (con las haciendas Tuctú y Rosario y demás dependencias muebles e inmuebles, minas, existencias etc...) situada en la provincia de Tarma en el Perú; y la hacienda mineral de Quispisiza (con las haciendas Santa Inez y Rosario y demás dependencias muebles e inmuebles, minas, existencias etc...) situada en la provincia de Castrovirreina en el Perú.

Cláusula 6ª   Declaro que desde 1858 hasta 1866, es decir, antes y después del fallecimiento de mi primera esposa di en préstamo varias cantidades a Dn. Francisco Zárate y que con el monto de dicho préstamo, más la cantidad necesaria para completar el precio, compré en 1866, al mismo Dn. Francisco Zárate por trentaicinco mil pesos, una finca de su propiedad situada en la calle de Coca en la ciudad de Lima en el Perú y que aunque la escritura de compra fue hecha a nombre de mi hijo Carlos María, adquirí yo la propiedad de dicha finca para que nos sirviera de habitación común a mí y a mis hijos de primer matrimonio y con el propósito de adjudicarla más tarde a mis dichos hijos en pago de la dote y bienes parafernales de su finada madre

N.B. Parafernales: los bienes que lleva la mujer al matrimonio.

Cláusula 7ª   Declaro que después del fallecimiento de mi primera esposa continué yo en la posesión y administración de los bienes comunes citados en las cláusulas que preceden, viviendo junto con mis hijos en la referida finca; que en virtud de un convenio privado fechado 14 de Marzo de 1870, entregué en 1º de Enero de 1871, por diez años, a mis cuatro hijos Carlos María, Federico, Julio y Leonardo la administración de los establecimientos minerales citados en la cláusula 5ª; y que en la misma fecha 1º de Enero de 1871 adjudiqué y di posesión de la mencionada finca a mis cinco hijos de mi primer matrimonio en pago de la dote y parafernales de su finada madre y de los productos de dichos bienes posteriores al fallecimiento de la misma; y que mis cuatro hijos varones mencionados reconstruyeron la indicada finca en 1878 con fondos de su exclusiva pertenencia.

Cláusula 8ª   Declaro que concluido el convenio de 1871 el 31 de Diciembre de 1880, mis tres hijos, Carlos María, Julio y Leonardo me hicieron entrega en esta última fecha de los establecimientos minerales referidos con todas sus dependencias muebles e inmuebles, minas, existencias etc., quedando todo de mi exclusiva propiedad, y yo como único dueño de dichos bienes cuya comunidad cesó en 31 de Diciembre de 1880 en virtud del indicado convenio con la sola obligación de pagar a mis hijos de primer matrimonio sus respectivos haberes, reconociéndoles desde el 1º de Enero de 1881 un interés anual de 3 % sobre el saldo a su favor al fin de cada año, y que estando yo ausente del Perú desde 1878, encargué a mis dichos tres hijos varones de seguir administrando en mi solo nombre y de mi propia y exclusiva cuenta y riesgo mis citados bienes, lo que han ejecutado hasta el 31 de Diciembre de 1884 a mi entera satisfacción.

Cláusula 9ª   Declaro que por escritura pública de fecha 15 de Abril de 1885, extendida en Lima ante el escribano Dn. Felipe Santiago Vivanco, he practicado con mis hijos de primer matrimonio una liquidación general que abarca: 1º la partición de productos y bienes que fueron comunes hasta 31 de Diciembre de 1870; 2º la partición de los productos habidos desde el 1ª de Enero de 1871 hasta el 31 de Diciembre de 1880, en conformidad con el convenio fechado en 14 de Marzo de 1871; 3º las cuentas de haberes mío y de mis citados hijos desde el 1º de Enero de 1881 hasta el 31 de Diciembre de 1884; y 4º todos los puntos concernientes a la testamentaría de mi finado hijo Federico, cuya herencia en reserva durante mi vida toca y corresponde a los hermanos maternos del finado.

Cláusula 10ª   Declaro que por escritura pública de fecha 16 de Abril de 1885 extendida ante el citado escribano, se ha, se ha hecho la división y partición de la finca situada en la Calle de Coca en Lima bajo los números 66 a 70, entre mis hijos de primer matrimonio, representando yo como heredero usufructuario de mi finado hijo Federico la testamentaría de este último y que en otra escritura de igual fecha extendida ante el mismo escribano, se ha liquidado de un modo final y completo dicha testamentaría.

Cláusula 11ª   Declaro que por escritura pública de fecha 17 de Abril de 1885, extendida ante el ya mencionado escribano y como consecuencia de la liquidación general citada en la cláusula 9ª se ha hecho la partición de bienes y adjudicación en pago entre mis hijos de primer matrimonio y ya por las cuales tanto la finca situada en la esquina de las calles de Aparicio y Zárate en Lima, así como los establecimientos minerales con todas sus dependencias, muebles e inmuebles, minas, existencias etc. nombradas en la cláusula 5ª han pasado a ser propiedad exclusiva de mis tres hijos varones: Carlos María, Julio y Leonardo a contar desde el 1º de Enero de 1885.

Cláusula 12ª   Declaro que por escritura pública de fecha 17 de Abril de 1885, extendida ante el arriba citado escribano he ejecutado lo siguiente: 1º Liquidación y pago a mis cuatro hijos del segundo matrimonio: Virginia, María Luisa, Sofía y Alfredo, de la mitad de gananciales que heredaron de su finada madre, 2º la liquidación y pago a mis dichos cuatro hijos del tercio de mis bienes que ya los he mejorado, y 3º el pago a mis ocho hijos de primero y segundo matrimonio de la parte restante de mis bienes que debía transmitirles como herencia.

Cláusula 13ª   Ratifico en todas y cada una de sus partes las cinco escrituras públicas mencionadas en las cláusulas 9ª, 10ª, 11ª y 12ª que preceden y mando se cumpla y ejecute todo lo que en ellas se ha declarado y estipulado.

Cláusula 14ª   Ratifico especialmente e instituyo la mejora del Tercio de mis bienes hecha en favor de mis cuatro hijos de segundo matrimonio: Virginia, María Luisa, Sofía y Alfredo en la escritura pública citada en la cláusula 12ª sujetando esta ratificación e institución a la condición expresa de cualquiera de mis dichos cuatro hijos se segundo matrimonio, o si otra u otras personas en nombre o representación de ellos o de alguno de ellos, contradijera, atacara o tratara de anular cualquiera de las disposiciones de este mi último testamento o cualquiera de las declaraciones o estipulaciones de las cinco escrituras públicas mencionadas en las cláusulas 9ª, 10ª, 11ª y 12ª que anteceden, quedará sin efecto la mejora del tercio en la parte que corresponda a aquél o aquellos de mis hijos de segundo matrimonio que hubiesen incurrido, o en cuyo nombre o representación hubiera sido puesto en práctica tal procedimiento.

Cláusula 15ª   Dejo como legado especial por partes iguales a mis cuatro hijos de segundo matrimonio: Virginia, María Luisa, Sofía y Alfredo el importe neto que se cobre en virtud de las reclamaciones entabladas, o por entablar ante el gobierno de la república de Chile por los saqueos ocurridos en 1881 y 1882 en mis establecimientos minerales Morococha y Tuctú situados en la provincia de Tarma en el Perú y el importe neto de lo que se cobre en virtud de la reclamación que deberá entablarse por la pérdida que sufrí en 1883 en barras de plata de mi propiedad entregadas en la casa de moneda de Lima para ser amonedadas. - Este legado se distribuirá del modo indicado después de haberse cubierto de su importe todos los gastos que su cobro hubiera originado, advirtiendo que si alguno o algunos de mis dichos cuatro hijos fallecieran antes de haberse efectuado el cobro, se crecerá en proporción la parte de sus hermanos maternos.

Cláusula 16ª   Dejo como legados especiales por iguales partes a mis tres hijos varones de primer matrimonio: Carlos María, Julio y Leonardo, el importe que se cobre de la suma que me adeuda la hacienda mineral Pucará situada a inmediaciones de Morococha y Tuctú; y el capital de una fundación que he instituido por escritura pública de fecha 20 de Julio de 1885 ante el Cónsul General del Imperio Alemán en esta ciudad de Nápoles con el objeto de socorrer con los intereses netos de dicho capital a algunos de mis parientes en Alemania debiendo continuarse aún después de mi fallecimiento el empleo de dichos intereses en esta obra de caridad por el tiempo y en la proporción que sea necesario mientras dure el estado de indigencia de los agraciados actualmente o de los que más tarde necesiten socorro entre los designados en las instrucciones que he dejado para administrar esta fundación.

Cláusula 17ª   Instituyo por mis únicos y universales herederos a mis ocho hijos: Francisca, Carlos María, Julio, Leonardo, Virginia, María Luisa, Sofía y Alfredo y hago esta institución tanto sobre los bienes repartidos entre ellos en la escritura citada en la cláusula 12ª como sobre cualquier remanente de bienes, derechos y acciones que queden en mi poder hasta el día de mi fallecimiento.

Cláusula 18ª   Nombro guardador testamentario para mis hijos de segundo matrimonio que fueren aún menores de edad en la fecha de mi fallecimiento: en primer lugar a mi hijo Carlos María, a falta de este a mi hijo Julio, y a falta de uno u otro a mi hijo Leonardo. Relevo a todos tres de prestar fianza y espero que cada uno a su vez se encargará del cuidado de las personas y bienes de dichos menores con el mismo empeño y cariño que yo.

Cláusula 19ª   Declaro que mi hija Virginia, con motivo de haber llegado a su mayoría de edad y de su casamiento con el Sr. Dn. Juan Hastings Young, ha recibido de sus hermanos mayores en Lima que administran la fortuna de nuestra familia y por mi conducto, la parte que le corresponde conforme a la escritura pública de 17 de Abril de 1885 mencionada en la cláusula 12ª, en la mitad de gananciales heredad de su finada madre en el tercio de mis bienes, en que he mejorado a mis cuatro hijos de segundo matrimonio y en la parte restante de mis bienes así como los productos de todo lo referido perteneciente a ella hasta el día de la entrega, todo lo que ha llevado como su dote a su matrimonio y ha otorgado la correspondiente carta de pago.

Cláusula 20ª   Mando que cualquier cantidad que corresponda o haya correspondido a mis hijos menores de segundo matrimonio quede mientras dure su menor edad en poder de mis hijos varones Carlos María, Julio y Leonardo, o de la Casa o Compañía que ellos formen entre sí, sin que la circunstancia de tener en su poder esa cantidad o cantidades, les sirvan en modo alguno de obstáculo o impedimento para ejercer el cargo de guardador.

Cláusula 21ª   Nombro por mis albaceas y ejecutores testamentarios en primer lugar a mi hijo Carlos María, en segundo lugar a mi hijo Julio, y en tercer lugar a mi hijo Leonardo, quienes ejercerán dicho cargo uno a falta del otro en el orden en que están nombrados, advirtiendo que podrá ejercer las atribuciones del cargo en Europa, aquel que resida en mayor proximidad del lugar en que tuviere lugar mi fallecimiento, sin perjuicio de poder ejercer al mismo tiempo dichas atribuciones en el Perú, el nombrado primero entre los que residen allí. - Esta disposición regirá también para el cargo de guardador -.

Cláusula 22ª   Revoco y anulo los testamentos que he otorgado antes de este y mando que solo valga y subsista el presente testamento.

Escrito y firmado todo de mi puño y letra en Napoli el 10 de Enero de 1887

Carlos R. Pflücker

P.D.   Agradezco a la señora Frida Galdos, al señor José Cabieses García Seminario y a la señora Margarita Remy de Scheelje y a otros muchos por la valiosa ayuda que me proporcionaron. Algunos ya no están pero sé que estaban interesados en la elaboración de este ensayo.

Pero muy especialmente a la señora Pauline Castañeda de Barberi, mi prima, quien no solo colaboró conmigo de diversas maneras sino que además tuvo la paciencia y el cariño de saber escuchar, y a mi hermano Leonardo quien además de ayudarme con su buena memoria supo, quizás sin pensarlo, excitar mi curiosidad. Y a todos los amigos y familiares quienes siempre me pedían que completara este trabajo, fueron muchos años y aunque falta añadir a muchos creo que he cumplido en mis posibilidades y un poquito más. Finalmente no puedo dejar de mencionar al Hermano Próspero Villanueva de la Iglesia de los Santos de los Últimos Días (Mormones) quien con tanta amabilidad me atendió cada una de las muchas veces que necesité sus magníficos archivos, y de eso hace más de 20 años.

BIBLIOGRAFÍA:

-   Don Roberto's Daughter por Gee Langdon (1968)

-   Diario El Comercio (Fechas Diversas)

-   Contribución Para el Estudio de la Sociedad Colonial de Guayaquil. Pedro Robles y Chambers (1938)

-   Revistas: Peruvian Times, Boletín del Cuerpo de Ingenieros del Perú, y otras.

-   Almanaque Del Ejército (1927)

-   Directorio Eclesiástico del Perú (1987)

-   Diccionario Histórico y Biográfico del Perú Editorial Milla Batres (1986)

-   Historia de la República del Perú. Jorge Basadre Grohmann (1964)

-   Narración Histórica de la Guerra de Chile Contra el Perú y Bolivia. Mariano Felipe Paz Soldán (1979)

-   Diario de Heinrich Witt (dos tomos). Cortesía del Banco Mercantil (1992). Así como el tomo resumen editado por Cofide en 1987

-   Enciclopedia Británica (1976)

-   La Familia Dammert en el Viejo y el Nuevo Mundo. Alfredo Dammert Lira (1985)

-   Cien Años del Club Germania (1963)

-   Apuntes Sobre Cien Familias (En lo que refiere a los Cabieses y a los Valle Riestra) (1993)

-   Revistas del Instituto Peruano de Genealogía (Varios Años)

-   Diccionario Nobiliario de Julio de Atienza (Aguilar, 1954)

-   Genealogía e Historia Familiar de los Mendívil Catadiano en América – Alfieri Devoto Mendívil (Santa Fe)

N.B.   El diario de Heinrich Witt, en lo que se refiere a sus primeros años [1824-1846], fue escrito después de 1885, es decir, esa parte, no puede considerarse un diario sino más bien unas memorias...y hay veces, la memoria nos traiciona... dejando de ser una buena fuente

J. M. Pflücker Rachitoff, Lima, 1985 – 1995 - 1999 – 2014

Indice Onomástico

Astengo Ríos, Irma, 179
Astiazarán y Goyena, Matilde, 66
Atkinson Muñante, Isabella, 190
Atkinson Muñante, Madelane, 190
Atkinson, Christopher, 190
Aurelio Soria y Avasolo, Manuel, 175
Aurora Wright Vallarino, Aurora, 64
Avila, Rosa, 202
Avilés Páez, Rosa, 144
Avilés, Carmela, 112
Ayarza Noriega, Amparo, 124
Ayllón, Abel Julio, 147
Ayllón, Margarita, 194
Ayluando, Carmen, 224
Ayoub Basadre, Nadia Celeste, 157
Ayoub, Joseph, 157
Ayulo Fortón, Julieta, 48
Ayulo Laos, Carlos, 29
Ayulo Mendívil, Elvira, 91
Ayulo Mendívil, Ernesto, 97
Ayulo Pardo, Ana María, 98
Ayulo Pardo, Cecilia María Teresa, 97
Ayulo Pardo, Enrique, 97
Ayulo Pardo, Teresa, 99
Ayulo y Zagal, Enrique, 91
Aza Piccone, Fernando, 124
Aza Zevallos, Fernando, 124
Azambuja, Jorge de, 215
Azpilcueta, Mercedes, 215
Baca Salazar, Luisa Heydí, 197
Bacigalupo Acevedo, Manuel Gerónimo, 94
Bacigalupo Quierolo, Carla, 94
Bacigalupo Quierolo, Giuliana, 94
Bacigalupo Quierolo, Renzo, 94
Bacigalupo Remy, Luis, 94
Bacigalupo Remy, Manuel, 94
Bacigalupo Sebastiani, Claudia, 94
Bacigalupo Sebastiani, Gianna, 94
Bacigalupo Sebastiani, Martino, 94
Bacigalupo, Juan Francisco, 94
Badham, Angélica, 101
Baertl Brell, Juan, 23
Baertl Espinoza, Alvaro Francisco, 143
Baertl Grau, Chiara, 143
Baertl Montori, Francisco Augusto, 143
Baertl Montori, Julia, 23
Baertl Schütz, Ernesto, 23
Bahamonde, Nicky, 210
Baker, Agnes, 129
Balarín de la Torre, Pedro Alejandro, 158
Balarín Dibós, Alejandro, 158
Balarín Dibós, Juan, 158
Balarín, Pedro, 158

Balbín Renut, Carmela, 147
Balbuena Favarato, Silvia, 210
Balbuena Ingunza, Ofelia, 145
Balbuena Valverde, Jesús Fernando, 210
Ballén Alvarez Calderón, Francisco, 90
Ballén Ayulo, Abel Luis, 91
Ballén Ayulo, Clemente Enrique, 91
Ballén Ayulo, Enrique, 92
Ballén Ayulo, Magdalena, 92
Ballén Ayulo, María Delfina, 91
Ballén Ayulo, María Elvira, 91
Ballén Carreras, Gabriel, 90
Ballén Carreras, Mía, 90
Ballén de Guzmán y Millán Soler y Macías, Leonidas Francisco, 89
Ballén de la Puente, María Paz, 90
Ballén Palacios, Enrique, 91
Ballén Palacios, Francisco, 90
Ballén Palacios, Juan, 90
Ballén Palacios, Mónica, 90
Ballén Rosselló, Daniel José, 90
Ballén Rosselló, Felipe José, 90
Ballén Rosselló, Juan José, 90
Ballén Rosselló, María José, 90
Ballén Sayán, Carolina, 91
Ballén Sayán, Diana, 91
Ballén Sayán, Verónica, 91
Ballén Valle Riestra, Abel, 91
Ballén Valle Riestra, Francisco Leonidas, 89
Ballén Valle Riestra, Magdalena, 92
Ballén Valle Riestra, María Jesús, 92
Ballén Valle Riestra, Marta, 92
Ballén Velarde, Francisco, 90
Ballén Velarde, Francisco José María Enrique, 90
Ballén, Clemente, 89
Ballesteros Pflücker, Marina, 19
Ballesteros Pflücker, Rosa, 20
Ballón Bustinza, Silvia, 41
Ballón Eguren, Alfonso, 41
Ballón, Emperatriz, 177
Ballón, Martha, 54
Balmelli Merino, Jesús, 106
Balta Arribas, Alexandra, 139
Balta Ezeta, María de la Paloma Stefanía, 160
Balta Hugues, José, 160
Balta Hugues, Olga, 221
Balta Marcenaro, José Carlos, 139
Balta Montero, José, 221
Balta Paz, José, 221
Bambarén Gastelumendi, Alfredo, 151
Bambarén Lukis, Vanessa, 151

Valdez Giner, Rafael Alonso, 225
Valdez La Rosa, Sandra, 224
Valdez Liceti, Eduardo, 224
Valdez Oyague, Alfredo, 23
Valdez Oyague, Martín, 23
Valdez Pérez del Castillo, Eduardo, 224
Valdez Pérez del Castillo, Fernando, 224
Valdez Pérez del Castillo, Gladys, 224
Valdez Pérez del Castillo, Jorge, 224
Valdez Pérez del Castillo, Luis, 224
Valdez Ramírez, Alicia Grimanesa, 224
Valdez Ramírez, Carlos Alberto, 225
Valdez Ramírez, Carmela Guillermina, 224
Valdez Ramírez, Eduardo, 224
Valdez Ramírez, Eduardo Rafael, 224
Valdez Ramírez, Ernesto Wenceslao
  Alejandro, 225
Valdez Ramírez, Francisco Marcelo, 225
Valdez Ramírez, María Elena, 225
Valdez Ramírez, María Laura, 225
Valdez Ramírez, Pedro Feliciano, 225
Valdez Senovilla, Jaime, 224
Valdez Senovilla, Luis Alberto, 224
Valdez, Alfredo, 23
Valdez, Carmen, 223
Valdivia Cervantes, Rodolfo, 177
Valdivia García, Enrique, 214
Valdivia Herrera, Enrique, 214
Valdivia Maybach, Patricia, 177
Valdivia Pareja, Alvaro, 214
Valdivia Pareja, Enrique, 214
Valdivia Pareja, Mónica, 214
Valdivia R., Cristina, 45
Valencia Abanto, Oscar, 159
Valencia Arias Schreiber, Patricia, 111
Valencia Cárdenas, José, 111
Valencia Dibós, Fernando, 159
Valencia Friedman, Fernando, 159
**Valencia Menegotto, María Josefina
  "Mary"**, 151
Valencia, Camilo, 151
Vallarino Eguren, Lucy, 142
Vallarino y Zubieta, Elena, 64
Valle Alonso, Luis León, 85
Valle Bayly, Andrea María, 85
Valle Bayly, Carolina, 85
Valle Bayly, Lucía María, 85
Valle Bayly, Natalia, 85
Valle Cabieses, José Antonio, 85
Valle Cabieses, Mónica, 85
Valle Cabieses, Pablo, 85
Valle López, Miguel, 85
Valle Martínez, Almudena, 85
Valle Martínez, María Eugenia, 85
Valle Martínez, Paula, 85

Valle Riestra Avilés, Carmen Rosa, 112
Valle Riestra Briceño, Amalia, 107
Valle Riestra Briceño, Augusto, 106
Valle Riestra Briceño, Elena, 107, 188
Valle Riestra Briceño, Isabel, 107
Valle Riestra Briceño, Jorge, 107
Valle Riestra Briceño, José, 106, 126
Valle Riestra Briceño, Marta, 106
Valle Riestra Briceño, Rosario, 106
Valle Riestra Cañas, Alejandro, 92
Valle Riestra Cañas, Angela, 92
Valle Riestra Cañas, Antonio, 92
Valle Riestra Carbo, Augusto, 106, 126
Valle Riestra Carbo, Federico, 106, 188
Valle Riestra Carbo, Felipe, 106
Valle Riestra Carbo, Fernando, 106
Valle Riestra Carbo, Gustavo, 104
Valle Riestra Carbo, José Luis, 105
Valle Riestra Carbo, Matilde, 107
Valle Riestra Caso, Dolores Rita, 89
Valle Riestra Caso, Federico Jorge, 92
Valle Riestra Caso, Ysabel, 89
Valle Riestra Corbacho, José María
  Ramón, 102
Valle Riestra Corbacho, María, 102
Valle Riestra Correa, Carlos Luis
  Alejandro, 102
Valle Riestra Correa, Rosa, 102
Valle Riestra Corzo, Eva Josefina, 112
Valle Riestra Corzo, Fausto Esteban, 112
Valle Riestra Corzo, José Miguel, 112
Valle Riestra Corzo, Julia Ollanta, 112
Valle Riestra Corzo, Manuel Hernani, 112
Valle Riestra Corzo, María Norma, 112
Valle Riestra Corzo, Oscar, 112
Valle Riestra Corzo, Rosa Boheme, 113
Valle Riestra Corzo. Soltero, Víctor
  Amador, 112
Valle Riestra de la Torre, Isabel, 33, 81
Valle Riestra de la Torre, Ysabel, 96
Valle Riestra de Orbegoso, Carolina, 106,
  126
Valle Riestra de Orbegoso, José Javier,
  106, 126
Valle Riestra Eguiguren, Rosa Matilde,
  104
Valle Riestra Eguiguren, Teresa, 105
Valle Riestra Meiggs, Alfredo Luis, 110
Valle Riestra Meiggs, Carmen María, 108
Valle Riestra Meiggs, Fanny, 107, 111
Valle Riestra Meiggs, Luis José, 108
Valle Riestra Meiggs, Luz María Lucrecia,
  109
Valle Riestra Meiggs, María, 109
Valle Riestra Meiggs, María Marta, 107

Valle Riestra Meiggs, María Rosa Carmen Josefina, 107
Valle Riestra Meiggs, Máximo Ricardo, 108
Valle Riestra Ortiz de Zevallos, María del Carmen, 105
Valle Riestra Ortiz de Zevallos, María Paz, 105
Valle Riestra Roncagliolo, César, 106
Valle Riestra Roncagliolo, Erica María, 106
Valle Riestra Salazar, José, 105
Valle Riestra Salazar, Luisa, 105
Valle Riestra Salazar, Miguel, 106
Valle Riestra Steinbach, Lucrecia, 108
Valle Riestra Steinbach, Luisa, 108
Valle Riestra Torres, Eduardo, 106
Valle Riestra Vernaza, Alejandro, 112
Valle Riestra Vernaza, Alfredo, 107
Valle Riestra Vernaza, Blanca, 113
Valle Riestra Vernaza, Clemencia, 113
Valle Riestra Vernaza, Enrique, 112
Valle Riestra Vernaza, Guillermo Manuel, 112
Valle Riestra Vernaza, María Esther, 112
Valle Riestra Vernaza, Ricardo, 113
Valle Riestra Vernaza, Rosa Mercedes, 104
Valle Riestra Vernaza, Sofía, 110
Valle Riestra Vernaza, Víctor Miguel, 104, 126
Valle Riestra Vernaza, Victoria, 112
Valle Riestra y de la Torre, Cipriana, 94
Valle Riestra y de la Torre, Domingo, 93
Valle Riestra y de la Torre, Felipe, 93
Valle Riestra y de la Torre, Juana, 93
Valle Riestra y de la Torre, Margarita, 96
Valle Riestra y González Olaechea, Alfonso, 108
Valle Riestra y González Olaechea, Javier, 108
Valle Riestra y González Olaechea, Teresa, 108
Valle Riestra y Ximénez, Manuel, 101
Valle Riestra, Alejandro, 92
Valle Riestra, Alfonso Carvallo, 111
Valle Riestra, Antonio María Francisco, 101
Valle Riestra, Arturo Carvallo, 107
Valle Riestra, Domingo, 81, 92
Valle Riestra, Francisco de Asís, 89
Valle Riestra, Juana María, 96
Valle Riestra, Magaly Zariquiey, 188
Valle Riestra, María Job Toribio de, 115
Valle Riestra, María Luisa Mercedes de, 115
Valle Riestra, Miguel Juan María, 104
Valle Riestra, Ramón María, 102

Valle y Seijas, Antonio María Francisco Gerónimo del, 89
Valle y Veltrandi, Francisco del, 89
Valle, Rafael del, 89
Valle, Teresa del, 89
Vallejos Buster, Rebeca, 181
Valverde Arce, Emilio Enrique, 175
Valverde Larco, . María Amalia, 175
Valverde, Fernando Emilio, 175
Van Den Hanenberg Van der Rijy, Patricia, 190
Van den Hanenberg, Cornelius, 190
Van der Rijt, Johanna, 190
Van Walleghem de los Heros, Andrea Danielle, 91
Van Walleghem, _____, 91
Varea Devoto, Nydia Ofelia, 50
Varela Cabrera, Manuel María, 186
Varela Orbegoso, María Teresa, 120
Varela Salvi, Isabel, 186
Varela y Valle, Felipe, 120
Varela, María, 21
Vargas Baratta, Pedro, 80
Vargas Bocanegra, Cecilia, 144
Vargas Cabieses, Fernando Paulo, 80
Vargas Cabieses, Gustavo, 80
Vargas Cabieses, Pedro Augusto, 80
Vargas Cabieses, Pina, 80
Vargas Condorpusa, María Luz, 139
Vargas Díaz, Margarita, 69
Vargas Izaga, Emilia, 108
Vargas Lozada, María Guadalupe, 148
Vargas Palacios, Gonzalo, 94
Vargas Prada Ugalde, María Teresa, 145
Vargas Prada, Alvaro Dibós, 146
Vargas Prada, Roque, 145
Vargas Rospigliosi, Carmen, 214
Vargas Ruiz de Somocurcio, Alberto, 148
Vargas Vega, Crisálida, 77
Vargas Viaña, Maruja Liliana, 168
Vargas, Blanca, 151
Vargas, Claudio, 69
Vargas, Gregorio, 77
Vargas, Hortensia, 41
Vasi, Angelina Olga, 180
Vásquez Caicedo LeRoux, Ana Lucía, 191
Vásquez Caicedo LeRoux, Gloria Margarita, 191
Vásquez Caicedo LeRoux, Gustavo, 191
Vásquez Caicedo Nosiglia, Gustavo, 191
Vásquez de Velasco de la Puente, Agustín, 165
Vásquez de Velasco de la Puente, Fernando, 165

Made in the USA
Columbia, SC
16 March 2018